中国社会科学院创新工程学术出版资助项目

金融衍生工具与资本市场译库
DERIVATIVES AND CAPITAL MARKETS SERIES

网络公司价值评估
前沿观点

Internet Valuation:
The Way Ahead

[英] 约翰·布里金肖（John Briginshaw）◎著
周金泉 赫晓峰◎译 何 瑛◎审校

经济管理出版社
ECONOMY & MANAGEMENT PUBLISHING HOUSE

北京市版权局著作权合同登记：图字：01-2003-1869 号

Internet Valuation © John Briginshaw 2002.

First published 2002 by Palgrave.

Chinese translation copyright © 2004 by Economic Management Publishing House.

The Edition is published by arrangement with Palgrave Macmillan.

All rights reserved.

图书在版编目（CIP）数据

网络公司价值评估：前沿观点/（英）约翰·布里金肖著；周金泉，赫晓峰译 .—北京：经济管理出版社，2021.12
ISBN 978-7-5096-8285-2

Ⅰ.①网…　Ⅱ.①约…　②周…　③赫…　Ⅲ.①网络公司-资产评估-研究　Ⅳ.①F490.6

中国版本图书馆 CIP 数据核字（2021）第 279296 号

组稿编辑：范美琴
责任编辑：范美琴　康国华
责任印制：黄章平
责任校对：王淑卿

出版发行：经济管理出版社
　　　　　（北京市海淀区北蜂窝 8 号中雅大厦 A 座 11 层　　100038）
网　　　址：www. E-mp. com. cn
电　　　话：（010）51915602
印　　　刷：北京晨旭印刷厂
经　　　销：新华书店
开　　　本：787mm×1092mm/16
印　　　张：24.75
字　　　数：499 千字
版　　　次：2022 年 3 月第 1 版　　2022 年 3 月第 1 次印刷
书　　　号：ISBN 978-7-5096-8285-2
定　　　价：98.00 元

重 印 说 明

　　《金融衍生工具与资本市场译库》系列丛书自 2005 年起陆续出版，得到学者和社会各界的认可。此套丛书对相关学者研究金融领域的问题具有较高的学术价值，对于我国开展金融监管、防控金融风险具有重要的理论和实践意义。为了能够重印，我社特申请了中国社会科学院创新工程学术出版资助。

　　这套著作的翻译、出版得到了中国社会科学院以及金融领域的许多专家学者的支持和协助，对于所有参与翻译、编写，提供帮助的研究机构与研究人员，谨在此一并表示衷心的感谢。

　　限于时间和水平，书中难免存在一些不足，希望读者批评指正。

《金融衍生工具与资本市场译库》
编委会名单

谨以此书献给 Sheila 和 Diane，RIP

致　谢

　　本书形成于本人为欧洲货币组织培训（Euromoney Training）进行教授的网络公司价值评估课程，在 2000 年 5 月到 2001 年 4 月期间，我曾几次在该组织讲授这门课程，并与其他著者联合完成了关于网络公司价值评估的文章，于 2000 年 3 月发表在《企业战略评论》（*Business Strategy Review*，BSR）上。我衷心感谢我的合作者，伦敦商学院的 Chris Higson 教授，他给予了我孜孜不倦的教诲。尽管我们是在网络狂热的巅峰时期发表的这篇论文，但我们设法保持了从历史角度进行观察的冷静，使这篇论文在如此困难的时期少了一些滑稽。对此，Chris 教授应该获得人们的大量赞誉。

　　非常感谢在 Bokhyeon 学院进行博士论文写作时同窗们给予的建议，特别是 Dacid Tien, Guohua Jiang 和 Bokhyeon Baik 博士。感谢 Hass 学院的那些具有令人惊异的才能的学者，感谢 Berkeley 学院的众多学者提出的宝贵建议。特别要感谢的是都市创业伙伴 Nick Wood 和联合创业的 Vimal Patel，他们对第十六章的撰写做出了一定的贡献；同时要感谢的是 Dacid Tien, Janet Jato 和 Ash Alankar，他们对本书的关键章节的撰写做出了贡献。我还要感谢 Palgrave 出版社的 Stephen Rutt, Andrea Hartill, Andrew Nash（编辑）和 Linda Norris 以及在 Aardvark 评论社的同事们。

　　最后，我还要感谢 Janet 以及她的帮助与关爱。

John Briginshaw

Berkeley, California

　　一旦存在任何不小心的遗漏，我们便会尽力与版权所有者联系，出版社将会在第一时间做出必要的安排。

前　言

Warren Buffett[①] 曾经提出，如果让他来安排价值评估课程，他会在期末考试问答题中设置一道评估一家网络公司价值的考题，而每个学生的答案都将是错误的。这个经常被引用的关于网络公司价值评估的观点比以往的更引人注目，但不幸的是，并没有人能够像 Buffett 先生那样，对这些网络公司的股票价值评估充满希望，无论这个任务多么艰巨，都需要我们中的很多人去承担。

本书的目的在于帮助那些评估网络公司股票价值的专家、学者，并且试图从多个不同的层面提供解决方案。本书从基础知识开始，第一部分的直接目的在于帮助读者建立网络公司的价值评估模型。第一章使用了大约 12 页的篇幅介绍了简单的价值评估理论（这部分内容对于大多数读者来说是可以略过的）。第二章给出了亚马逊公司案例研究使用的数据。第三章介绍了一些会计学基础理论，帮助读者了解如何在会计报告中寻找数据（以亚马逊公司的财务报表为实例）。第四章以网络公司的财务问题为研究内容来结束这一部分，读者也可以根据自身的需要稍加研究。本书第一部分包括扩展的和逐步进行的价值评估参数案例，建立了亚马逊公司电子数据表（Spreadsheet）价值评估模型。本书在第一部分（实际上是整本书）主要采用的方法是贴现现金流量（DCF）分析法。第一部分的写作目的在于传授三个关键知识：①如何以历史数据为依据确定关键参数的数值；②如何建立一个灵活的电子数据表模型来评估网络公司的价值；③如何使用贴现现金流量（DCF）方法来计算权益评估的最终结果。

第一部分中的两个关键问题是"考虑信托"这个要点。第一个关键问题是在模型中考虑资本成本或者贴现率的影响，同时考虑为什么使用贴现现金流量（DCF）模型这个更广泛的问题。第二个关键问题是网络公司战略前景的确定。

本书的第二部分进一步阐述了网络公司价值评估的更高深的课题，这些课题包括资本成本的选择和选择计算资本成本模型时所产生的问题，这些方法包括资本资产定价模型（CAPM）、法马—弗伦奇（Fama-French）四因素模型以及资本成本的反确定模型。这部分的其他课题包括市场效率和价值评估技术的选择，在评估网络

---

① 一些资料称这是查理·芒格（巴菲特的老同事）的观点。

公司的过程中，我们修正了通常我们所使用的贴现现金流量（DCF）的范式。我们也考虑采用比较法，就是使用诸如价格—销售比的倍数和每个用户价值的价格比率来进行研究，我们提出定性和定量的证据来反对这种比较方法。除非有不同的公司拥有一个不太可能的"可比性"水平，否则这个方法注定是要失败的。

本书的第三部分讨论了网络公司和电子商务公司的战略前景，并且探讨了这些公司是如何应对变化的环境的。战略性的领悟是价值评估任务的基础，没有领悟怎样探究哪个公司有好的战略（能够创造超越其他公司的持续竞争优势，并且产生超过投资的资本成本的利润战略），价值评估的任务怎样获得成功的。这部分包括怎样应用经典战略分析框架的案例，如五种力量模型和网络公司的价值链，这些由哈佛商学院 Michael Porter 教授设计的强大的战略分析框架是与新经济和传统经济相关的。在这里，我们继续以亚马逊公司为例，研究使用这些战略框架的公司的战略。我们考虑了产品的生命周期，因为产品生命周期与新经济公司及公司的产品相关。我们测定其他基于网络公司的战略模型，这些模型是我们已经改进过的，如网络效应。我们也对各种类型的网络公司、宽带和移动商务的前景进行了简短的评述。

本书的第四部分完成了几个价值评估的应用，包括非上市公司权益的价值评估和兼并与收购（M&A）网络公司的价值评估，我们也考虑日益重要的、有关电子商务营运对所有网络公司贡献的问题。

最后的案例展示了我们对探讨网络公司价值评估所持的态度。通常对网络公司的定义是：网络公司应当有50%或更多的收入来自与网络相关的业务。然而，我们希望非真正运行的网络公司开展电子商务活动的比例有相应的增加。

目标读者

一般来讲，本书的读者是已经毕业的评估分析师，是刚刚开始在投资银行从事工作的这些人。如果这些人被安排从事网络公司价值评估工作，他们应当瞄准本书。如果我们已开始着手这项工作，这本书能够做到的是，让分析师以更快的速度来构造价值评估模型，从而更好地理解和得出敏感的数值。本书其他的读者可能是在校学习价值评估的学生，或者自己从事这方面研究的学生，再有就是对网络公司价值评估理论感兴趣的人们。

对于那些拥有网络公司少量股票的、充满好奇心的非职业人员，本书可能不适合他们。因为本书需要花费一定的时间学习相关技术，而不是对网络公司价值评估和个别的网络公司的价值发表意见与观点。当然，对于那些已经花费大量时间评估网络公司价值的读者们，也许他们已经或正在使用本书中讨论的很多技术。

不是魔术法则

我们有必要郑重声明：无论是在本书中还是在其他任何书中，网络公司价值评估都不存在魔术法则。然而，富有挑战性的是：基本分析是投资者对这些公司进行评估的唯一工具。这样，我们就能够通过使用网络技术提高效率和创造股东价值，建立牢固的价值评估基础。这就是，而且一直都是网络公司投资者的指南。

网址

请登录本书的网址：

www. internet-valuation. com/palgrave

这里提供了更加有用的额外资源、注释和勘误表。下载本书需要注册。

缩写列表

ADSL	异步数字用户线
A/P	应付账款
APT	套利定价理论
ARN	会计研究网络
ASB	会计准则委员会（英国）
ASP	应用服务提供商
B2B	商业机构对商业机构的电子商务
B2C	商业机构对消费者的电子商务
B2E	商业机构对雇员的电子商务
BCA	最佳案例分析
BOA	初始运营资产
CAPM	资本资产定价模型
CARA	固定完全风险厌恶
CBOE	芝加哥期权交易所
CBOT	芝加哥贸易委员会
CCA	连续案例分析
CD	存款单
CEO	首席执行官
CFA	现金流量分析
CFO	首席财务执行官
CHTML	压缩超文本语言
COGS	销货成本
CRRA	固定相对风险厌恶
CRSP	证券价格研究中心
DCF	贴现现金流量
DCA	非连续性分析
DJIA	道琼斯工业平均指数（股票价格指数）
DSL	数字用户线
EBITDA	利息、赋税、折旧与分摊前的收益

EITF	紧急事务小组（美国）
EPS	每股收益
ERP	权益风险收益
ESOP	员工持股计划
EVA	附加经济价值
FASB	财务会计标准委员会
FCA	筹资困境分析
FCC	联邦通信委员会
FCF	自由现金流量
FD	充分披露（使用证券交易委员会政策）
FF	法马—弗伦奇四因素模型
GAAP	公认会计原则
GDP	国民生产总值
GPS	全球定位系统
HR	人力资源
HTML	超文本语言
IAS	国际会计准则
IPO	首次公开发行
ISDN	数字网络综合服务
ISP	互联网服务供应商
kb/s	每秒千字节
LAN	局域网
LBO	杠杆收购
LBS	地方为基础的服务
LNVOD	有限视频点播
LSE	伦敦证券交易所
LTCM	长期资本管理
LVOD	需求有限影响
M&A	兼并与收购
MBA	工商管理硕士
MBO	管理层收购
MRP	市场风险收益（率）
NA	无风险套利
N/A	不适用
NASDAQ	全美证券经纪商自动报价系统

NICS	国家保险捐助
NLB	"好的小生意"
NM	无意义
NOL	净营业亏损
NPV	净现值
NVOD	接近视频点播
OA	其他资产
OAS	期权薪水
OCA	其他流动资产
OCL	其他流动负债
OLS	最小二乘法（回归分析）
OP	期权奖励
P2P	利益率路径
P&L	损失与收益
PC	个人电脑
PDA	个人数字助理
PDC	个人数字蜂窝
PE	市盈率或者价格/收益比率
PEACS	欧洲可转换无优先权票据
PEAD	税后收益公告要点
PFME	"完美预见"市场效率
PHS	个人便携系统
POM	"平凡的旧泥浆"
PR	公共关系
P/R	价格/收入比率
QECAP	报价机器与顾客获得入口
QoS	服务质量
R&D	研究开发
RIV	剩余收益评估
ROA	实物期权分析；资产收益率
RoBOA	初始资本收益率
RoCE	占用资本收益率
RoCEL	有限占用资本收益率
SA	战略分析
SCM	供应链管理

SD	标准方差
SEC	证券交易委员会
SG&A	销售与管理费用
SKU	库存单位
SME	中小企业
TCP	传输控制协议
TFA	有形固定资产
TSCSREG	时间序列跨部门回归
TTM	持续跟踪 12 月（市盈率）
TVOD	真实视频点播
UCLA	加州大学洛杉矶分校
UITF	紧急事务小组（英国）
UNC	北卡罗来纳大学
VC	风险资本；风险投资者
VOD	视频点播
WACC	加权平均资本成本
WAP	无线应用通信协议
WCA	最糟案例分析
WML	无线标记语言
XDSL	延伸数字用户线
XML	可扩展标记语言

目 录

第一部分

价值评估基础

第一章　价值评估理论基础

投资者为什么购买股票和股份?

　　投资者准备购买股票或者股份,是因为这些股票能赋予投资者参与未来收益分配的权利,或者参加公司发行这些股票带来的现金流量收益的权利。如果公司发行的股票为 1000000 股,投资者购买其中的 10000 股股票,就享有该公司未来 1% 的分红、收入以及现金流量,这一概念与投资者购买股票后即拥有一部分公司资产的所有权的概念完全等同,这是因为公司资产在市场上的价格表现取决于公司的现金流量和盈利能力。

网络公司有什么不同?

　　网络公司与传统公司不同的地方在于,许多网络公司当前没有现金收益。那么,为什么投资者要购买网络公司的股份呢? 这与投资者购买其他非网络的一般公司股票的理由是相同的,即投资者希望参与这些公司的未来收益分配。在大多数情况下,投资者购买股票是因为投资者认为,公司在未来的投资收益将大于因购买股票所产生的风险。出于这个原因,网络公司的股票价值评估与其他一般公司的股票价值评估采用的是完全相同的方法。公司制订的现金流量计划很有可能在当年或第二年的计划中表现为负的或较少的现金流量。然而,网络公司在执行计划过程中有着完全不同的方法:

　　(1) 需要更加仔细地分析网络公司以往的历史和对未来的展望。

　　(2) 需要记住更多的告诫,就是关于潜在的不连续性以及这些不连续性对网络公司未来价值的影响。

　　(3) 由于缺乏会计数据,网络公司被迫依赖非会计的数据或者非财务数据,这些数据也许只有极小的可靠性,且不便公开阐述。

　　(4) 即使非常辛苦和仔细地分析网络公司以往历史走势以及公司未来价值的驱动因素,与传统公司的价值评估相比,这种价值评估的结论可能更倾向于引发错误的评估结论。

（5）传统经济公司所趋向的资本结构包括负债和权益，而新经济公司拥有的资本结构是占主导地位的权益以及相应的权利要求（主要是员工股票期权和可转换债券）。

使用"博傻理论"进行价值评估？

"博傻理论"不是一种价值评估的方法，该理论的提出是用来解释1998~2000年网络公司股票价格飙升的原因。该理论还与这种情况有关：资产的市场在以更快的速度下降前，会进入一个快速发展时期。这种情况被称为"资产价格泡沫现象"，这是因为在价格快速增长或者飙升的情况下，价格的增长很像一个肥皂泡。1998~2000年，网络股票价格的增长就是资产价格泡沫的例子。其他很多例子，如17世纪荷兰郁金香（Dash，1999）经济泡沫、南海经济泡沫，19世纪20年代美国股票市场的繁荣，1959~1961年美国股票市场的疯狂增长，20世纪80年代早期高技术的繁荣以及1989~1991年生物技术的繁荣。

"博傻理论"假设许多投资者购买股票不是为了股票的内在价值，也就是说，他们购买股票不是为了参与股票的未来收益，而是因为他们相信可以在未来把这些股票以更高的价格卖给一个"更傻的人"。在资产价格泡沫中，资产价格呈现出不断向上的趋势，投资者依靠这种向上趋势来进行判断，并放弃了对资产或者证券非常重要的现金流量的评价（或许不包括粗略的或者没有理论支持的价值评价方法，这些方法是用来证实他们购买的预感的）。投资者购买了股票以后，又会推动资产的价格上升。投资者就希望能够找到一个"更傻的人"去购买这些被高估的资产。

最终在某一个时点，这个资产的泡沫会爆裂。这个泡沫爆裂的原因还没有得到很好的解释，其中的一个解释理由是，早先购买股票的投资者已经确定这些股票的利润，卖家产生的短期压力超过了购买的压力，就会出现泡沫爆裂。正如我们所知，在股票泡沫中的一些主要公司的坏消息会加速这种崩溃，在这种情况下投资者对其他一般的经济信息也比较关注（最近对Alan Greenspan评论的反应也是一个投资者比较关注经济信息的例证）。然而，值得我们注意的是，虽然这些事件（信息）可能引起了泡沫爆裂的过程，但是，爆裂本身并不是对基本变化（例如，计划的未来收益或者未来经济的增长）很敏感，而是反映了价格被不正常高估时的结局。在这个时期里，资产的价格已经完全脱离了基础。明白了这一点，资产价格泡沫的爆裂也可能发生在没有或者是几乎没有坏消息的时候。网络泡沫的爆裂就是这样一种情况，1929年股票价格的爆裂也是如此。

股票的市场价值与内在价值

任何股份或股票都有两种价值：股票的市场价值和股票的内在价值。股票的市场价值可以通过浏览金融网页，或者访问在线提供的服务进行区别，如 www. quote. com。然而，我们真正需要的不是关于昨天或今天的市场价值的信息，甚至也不是实时提供的市场价值的信息，而是有关明天市场价值的一些信息。

这就是股票内在价值重要的根本原因，内在价值就是股票在未来产生现金流量的现值。假设一个投资者无限期地持有股票，股票的内在价值就是给他或者她增加的价值，我们使用简单的数学计算公式，就能够把今后几年内预期的现金流量转换为今天股票内在价值的估算值。这些计算公式包括贴现现金流量（DCF）方法，贴现现金流量（DCF）方法能够评估我们所希望的公司在未来支付的现金流量数值，能够与当前发生的现金流量数值直接比较。

内在价值来自一个公司未来现金流量用当前现金表示的价值。因此，内在价值是数量最大化的货币，即明智的投资者将要为每一股股票支付货币。任何价值评估方法都试图计算股票的内在价值，然后，使用这个内在价值来预测未来的市场价值。市场价值与内在价值存在较大区别（例如，前面讨论的资产价格泡沫），但是，长期的市场价值将会向内在价值回归，这是因为投资者除了获得未来的现金流量之外，没有理由去购买那些没有真实吸引力和其他不可预见利益的股票。因此，将来的情况会是，投资者将增加那些他们所持有的内在价值大于当前价格的股票（当时确定的股票价格），减少那些他们所持有的不能引起市场价格趋向内在价值的股票。

总之，基本分析产生了股票或者股份的内在价值或是股票基本价值的评估方法，这个评估方法是根据公司产生现金流量的潜力进行的。这个预期来自过去公司的出色或不良表现的财务数据，来自对公司未来经营参数的预期。"将有一个大市场"或者"这就如同是一场新工业革命"的预期都是有趣的，但与价值评估无关，除非我们能够估计到这些预期对我们正在评估的公司的未来收入和利润的影响，如果计算的股票内在价值少于当前的市场价值，那么，这只股票就没有投资价值，应当卖掉。如果计算的股票内在价值大于当前的市场价值，这只股票是一个好的投资品种，应当买入。

内在价值的计算存在一个大问题，因为要想计算出股票的内在价值，需要预测未来的现金流量，所以股票的内在价值不能够准确计算，只能进行近似的评估。但是，没有可靠的方法计算未来市场价值，使用股票内在价值分析就是我们的唯一选择。

怎样评估公司的未来现金流量？

关键问题是，怎样把未来现金流量与当前现金资源进行比较？投资是一个基本的转换过程，当投资者购买股票，他或者她正在把口袋里的或是当前银行账户里的钱转换成为分享明天或是今后未来收益或者现金流量的权利。简单地讲，这些现金流量存在两个问题①，与现在就立即消费相比存在两个方面的不足：现金流量是未来的，现金流量是有风险的。

从安全投资角度评估收益

我们逐一讨论这些问题，第一个问题是我们期望的现金流量，这些现金流量是股票未来的收益。我们是选择现金，还是未来收益？如果没有其他原因能使我们得到超过我们现在获得这些资金的少量利息，即我们不能在未来获得更多的资金，我们将选择现金。

下面单独考虑这个问题，我们假设已经知道某个公司进行没有风险的投资，也就是这个公司能够准确地预见它的收益，并且能够得到全部的报酬，那么对这个公司的投资，完全如同把钱存入银行的账户或存单（CD），并且能够像把钱存入银行一样进行价值评估。

例如，假设当前的银行利率是5%，SafeCompany，Ltd.公司提供了一只将在下一年度获得110英镑报酬（肯定能够获得）的股票，这一股股票的价值是104.76英镑（=110/1.05）。考虑现在一年内能把104.76英镑转换为110英镑，就知道为什么这是对的，这是公平的交换，因为110美元是一个最具有竞争力的投资回报。②

把这个想法应用于相对较长的时期时，明智的投资者购买一股OtherSafe，Inc.公司的股票，这些正在发行股票的公司承诺在两年后给予110美元的报酬，投资者将会获得多少收益？要解决这个问题，我们需要考虑竞争性投资，再次假设当前的银行利率是5%，投资100美元，投资期为两年，第一年末终值为105美元，第二年末的终值包括100美元的本金和两年的利息，结果两年末的终值是110.25美元（=105×1.05），或者是100×1.05×1.05，或是$100×1.05^2$。

用另一种方法解释，就是在两年内以5%的银行利率作为投资考虑的贴现因子，或是贴现率为$1/1.05^2=0.90703$。从而计算出在两年内付出多少是值得的（用5%作为贴现率计算），我们用0.90703乘以未来的价值，可知，我们将要在OtherSafe公司付出99.77美元的投资。

通常在n年内以r为银行利率，以C为现金流量的（110美元×0.90703）值的计算公式是：

---

① 对于非上市公司来说，有第三种办法，这里说的股份是非流动的，也就是说在没有推动股票价格变动的买卖者时，股份不能在市场上交易。我们在第十六章中将进一步讨论这个问题。

② 这是一个套利价格的简单例子。套利是通过购入一份投资并且卖出一份类似或相关的投资，进而实现利润的过程。在完善的资本市场中，这些利润将接近于0。

$$C\ 在\ n\ 年内的现值 = \frac{C}{(1+r)^n}$$

需要注意的两点是：第一，在"1+r"的计算公式中，银行利率或者贴现率 r 需要转换成小数，如 6% 应变为 0.06，意思就是 1+r 的值是 1.06。第二，因为我们使用的是套利这一概念，利率 r 的实质就是竞争性投资的利率，而不是公司或银行广告宣传的利率。

从风险投资角度评估收益

投资可能存在两方面的风险。对投资风险最普通的理解是投资者存在失去自己本金的风险，这方面的例子是储户存钱在银行的账户里，但没有得到银行承诺的利息，投资者还会失去他的本金。

投资可能存在的另一方面的风险是，投资回报是否从一开始就是不确定的。对公司股票的投资就是一个例子。一些公司以现金的方式支付红利给公司的股东，这些红利是公司在一年内创造的收入或利润中的一部分。然而，网络公司很少这样做（大多数公司在初创期或成长期不这样做）。对网络公司的股东来说，没有像银行账户那样 3% 或 5% 的利息报酬保证，同样也不存在收到以股票 0.2%×1% 价值的季度或半年分红的可能性，如 AT & T 公司或者 BT 公司的股东所期望的那样。持有网络公司股票的股东获得的收益取决于公司市场价值是否比过去上升，还取决于公司在未来的收益和公司的前景。有可能公司的收益是低的，更有可能的是（如果公司倒闭）投资者将失去所有的本金。当然，也存在公司经营非常好的可能，届时，股东将分享应有的高回报。

我们怎样才能在风险投资中把这些简单的和可观察到的材料变为价值评估方法呢？就是这样，尽管公司提供的收益非常不确定，仍然需要对公司未来创造的利润进行评估，根据这些评估得出的利润可以计算出这些股票的期望收益。同样，如果当一个投资者在选择进行安全投资或者是进行风险投资时，股票投资者期望从风险投资中获得更高的回报似乎是明智的。为了说明这个问题，我们采用与进行安全投资评估收益同样的计算公式，但我们为银行利率 r 的数值增加了风险收益。作为安全投资的银行利率 r 的数值通常是 5%，作为风险投资的利率 r 的数值通常是 10% 或更高。同样，由于公司没有公告，或者公司没有讨论股票的期望收益或报酬，我们再次计算通过竞争性投资获得收益的风险利率 r，选择投资和试图评估公司对于人们来说是很相似的。

让我们看看一个例子：一个投资者已经拥有多个公司的股份，她的一个朋友已经准备了一个财产的投资方案，这个朋友希望在两年后以 1.3 百万美元的价格卖出。这个投资者意识到，这类财产投资在过去通常的投资收益率为 10%，她购买 1% 股份的价格应该是多少？

购买 1% 股份的价格应该是：1.3 百万美元的 1% 在以 10% 的贴现率贴现时的现值，如：

$$\frac{C}{(1+r)^n} = \frac{0.01 \times \$1.3m}{(1+0.1)^2} = \frac{\$13000}{1.21} = \$10744$$

人们试图以少的代价获得高的回报，但是，假设过去的回报就是她期望回报的一个很好的评估，10744 美元将是一个公平的价格。

注意，1.3 百万美元就是投资策划者希望卖出价格的计划。如果投资者知道这个计划在两年后将以 1.3 百万美元卖出，这个计划是无风险的。但是，她不知道当策划者卖出财产时，依据以前分析的经济情况，收到的现金是少于 1.3 百万美元，还是多于 1.3 百万美元，1.3 百万美元只不过是最好的评估值。与此类似的是，就如我们所期望的，如果亚马逊公司股票的投资收益率在下一年度是 15%，等待一年以后，我们再看看实际的投资回报，因为股票本身的不确定性，导致这些投资收益率有可能是 20%，也有可能不到 5%。投资收益率就会像亚马逊公司在 1998 年增加了几倍，或者在 2000 年减少了 75% 那样。可以很清楚地看到，过去的投资回报不能总是为我们所使用的贴现率提供有意义的指导。

再回到前面的案例中，我们可以得到这样一个结论，财产计划的股票的价值是 10744 美元，这个方案受到两个数字的影响：方案的未来价值（1.3 百万美元）和贴现率（10%）。如果潜在的投资者不能肯定 1.3 百万美元（或许她的朋友对过去有些太乐观），并且本能地感到这个投资是危险的，也许在使用 20% 这个贴现率时，诱惑就反映出了这个特别大的风险。但是，应当抵抗这个诱惑，作为替代，也许在经过收集到更多的有关财产价值的信息后，这个 1.3 百万美元数字应当向下调整。

如果将投资方案或者公司进行比较，就会发现编造的贴现率产生了毫无意义的现值，并且惩罚了那些对预期乐观和那些对预期不乐观的投资者。对于似乎容易受到攻击的可预测的公司，或是似乎需要不可信的增长来获得牵引的公司来说，应当具有实际的提前预期的现金流量，并且将这些现金流量按公平的贴现率进行贴现。这对于那些愿意接受最佳案例的财务，以及试图通过使用高贴现率进行弥补的公司来说，应该优先考虑。

但是，什么是公平的贴现率？

资本资产定价模型（CAPM）

我们将在第五章中详细讨论贴现率（也称为"资本成本"或者是"障碍率"）的计算方法，本部分将对运用范围最广的、用来计算资本成本的资本资产定价模型（Capital Asset Pricing Model，CAPM）予以介绍。

　　在评估风险投资的例子中，我们需要评估投资的贴现率，我们能够完成计算，因为我们已经获得了关于典型的产业（财产）投资收益率的信息。但是，在没有很多（或任何）类似的公司进行比较的情况下，如何对一个网络公司的资本成本或贴现率进行评估？如何尝试获得没有记录踪迹的公司或产业的贴现率？我们愿意找到一些捷径来计算公司的风险，因为风险越大，投资者获得的投资回报也越大。这个捷径就是资本资产定价模型（CAPM）。这个方法在考虑了和市场投资回报相关的股票投资回报的不稳定性后，进行了股票的投资风险计算。与市场相关的不稳定性被称为公司的 β 值，这个 β 值可从一系列的网站上获得，如 www.bloomberg.com。一旦得到 β 值，就可以通过以下的等式计算贴现率 r，计算公式为：

$$r = r_f + 风险收益率$$

　　通过对安全的或者无风险利率增加风险收益率来计算资本成本。我们称之为无风险利率 r_f，是为了与风险公司的资本成本的贴现率 r 加以区别。无风险利率可以通过几个网站获取，包括美国的 www.cnnfn.com 和英国的 www.FT.com。[①] 在过去的几年里，无风险利率在低于 2%（2002）和 6% 之间变化。图 1-1 展示了美国从 1980 年到 2001 年末的无风险利率的变化。

　　尽管在 2001 年末和 2002 年初无风险利率大幅度下跌到较低水平，但是无风险利率在 20 世纪 80 年代早期高于 10%，因为 2001~2002 年的下跌是货币政策调整的结果，这个货币政策是根据经济衰退的可能影响和恐怖活动造成的经济威胁做出的相应调整，我们并不希望这个低水平利率一直持续下去。在 2002 年初，明智的短期到中期的无风险利率的评估值是 4%。

$$r = r_f + 风险收益率 = r_f + MRP \times \beta$$

　　风险收益率就是市场风险收益率（MRP），即平均权益的期望收益，乘以测定公司相对风险的 β 值：

$$r = r_f + 风险收益率 = r_f + MRP \times \beta = r_f + (r_m - r_f) \times \beta$$

　　市场风险收益率（MRP）等于市场期望收益率 r_m 减去安全或无风险利率 r_f。我们在第五章中将讨论如何计算市场风险收益率。目前，我们使用美国和英国市场上使用的 5% 的市场风险收益率，这是根据 Dimson 等（2001）的计算结果产生的，他们计算了几个国家 100 多年来的市场风险收益数据，得出的几何算术平均值是美国 5.6%，英国 4.7%。这些研究者追溯详细的股票历史数据，计算出每年股票市场的投资收益率，减去短期无风险投资收益率（账目）得到每一年的市场风险收益率。把这些数据结合起来形成 20 世纪的平均市场风险收益率。我们可以确信，用这些历

---

　　① 在本书中，按照惯例，把短期可用的政府债券的收入作为无风险利率，典型的是 3 个月的 T-bill 债券。其他一些文章用长期债券的利息率来计算无风险利率，因为在此之下的公司有较长的寿命，而且长期债券利率往往不太容易受到短期利率波动的影响。这个方法得到了较好的应用，前提是所用的市场风险收益率（MRP）是市场投资收益率减去债券收益率而不是票据回报率。Dimson 等（2001）给出了两个 MRP 公式。

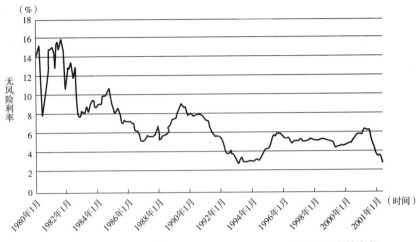

图 1-1　美国 13 周证券（13-week treasuries）无风险利率的变化

史市场风险收益率数据可以合理地评估未来的市场风险收益率（MRP）的值，也可以用来计算股票的贴现率。

对大多数公司来说，β 值接近 1，网络公司拥有更高的 β 值，通常为 1~2，有时候高达 3。因此，运用资本资产定价模型（CAPM）计算的网络公司贴现率的估计值一般为 10%~20%。

公司现金流量的定义

迄今为止，在本章中我们已经直接讨论了现金流量评估。但是，现在需要明确定义公司如何来实际测算现金流量。现金流量或者称为自由现金流量（FCF），是由公司在任何一个时期内的经营性资产所产生的现金，这个现金是投资者可以使用的。这些现金流量等于从消费者那里得到的现金收入，减去这个时期的成本费用和资产投入费用，再减去流转税赋，公式如下：

FCF = 经营现金流量 - 资产净投资 - 流转税

经营现金流量 = 收入或利润 - 经营资本的增加 + 提取的折旧与其他非现金项目

当我们阅读下一章中的亚马逊公司的财务报表时，我们将深入讨论这个术语。例如，在这一章中讨论过的，由于没有资产，所以计算现金流量就比较简单，现金流量就等于利润，就是收入减去成本。在会计学里，资产（长期使用的固定资产，如建筑物、计算机以及办公设备等）与诸如原材料或者电力的成本是区别对待的，这些资产不能从利润中直接减去，但这笔费用在经过其使用寿命后逐渐地被分摊，公司拥有的资产在每一年中作为折旧被分摊。然而，如果需要更多的资产进行经营，那就会消耗现金和降低现金流量。目前，这就是从上述等式中需要理解的关键点。

公司资本结构与加权平均资本成本（WACC）的计算

大多数网络公司的资金都是完全由权益（股份、股票）构成，而不是由债务（贷款、债券）构成。公司资金来源引起它的资本结构变化，完全由权益资金构成的公司具有简单的资本结构，公司的资产通过权益准确地进行平衡（财务上），公司的资产负债表（列出资本结构的部分账目）如下：

资产	负债
净营运资产	权益
现金	

在任何评估测算中，营运资产的价值是一个未知的关键。现金的价值是已知的，因为资产负债表、银行账户和手头中的现金可以自由兑换。因此，如果我们借助评估未来自由现金流量来评估净营运资产，并且随后加上已知现金价值，我们就能获得权益的价值。值得注意的是，这里不需要考虑未来现金价值，当天的现金价值就足够了，因为我们不希望公司从正在投资的现金中产生额外的价值，仅仅希望从正在使用的营运资产中产生价值。贴现率的问题也比较简单，需要准备的现金数量也较小。我们能够通过资本资产定价模型（CAPM）来估算权益的资本成本 r，并且如果现金在总资产中占比较低，那么从营运资产中产生现金流量的合适贴现率仍然是 r。如果现金或其他期望收益率较低的资产（例如，政府债券）在权益中所占比重较大，那么营运资产需要的贴现率会比 r 高。

一些公司的资本由债务和权益构成，这就是说，这些公司的资本结构和由公司营运资产产生的现金流量所使用的风险调整贴现率，不能由资本资产定价模型（CAPM）简单计算而得。首先让我们看一个简单的案例，其中的现金流量由负债或借款进行平衡。

资产	负债
净营运资产	权益
现金	负债

倘若债务和现金的市场价值相等，那么在这个案例中负债与价值评估无关。该公司为来源于债务的资金提供了一定的灵活性，营运资产（未来现金流量贴现形成）等于权益价值，r 是较合适的资本成本，这个资本成本 r 来自营运资产的自由现金流量的贴现值。

最后，当负债大于现金时，就产生了更复杂的案例，如下：

资产	负债
净营运资产	权益
	负债
现金	

忽略由现金抵消的负债部分，我们可以得到简单的资本结构，其中，净负债等于负债减去现金：

资产	负债
净营运资产	权益
	净负债

在这个案例中，净负债的影响太大，以至于不能忽略。如果负债有一个期望的收益 r_{Dbet}，仅仅大于无风险利率（期望的收益也许大于无风险利率1%，或许为5%），那么资本资产定价模型（CAPM）估算权益的资本成本 r 也许是11.5%（因为 β 值=1.5 倍股票），这告诉我们，期望营运资产的收益就是营运资产的"资本成本"，这个资本成本介于无风险利率与资本资产定价模型计算的资本成本两者之间。这个逻辑是依据"加权平均资本成本"形成的，或者参照 WACC 这个计算公式形成的，对于由部分权益以及部分负债构成的公司资本结构，这个简单的加权平均资本成本 WACC 公式就能够给出，可以应用于从营运资产产生的现金流量的贴现率：

简单的加权平均资本成本（WACC）$= r_{Dbet}\dfrac{D}{V}+r\dfrac{E}{V}$

其中，D = 负债值；

E = 权益值；

V = D+E = 公司价值。

值得注意的是，以上公式的计算是用与公式中所提到的名称完全一样的方式进行的。它是资本结构的两个构成部分的资本成本平均值，根据每个部分构成公司价值的比例加权来计算平均值。然而，这显然有些复杂，如果公司需要纳税，那么公司就会获得负债带来的赋税好处，这是因为负债的利息是免税的，也就是在 Inland Revenue（英国）或 Internal Revenue Service（美国）计算税前利润之前，负债扣除了公司的利润。为说明这个问题，税后的加权平均资本成本 WACC 公式就变成了以下公式：

$$WACC = r_{Dbet}(1-T_c)\frac{D}{V}+r\frac{E}{V}$$

这里，T_c = 公司所得税税率。

因为大多数公司要纳税，这个加权平均资本成本 WACC 公式是最常用的。对于网络公司来说，由于要在未来创造利润，所以，这个标准的加权平均资本成本 WACC 公式仍然是与这些网络公司相关的（加权平均资本成本对"从来不"创造利润的公司是不切实际的，因为公司的价值是零）。但是，负债对网络公司是相当危险的，因为在包括公司负债的计算中，加权平均资本成本会大大低于权益的资本成本。例如，亚马逊公司可转换债券的价格跟公司股票价格的变化非常接近，并且因为公司在几年的时间中不大可能有纳税的能力，所以，可以使用权益贴现率作为加权平均资本成本。

价值评估案例

现在，让我们转向一个略微复杂的价值评估案例。

KWSN（www.Knightswhosayni.biz）是一个上市网站，网上销售 Monty Python 品牌的随身用品。如果昨天刚好是这一年的结束日（经营的第 1 年），KWSN 的销售额是 150 万英镑，成本是 200 万英镑，期望 5 年内收入增加 50%，公司的成本结构表示如下：

——100 万英镑的费用用于网站建立、建筑（租借）以及员工工资。

——100 万英镑的费用用于去年获取 Monty Python 品牌产品的销售权，以及产品的包装和邮寄的费用。

在没有年度其他附加支出时，这些用于网站、建筑以及员工的费用预计能够控制在今后 5 年的所有销售额以内，保持产品和运输产品的单位成本预计不变。

在 5 年后，公司所有者将寻找机会将公司以 10 倍的收益卖给 Disney、AOL Time Warner 以及其他大的媒体机构。

公司没有负债或现金，并且权益 β 值为 2，公司税率是 30%，并且税在年末立即付清，公司没有资产折旧。

要求：www.Knightswhosayni.biz 公司的价值是多少？

第一步：项目收入以及项目成本

我们从上述问题中摘取以下数据：

——每年的收入是前一年的 1.5 倍。

——建筑物成本固定不变，是 100 万英镑（之所以固定不变，是因为它与运输量无关）。

——上一年度的可变成本是 100 万英镑（未来的可变成本是销售额的 67%）。

我们提供这些预计的数据，得到税前利润（见表 1-1）（黑体字代表的是 0 年的数据，这些数据没有包括在现值的计算中，因为它们是过去的）。

表 1-1　KWSN 公司：1~5 年的预计数据

	百万英镑	百万英镑	百万英镑	百万英镑	百万英镑	百万英镑
年度	0	1	2	3	4	5
收入	**1.50**	**2.25**	**3.38**	**5.06**	**7.59**	**11.39**
固定成本	1.00	1.00	1.00	1.00	1.00	1.00
可变成本	1.00	1.51	2.26	3.39	5.09	7.63
总成本	**2.00**	**2.51**	**3.26**	**4.39**	**6.09**	**8.63**
税前利润	−0.50	−0.26	0.11	0.67	1.51	2.76

第二步：计算税赋

我们从上述问题中摘取以下数据：

——公司从第 1 年度的经营中获取的营业净损失是 50 万英镑。这个意思是说，按照英国和美国税法中的规定，在第 1 期不必上缴税收。

——公司没有折旧：所有的费用都是执行现金收付制（这简化了税赋的计算，在这个理想化的例子中"利润与自由现金流量完全相同"）。

——公司的税率是 30%。

使用第一步中的税前利润的数据，我们计算未来的 NOLs（净营业损失），以及应缴纳的税赋，得出税后利润等于现金流量（表 1-2）。

表 1-2　KWSN 公司：1~5 年的预计数据税后利润（现金流量）

	百万英镑	百万英镑	百万英镑	百万英镑	百万英镑	百万英镑
年度	**0**	**1**	**2**	**3**	**4**	**5**
税前利润	**−0.50**	**−0.26**	**0.11**	**0.67**	**1.51**	**2.76**
累计净营业损失	0.50	0.76	0.64	N/A	N/A	N/A
利润应付税	N/A（loss）	N/A（loss）	0	0.03	1.51	2.76
税赋（30%）	**0**	**0**	**0**	**0.01**	**0.45**	**0.83**
税后利润	**−0.50**	**−0.26**	**0.11**	**0.66**	**1.05**	**1.93**

第三步：计算公司最终价值

我们从上述问题中摘取以下数据：

——公司将会在 5 年内被当作兴旺的公司被出售。

——公司的出售价格将是第 5 年收益的 10 倍。

我们用 10 乘以第 5 年的税后利润（在第二步中的计算值）形成的价格就是公司在 5 年后出售的交易价格。

最终价值 = 10×193 = 1930（万英镑）

公司在第 5 年的总现金流量＝2124 万英镑

第四步：计算 1~5 年的现金流量的贴现值及其总和

我们从上述问题中摘取以下数据：

——只包括未来现金流量。

——使用资本资产定价模型 CAPM 公式计算的贴现率是 14%（r＝r_f＋市场风险收益率 MRP×β＝4%＋5%×2）。

第 1 年的现金流量的现值＝－0.26/1.14＝－0.23

第 2 年的现金流量的现值＝0.11/1.14^2＝0.08

第 3 年的现金流量的现值＝0.66/1.14^3＝0.45

第 4 年的现金流量的现值＝1.05/1.14^4＝0.62

第 5 年的现金流量的现值＝21.24/1.14^5＝<u>11.03</u>

总现值　　　　　　　　　　　　　　　11.95 百万英镑

答案：KWSN 公司的现值是 11.95 百万英镑。

第二章　案例研究：亚马逊公司的价值评估*

引　言

以下案例给出亚马逊公司的一些信息，连同其他类似的和可比较的公司的一些支持和相关文件。

这些信息让读者建立 Excel 电子数据表来评估公司价值。

案例情景设置

在 2002 年 2 月，亚马逊公司在近期已经报告了 2001 年度的公司财务审计结果。在 2001 年全年中，公司收入的 31.2 亿美元（2000 年是 27.6 亿美元）中的预计损失是 4500 万美元（2000 年是 3.17 亿美元；预计损失不包括商誉分摊、联营公司损失以及一些其他抵押项目）。但是，按照美国公认会计准则（US GAAP）的计算，这个损失值是 5.7 亿美元（2000 年是 14 亿美元）。同时，公司公布在 2001 年第 4 季度有少量的净利润（预计是 3500 万美元，按照美国公认会计准则计算是 500 万美元）。公司历史的财务数据参见附录 2-1。[①]

与其他经营电子商务的网络公司相同，亚马逊公司已经经历了股票价格和公众及投资者信心的快速下跌。公司的股票市值在 1991 年 10 月达到 400 亿美元的最高峰，但此后下跌到大约为 48 亿美元。公司股票价格走势见图 2-1。

1999 年 12 月是 Jeff Bezos 上任担任亚马逊公司首席执行官的时间，此时，投资者和市场分析人士对于公司普遍充满信心。然而，2001 年产生的是更加严酷的公众市场环境，让人产生的思索是公司在未来能否生存，公司被赋予各种名称，如亚马

＊本章内容版权方为：John Briginshaw（网络公司价值评估：前沿观点，Palgrave Macmillan 2002 年版）。本书负责声明：尽最大努力保证案例研究中的信息的准确性，不能保证写作和暗示的真实。案例研究完全是以可利用的公共信息为基础准备的，并以此作为讨论的基础，而不是为了说明等级状况的有效性或无效性。这个案例没有经亚马逊公司或其他公司的认可或检查，并不能构成这些公司的战略或价值宣言。

① 历史上的季度和年度结果包括在案例数据中的电子数据表格，分别以"季度"和"年度"加以区分。这份电子数据表格可以从 www.internet-valuation.com/palgrave 网站上下载。

图 2-1　亚马逊公司（AMZN）股票价格走势图

注：每股 20 美元相当于资本市值 74.33 亿美元。

逊病、亚马逊烤薯干、亚马逊炸弹，Bezos 总是心情愉快地指出："我更喜欢称之为亚马逊非营利组织，因为我们确实没有一点儿利润"。但是，公司在 2001 年第 4 季度的表现给关心者以希望，公司可能扭转困境，即将转为盈利。

案例背景与筹资

　　Bezos 于 1994 年 7 月成立了亚马逊公司，Bezos 曾经是华尔街 D. E. Shaw 对冲基金公司执行副总裁，在他的银行职业生涯之前，他毕业于普林斯顿大学电子工程和计算机科学专业。

　　经过一个时期网站和其他方面的发展，公司在 1995 年 7 月开始着手顾客服务，起初公司的资金是由 Jeff P. Bezos 和其他发起者的资本构成。1996 年 6 月，公司增加了风险投资基金，来自 Kleiner Perkins 的大约 780 万美元（发起者由 Kleiner Perkins 网站和亚马逊公司 S—1 档案组成）。公司开始发展，公司第一次公开上市是在 1997 年 5 月，当公司股票以普通股开盘价每股 18 美元开始交易时，公司的市值上升到 5400 万美元。上市第一天上涨了 31% 是相对平和的（与其他品种期货的首次公开发行相比）。在首次公开发行日 1997 年 5 月 14 日收盘时，在外发行的普通股市值是 5.6 亿美元。

　　就如公司历史上的财务数据（见附录 2-1）显示的那样，亚马逊公司快速增长，公司突出强调优化物流管理，从领导美国零售业的 Wal-Mart 公司和其他公司中雇佣分销和销售的专家。公司强调增长超过获利，因此，公司不能够仅仅从内部产生的资金来筹集成长所需的资金，不得不转向大量的基金。首次公开发行的结果，亚马逊公司主要通过负债与可转换债券来增加资金。1997 年 12 月 29 日，公司终止了 7500 万美元的 3 年期信贷额度（来自 Deutsche Morgan grenfell 公司）。2000 年 5 月 5 日，亚马逊公司的市值上升到 3.26 亿美元，主要从 2003 年付息的贴现票据、债务票据的销售中产生。此后，公司的筹资来自可转换债券的发行。1999 年 1 月 28 日，亚马逊公司出售的 12.5 亿美元（其中 5 亿美元对投资者发售）利率为 4.75% 的无优先权可转换债券于 2009 年到期。2001 年 2 月 16 日，亚马逊公司出售的 6.9 亿欧元利率为 6.875% 的无优先权可转换债券于 2010 年到期（主要在欧洲可转换市场）。因此，2001 年 12 月 31 日，公司报告拥有现金与现金等价物共计 5.403 亿美元（公司同时拥有的可转换证券是 4.563 亿美元）。

公司业务排列

亚马逊公司在 1995 年 7 月开始的业务是在线图书，1998 年 7 月增加了在线音乐，1998 年 11 月增加了 DVD 和录像的销售，1999 年 3 月增加了亚马逊拍卖，1999 年 9 月增加了在线商店 zShop（在线商品商店），1999 年 11 月增加了家饰、电子和软件销售。2000 年，公司进一步增加了汽车（与 Greenlight.com 公司合伙）、橱具、医疗、美容（与 drugstore.com 公司合伙）、旅游、机械工具以及亚马逊电源插座（打折的或是二手货）商店。2001 年 2 月，公司转变了经营策略，标出不再出售非盈利的商品。但是，在 2002 年 2 月，公司出现一个不明显的征兆，就是减少公司提供的产品。实际上，公司仍然增加新的商店，尽管其中很多是与其他公司合伙经营。以时间排列的商店参见表 2-1。

表 2-1　亚马逊公司商店的时间排列表

日期	商店	日期	商店
1995 年 7 月 16 日	图书	1999 年 7 月 13 日	电器
1998 年 1 月 11 日	音乐	1999 年 9 月 30 日	在线商店（亚马逊公司网站上的商店）
1998 年 10 月 15 日	国际（amazon. co. uk and amazon. de）	1999 年 11 月 9 日	软件工具与硬件
1998 年 11 月 1 日	DVD 产品	1999 年 11 月 9 日	软件
1998 年 11 月 17 日	录像带	1999 年 11 月 9 日	计算机与视频游戏
1998 年 11 月 17 日	礼品与礼品证书	2000 年 12 月 28 日	插座
1999 年 1 月 13 日	玩具与电子游戏	2001 年 5 月 18 日	影院
1999 年 3 月 30 日	拍卖	2001 年 5 月 23 日	婴儿用品（玩具）

续表

日期	商店	日期	商店
2000 年 4 月 5 日	户外生活用品	2001 年 8 月 2 日	在线剧院（Borders.com co-branded）
2000 年 4 月 17 日	健康与美容	2001 年 8 月 22 日	公司账户
2000 年 5 月 2 日	橱具与家庭用具	2001 年 8 月 29 日	计算机
2000 年 5 月 19 日	家庭用品（现已关闭）	2001 年 9 月 11 日	目标公司
2000 年 8 月 23 日	汽车（greenlight.com）	2001 年 9 月 26 日	旅游
2000 年 10 月 4 日	照相机与胶片	2001 年 10 月 30 日	杂志与期刊
2000 年 11 月 28 日	移动电话		

2001 年财政年度销售额（公司提供的）的部分明细信息，以及主要产品的潜在市场规模排列如表 2-2 所示。

表 2-2　2001 年全年亚马逊公司销售额（在美国）　　　单位：百万美元

	亚马逊公司 2001 年全年 销售额（美国）	美国市场 （2000 年，每年）	在美国市场预计 的增长（2000 年， 每年）（%）	全球市场 （2000 年，每年）
图书	1689	28800	4.4	86400
音乐	*	13700	7.2	38700
DVD/录像带	*	9600	7	26700
玩具	**	22600	6.6	62800
电器	547	57000	8.7	57000
软件		5000		12000
家具	**	400000	4.1	
拍卖，在线商店、市场等	225 ***	****		
美国所有零售额		26000000		

　　注：* 表示音乐、DVD/录像带与图书结合在一起。** 表示玩具与电器结合在一起。*** 表示所有服务的收入。**** 表示不可确定的。

　　资料来源：公司财务报告、Morgan Stanley 公司、ING Barings 公司、Prufential 公司、Forrestter Research 公司。除了第一列外的所有数据都是估算的。

　　为了支持公司以网站为基础的网络商店，从 2001 年年初起，亚马逊公司增加了公司伙伴的积极性，对于公司与其伙伴共同享有的准确收入，公司通常没有做出披露。合作伙伴和任何收入的披露参见表 2-3。

表 2-3 亚马逊公司的合伙者

日期	商店	伙伴	收入披露（如果可能）
2000 年 4 月 17 日	健康与美容	drugstore. com	
2000 年 8 月 23 日	汽车	greenlight. com	
2000 年 9 月 19 日	玩具与游戏	ToysRUs	
2001 年 5 月 23 日	婴儿用品	ToysRUs	
2001 年 7 月 23 日	AOL	AOL Time Warner	AOLTW 对亚马逊公司进行 1 亿美元的股票投资
2001 年 8 月 2 日	Border. com co-branded	Borders. com	
2001 年 8 月 20 日	电器（库存）	Circuit City	
2001 年 8 月 29 日	计算机	Ingram Micro（order fulfilment for new computers），Essex Technology Group，Overstock. com and TechSmart，Inc.（refurbished computers）	
2001 年 9 月 11 日	目标	Target，Inc.	5 年的战略同盟，亚马逊公司将接收每单位的费用与年度固定费用（数量没有披露）
2001 年 9 月 26 日	旅游	expedia. com（Microsoft）. hotwire. com，National Leisure-Group	
2001 年 10 月 30 日	期刊订阅	Synapse Services	

存货与固定资产

亚马逊公司的首席执行官起初把公司定点在 Seattle，它靠近世界上最大的图书批发仓库，在俄勒冈州的英格拉姆 Ingram 图书城附近，起初公司仅仅储藏要销售的 100 万册书中的 2000 册（Chemawat 和 Baird，1998）。但是，在 1998 年到 1999 年期间，公司开始设立分销中心，投资总额为 3 亿美元（Fogarty，1999）。公司的存货水平也提高，用以增强控制和防止缺货。Prudential Securities（1999）估算，一旦计划的 500 万平方英尺的分销空间完成，公司将有能力每年运输 100 亿美元的商品。1999 年 12 月计划的分销中心的列表参见表 2-4。

表 2-4 亚马逊公司分销中心（1999 年 12 月）

位置	建立日期	平方英尺（最大值）
Seattle，Washington	开端	93000
New Castle，Delaware	1997 年 11 月	202000
Fernley，Nevada	1999 年 1 月	322560
Coffeyville，Kansas	1999 年 4 月	750000
Campbellsville，Kentucky	1999 年 5 月	770000

续表

位置	建立日期	平方英尺（最大值）
Lexington，Kentucky	1999 年 5 月	600000
McDonough，Georgia*	1999 年 6 月	800000
Not announced	2000 年	1500000

注：＊表示公司宣布在 2001 年 1 月将关闭 McDonough，Georgia 的使用。

在经营租赁中所有设备都是租赁的，这些设备的使用费用包括在营销与销售费用中，在 Meeker（2000）估算完成的成本构成中，营销与销售费用占 1999 年第 4 季度销售额的 16%、1999 年第 3 季度销售额的 15%。在分销中心建成前，这与 1998 年第 4 季度销售额的 10% 相比，是完全不稳定的。

机 会

亚马逊公司经常被谣传与一个电子商务公司协商进行联盟，特别是与 Wal-Mart Stores 公司的联盟。亚马逊公司与 ToysRUs 公司达成协议，帮助该公司在线营销该公司的产品。同样，在 2001 年夏季，亚马逊公司与 AOL 公司、Target 公司和 Circuit City 公司协商结成联盟。与 AOL 公司的联盟意味着亚马逊公司和 AOL 公司将作为合作伙伴提供购货服务。

更进一步地，在特殊的市场区域中，亚马逊公司以及其他在线零售商比非在线零售商所处的位置更好。这方面的一个例子就是，在音乐磁带市场中，数字化的可下载音乐成为一个特殊的分支，这一分支的在线零售商将有可能成为主宰。这个和其他类似的创新（例如，数字化的可下载的电子图书）依赖于广泛分布的、需要增加的宽带。在美国，铺设高频宽带连接的进展已经放慢，但是，Jupiter 通信公司预测到（Fogarty，2000）由高频宽带连接（电缆、XDSL、ISDN）的互联网预订者的数量将从 1998 年的 100 万人次增加到 1030 万人次。

亚马逊公司持续地与其他公司建立伙伴关系。同时，公司已经引进特殊的、面对顾客的客户化积极性服务，例如，"我的商店"提供适合的网页给顾客，并且还有共同的账目，能够合作和组织偿还商品和服务的欠债。公司已经为重要的提供者和市场定制"特别的商店"，如基督徒的产品（www.amazon.com/christian）。

2000 年 9 月，亚马逊公司被控告进行客户化的定价（基于人口统计或地理位置）。但是，亚马逊公司否认了这些说法，并且声明，公司是为了测试打折对收入的影响（就是测试需求曲线图），而对 DVD 产品进行随机价格测试（不是为人口统计进行的调整）。公司返还 2.1 万美元给那些经受测试的顾客。然而，这很清楚地表明，亚马逊公司可能通过顾客、国家、每天中的时间、季节等，具有超强的能力进行价格裁定。

威　胁

　　竞争对在线零售商构成了极大的威胁。亚马逊公司很好地认识到品牌的声誉和为顾客服务的好名声的重要性，与一般商店（离线）或是提供（其他在线）的商品相比，公司在提供商品时没有加收额外的费用。除了注意在线零售商外，公司考虑到主要的离线零售商可能集中到在线销售市场，为了保持收入和收益的增长，这些可以保证公司的股票在市场上的基本等级（见表2-5）。

表 2-5　亚马逊公司的竞争者

	图书	音乐	玩具
压线	Bn. com	CDNow/Columbia House	FAO. com
	Buy. com	GetMusic. com	—
	Books-a-million. com	Bn. com	—
离线	Barnes & Noble, Inc.	Tower Records	Wal-Mart
	Borders Group	Virgin	ToysRUs
	Wal-Mart	HMV	Kmart
	Costco	Wal-Mart	Target Stores

　　符合长期的美国邮购业的赋税便利，位于州内的公司只需支付州消费税率（2%~10%）。这就意味着，除了首府华盛顿州外，亚马逊公司的顾客能够在美国的其他任何地方免消费税订购商品。如果在线销售增加，这个赋税的便利将得到验证，但可以想象到的是，在线销售不可能萎缩。低的股票市场等级可能会影响到公司进一步发展进行筹资的能力，或者影响公司逐步获得信誉的能力。

可比较的公司

　　附录2-2列示了亚马逊公司的竞争对手的财务信息，列示这些信息的目的在于使读者能够确定可能的稳定利润和公司经营需要的资产。

附录2-1 亚马逊公司的历史财务数据

单位：千美元

附表2-1 亚马逊公司年报

时间	1995-12-31	1996-12-31	1997-12-31	1998-12-31	1999-12-31	2000-12-31	2001-12-31
净销售额	511	15746	147758	609996	1639839	2761983	3122433
销售费用	409	12287	118945	476155	1349194	2106206	2323875
毛利润（损失）	102	3459	28813	133841	290645	655777	798558
市场营销与销售费用	200*	6090*	38964*	133023*	413150*	179980	138283
执行费用						414509	374250
产品开发费用	171	2313	12485	46807	159722		
技术与措施费用						269326	241165
管理费用	35	1035	6573	15799	70144	108962	89862
基于股票的补偿费用					30618	24797	4637
商誉与其他无形资产的分摊					214694	321772	181033
相关的损失与其他费用						200311	181585
兼并与收购费用（包括分摊）				50172	8072		
总运营支出	406	9438	58022	245801	896400	1519657	1210815
运营收益（损失）	-304	-5979	-29209	-111960	-605755	-863880	-412257
利息收益	1	202	1898	14053	45451	40821	29103
利息支出			279	26639	84566	130921	139232
其他净收益					1671	-10058	-1900
其他净非现金收益与损失						-142639	-2141
净利息收益（支出）或其他收入				-12586	-37444	-242797	-114170
扣除损益之前的权益之前的收益					-643199	-1106677	-526427
权益投资损失中的或者其他权益的权益					-76769	-304596	-40850
净收益（损失）	-303	-5777	-27590	-124546	-719968	-1411273	-567277
在外发行的加权平均股票数量	340794	271860	259812	296344	326753	350873	364211
年终在外发行的股票数量	261990	286200	287244	318534	345155	357140	373218

续表

时间	1995-12-31	1996-12-31	1997-12-31	1998-12-31	1999-12-31	2000-12-31	2001-12-31
缩减的资产负债表							
固定资产	57	985	9265	29791	317613	366416	271751
无形资产	0	0	0	186377	730144	255325	79749
投资	0	0	0		371462	92250	28359
现金与可转换证券	996	6248	125066	373445	706188	1100522	996585
其他流动资产	31	892	12269	50809	305990	260607	211335
其他资产	0	146	2406	8038	40154	60049	49768
总资产	1084	8271	149006	648460	2471551	2135169	1637547
流动负债	57	4870	42318	160891	724613	958379	906422
其他长期负债							
负债	0	0	78202	348824	1480660	2144041	2171125
权益（优先权与可转换债券）	0	0	0	0	0	0	0
权益（一般）	977	3401	28486	138745	266278	-967251	-1440000
负债总额	1084	8271	149006	648460	2471551	2135169	1637547
杜邦财务体系							
运营资产	-19	-2847	-18378	114124	1040750	76268	-265460
运营利润	-59.5%	-38.0%	-19.8%	-18.4%	-36.9%	-31.3%	-13.2%
运营资产周转率	NM	NM	NM	5.35	1.58	36.21	NM
运营资产收益率	NM	NM	NM	-98%	-58%	-1133%	NM
其他指标							
收入增长率		2981%	838%	313%	169%	68%	13%
存货天数（基本收益）	12.2	13.2	22.2	17.7	49.1	23.1	16.8
应付账款减去其他流动资产天数（收益）	60.8	58.7	72.7	55.1	84.1	52.8	44.1
固定资产（占收入的百分比）	11%	6%	6%	5%	19%	13%	9%

注：*表示也包括了执行费用。

单位：千美元

附表 2-2　亚马逊公司季报

时间	1999-09-30	1999-12-31	2000-03-31	2000-04-30	2000-09-30	2000-12-31	2001-03-31	2001-04-30	2001-09-30	2001-12-31
净销售额	355777	676042	573889	577876	637858	972360	700356	667625	639281	1115171
销售费用	285300	588196	445755	441812	470597	748060	517759	487905	477089	841122
毛利润（损失）	70477	87846	128134	136064	167279	224300	182597	179720	162192	274049
执行费用							98248	85583	81400	109019
市场营销费用							36638	34658	32537	34450
市场营销，销售费用与执行费用	86555	179424	140111	129813	138342	186223				
产品开发费用	44608	57720	61244	67132	71159	69791				
技术与措施费用							70284	64710	53846	52325
管理费用	11789	14049	13652	8166	11791	-1112	50831	50830	41835	37537
基于股票的补偿费用							58748			
商誉与其他无形资产的分摊	18512	26051	26045	28468	26217	28232	26028	22778	21481	19575
相关的损失与其他费用			2019	2449	4091		2916	2351	-2567	1937
兼并与收购费用（包括分摊）	99481	84386	82955	80413	79194	279521	55512	58650	3994	4681
总运营支出	260945	361630	326026	316441	330794	562655	399205	319560	232526	259524
运营收益（损失）	-190468	-273784	-197892	-180377	-163515	-338355	-216608	-139840	-70334	14525
利息收益	12699	8972	10126	10314	9402	10979	9950	6807	6316	6030
利息支出										
其他净收益										
其他净非现金收益与损失										
净利息收益（支出）或其他收入										
扣除损失与收益之前的权益的收益										
权益投资损失中的或者其他的权益										
净收益（损失）	21470	-18508	27621	33397	33809	36094	33748	35148	35046	35290

单位：千美元

附表 2-3 亚马逊公司季度资产负债表

	1998-09-30	1998-12-31	1999-03-31	1999-06-30	1999-09-30	1999-12-31	2000-03-31	2000-06-30	2000-09-30	2000-12-31	2001-03-31	2001-06-30	2001-09-30	2001-12-31
合并资产负债表														
固定资产	23821	29791	60600	156333	221243	317613	334396	344042	352290	366416	304179	292422	288373	271751
无形资产	213064	178638	187194	741865	705932	730144	647192	596778	520470	255325	204420	152895	111061	79749
投资	582	7740	0	106020	196317	371462	422324	299976	164476	92250	51042	36952	25347	28359
现金与可转换证券	337260	373445	1442965	1144237	905685	706188	1008881	907621	900024	1100522	642973	608969	668100	996585
其他流动资产	37397	50809	82313	112721	174383	305990	262068	259019	263061	260607	212737	200388	202176	211335
存货	19772	29501	45236	59387	118793	220646	172257	172360	163880	174563	155562	129035	130739	143722
其他	17625	21308	37077	53334	55590	85344	89811	86659	99181	86044	57175	71353	71437	67613
其他资产	7590	8037	39912	37038	36239	40154	54882	53294	54306	60049	54804	53410	51311	49768
总资产	619714	648460	1812984	2298214	2239799	2471551	2729743	2460730	2254627	2135169	1470155	1345036	1346368	1637547
流动负债	98771	160891	194399	268071	344895	724613	551182	589892	641884	958379	585405	629903	612144	906422
应付账款	60046	113273	133018	165983	236711	463026	255797	286239	304709	485383	257411	257976	236992	444748
应付利息	0	10	0	23960	10045	24888	15812	41213	35056	69196	16720	43833	41635	68632
其他	38752	47608	61381	78128	98139	236699	279573	262440	302119	403800	311274	328094	333517	393042
其他长期负债														
负债	341179	348824	1541048	1459097	1474979	1480660	2152944	2149262	2099910	2144041	2138161	2145064	2188218	2171125
权益（优先权与可转换债券）														
权益（一般）	179764	138745	77537	571046	419925	266278	25617	-278424	-487167	-967251	-1253411	-1429931	-1453994	-1440000
负债总额	619714	648460	1812984	2298214	2239799	2471551	2729743	2460730	2254627	2135169	1470155	1345036	1346368	1637547
杜邦财务体系														
运营资产	183683	114124	175620	885906	989219	1040750	1169680	963217	712719	76268	241777	106164	66124	-265460
运营利润	-27.0%	-17.6%	-19.0%	-39.0%	-53.5%	-40.5%	-345%	-31.2%	-25.6%	-34.8%	-30.9%	-20.9%	-11.0%	1.3%
运营资产周转率	2.30	5.35	4.65	1.15	1.23	1.58	1.64	2.27	3.46	36.21	11.95	28.05	45.06	N.M
运营资产收益率	-62%	-94%	-88%	-45%	-66%	-64%	-57%	-71%	-89%	-1260%	-369%	-588%	-496%	N.M
其他指标														
收入增长率（基于TTM的季度）	38%	44%	34%	24%	20%	35%	17%	14%	13%	12%	5%	3%	0%	5%
相关年度销售额（TTM）	423061	609996	816264	1014664	1216743	1639839	1920085	2183584	2465665	2761983	2888450	2978199	2979622	3122433
存货天数（基本）	11.7	10.6	14.1	17.2	30.5	29.8	27.4	27.2	23.5	16.4	20.3	17.6	18.7	11.8
应付账款减去其他流动资产天数（基于TTM季度的收益）	25.2	33.2	29.8	32.7	46.5	51.0	26.4	31.5	29.4	37.5	26.1	25.5	23.6	30.9
固定资产（占收入的百分比）	6%	5%	7%	15%	18%	19%	17%	16%	14%	13%	11%	10%	10%	9%

附表 2-4 亚马逊公司部分报表

年份	1998	1999	2000	2001
单位	（$）	（$）	（$）	（$）
收入	**609819**	**1639839**	**2761983**	**3122433**
美国的图书、音乐与DVD	588013	1308292	1698266	1688752
美国的初期阶段		163804	682642	772307
国际的	21806	167743	381075	661374
单位	（%）	（%）	（%）	（%）
年度收入增长率	**313**	**169**	**68**	**13%**
美国的图书、音乐与DVD		122	30	−0.6%
美国的初期阶段			317	13%
国际的		669	127	73%
单位	（$）	（$）	（$）	（$）
毛利润	**133664**	**290645**	**655777**	**798558**
美国的图书、音乐与DVD	128710	262871	417452	453129
美国的初期阶段		−7801	160889	205273
国际的	4954	35575	77436	140606
部分的收益（损失）	−61032	−352371	−317000	−45002
美国的图书、音乐与DVD	−35534	−31000	71441	156753
美国的初期阶段		−242148	−243371	−98643
国际的	−25498	−79223	−145070	−103112
其他非现金运营支出	**−48023**	**−253384**	**−546880**	**−367255**
净利息支出与其他支出	**−12586**	**−37444**	**−242797**	**−124693**
权益投资损失的权益	**−2905**	**−76769**	**−304596**	**−30327**
净损失	**（124546）**	**（719968）**	**（1411273）**	**（567277）**

附录 2-2 竞争对手公司的情况

附表 2-5 Barnes 和 Noble（BKS）公司的财务数据 单位：百万美元

时间	1994-01-09	1995-01-08	1996-01-27	1997-02-01	1998-01-31	1999-01-30	2000-01-29	2001-02-03
收入	1337	1623	1977	2448	2797	3006	3486	4376

网络公司价值评估：前沿观点

时间	1994-01-09	1995-01-08	1996-01-27	1997-02-01	1998-01-31	1999-01-30	2000-01-29	2001-02-03
销售费用与占用费用	874	1050	1269	1569	2019	2143	2484	3170
毛利润	463	573	708	879	778	863	1002	1206
销售与管理费用	263	311	377	456	540	577	651	813
租赁支出	120	147	182	225				
折旧与分摊	29	37	48	60	77	88	112	145
开办费用	9	9	12	18	13	9	7	8
损失费用	0	0	0	0	0	0	0	107
重组费用	0	0	124	0	0	0	0	0
运营利润（损失）	42	69	−35	120	147	189	232	134
净利息	0	0	0	38	0	0	0	0
其他收益	0	0	0	0	0	−8	10	−113
税前利润	16	46	−63	81	110	157	219	−33
收益税后留存	9	20	−10	30	45	64	90	19
净收益（损失）	8	25	−53	51	53	92	124	−52
缩减资产负债表								
有形固定资产	190	244	320	435	482	510	568	566
无形资产	138	134	97	93	90	87	298	359
存货	0	0	0	0	0	82	241	137
现金与可转换债券	138	55	9	12	13	31	24	26
其他流动资产	408	558	839	855	965	1057	1217	1429
其他资产	21	35	50	51	41	40	66	40
资产总额	896	1026	1315	1447	1591	1808	2414	2557
流动负债	364	458	622	614	713	772	923	935
非长期负债	13	20	31	46	62	107	213	178
债务	190	190	262	330	285	249	432	667
权益（优先权与可转换债券）	0	0	0	0	0	0	0	0
权益（一般）	329	358	400	456	532	679	846	778
负债总额	896	1026	1315	1447	1591	1808	2414	2557

续表

时间	1994-01-09	1995-01-08	1996-01-27	1997-02-01	1998-01-31	1999-01-30	2000-01-29	2001-02-03
杜邦财务体系								
运营资产	381	493	653	774	804	897	1254	1419
运营利润	3.2%	4.2%	-1.8%	4.9%	5.3%	6.3%	6.7%	3.1%
运营资产周转率	3.51	3.29	3.03	3.16	3.48	3.35	2.78	3.08
运营资产收益率	11.1%	13.9%	-5.4%	15.5%	18.3%	21.0%	18.5%	9.4%
其他指标								
收入增长率	23%	21%	22%	24%	14%	7%	16%	26%
存货天数（基本收益）	100.1	113.5	136.8	109.3	111.3	114.9	115.5	103.4
应付账款减去其他流动资产天数（收益）	57.1	59.5	58.6	37.5	45.3	46.9	50.8	32.7
固定资产（占收入的百分比）	18%	18%	20%	22%	20%	18%	19%	16%

附表2-6　Borders Group（BGP）公司的财务数据　　单位：百万美元

时间	1994-01-23	1995-01-22	1996-01-28	1997-01-26	1998-01-25	1999-01-24	2000-01-23	2001-01-28
收入	1371	1511	1749	1959	2266	2595	2999	3271
销售费用与占用费用	1031	1127	1302	1438	1634	1859	2148	2354
毛利润	340	384	447	521	632	736	851	917
兼并与收购费用	281	333	374	410	485	558	674	736
开办费用	3	6	7	7	7	8	8	6
资产损失与其他减值	0	0	63	0	0	0	0	36
商誉分摊	7	7	206	1	2	3	4	3
重组费用与其他费用	143	19	3					
销售与管理费用	-93	44	-200	103	138	167	166	135
运营利润（损失）	1	1	5	7	7	16	18	13
利息支出	-94	43	-205	96	131	151	148	122
税前利润（损失）	-38	22	6	38	51	59	58	48
收益税后留存	-61	21	-211	58	80	92	90	44
净收益（损失）								

时间	1994-01-23	1995-01-22	1996 01 28	1997 01 26	1998-01-25	1999-01-24	2000-01-23	2001-01-28
缩减资产负债表								
有形固定资产	200	244	244	289	374	494	558	562
无形资产	249	260	39	40	110	107	123	94
存货	0	0	0	0	0	0	0	0
现金与可转换债券	30	237	36	43	65	43	42	59
其他流动资产	506	580	705	804	953	1091	1157	1276
其他资产	21	36	29	36	33	33	36	56
资产总额	1006	1357	1053	1212	1535	1768	1916	2047
流动负债	458	554	483	604	755	855	891	974
非长期负债	79	55	29	25	50	56	68	68
债务	11	16	68	36	132	140	152	159
权益（优先权与可转换债券）	0	5	0	0	0	0	0	0
权益（一般）	458	726	472	511	598	715	803	846
负债总额	1006	1356	1052	1176	1535	1766	1914	2047
杜邦财务体系								
运营资产	439	510	504	504	665	812	913	946
运营利润	-6.8%	2.9%	-11.4%	5.3%	6.1%	6.4%	5.5%	4.1%
运营资产周转率	3.12	2.96	3.47	3.89	3.41	3.20	3.28	3.46
运营资产收益率	-21.2%	8.6%	-39.7%	20.4%	20.8%	20.6%	18.2%	14.3%
其他指标								
收入增长率	16%	10%	16%	12%	16%	15%	16%	9%
存货天数（基本收益）	116.2	127.7	133.3	137.6	141.7	143.6	131.3	134.1
应付账款减去其他流动资产天数（收益）	57.0	56.6	56.6	57.1	67.7	76.6	62.3	61.4
固定资产（占收入的百分比）	15%	16%	14%	15%	17%	19%	19%	17%

附表 2-7 Wal-Mart (WMT) 公司的财务数据

单位：百万美元

时间	1993-01	1994-01	1995-01	1996-01	1997-01	1998-01	1999-01	2000-01	2001-01
收入	55985	67985	83412	94749	106146	119299	139208	166809	193295
销售费用与占用费用	44175	53444	65586	74564	83663	93438	108725	129664	150255
毛利润	11810	14541	17826	20185	22483	25861	30483	37145	43040
兼并与收购费用	8321	10333	12858	14951	16788	19358	22363	27040	31550
运营利润	3489	4208	4968	5234	5695	6503	8120	10105	11490
债务利息	143	331	520	692	629	555	529	756	1095
资本租赁利息	180	186	186	196	216	229	268	266	279
税前收益	3166	3691	4262	4346	4850	5719	7323	9083	10116
收入税后总留存	1171	1358	1581	1606	1794	2115	2740	3338	3692
少量利息前收益	1995	2333	2681	2740	3056	3604	4583	5745	6424
少量利息	0	0	0	0	0	78	153	170	129
会计变化的累计影响	0	0	0	0	0	0	0	-198	0
净收益（损失）	1995	2333	2681	2740	3056	3526	4430	5377	6295
缩减资产负债表									
有形固定资产	9793	13176	15874	18894	20324	23606	25973	35969	40934
无形资产	0	0	0	0	0	0	0	9392	9059
存货	0	0	0	0	0	0	0	0	0
现金与可转换债券	12	20	45	83	883	1447	1879	1856	2054
其他流动资产	10186	12094	15293	17248	17110	17905	19253	22500	24501
其他资产	575	1151	1607	1316	1287	2426	2891	632	1582
资产总额	20566	26441	32819	37541	39604	45384	49996	70349	78130
流动负债	5106	5760	8091	8656	10339	13319	15756	20395	22288

续表

时间	1993-01	1994-01	1995-01	1996-01	1997-01	1998-01	1999-01	2000-01	2001-01
非长期负债	207	322	411	400	463	809	716	759	1043
债务	6494	9606	11591	13398	10634	10815	10613	22082	22316
权益（优先权与可转换债券）	0	0	0	0	0	0	0	0	0
权益（一般）	8759	10753	12726	15087	18168	20441	22911	27113	32483
负债总额	20566	26441	32819	37541	39604	45384	49996	70349	78130
杜邦财务体系									
运营资产	15241	20339	24272	28402	27919	29809	31645	47339	52745
运营利润	6.3%	6.2%	6.0%	5.6%	5.4%	5.5%	5.9%	6.1%	6.0%
运营资产周转率	3.67	3.34	3.44	3.34	3.80	4.00	4.40	3.52	3.66
运营资产收益率	23%	21%	21%	19%	21%	22%	26%	22%	22%
其他指标									
收入增长率	26%	21%	23%	14%	12%	12%	17%	20%	16%
存货天数（基本收益）	64.4	62.3	63.8	63.6	56.4	52.2	46.6	44.6	41.3
应付账款减去其他流动资产天数（收益）	21.3	17.4	20.5	20.0	22.1	23.6	21.2	22.8	22.7
固定资产（占收入的百分比）	18%	20%	20%	22%	22%	23%	22%	25%	25%

附表2-8　Target（TGT）公司的财务数据

单位：百万美元

时间	1994-01-29	1995-01-28	1996-02-03	1997-02-03	1998-01-31	1999-01-30	2000-01-29	2001-02-03
收入	19233	21311	23516	25371	27757	30951	33702	36903
销售费用与占用费用	14164	15636	17527	18628	20320	22634	23029	25295
毛利润	5069	5675	5989	6743	7437	8317	10673	11608
兼并与收购费用	3158	3614	4043	4289	4532	5077	7490	8190
赋税，不是所得税	343	373	409	445	470	506		
折旧与分摊	515	548	594	650	693	780	854	940
运营利润	1053	1140	943	1359	1742	1954	2329	2478
净利息	-446	-426	-442	-442	-416	-398	-393	-425
重组费用				134				
所得税前与其他收费前利润	607	714	501	783	1326	1556	1936	2053
收益税后留存	232	280	190	309	524	594	751	789
其他收费前的净利润	0	434	311	474	802	962	1185	1264
采购的其他收费	0	0	0	11	51	27	41	0
净收益（损失）	375	434	311	463	751	935	1144	1264
缩减资产负债表								
有形固定资产	5947	6385	7294	7467	8125	8969	9899	11418
无形资产	0	0	0	0	0	0	0	0
存货	0	0	0	0	0	0	0	0
现金与可转换债券	321	147	175	201	211	255	220	356

续表

时间	1994-01-29	1995-01-28	1996-02-03	1997-02-03	1998-01-31	1999-01-30	2000-01-29	2001-02-03
其他流动资产	4190	4812	4780	5239	5350	5750	6263	6948
其他资产	320	353	321	482	505	692	761	768
资产总额	10778	11697	12570	13389	14191	15666	17143	19490
流动负债	2702	3181	3341	3878	4283	4801	5352	5444
非长期负债	536	582	623	630	720	822	910	1036
债务	4435	4697	5141	5041	4698	4708	5019	6491
权益（优先权与可转换债券）	368	321	319	321	310	292	0	0
权益（一般）	2737	3193	3403	3790	4460	5311	5862	6519
负债总额	10778	11974	12827	13660	14471	15943	17143	19490
杜邦财务体系								
运营资产	7219	8064	8688	8951	9257	10056	10661	12654
运营利润	5.5%	5.3%	4.0%	5.4%	6.3%	6.3%	6.9%	6.7%
运营资产周转率	2.26	2.64	2.71	2.83	3.00	3.08	3.16	2.92
运营资产收益率	15%	14%	11%	15%	19%	19%	22%	20%
其他指标								
收入增长率	7%	11%	10%	8%	9%	12%	9%	9%
存货天数（基本收益）	47.4	47.6	46.9	43.6	42.8	41.0	41.2	42.0
应付账款减去其他流动资产天数（收益）	28.4	29.8	31.0	29.4	28.7	29.9	31.3	27.9
固定资产（占收入的百分比）	31%	30%	31%	29%	29%	29%	29%	31%

第三章　亚马逊公司的会计报表述评

案例材料

第二章对亚马逊公司价值评估的案例进行了研究。这个案例是我们把与亚马逊公司相关的实际材料收集起来写成的文件，来帮助读者研究公司价值评估这一课题。尽管公司的历史对读者来说非常熟悉，但对公司财务数据材料的领悟和分析可能是最重要的领域，这些材料是我们要回答关键任务的主要证据，这个关键任务就是评估公司净营运资产。

公司会计报表是关键信息来源

公司财务报告包括损益表、资产负债表、现金流量表以及注意事项，用预先固定的格式表示公司过去财务运行状况。这个预先固定的格式是 GAAP（公认会计准则）定义的公司会计数据应用和报告规则的结果。这些规则是由标准制定团体——美国的 FASB（财务会计标准委员会）和英国的 ASB（会计标准委员会）规定和修改的，每个团体有一个任务小组，试图快速响应公司会计中出现的紧急事项。这个任务小组在美国叫作临时任务小组，在英国叫作紧急事务小组。

由于缺少新产品投放市场、市场营销活动和基于产品的市场份额变化，公司过去的表现不可能持续到未来，但是，公司会计报表提供了关键的证据以帮助我们评估公司未来的表现。比如，如果公司本年度以 50% 的收入速度持续增长，那么在下一年度公司不可能有超过 50% 的收入增长。如果电子商务公司在这一年度持有大量存货提供给顾客，那么除非公司用博弈计划降低这些存货水平，否则公司不可能维持这个收入比例。

事实上，在新经济中，我们可以领悟到，持有存货经常使公司变得糟糕。例如，一个发展初期的公司在一个较小的基数上取得巨大幅度的增长，个别公司采取的是使用大比例折扣卖给友好的公司，或是因早期支持者的要求而为。但是随着时间的转移，快速的初期增长将使公司早期收入的增长比例趋于下降。

同样，可以确信公司应避免持有存货。原材料、中间产品或者成品存货，需要把现金投资到实际商品占据的仓库或办公室，这些现金是没有利息的，并且最好是在股东手中（这样，他们根据自己的风险承受能力投资更多的权益、银行储蓄或负债抵押）。但是，由于公司不能提供产品或不能及时提供产品（因为产品没有存货），存货短缺对于公司品牌和名声是不利的。经历新的供货方法后的顾客记录了与他们期望的相关失败经验，这使许多电子商务公司随着时间的推移提高公司与销售成比例的存货水平。

这个领悟也不限于电子商务公司。某些高频宽带网络公司的商品提供者在顾客服务方面名声不好，为了降低成本，公司减少顾客支持技术人员。因此，这些公司在高峰时间"吓走了"顾客支持资源，造成顾客长时间等待、顾客不满意和最终客源流失。其他的网络服务公司，如 ISP 公司（提供网络服务）、网站公众服务公司以及提供其他与网络服务相关的公司也存在吓走顾客支持资源，或是在注册和设立新账户、提供服务以及维修自身系统方面出现人力资源的关键"瓶颈"等问题。甚至最受关注的网络公司 AOL 公司，在 1996~1997 年推出它的无限制计划后不久，就出现了调制解调器的存货短缺。

收入、成本与资产

公司经营是一个复杂的过程。公司不得不确定新的市场，不得不设计市场营销活动，并产生市场反映；公司必须聘用合适的工作人员，并且对他们给予必要的激励与报酬；公司必须购买必要的硬件，然后必须增加容量和描述（网页对顾客输入的反映能力）；从后端数据库到前端描述也是基本的发展进程。

公司经营具有一个复杂的、与众不同的特性，代表该经营的财务分析目的是直接的。为了服务顾客，需要建立一些基础设施。为了做到这些，公司投入资产并且花费实际成本使这些资产变成为顾客服务的业务。这些资产和成本通过发行债券筹资而成，这些债券是公司初期的负债。公司在得到收入之前投入一定数量的成本，这对于公司是极正常的，但是随着时间的推移，收入的现金流量必定完全超过花费的成本和购买必要资产的现金流量。公司发行具有一定投资回报的债券给投资者是必要的。现金流量价值评估总结了一年中这些现金的流入与流出情况，形成一个独特的现金流量测量方法，这些现金流量贴现后就得到了公司的价值。

我们设计的公司财务问题如下：

（1）公司未来的年度收入是多少？

（2）通过对以下两点的理解来预期公司未来的年度成本：

——固定成本是多少（不随收入变化而变化）？

——可变成本是多少（随收入变化而变化）？

（3）评估所需的资产，这些资产是公司为顾客提供服务所必需的，那些顾客将为公司提供收入来源。

公司账目中所能发现的信息

公司主要报表：

——损益表（有时称为运营表，在英国称为利润和损失表或 P&L）；

——资产负债表；

——现金流量表。

至于案例中的材料版本，我们稍微进行了数据处理，使这些数据和早期的数据吻合，所以，在本章中，从公司年度报告中的原数据方面考虑 10K 报告或者 10K 报告的 405 款。① 这是在美国证券交易委员会 SEC 中公开发布的文件。在写作时，文件是从一系列在线服务中获得的，如 www.edgar-online.com 和 www.freeeedgar.com（网站数量已经增加，以便参考）。

作为序言，我们回顾检查这些报表的理由受到了相当的关注。我们查找能够帮助我们预测未来现金流量的信息，我们查看那些公司从顾客那里获得的现金流量，这些现金流量是由供给者（在损益表中的各种费用）支付的、那些（我们通过分析资产负债表发现的）资产在过去被需要，寻找揭示关于公司未来的信息。在我们的任务中，我们使用会计报表是很好的运用，而不是理想的运用帮助我们。这些报表主要的不可避免的不利因素是，这些报表面对的是过去的数据，而不是未来的数据。使用过去的会计报表作为未来预测的第二个不利因素，使一些支付和明细与其他的相比有可能持续到未来。例如，商业公司将不可避免地花费资金用于采购商品，然后再进行销售（损益表中的"销售商品的费用"）。但是，公司花费资金获得其他公司，是否将继续公司的收购活动，是公司经理人员将要做出的一个战略判断。

损益表

令人产生足够兴趣的是，虽然我们对现金流量进行了评估，但是我们并没有充分利用现金流量表（这个表对某些特定的使用者是有用的，如总结财务现金流量和表示兼并与收购、投资以及资产转让的现金流量结果）。这是因为现金流量表没有详细给出我们所需的明细分类信息。我们更多地使用资产负债表，特别是损益表

---

① 同样，1998 年的数据在 2000 年 10K 报告中重编报表，所以，不要担心本案例中此处的 1998 年的数据不同。在分析中通常使用非重编报表（如本案例中），尽管没有严格的时间期限和规定（10K 和 10K 的 405 款中是不同类型的年度报告，特别是 10K 报告是提供公司上一年度的综合年度报告。文件要求公司在财政年度结束后的 90 天内报告，包括公司历史、组织、经营状况、权益、所有者、每股收益、子公司以及其他相关财务信息。10K 报告的 405 款基本相同，增加了技术措施：年度报告提供了对公司上一年度的综合评价，405 款包括了检查的 S-K 项目规定）。

（见表3-1）。损益表主要给出正现金流量的信息，那些为顾客提供商品和服务得到的收入，其中一部分为负现金流量，即实际发生在服务顾客上的费用。损益表是以年度的收益和损失为结果的，损益表判断公司是否为权益所有者创造了价值。

我们现在查看公司的损益表，特别注意"明细排列"和未来可能的现金流量是如何相关的。

表3-1　亚马逊公司损益表

1			亚马逊公司		
2			经营合并报表		
3			（单位：千美元，除每股数据外）		
4					
5					
6					
7					
8			年终——12月31日		
9					
10		2001 年	2000 年	1999 年	1998 年
11	销售净额	$ 3122433	$ 2761983	$ 1639839	$ 609819
12	销售成本	2323875	2106206	1349194	476155
13					
14	毛利润	798558	655777	290645	133664
15	运营支出				
16	执行费用	374250	414509	237312	132654 *
17	市场营销费用	138283	179980	175838	
18	技术与措施费用	241165	269326	159722	46424
19	管理费用	89862	108962	70144	15618
20	基于股票的补偿	4637	24797	30618	1889
21	商誉与其他无形资产的分摊	181033	321772	214694	42599
22	重组与其他费用	181585	200311	8072	3535
23					
24	总运营支出	1210815	1519657	896400	242719
25					
26	运营损失	（412257）	（863880）	（605755）	（109055）
27	利息收入	29103	40821	45451	14053
28	利息支出	（139232）	（130921）	（84566）	（26639）

续表

29	其他净收入（支出）	（1900）	（10058）	1671	—
30	其他净收益（损失）	（2141）	（142639）	—	—
31					
32	净利息支出与其他费用	（114170）	（242797）	（37444）	（12586）
33					
34	权益投资损失	（526427）	（1106677）	（643199）	（121641）
35	投资者权益方法损失的权益净值	（30327）	（304596）	（76769）	（2905）
36					
37	会计原则变化前的损失	$（556754）			$（124546）
38	变革的累计效应	（10523）			
39					
40	净损失	$（567277）	$（1411273）	$（719968）	$（124546）
41					
42	每股基本稀释的损失				
43	在会计原则变化前的累计影响	$（1.53）	$（4.02）	$（2.20）	$（0.92）
44	在会计原则变化后的累计影响	（0.03）	—	—	—
45					
46	每股的基本稀释的损失	$（1.56）	$（4.02）	$（2.20）	$（0.92）
47					
48	计算股票基本数量与每股稀释损失的股票数量	364211	350873	326753	296344

注：＊包括市场营销费用。

1~10 行：标题行

11 行：销售净额

销售净额或收入净额也称为营业额、销售额或顶线，是一个关键的价值驱动因素。收入只是在损益表中给以说明，它可以通过从顾客那里收到的资金观察到，这些资金与公司提供的商品和服务进行了交换。如果有些顾客延期付款计划（例如，交易顾客在支付所买的商品或服务之前，通常有 30~60 天的宽限期），收入就不能准确响应从顾客那里收到的资金，这个关系是非常接近的，在商业机构对消费者的电子商务公司（B2C）里就极为接近。并不像主要商业直接面对顾客的公司那样，商业机构对消费者的电子商务公司在顾客订购完成的瞬间从信用卡公司得到支付。①

根据 2000 年 10K 报告的 405 款中损益表给出的三年收入，我们可以看到在那段

---

① "收入的再认识"概念就是，什么时候认识收入和如何认识收入，一直是讨论网络公司的主题。我们在附录 3-1 中进行了讨论。

时间公司的收入增长。注意到在三年的时间里出现了"爆炸式"的收入增长，以 4.53 的倍数（2000 年的收入是 1998 年的 4.53 倍）增长，或是超过 1998 年收入（2000 年的收入减去 1998 年的收入是 1998 年收入的 353%）的 353%增长。这有两件事需要直接注意到，这个增长不同于股票价值的增长，通过低成本销售产品，我们并不是说这就是在这里发生，公司的收入比较容易得到增长，但是定价者必定面对巨大的风险。我们现在做几个关于增长的速算，4.53 倍的增长等于每年 2.13 倍的增长（这可以通过计算 $\sqrt{4.53} = 2.13$ 或者 $4.53^{\frac{1}{2}} = 2.13$ 得出，就如另外一个例子：如果把三年的销售增长分散成年度增长，我们将把三年的倍数和增加转换成 1/3 的力量）。然而，1999~2000 年的增长仅仅是 1.68（68%的增长）倍，但是 1998~1999 年的增长是 2.69（169%的增长）倍。不久我们将返回到这个主题，但是现在仔细考虑以下两个问题：第一，2001 年有可能发生什么？第二，如果我们假设 1999~2000 年的增长率持续 5 年，我们将产生什么类型的错误？顺便提一下，我们总是根据倍数的增长来思考，而不是根据增长率的百分比（如 2.69 倍的增长，而不是 169%的增长）来考虑，因为前者更容易计算。

12 行：销售成本

成本是业务的资源，是为了得到顾客的收入而必须花费的提供商品和服务给顾客的资金。损益表把成本划分成两大类，第一类的成本是商品销售成本或销售成本，这些术语已经变成了相同的意义，并且给它们的严格定义是销售给顾客的商业存货费用。这很清楚地表明，在电子商务公司拥有实体存货和出售给顾客的情况下，这个定义最有意义。但是，在有些公司中，特别是服务性公司（不需要任何实体的存货），销售成本可能包括一些非实体存货的服务顾客的费用，如购买宽带，通过互联网提供服务的供应商 ISP 公司，以便于顾客进入互联网（如 AOL 公司）的费用。另一个例子是电子商务咨询公司 Razorfish 公司，把项目人事费用（给客户开人事费用账单）从其他人事费用中分离出来（即使公司有能力进行运营，也不希望开账单给那些人，如高层管理、新闻办公室和其他类似的）。

分析销售费用的方法是，先把销售费用作为销售额中的比例进行计算，然后经过一段时间后，看销售费用是如何变化的？（我们正在观察的公司是变得更好还是更糟?）公司如何与其他公司进行比较？但是在这些比较中存在一个问题，就是不同的公司使用不同的销售费用定义。

例如，亚马逊公司在把执行费用划分为运营费用，而不是销售费用时，公司已经受到批评（执行费用的定义是亚马逊公司 2000 年 10K 报告的 405 款定义，是发生在运营和人员履行中的，以及顾客服务中心的费用，包括收取、检查和入库的存货费用；挑选、包装费用以及按照顾客订单准备运输的费用；信用卡费用；响应顾客需求的费用）。用这种方式，亚马逊公司确保公司利润率的第一指标——第 14 行的毛利润（收入减去销售费用）是正值。亚马逊公司的决定受到了公司会计和审计师的赞同，因此，损益表中的两个领域划分成本是在公司的判断力范围内的，就是说这里不存在不诚实。但是，需要强调销售费用的会计目的（会计目就是销售费用中包括任何费用，这些费用使存货赋有价值，无论存货是否出售）与分析人员设置的销售费用目的之间的不同。这个不同隐含地说明了，对于分析师来说，毛利润是非常无用的数字，因为灵活性的公司有自己的定义。特别是销售费用并不是各种费用的好的代表，因为规定低的销售费用的许多费用也有变化的成分。

15~24 行：运营费用

第二类费用有各种各样的称呼：运营费用、销售管理费用、其他费用或一般管理费用。尽管这不像是个大术语，但这四个术语中最好的是其他费用。这些其他费用包括除了存货费用和任何其他包括在销售费用之外的费用，这些费用包括花费在经营公司业务过程中的所有费用。分析这些费用的方法与分析销售费用的方法相似，我们以其他费用占销售额的百分比来表示不同的费用数量，并且查看这些费用经过一段时间后的表现，这些费用如何与类似公司的费用相比较。我们也查看了这些费用以及随着时间的推移这些费用的变化，看这些费用是随着销售额上升，还是保持恒定，这就给了我们进一步分析的线索，就是随着销售额的进一步增加，这些其他费用在未来将如何表现。

其他费用正常的分类是：销售费用、市场营销费用与一般管理费用。就如我们看到的，亚马逊公司把其他费用明细分类成七排项目：

16 行：执行费用代表经营中的分摊费用、人员分摊费用以及客户服务中心费用。执行费用包括接受商品、包装和运输产品、信用卡费用以及回答客户所需要的费用。

17 行：市场营销费用是广告费用、促销费用、公关费用，包括公司市场营销与销售人员费用。

18 行：同样从其他费用中分出技术费用与措施费用，表明有多少费用花费在开发公司网站和其他资产上。技术费用与措施费用主要指发展、编辑、系统以及通信操作人员和咨询者的工资及其相关费用；维护系统和通信基础设施的费用；获取技术的费用。这里要提到两个问题，首先，注意到这项费用开支在 1998~2000 年已经增加。关于网络公司，早期理论家希望这些技术与措施费用能够随着时间的推移变得相对稳定，这些费用作为初始投资用于稳定技术（网页）的数量，这个技术正在被增加的购买者访问。实际中，网页需要持续更新和升级，来保持收入的增长和引起顾客的兴趣。第二个注意的问题是，拿这项技术与措施费用与离线销售商的费用相比是较困难的，离线销售商不需要依靠这样的网络页面和这样高比例的花费（亚马逊公司在 1998~2000 年将销售额的 9.5%花费到技术与措施上）。做这些的唯一适用的方法是把所有的其他费用相加，把所得到的其他费用与离线销售商的其他费用相比。在这种方式下，亚马逊公司的技术与措施费用（实际网页）与替代街头商店的费用是一致的，如财产和商店费用（实际的店面）。

19 行：管理费用是另外的分类，这里是公司披露的管理费用。10K 报告的 405 款定义它为主管、财务和管理人员的工资以及相关化费，包括招聘费、专业服务费和其他组织费用。

注意：直到这一点（第 19 行），所有排列项目都与现金流量有恰当的直接关系，并且提供了极为丰富的信息，使未来现金流量可能成功。在这些排列项目之后，是与决定公司未来业务密切相关的，但与现金流量没有简单直接关系的项目。

20 行：基于股票的补偿是名义上的费用，是公司在损益表中认可的费用。"名义的"意味着公司此时没有现金付出，很多费用支出是与从获得的公司加入亚马逊公司的经理人员的雇佣相关的，支付购买需要公司的部分资金，被认为是对关键雇员支付的部分资金。

21 行：商誉与其他无形资产的分摊是与收购相联系的另一个名义费用。在一个公司收购另外一个公司的时候，收购价格不是作为一项费用而被包括在内的，因为我们期望从公司的收购中得到长期的利益，所以，把所有的收购费用混合在一年之中，是不能帮助我们得到年度利润的良好展望的。因此，这项商誉与无形资产费用展开为"分摊"，① 这个费用和第 18 行的费用应当不属于损益表，实际上这些费用和当前现金流量无关，在分析师的未来预期中这些费用按照常例忽略不计。但是，分析师不强调通过收购筹资带来公司的部分增长。在收购发生时，这些收购所使用的是股东的资金（就是真正的现金），当前的分摊是会计学的表示方法（这些股东的资金用于收购公司，这一活动应当得到一些回报），表示这些项目的最好方式，就是这些项目预示着公司具有一定收购活动水平，而且如果这个收购活动水平继续，我们就必须计划这项活动的未来费用。另外，如果我们假设公司不再继续收购任何公司，那么，我们就能不计划这些相关的收购费用，我们应当假定一个我们进行其他活动的假定的低的增长率。

22 行：重组费用：这个分类由部分非现金项目（如商誉的账面价值的故意降低）和其他资产（在 1998~2000 年全部是非现金项目）组成，以及部分缩减规模的资金费用和继续支付的租金费用。为了查找现金与非现金项目之间的票据，读者必须参考对照 10K 报告的注释。在附录 3-1（关于理解预计会计报表的讨论）中我们讨论了一个关于票据的例子。应当注意的是，即使是进行商业收购，非现金的账面价值故意降低也不应当被忽略，因为这些账面价值是非现金的。对于公司未来的收购技能来说，这些非现金账面价值也许是个坏信号。

---

① 变动和商誉分摊（就是需求建筑的大部分费用，相应于购买价格减去被收购公司的资产负债表中的资产的历史价值）状态下的公司收购会计处理也许会被淘汰，我们在附录 3-1 中讨论了这个问题。

24 行：运营费用的总和

26 行：运营利润

运营利润是损益表（实际上是整个会计报表）中的一个关键数目。运营利润等于收入减去销售费用，再减去其他费用。它是支付其他债券之前的收入，因此，它是债务利息之前和税前的收入，它也不包括来自投资者权益方法的收益和损失，意思就是亚马逊这类的公司具有一定规模（20%～50%）的权益投资，但是，这些权益在 35 行中注出的收益和损失不作为亚马逊公司的收入部分。

运营利润对我们研究的目的特别重要。这是因为我们把它作为一个开端来使用，从运营资产到权益和债务，我们使用运营利润对自由现金流量进行计算，为了把运营利润转化为自由现金流量，我们必须采用以下程序：

（1）减去税赋。

（2）调整在投资新运营资产中消耗的现金，如我们从下面的资产负债表中查找的固定资产（机器设备）和存货（库存）。

（3）增加提取折旧与其他非现金项目（折旧是消除运营资产的会计反映，特别是固定资产，如果不增加这个提取，我们将重复计算固定资产的支出）。

（4）根据未来这些现金流量的预期，执行其他非重复现金流量的调整，如收购、其他收入等。

需要注意的是，我们将在后面仔细讨论这些内容。

27～28 行：利息

这两行表示公司持有的有价证券所收到的利息，以及公司的债券所需要支付的利息。其中的一些费用可能是非现金的。如果公司发行"零息券"债券，这个债券滚存利息到付款人协议的最后，最终一次性支付，那么应支付的利息将需要包括本年度的利率，以得到利润的正确见解。但是，所有利息都应被当作真实现金。

29 行：其他净收入（支出）

这项费用包括任何不在账目中的其他费用，以及任何不够大的个别费用，这些费用不可以进入这些费用所属的分类中。

30 行：其他净收益（损失）

这行项目包括任何其他非现金收益或损失。在这个案例中，10K 报告（第 30、31 行）表明，这些损失与外币的收益和损失相关，也与权益投资的亏损有关。需要注意的是，一些外币的收益和损失已经提前直接在资产负债表中作为其他综合损失，但是，根据新的会计准则，这些损失被划分为权益损失。损失是因认识到亚马逊公司所购买公司的价值的下跌，小于公司投资（在 20%～50% 之间）的投资目标收益。

32 行：27 行到 30 行的总和

34 行： 34 行表明，利润（或亏损）来自运营利润减去 32 行中的所有费用。

注意：如果公司是盈利的，税费行将因此出现在损益表中。

35 行：投资者权益方法损失的权益净值

我们已经讨论了亚马逊公司的价值损失。这些损失是公司进行的投资费用，以及为这些投资进行的费用支付，并且公司决定这些投资不再具备任何投资价值。但是，每一个投资者的公司所推出的财务报表说明了收益或损失，投资的公司（此时的亚马逊公司）股东拥有部分的当年收益或损失。假设亚马逊公司持有 X 公司 20% 的权益，该公司损失 100 万美元，亚马逊公司必须在这里报告这项 20% 的损失（以及其他任何损失），就是 20 万美元的损失。因为收益是在税后的，与损益表中的权益损失相比，这里的权益损失能更进一步地表现出来。

40 行：净损失

净损失的计算是从权益投资者损失（第 30 行）之前的损失中减去权益投资损失（第 35 行），这就是本年度关于股东如何做好的会计评估。这是相当保守的评估，因为会计报表是保守的。例如，在上述的讨论中我们假设投资权益价值上升，这将如何在损益表中反映？值得注意的是，这不能反映投资权益价值的增加。

- 出售这些投资
- 从这些投资创造（资金）利润

后面的案例根据亚马逊公司逐渐创造的利润来反映价值。我们所说的保守，就是会计趋势产生的代表最少可能的夸大资产价值和利润。换个说法，如果一定数量的现金包括在收益中，股东们将能够依赖这些现金，公司将按照获取利润的需求执行所有的协议。

注意：如果公司派发现金红利，那么，以上的这些费用支出将出现在这里。

42~48 行：每股收益计算

这就是每一股份的收益或亏损的计算，通过收益（第 40 行）除以发行股票的数量（第 48 行）得到的每股收益（第 46 行）。稀释就是收益不是仅仅除以发行的股票，而是还有其他所有的可能发行的股票（如管理者的期权股票，它是一种雇佣方式，如果公司发展得好，在这里管理者能够获得廉价的股票，也可参见第七章）。但是，期权股票并不适用于正在亏损的公司，因为每股损失将降低期权价值，是相反的激励（期权拥有者是参加未来的收益，而不是当前的损失）。

资产负债表

购买资产会导致负现金流量（就是现金流量离开公司）。一个公司在每个基期（年、半年或季度）所拥有的资产数量被记录在资产负债表中。资产负债表把资产细分成各种类别，这些类别有固定资产，如机器、计算机硬件；无形资产，如商誉（参见下述）；流动资产，如股票（存货）、销货客户（应收账款）与现金。

这些类型资产中的每一个变化是与此相关的现金流量的关键测量。通过比较两个成功时期的资产负债表，或者通过观察现金流量表来说明不同类型资产运动中的现金流量的表现，我们能够计算出这个变化。公司的资产必须通过相等数量的负债筹资得到，这些负债就是公司资产的权利要求。一些负债产生于每一天的商务活动过程中，这个方面的例子就是债权人（应付账款），就是简单的现金持有者对供货者的术语，以及应付的税款。特别是对早期阶段的公司，大多数债务是权益持有者（购买公司股票的人们）对公司的投资，或是债权持有者（持有公司发行债券的人们）对公司的投资。这些债券是公司早期阶段的大多数资产的直接筹资。

我们现在查看亚马逊公司的资产负债表中的每一行内容（见表3-2）。

表3-2 亚马逊公司的资产负债表

1	亚马逊公司		
2	合并资产负债表		
3	（单位：千美元，除每股数据外）		
4			
5			
6			
7			
8	年终——12月31日		
9			
10	2001 年	2000 年	1999 年
11	资产		
12	流动资产		
13	现金与现金等价物	$ 540282	$ 822435	$ 133309
14	有价证券	456303	278087	572879
15	存货	143722	174563	220646
16	预付费用与其他流动资产	67613	86044	79643
17			
18	流动资产总值	1207920	1361129	1006477
19	固定资产净值	271751	366416	317613
20	净商誉	45367	158990	534699
21	其他净无形资产	34382	96335	195445
22	投资者权益方法投资	10387	52073	226727
23	其他权益投资	17972	40177	144735
24	其他资产	49768	60049	40154
25			
26	总资产	$ 1637547	$ 2135169	$ 2465850
27			

		2001 年	2000 年	1999 年
28	负债与股东损失			
29	流动负债			
30	应付账款	$ 444748	$ 485383	$ 463026
31	预提费用与其他流动负债	305064	272683	176208
32	未获收入	87978	131117	54790
33	应付利息	68632	69196	24888
34	部分流动长期负债与其他负债	14992	16577	14322
35				
36	总流动负债	921414	974956	733234
37	长期负债与其他负债	2156133	2127464	1466338
38	赞助与或有事项			
39	股东损失			
40	优先股 0.01 美元票面值			
41	核定股票总数——500000			
42	发行与流通股票——不流通股票	—	—	
43	普通股票 0.01 美元票面值			
44	核定股票总数——5000000			
45	发行与流通股票——373218 和 357140	3732	3571	3452
46	另外实收资本	1462769	1338303	1194369
47	递延股票补偿	(9853)	(13448)	(47806)
48	累计其他综合损失	(36070)	(2376)	(1709)
49	累计损失	(2860578)	(2293301)	(882028)
50				
51	总股东损失	(1440000)	(967251)	(266278)
52				
53	总负债与股东损失	$ 1637547	$ 2135169	$ 2465850

1~10 行：标题行

11~26 行：

11 至 26 行说明的是运营资产。这里的每一美元的资产必须对应每一美元的负债：就是资产负债表表明的所有者的运营资产和所有的这些债权，债权人以及应付账款（供货者在英国称为交易债权人）拥有这些业务的债权，权益持有者拥有无优先权或是次级的债权（在债权人之后）。这些债权在 2 行以及 8 至 53 行中给予了说明。

13 行：现金与现金等价物

第 13 行说明了现金与现金等价物。这是亚马逊公司银行账户中持有的现金以及有价证券，这些有价证券可以立即兑现成现金。有价证券的例子就是投资于短期美国政府的债券。因为这些是财务资产（不可能产生任何净现值），这些债券从公司债务的净得中除去，并且不包括在公司价值的计算中。

14 行：有价证券

有价证券是那些可在流通市场交易的证券，但不能立即转换为现金。有价证券包括广泛范围的证券，从长期可转换债务票据到有价证券。亚马逊公司在 10K 报告的 405 款的 24 页中公布，公司在 2000 年的有价证券至少是 3600 万美元的权益（2001 年是 1300 万美元）。

15 行：存货

存货（在英国称为货物）是公司拥有实际货物的价值，有待于进一步处理，并且出卖给客户。存货的价值是对使用费用进行评估，即存货支付的费用，而不是对出售的价值进行评估。但是，如果存货的价值低于采购支付的价格，公司不得不进行存货减值，这就是保守性的会计本色。例如，亚马逊公司曾经有一些存货减值，增加存货就意味着消耗现金，因此，与存货相关的现金流量的计算是，用去年的存货价值减去今年的存货价值。所以，如果去年的价值大于今年的价值，我们就有正的现金流量（现金因此增加，因为减少了存货消耗的资金）；如果今年的存货比去年的存货多，我们就有负的现金流量。通常对公司存货情况的价值评估方法是，计算存货价值占销售额的比例，或计算公司持有多少天数的存货。这个计算方法通常如下：

$$\frac{货物天数}{存货天数} = \frac{存货}{销售} \times 365$$

严格地讲，分母应当是销售商品的费用，但是，上述近似值是最常使用的。

一旦存货作为销售额的比例加以计算，我们就可以观察到随着时间的推移，存货是如何变化的，并且用它与其他类似公司进行比较。考虑这个非常有限的数据（仅仅是 3 年），我们能够看到亚马逊公司已经显著地提高了其存货的情况（从占销售额的 13.4% 降低到 4.6%），当增加到销售额的 70% 时，减少存货。我们需要研究一段较长的公司历史，或是在此案例中，至少仔细查看或在季度报告中得到理解：随着时间的推移，这个计算方法可能是存货的精确模式（参见第四章中的进一步分析）。

16 行：预付费用与其他流动资产

16 行把应收账款（交易债权人）相加，应收账款是指收到货物或服务但还没有付款（就是说，对于商业机构对商业机构的电子商务 B2B 来说，由于零售交易量较小，所以就没有像应付账款那样单独分开），是预付费用和其他杂项流动资产。亚马逊公司需要一个公司提供产品和服务，并且向对方支付款项，但是对方公司没有提供产品和服务，这时预付费用就增加。也许那个公司正在制造产品或签订长期合同提供服务，该项服务需要立即付款。预付费用和其他流动资产采用与存货同样的方法进行评估。

18 行：各项流动资产的总和

19 行：固定资产净值

19 行是各项有形资产的总和，如公司拥有的建筑物、计算机以及其他设备，同时也包括无形资产的内容，如内部开发计算机软件的费用。每一年，一部分资产价值从资产负债表中减去，在损益表中减去这部分资产来反映资产的消耗或是折旧。对于计算机软件，期望的寿命是两年，所以折旧是加速的。这行中的"净值"一词的意思是，折旧已经被减去。在一些账目中，历史的资产数值（初期所支付的）在累积折旧（由于资产的出售，所有的折旧同时发生）中分别加以说明。在未来，这些资产将作为销售额中的比例加以计算。

20 行：商誉净值

许多新的经济公司进行大量的收购。当一个公司购买其他公司时，被收购公司的资产必须以收购价格计入收购公司的资产负债表。但是，按照会计准则，只有资产的账面价值或历史成本（减去折旧）能够直接加入收购公司的账目。对于新经济公司，这个账面价值通常较小，并且被收购公司的收购价格与资产的账面价值之间存在不同的数值，必须用特殊的方法处理。这个数值定义为"商誉"，并且计入资产负债。值得注意的是，1999~2000 年亚马逊公司的商誉大幅度减少。但是，正是由于商誉数值的减少（降低），所以没有产生现金。商誉将在附录 3-1（高级问题）中进行更加详细的讨论。

21 行：其他无形资产净值

这些资产和商誉（第 20 行）的情况类似。

22 和 23 行：投资者权益法的投资与其他权益投资

这两行表示，亚马逊公司在投资相关的公司（在第 22 行中，亚马逊公司拥有 20%~50% 股份的公司或者其他对亚马逊公司有重要影响的公司）的历史价值（就是公司所支付的费用，减去调整的费用）。在使用我们的价值计算方法评估这两行内容的信息时，我们需要回答两个问题：为投资筹资，亚马逊公司将继续投资那些需要负现金流量的公司？（回答应当是不再继续投资）；这些公司的价值是多少？（账面价值已经减值到似乎是开始设立公司时的位置，在第二步时，具有完全贴现现金流量价值）。

24 行：其他资产

这些资产不属于上述任何分类。这些资产的总计占收入的 2%。

26 行：

第 26 行是各项资产总和，包括流动和固定（长期）资产。

28~53 行：

28 行到 53 行说明的是公司负债。尽管在资产负债表中，股东权益与公司债务是分开的，有时这样会造成误导，因为权益和其他负债（如债务）共同构成公司运营资产的债权。

模拟负债通常的使用方法是，首先研究流动运营负债（就是主要不是因为财务目的而存在，而是因为日常经营过程中产生的一部分）以及评估由运营负债产生的现金流量，也许通过运营资产中提取的净值（如存货）和预测构成数量的行为来进行。这就得到净资产（或占用资本）的数值。账面权益就可通过加入税后利润或权益收益（任何净分红）计算得出，然后债务通过以下等式计算得出：

净资产=权益+负债⇒负债=净资产−权益

30 行：应付账款

应付账款（交易债权人）是公司对其供货者所拥有的一定数量的资金。应付账款的增加会产生现金，但两者都是相等的，通常应付账款作为收益中的比例进行计算，并且与竞争者的比例进行比较。随着时间的推移，这个行为也保持相同的趋势。值得注意的是，由于零售业是季节性的商业活动，与其他季度相比，应付账款可能在第 4 季度末（在年终）更高。

31 行：预提费用与其他流动负债

这些费用是公司拥有的运营负债，是显著的、不同于交易提供者所有的资金。这些费用可能源自一些项目，如公司的租金、员工的工资、所得税（如华盛顿州的销售税，因为那里至今还没有执行所得税）。

32 行：未获收入

未获收入是一项负债，记录这样的事实：公司已经收到现金或权益性证券，但仍没有履行与现金流量相关的服务。收到的现金或证券像持有的证券一样（就是在那个阶段，不必考虑收入的计账），并且未获收入表现为负债，一直到提供服务的时候，在这个时候未获收入就转变为收入或销售的账目，并且发生相应的费用。未获收入有时称为预收客户款。

33 和 34 行：应付利息与长期债务和其他的流动部分

这些债务中的每一个都表示了财务的结果，而不是运营的结果，并且是公司债务中的一部分。

36 行：总流动负债

这是以上各行的总和。但是，作为流动运营负债时，考虑 30~32 行是更有用的概念。就如上述提到的，总流动负债也许可以弥补这些总运营资产，并且可以研究其构成的数量（净运营资产）。

37 行：长期负债

这是资本结构中也是权益中的主要部分。我们将在第七章中详细讨论公司的负债，但是，为什么这是不正常的负债？在此给出简短的介绍是有用的。亚马逊公司的负债主要由可转换债券构成，如果公司股票价格表现好，就有其中一类的负债可以转换为权益。对于发行债券公司的这种吸引力是，当具有风险性的公司不能够发行纯粹债券（除非它的票息是巨大的，因为负债是有效的，具有小的风险）时，公司可能出售可转换债券，这些债券使用与权益相关的认股权证对负债进行有效包装，长期的认股权证成为股票期权。这些债券对投资者的吸引力是，它接近股票价格的上线，并有一定股票价格的下边支撑，这里如果公司进行清算，可转换债券持有者在处理公司资产时有优先响应权（与权益相比）。但是，他们的债权与优先债权人相比，是无优先权的或次级的。

假设公司破产，这项工作应如何考虑。公司应雇用清算人或管理人员出售公司资产。债权持有者进行"排队"，从出售的那些资产（让我们简单地假设，公司已经停止交易）中收到一份补偿。首先，在队列中，部分债权人拥有特殊的权利，如税权清算者以及有担保债权人是优先债权人，银行给公司正常的借贷，交易债权人拥有为公司提供服务或产品运输的偿还。在严格的优先权破产框架内，英国通常使用特别优先导入管理系统，这些债权人先于排队中的任何下一组的人们收到所有应该属于他们的现金。如果公司资产的出售中有足够收益，优先债权人根据获得的价值而获取一定比例的现金，并且其后的债权人可能一无所获。下一组的人是可转换债券持有者。最终，如果还剩有任何资金，他们将在权益所有者之间分享，这就是为什么权益持有者被称为剩余索取者，他们得到的无论是大还是小，都是剩余的或是余下的。因此，可转换债券持有者的保护是有限的，因为只有交易是有实在价值时，他们才有可能收到资金：就是用剩余的足够的价值支付给优先债权人。在公司彻底破产的情形下，他们将一无所获。同时，美国公司在遭遇财务问题时，常常进入重组、谈判和法律诉讼时期，这些谈判将对所有债权人的未来产生一定的不可预测的影响，他们也许引起严格优先权的背离，有可能对可转换债券持有者产生不利，谈判也有一个可预见的影响：所有的债权人不得不最终支付公司破产过程中的大量费用，破产公司在艰难处境时的价值只相当于公司的 20%。

39~49 行：股东权益的账面价值

39 行到 49 行记录的是公司权益进行的投资。53 行注明流动储备的资金给管理者作为收购协议进行使用（这将在有关损益表的第 20 行中进一步讨论）。48 行、49 行记录的是公司获得的收益，此时是负的，因为是历史亏损。由于权益持有者是剩余索取者，亏损发生于他们自己的"口袋"，并且在资产负债表中，累计亏损或留存亏损是 48 行记录的其他综合亏损的会计反映。根据美国公认会计准则，亏损就没有反映到损益表中，如一些外汇损失（这些通常是较小的，由于便于避免复杂的重复资金的账目，它们是不计入其内的）。

49 行说明的是累计亏损，累计亏损在损益表（所有的亏损从公司的创立开始相加在一起，而不仅仅是本年度的亏损）中加以说明。当公司开始盈利时，累计亏损与公司未来赋税的计算相关。直到创造的累计利润超过总亏损和在公司开始盈利之前，通常公司不应当开始赋税。亚马逊公司累计亏损在其资产负债表中反映的是 25 亿美元。但是，并不是所有的亏损都符合有利的课税处理方法，其中一些是不可接收的，如商誉分摊的非现金费用与其他非减税费用。净运营损失（NOLs）相关数字的损失预报的赋税目的体现在 2001 年度 10K 报告的第 74 页，这个数字是 23 亿美元。读到这部分时，读者也需注意到，公司已经评估的这个赋税收益接近于零，因为考虑到了认识的不确定性。意思就是说，在净营业损失 NOLs 开始之前到依据美国税法期满（英国和德国的税法是没有时间限制的），或是至少在 15 年的时间内，公司或它的审计师不能充分肯定公司将会盈利。但是，可以看到，这是为了注意与会计保守的态度保持一致，不必认为是公司前景的黯淡。

让我们仔细查看 40 行到 42 行这三行，以及 43 行到 45 行这三行，这两者具有同样的情况。这些表明了每一类股票的票面值、注册的股票数量，以及在外发行的和流通的股票数量。这三者中唯一重要的数字是在外发行的以及流通的股票数量，它是股东手"外面的"股票数量，因此，指望其参与未来收益。票面值是公司股票的一个初始概念价值，通常设立非常低，此后，发行股票低于这个价值，将导致伴随票面价值变化的附加法律费用。投资者实际支付价格与票面值之间的不同在 46 行中注出，票面值也称为额外资本收益（在英国称为股票溢价收益）。核定股票数量没有实际使用意义，它表示公司能够发行的最大的股票数量，但如果需要，它是可以更改的，尽管这个会导致一些附加费用。

51 行：39 行到 49 行的总和。

53 行：53 行是权益总值以及其他负债，它和 26 行有同样的价值。

现金流量表

最后一个主要报表是现金流量表，概括交易过程中的现金流量流入和流出。现金流量表把公司运营状况的会计测量与公司现金流量的需求，或是产生现金的能力相联系。

让我们简短地思考现金流量表的意思，当我们讨论下述部分关于折旧、会计递延的一些现金流量计算时，机器的大宗买卖通过使用折旧来分散费用。因此，一个公司尽管还没有产生现金，但有可能获利，因为公司投资了大量的现金在固定资产上。现在不同的是固定资产购买花费大量现金（因此，现金流量表看起来不好），只是渐渐地产生利润（因此，损益表看起来也不坏）。同样，存货购买也是这样：这些现在消耗了的现金，一直到出售商品时，仍没有相对于利润的费用支出。另外，可能存在使收入看上去比现金流量更糟的方式。例如，公司可能仅仅产生微利，但通过减少存货的数量并且保留所需要的数量，就可以释放现金。

让我们现在查看亚马逊公司的现金流量表（见表3-3）。

表3-3 亚马逊公司现金流量表

1			亚马逊公司		
2			现金流量合并报表		
3			（单位：千美元）		
4			年终——12月31日		
5					
6		2001 年	2000 年	1999 年	1998 年
7	期初的现金与现金等价物	$ 822435	$ 133309	$ 71583	$ 110119
8	运营活动				
9	净损失	（567277）	（1411273）	（719968）	（124546）
10	对净损失与用于经营活动的现金净值进行调整				
11	固定资产折旧与其他分摊	84709	84460	36806	9421
12	基于股票的补偿	4637	24797	30618	2386
13	投资者权益方法损失的权益净值	30327	304596	76769	2905
14	商誉与其他无形资产的分摊	181033	321772	214694	42599
15	非现金重组相关费用与其他费用	73293	200311	8072	1561
16	可转换债券销售的收益（损失）净值	（1335）	（280）	8688	271
17	其他损失（收益）、净值	2141	142639	—	—
18	非现金利息支出与其他费用	26629	24766	29171	23970
19	会计准则变化的累计影响	10523	—	—	—
20	运营资产与负债的变化				
21	存货	30628	46083	（172069）	（20513）
22	已支付费用与其他流动资产	20732	（8585）	（54927）	（16758）
23	应付账款	（44438）	22357	330166	78674
24	增加费用与其他流动负债	50031	93967	95839	31232
25	未获收益	114738	97818	6225	—
26	先前未获收益的分摊	（135808）	（108211）	（5837）	—
27	应付利息	（345）	34341	24878	（167）
28					

续表

		2001 年	2000 年	1999 年	1998 年
29	用于运营活动的净现金	（119782）	（130442）	（90875）	31035
30	投资活动				
31	销售与到期可转换债券	370377	545724	2064101	227789
32	购买可转换债券	（567152）	（184455）	（2359398）	（504435）
33	购买固定资产，包括使用软件和网站开发投资	（50321）	（134758）	（287055）	（28333）
34	投资者权益方法的投资与其他投资	（6198）	（62533）	（369607）	（19019）
35					
36	在投资中使用和准备的净现金	（253294）	163978	（951959）	（323998）
37	财务活动				
38	股票期权执行与其他活动费用	16625	44697	64469	14366
39	普通股票的发行，净发行费用	99831	—	—	—
40	长期负债与其他费用	10000	681499	1263639	325987
41	长期负债的支付与其他费用	（19575）	（16927）	（188886）	（78108）
42	财务费用	—	（16122）	（35151）	（7783）
43					
44	财务活动的净现金准备	106881	693147	1104071	254462
45	汇率变化对现金与现金等价物的影响	（15958）	（37557）	489	（35）
46					
47	现金与现金等价物的增加（减少）	（282153）	689126	61726	（38536）
48					
49	期终的现金与现金等价物	$ 540282	$ 822435	$ 133309	$ 71583
50					
51					

　　首先，我们考虑现金流量表的整体结构。表格中的第 7 行以初期现金（年度开始时的现金）开始。9 行到 47 行是关于通过运营活动产生的现金余额，计算有多少现金增加或是减少，通过在 47 行的现金计算，以净增加或减少来结束。这增加了初期现金，得到了期终现金（年度结束时的现金）。9 行到 47 行（现金增加的计算）分为三个部分：从 9 行到 29 行是关于计算资产和公司收购投资前的运营产生的现金数量。30 行到 36 行计算的是资产或被收购公司的投资。37 行到 44 行说明的是来自投资者的现金（来自公司股票的发行或债券的出售），或者也许已经返还给投资者的现金（通过支付券息或分红）。

　　进行更仔细地讨论，在第一部分的计算中，这部分的现金流量来自公司运营，并且分成两部分：9 行到 19 行是从净损失开始，然后调整净损失为非现金项目（项目是从收入中减去的部分，但不代表这一财政年度的现金流量），这些项目，如折旧，代表前期购买（现金流量）的长期资产在逐渐消耗（花费）。16 行是其中唯一的例外，增加了在可转换债券投资的损失。由于我们将在 31 行、32 行进行销售和购买这些可转换债券花费的现金的准确计算，如果我们不根据实际情况调整在损益表中计算的损失，将会导致重复计算。运营现金流量的第二部分（20 行到 27 行）是资产和负债变化的调整。这些是投资真实的资金于类似存货的事情中。可以看到，这些项目可能在损益表的表述中推迟（例如，当存货作为完成产品被销售后，购买存货的现金仅仅在损益表支出），但这些项目在购买时仍要立即支付现金。

最后的两个部分详细说明了投资活动的现金流量（30 行到 36 行）以及公司财务活动发生的现金流量，这里是增加筹资和管理公司需要筹资的财务活动（37 行到 44 行）。现金流量表的这部分表述有一些混淆，因为这有两行（31 行、32 行是购买和出售可转换债券）是关于投资领域方面的。但是，作为现金流量表中的财务部分也许不是很合适，因为这反映了公司短期投资的投资组合的混乱，当其中一些到期（期终）时，这些资金需要投资到其他地方。33 行、34 行是公司因业务需要在固定资产上的投资：33 行是直接购买固定资产，34 行是其他公司的股票。

在这一点，我们知道公司业务的资金需求。这里告诉我们，在公司业务的财务活动中需要增加多少资金，以保持亚马逊公司"仍然站着"。以 2000 年为例：

130.4 百万美元　在运营活动中使用的资金（29 行）

134.8 百万美元　在固定资产中投资的资金（33 行）

62.5 百万美元　　在相关公司中投资的资金（34 行）

37.6 百万美元　　在汇率波动中损失的资金（45 行）

————————

合计：365.3 百万美元　在经营（财务活动中因此需要的）中使用的资金

因此，业务中自由现金流量（FCF）就是 -365.3 百万美元。此处自由现金流量定义为从运营费中减去净投资的现金流量。

这个资金可以通过以下计算得出增加值：

361.3 百万美元　可转换债券净销售额（31 行和 32 行；32 行是负值）

693.1 百万美元　公司债券净发行额（44 行）

————————

合计：1054.4 百万美元　增加值

因此，产生额外的增加值 689.1 百万美元（1054.4 减去 365.3）。在 47 行中说明本年度资金的增加值，然后加上第 7 行，得出第 49 行，即年终的资金。

为什么有额外的资金增加？公司经过扩展时期后，经常在一年中增加资金投资，减少因经常的资本增加而产生的交易费用。公司也许会感到市场对于公司的投资理念是特别善于接受的，因此，通过"现在就是时间"来增加资金。

历史收入与预期收入

我们现在考虑如何使用会计数据评估公司未来的健康状况，我们从收益的评估开始讨论。

网络公司以及其他高成长公司作为研究的特例，这些公司的市场在发展的早期阶段，对公司未来收入的评估是非常困难的。但是，这是可能的，带有明显的告诫，这个评估过程产生的数据可能是最接近未来事实的。

评估者处理的工具和依据是：

■ 短期收入预期。

——公司对下一年度收入的预期。

——公司收入增长的近期记录。

——近期收入的时间序列。

——一定在线分类项目的市场增长的在线研究代理的预期。

■ 中长期收入预期。

——最大价值：优秀的公司取得持续收入增长。

——预期：研究代理、政府团体以及其他评论者的增长预期。

——最小价值：虚弱公司或者整个经济增长的表现。

■ 长期收入预期。

——在较长时期内，公司收入的增长不能够快速超过整个经济增长率。

至于较短时期的收入预期，在公司寿命中的下一个年度中，公司管理者经常公布预期的收入，这些收入公布通常是公司在财务公告时直接发布，或者由分析师的报告公布。分析师在会见公司管理层或者参与电话会议时，希望听到这些数据。按照充分披露规则 FD（美国证券交易委员会 SEC 完全披露政策的一部分），这些电话会议的可视文件在网站上的发布是在日益增加的，以至于非专业投资者能够直接得到这些预期。特别是如果该年度已经度过部分时间，这些数值当即被采纳作为预期中的未来年度收入。

至于第 1、2 年外的预期收入，公司过去的收入是有益的源数据。这并不意味着上年度的收入增长将会在下年度重复出现。在较早期的增长阶段，公司可以从小的基础开始快速增长。但是，随着时间的推移，增长率趋向降低。例如：

■ 亚马逊公司每个季度的收入增长（就是与上一年度的相同季度相比）呈现了近似于指数下跌的模式，季度增长大约是前期季度增长的 88%。这就是指数衰退收入增长模型。

■ 雅虎公司 2000 年的收入增长维持在非常高的水平，超过了 100%。这里没有清晰的衰退模式，被称为高速成长收入增长模型。这个模型受时间结构的限制。

网络公司价值评估：前沿观点

■ 微软公司 5 年内的增长率在 25%～30% 之间变动。但是，每一年度的增长率在很大程度上取决于是否在该年度进行了主要产品的版本更新（例如，Windows 95 或 Windows 98）。这就称为产品发布引导收入增长模型。

■ 时代华纳（Time Warner）公司收入增长随着公司时间的推移稳定在 10% 左右。当 AOL 公司按照高速收入增长路径时（表现为一定的指数衰退模型），合并后的 AOL Time Warner 公司在早期阶段受 Time Warner 公司慢速收入增长的主宰，纯粹是数学上的原因。这就称为稳定状态/成熟收入增长模型。

一旦我们选定合适的模型，并且向前预测，就应当进行理性检查。有两种理性检查可以进行：

■ 第一个理性检查是早期收入数据根据预测的市场规模进行检查。除非公司完全占有市场，并且有一定的所有者的优势（Microsoft）或者进入障碍（AOL），否则就不可能保护超过可用市场的 30%～40%。

■ 第二个理性检查是认识到很少有几家公司在扩张期间，每年还能够保持收入增长率超过 20%～25%。这与高速增长公司特别相关。例如雅虎公司的高速增长期由于市场的不连续性（就是在线广告需求的减少）而突然结束。即使这个不连续没有浮现，根据公司竞争优势的力量，人们不应当假设，高速增长公司在超过一两年后，保持不衰退的增长。

对于公司不能快速增长以超过长期经济增长，我们的评论是怎样的？这对一些读者来说是相当苛刻的，因为长期经济增长率在西方国家通常是在 2%～4% 的范围内。但是，在不确定的未来，任何一个收入增长快于总体经济增长率的公司都可能带动整个经济的发展。如果我们正在使用称为恒定增长公式的公式，这个理解是特别有关的，恒定增长公式是个捷径，就是增加现金流量的无限系列（这个公式把每年发生的支付费用转换成今天的资金价值，永远以一个恒定的年度增长率增长）。这个公式经常称为是戈登（Gordon）增长模型，在以后的章节中，我们将更加仔细地讨论这个公式（以及与之相关的问题）。

由于缺乏过去的财务数据，收入预期必须从以下几方面进行：

■ 在其他产业或者国家经营类似公司的收入。

■ 目标市场中商品的可能市场规模。

■ 离线公司对类似产品或服务的保护收入能力（有无已经建立的服务市场）。

■ 可能的竞争环境。

对于首次公开发行的公司或者风险投资公司，管理层对收入的预测将是这个数据的关键要素，我们将在第六章讨论，如何对这些数据进行检查和评估，一个重要的要素就是，研究越是专入到细小部分以及进行到特别合适的、吸引顾客支付公司的产品，公司的预测越可信。描写公司期望取得大市场 5% 的份额是比较容易的，但是，这个合适的 5% 的份额在实际中难以实现。

值得注意的是，只有当收入预测与预期的费用合并，价值的决定才能获得。如果公司的成本结构非常高，无论大量收入增加与否，公司都将无法生存。公司将倾向于市场上的不连续性，或者不能及时达到利润率，以避免资金浪费。

可变成本与固定成本

作为未来收入的函数，未来成本通常被预测。为了进行这项预测，我们使用了简化的经济模型，即成本如何依赖收入的模型。很清楚的是，在一个综合层面上，在为很多顾客提供服务时的费用超出为少量顾客提供服务时的费用。但这是多少呢？如果是一个受过培训的艺术家人工制作珠宝，将花费他制作一个珠宝的两倍的时间以及大约两倍的材料去服务两倍的顾客。由于成本在很大程度上依赖销售量（成本伴随销售而增加），我们认为这个是大体上可变成本业务。另外，如果是一个教授，教 10 个学生将不比教一个学生多花费精力和时间。这就是大体上固定成本业务。估算公司的成本，多少成本比例是固定成本，多少成本比例是可变成本，我们将处于有利的位置来预测与未来收入相关的未来成本。

换句话说，我们所真正喜欢的是，经济学把成本分类为固定成本部分和可变成本部分。固定成本在公司的活动产出（通常通过收入估算）中保持恒定，可变成本随着公司产出准确地成比例增加。这个成本分类的理由是有用的，这能够帮助我们预测成本在未来是如何变化的，这就是我们的目标。

为了说明这个问题，考虑一个理想化的网络公司案例。我们称这个网络公司为 Tiber. com（在古代，渡过一条大河是非常重要的），公司在网站上出售产品给顾客。公司的成本由三部分组成：

■ 公司建设网站的初始成本是 2000 万美元，这是必须一次性花费的设立费用。

■ 在一年中公司运行网站的进一步成本是 1000 万美元，网站能够为无数的客户提供服务，无论有多的还是少的客户购买，这个成本是固定的。

■ 除此之外，公司还有按产品订单采购以及提供给顾客的成本，这些成本的数量占收入的 80%。这些费用包括采购产品费用、包装以及运输产品的费用。所有这些工作都是由计时工完成的，这些工人能够任意聘用和解雇，因为这项费用可以直接成为收入中的一部分，这是纯可变成本。

Tiber. com 公司是个大公司，公司准备销售的产品价值大于 5000 万美元。一旦初始的 2000 万美元已经用于建立网站，公司的利润能够利用下述的简单等式计算得出：

利润 = 收入 - (0.8×收入) - 1000 万美元

如果 Tiber 公司销售额为零，公司将亏损 1000 万美元。如果销售额为 5000 万美元，公司将保持均衡。如果销售额为 10000 万美元，公司将盈利 1000 万美元。如果销售额翻倍达到 20000 万美元，公司将创造 3 倍的利润达到 3000 万美元。

这样理解似乎过于简单，但是，"运营杠杆"这个概念是网络公司如何创造利润或者不创造利润的核心。一个公司拥有丰富的运营杠杆经验，在收入增长时，其利润也会快速增长。例如，商业机构对消费者的电子商务网站 B2C，是一个自动系统能够复制许多购买过程的部分，在无人工参与的情况下，能够给大量的顾客提供服务。理论上，网站将会替代浏览产品的过程（减少对房地产的资产需求），将会利用支付的程序（减少对出纳员的需要）。如果网站运行良好将产生两个结果：

■ 减少成本（通过减少商店需要支付的租金）。

■ 可变成本（例如，雇佣额外销售人员的费用，以及额外收入相应的出纳员费用）向固定成本（网站需要维持运营的费用，即使仅仅只有少数的顾客，一旦增加，它能够应付很多顾客）转移。

可变成本向固定成本的转移，增加了公司的运营杠杆，意思就是，与公司的低运营杠杆相比，公司的利润对收入中的变化将更加敏感。如果我们能够确定公司成本中的固定部分和可变部分，那么，给出未来收入的预期，我们就能够评估未来的利润（或亏损）。

考虑我们掌握的会计信息，在计算我们需要的价值中，这个信息是多么有用？回顾销售成本与其他成本中的会计区别费用，销售成本是实际存货运输给顾客的费用。可以证明，这个区别在经济学的意义下是没有用途的，因为销售成本的概念是制造商与运输实际产品公司最相关的。销售成本可以给出可变成本的基本数值，但是，其他成本可能同时包括可变成本和固定成本。例如，其他成本包括成本的变化，如销售、市场营销费用以及管理费用。当 CEO 的薪水和创立品牌的广告活动费用完全固定时（即使大量产品销售后，费用也不会增加），这个费用在雇佣客户服务或雇佣人员时是变化的。同样，出售商品的费用也包括一定的固定成本，特别是当销售成本被广泛定义时，如在 AOL 公司和 Razorfish 公司的案例中。

如果我们有大量的成本数据，我们就能够数字化地分析这个成本数据，以帮助我们确定固定成本对于可变成本的模式。这项工作可以通过成本在销售额中的图表来完成，可能不包括销售成本（因为这些通常假设为最可变的）。那么我们可以用图表分析，每增加 1 美元收入时，会带来多少成本增加。但是，这个分析对于公司早期阶段将是误导，因为分析把增加当前顾客服务的费用与发展未来服务的费用相混淆。既然这样，固定成本和可变成本之间的平衡分析，必定要通过估算所建立的更多的相同产业中稳定的竞争者的固定成本和可变成本的数量来进行。通过对财务报表给出的成本信息进行详细分析，有助于固定成本和可变成本的分析。例如，在市场营销成本的分类中，根据美国公认会计准则（GAAP），广告费用被扣除。这些广告费用被认为是固定成本，如雇佣客户支持员工的费用。这是因为，如果商品销售量增加，广告活动的费用没有增加，那么雇佣客户支持员工的需求也许会增加。

应当注意的是，固定并不意味着恒定不变，不过是数量的变化，或者收入没有改变成本。例如，管理层确定这些费用是固定的成本和可变的成本，管理层的决定可以改变这些费用：广告费用是能够返还的，或者客户支持资源是可节约或者自动化的。

观察和估算公司成本中多少是变化的，多少是固定的，这绝不是完全科学的。公司成本的大多数既不是固定的，也不是可变的。考虑到服务器存储的客户数据的例子，我们假设服务器的容量是存储 500000 客户账户。存储费用很显然与收入有关，但不是简单的方式。它保持固定，直到 500000 客户购买，但当有客户加入时，它保持两倍的费用。这就称为固定步调费用，因为它在小数量范围内好似固定的，但当数量变大时，它保持步调一致的变化。类似地，如果我们考虑作为大量人员的客户支持，当客户增加时，资源需要增加，因此它在大的期限内变化。但是，额外的客户支持人员也许使公司有能力解决其他一天中的 50 个投诉或者问题，而不需要增加任何成本（提供的雇员是带薪的）。所以经过这个短的时期，成本是固定的，但是，当我们雇佣其他客户支持人员时，成本与数量保持快速同步增加，把这个费用定义为变动步调费用，因为费用看上去是变化的，但当我们从远处仔细观察这个变化时，它是可变的。最后，有一些费用是混合费用，因为这些费用具有固定的和可变的成分。例如，电话服务通常有固定部分（每月的座机费）和变化部分（根据使用的时间或长途时间计费）。

根据这些必要近似值，固定的或可变的成本分析仍是有用的工具。这是因为，这个分析是鼓励我们研究这些公司的这个关键利润率的驱动因素，能够使我们对公司具有的潜在创造超额利润能力做出提前的判断。我们把网络顾问公司和另一个公司，如 eBay 公司进行比较与对照。尽管网络顾问公司可能拥有自己的工具和方法论，但增加每个项目或客户都需要公司扩大它的顾问资源，实际上是增加了顾问人员的数量。这就是说，顾问公司的运营杠杆是极其有限的，因为这个关键资源是可变成本。顾问公司的关键运营资产是人员，这样的公司应当划分为网络公司，还是彻底的新经济公司，在一定程度上是有争议的。与 eBay 公司相对照，网络顾问公司的重要的运营资产必定就是网站，网站处理大量的拍卖而没有受到干涉。当然，eBay 公司有一定的可变成本（更准确地讲是变动步调费用），如客户支持人员处理出价人的争端。但是，公司的运营杠杆是相当高的。因为 eBay 公司的服务不必要涉及实际存货，公司的地位特别强大。[①] 在这两个极端的中间就是亚马逊公司，公司明显有大量的可变成本，因为公司必须取得大量的实际产品，但是，当它的网站拥有大量的用户后，公司至少拥有潜在的固定费用杠杆。

---

① 但是，良好的运营杠杆并不需要公司的股票是大量的。

经营杠杆的局限性

Tiber 公司网站的小插曲，特别地假设公司能够建立网站并且运行起来，这就需要一些告诫。在实际中，网站需要连续的开发来保持（真正地感知到）客户的需求，以更新面貌和提高绩效，保持与其他网站的基本竞争状况，减少干扰，解决关键设备的负载设计能力问题。因此，网站运行费用相比开始建立时，是更加变化的和更高的。同样，客户从网站（或任何其他遥远的零售商，例如产品目录）上订购，必须发生额外的运输费用，与商店里直接购买的商品相比，要接受拖延的商品收据，一些客户要求立即得到满足，因而这些客户从来不会在网络公司订购实际的产品（如软件或 MP3 文本音乐等）。由于网络订购量的减少影响了公司的承接力和边际利润，所以网络公司就进行商品打折来弥补这些不利影响。

通常，经营杠杆的表现胜于人们可以在宽阔的世界里想象。通过对美国公司的数据（1975～1998 年）进行统计分析[1]，表明成本与收入之间的关系，即成本 = 0.9×收入±C（依赖于准确的规格，但是这个常数从来不像零那样不重要）。由于经过这个时期（根据本年度），平均税前毛利（销售额–成本）大约为 10%～12%，这就是说，在美国公司中，没有关于系统的经营杠杆的明确证据。就如我们在下一章中讨论的那样，没有经营杠杆的完美指标，因为经营杠杆与公司经营业务的状况更相关，当收入增加时，公司经营业务保持恒定。很多这类公司将增加公司的运营费用，继续未来的扩张，因此将产生额外的费用。这也是聪明智慧的表现，长期来看，公司的固定成本很小，如果我们将时间尺度缩短到 10 年，等式变成：成本 = 0.85×收入+C。但是，这个经验表明，实际经营杠杆不能想当然，特别是在长期之中，最明智的做法是，假设大多数成本将随销售额的增加而增加，除非我们有足够的反面证据。

筹　资

随着业务量的不断增加，公司必须筹集更多的资金以购买资产和支付成本费用。在现金流量价值评估中的资产（经过折旧逐渐消耗）与成本之间的区别并不重要，因为现金流量的反映不能用同样的方式体现成本的改变。但是，各种不同类型的负现金流量必须模型化。

资产趋向于按照收入的比例进行估算。这个百分比随着时间的推移而改变。一方面公司发挥好资产的杠杆作用，更加便利地为更多的顾客提供服务，公司就能提

---

[1]　使用 SAS TSCSREG 程序时，对固定的和随机的影响进行回归修正。

高其资产效率。另一方面，消费者有时会对公司提出更多的需求，这使公司投资更加复杂的资产，这样，资产在销售额中所占的比重就会相应增加。

为了模拟的目的，我们考虑一个简单的例子，公司（在期终）的资产是收入的20%。我们假设第1年度的收入是1000美元，第2年度的收入是2500美元。因为资产是收入的20%，资产在第1年度结束时应当是200美元，在第2年度结束时是500美元（2500美元的20%）。这就表示负的现金流量300美元（资金需要增加资产从200美元到500美元）。这可以使用Excel简单地模拟，随着时间的推移，也容许在相关需求资产中进行公司衰退的模拟。

来自投资者的现金流量

在讨论负现金流量后，我们讨论公司收到的现金，我们考虑现金收入与现金支付之间的关系：

收到现金-支付现金=资产负债表中增加的现金

大多数公司的现金主要是从顾客那里获得的收入。上述关系表明，如果我们收到的现金多于支付的现金，将增加我们的现金余额。但是，正常情况下，因为公司在初创期需要购建固定资产和无形资产，所以支出的现金多于收到的现金。在这种情况下，由于缺乏现金余额，现金必须从投资者（权益或债务）那里获得增加。连同其他收入，来自资产出售和子公司（通常是增长的公司）的资金，投资流入是公司其他现金流量的主要来源，就如我们看见的上述亚马逊公司的现金流量。

但是，投资流入在价值评估时不计入自由现金流量。这是因为我们只关心公司经营产生的现金流量，现金流量适用于分派给股东和债权人。总之，通过分别运营部分的业务筹资，我们重申上述给出的等式：

收到现金-支付现金=资产负债表中增加的现金

重新表述为：

运营中的现金支付-运营收到现金=需要筹资

并且：

需要筹资=权益增加+负债增加+资产负债表减少的现金

换句话说，如果运营中产生的收入和其他现金少于我们支付的费用和资产购买费用的和，我们便会资金短缺，需要筹资。筹资的需求是通过增加权益、负债以及减少前期中产生的自有现金余额来加以保护的。筹资需求是与现金流量相反的过程。为了重新叙述，当筹资需求小于零时，自由现金流量将发生变化，债权持有人和权益持有人的资金实际上是自由的。在亚马逊公司历史数据中，自由现金流量是负的，因为我们必须增加来自投资者的资金。

收益与现金流量

在前面的章节中，我们使用的"现金流量"和"利润"（收益）术语是相似的解释。现在我们更加仔细地讨论这些术语，特别是关于它们在价值评估中的角色。

现金流量，或是自由现金流量（FCF），就是在任意一个时期中，公司经营性资产产生的现金数量。就如在第一章中讨论的那样，这个数值是一个时期内作为收入从客户那里收到的现金，减去成本支出和购买资产费用，再减去税赋：

FCF＝经营现金流量－资产净投资－税金

经营现金流量＝收益－增加的营运资金+折旧以及其他非现金项目的摊销

这个现金用于支付利息和偿还借债给实际权益所有者，或支付红利给权益持有者。如果管理层这样选择，这个自由现金同样能够根据金融项目或公司的业务，再投资于新的运营资产，但是在项目周期内，我们对自由现金不进行预测。营运资产可以被视为独立经营的业务，并且金融资产和负债作为独立的经营业务，其唯一的目的是为营运资产筹资，这两部分由公司管理层负责。

理论上，现金流量可通过跟踪现金在公司各部门之间的流入和流出直接观察到。现金流量通常通过使用公司的损益表和损益类账户，以及资产负债表中的会计数据测算得到（直接的方法）。这里的理解强调公司公布的会计数据的基本本质和重要性。

收益是会计测算的总和，传达公司是否盈利的信息。收入的计算重新整理了在时间周期内的收入和成本项目，当与成本或收入相关的现金支付或收取时，推迟一些和相对提前其他部分现金。会计系统的目的是，把成本和引起成本的收入进行比较，以使在任何给定的期间内，收益能够给出公司是否盈利的好的理念。现金流量不能总是这样做，因为它是作为负的现金流量来查看的，有些现金流量对公司未来经营有益，如用于制造产品的原材料采购，以及经过一段时间后使公司盈利的大量实际资产的采购。在收益、分别推迟的原材料费用（直到被出售）以及展开的大型设备费用（在设备的使用期后）的计算中，会计处理这些费用是不同的。

理想化的情况是第一章中的 KWSN 公司的例子，现金流量和收益是相同的。为了说明这个情况，我们必须进行两个关键假设：

——在 KWSN 公司中，没有资产折旧。

——在收益与现金流量之间不存在其他时间差（例如，购买者的支付收入和供货者的支付是同时进行的）。

在实际生活中，购买者（特别是团体购买者）可能需要延期付款，他们在商品购买或提供服务后的一个月或更长的时间后付款。供货者同样允许公司延期付款，公司中大量固定资产（长期资产，如工厂或电厂）的折旧变得更加重要。折旧是为了会计目的进行的，经过大宗采购的使用期分摊其费用。

表3-4给出了实例。假设Hard公司在计算机硬件上的投资是6000万美元，希望计算机能使用三年。根据公司的现金流量表，有6000万美元的负现金流量产生，即经营的第1年就有负现金流量〔见表3-4（a）〕。但是，为了会计记录，特别是损益表，计算机设备的费用将展开在其使用寿命期中，并且只有2000万美元的费用在每一年中减去〔见表3-4（b）〕。很明显，为了评估当硬件的现金流量产生时所发生的事情，我们将采用格式1评估公司。但是，对于临时的观察者，查看第1年的报告，在告诉他Hard公司是否是个"好公司"时，什么类型的报告是最有用的？他在第2年所看到是什么？记住在现实世界中，投资者将查看当前年报中1~2年的历史，而不是未来3~4年的完整计划。

表3-4（a）　　Hard公司的现金流量——格式1　　　单位：百万美元

时间	1年	2年	3年
收入	100	100	100
销售成本	-40	-40	-40
毛利润	60	60	60
其他费用支出	-30	-30	-30
投入在硬件上的现金	-60	0	0
自由现金流量	-30	30	30

表3-4（b）　　Hard公司的折旧——格式2　　　单位：百万美元

时间	1年	2年	3年
收入	100	100	100
销售成本	（40）	（40）	（40）
毛利润	60	60	60
其他费用支出	（30）	（30）	（30）
硬件的折旧	（20）	（20）	（20）
利润	10	10	10

注意折旧的使用是会计调整，为了得到公司利润率的公正理解，通过折旧进行的分摊没有表明，用分期付款购买或者自我租借的安排方式来展开设备的现金支出。同样应注意的是，折旧是有益的影响，通常仅限于有形资产，如计算机、办公桌、建筑物以及实际的工厂。商标图案的开发或者网站的设计费用支出，一定是当时相

对利润的费用支出。① 这是由会计学的保守性的本质所决定的（会计学趋向产生的反映至少夸大了资产的价值和利润）。因为这些无形资产更难从公司中分离出来，更难进行出售，它们被保守处置，并且必须立即支付。一个例外是商誉，允许对商誉进行分摊（对无形资产折旧的一个特殊的定义）。对于这个重要无形资产的讨论和2002~2003年会计处理的变化参见附录3-1。

当现金流量需要以价值评估目的定义时，现金流量通常不能够从现金流量表中读取，这个数值是没有价值的。现金流量和自由现金流量通常有各种各样的误导以及无实质意义的定义。现金流量最普通的定义之一是，通过增加非现金支出，如折旧，来计算税后的纯收入。现金流量表中的摘要行常常定义这个数字为运营现金流量（不同公司的运营现金流量也有不同的定义）。对于一些公司，当现金流量可能是有用的测算时，价值评估这个测算是无用的，因为它不是固定资产购买的因素，固定资产不需要对客户提供服务。在这里这个测算增加折旧返还（在利润计算中逐渐支出给已经消耗的资产），不需要任何对实际购买的资产的补偿支付。对于价值评估的目的，自由现金流量是用于分摊给债券持有人的现金，一定是税后的，并且是在资产购买和出售之后的［是否通过兼并收购公司（M&A）或直接购买资产］，但是自由现金流量是在任何分摊给投资者之前的（如股息和红利），以及任何来自投资者的收入（就是对公司债券的新投资）之前的。

现金流量扮演的角色与收益扮演的角色

在本书中我们使用自由现金流量的价值评估方法。因此我们提前预计自由现金流量，并且对其进行折算以发现这些现金流量的现值。这个现值是比较当前市场权益和任何债务后的价值。我们使用历史的会计信息和其他非会计数据来帮助我们预测未来现金流量将会是多少。

当前收益的数据有利于对公司当前利润率的理解。当我们意识到进行会计调整达到收益时，这些调整并不总是带有恶意的，正常情况下引入平滑不连续性（如折旧），或者在会计报告中加入明智的保守性倾斜（如市场营销费用的当时费用支出）。收益是公司当前状况和未来展望的非常重要的信息。例如，除了在非常热销的市场外，在英国和美国的公认会计准则（GAAP）下，这些不能创造利润的公司

---

① 英国会计准则（ASB的UITF摘要中29号）允许在网站策划阶段后的一段时期内逐渐提取费用（就是在资产中进行资本化，然后折旧），提供的网站是能够直接产生收益的。不必立即支出的费用，如注册域名的费用，购买软件的费用，电子商务引擎以及单独网页的设计和加入内容的费用。为了允许资本化，必须有合理的解释，来自网站的现金流必须超过设立网站上的费用支出。最终，折旧的期限可能非常短。

美国会计准则（FASB EITF 00—2）更加严格，特别是需要网站能够维持经营的费用数据，而且加入内容的费用是必须支出的。在策划阶段，设计、定义、选择供应商或者内部程序计划必须支出费用。

更加困难地进行筹资发展，使公司的前景不容乐观。

有些价值评估模型，使用收益或剩余收益（减去期望权益返还后的收益）形成价值评估，这被定义为剩余收益评估模型（RIV）。例如，Penman（2001）中讨论的就是剩余收益评估模型。但事实上，对于网络公司，股东权益经常接近于零或表现为负数，使得这些剩余收益评估模型对于网络公司表现得不是那么直观。

经济利润模型导论

经济利润模型既是本书中使用的贴现现金流量（DCF）方法的基础，又是其他方法的基础，如 RIV 模型。经济利润模型表明，公司通过创造高于经营中的加权平均资本成本（WACC）的回报，能够产生股东价值（就是产生的价值大于股东投入的）。

占用资产报酬率（RoCE）能够通过下式的计算得出：

$$占用资产报酬率 = \frac{经营利润}{占有资本}$$

经济利润率定义为价差>0，或者经济利润>0；

价差＝RoCE－WACC

经济利润＝利润－占用资本×WACC

占用资本是公司权益的账面值和公司发行的债务票据的账面价值。占用资产报酬率（RoCE）与加权平均资本成本相比，加权平均资本成本由第一章中列出的方法计算得到。如果占用资产报酬率（RoCE）与加权平均资本成本（WACC）之间的价差是正值（RoCE>WACC），那么，公司产生经济利润。如果价差不合适，那么，公司在当期正在贬值。相一致的是，占用资产报酬率（RoCE）与加权平均资本成本（WACC）之间的价差为负值，公司的股票是无价值的，不值得股东投资。如果连续贬值，公司股票将毫无价值，公司将破产。

运用杜邦分析模型将资产报酬率分解为两部分，这具有一定的指导意义，在公司收到信贷后引入这个方法。这个方法把资本回报的贡献者分成边际贡献效能（运营毛利）和资产效率（资产周转）：

$$占用资产报酬率（RoCE）= \frac{经营利润}{收入} \times \frac{收入}{占有资本}$$

$$\qquad\qquad\qquad\qquad\quad \uparrow \qquad\quad \uparrow$$

经营贡献　　资产周转

一个无利润的运营公司，应当被观察到追踪公司的利润到正的领域，资产效率仍旧可以观察到。对于具有低的或是负的占用资本的公司，无形资产的价值必须包括形成占用资产报酬率（RoCE）的计算。这些计算将进一步在第六章中讨论。这个分解的优势是，强调提高资本回报的关键贡献者。

附录 3-1　高级问题

网络公司收入再认识

在研究网络公司时，人们重点关注的是收入的可比性。这有两个原因：在可比较的观点中（现在不可信），收入是直接的价值驱动因素，因此，收入的可比性对于准确评估是必要的。本书中我们采纳的是贴现现金流量—价值比率的观点，比较收入数字也是基本的，这是因为我们不直接评估收入，我们想要使用财务比率包括收入来获悉对公司未来的预期。

定义收入的测量方法并不总是直接的。例如，国际旅游网络公司网站，把顾客最终支付给航空公司的机票费用作为收入的总价格记录。这似乎很明智，但正常的旅游代理业是把佣金和酬金作为收入记录。由于旅游代理没有机会申请超过 10%～20%的机票费用，支付机票的总价格总是作为信息用的数字。有趣的是，网络电话旅游代理优惠机票并不是这样做的，除了某些类似于经纪人进行的业务外，eBay 公司也是这样的。eBay 公司通过公司的总商品销售额来报告总的交易业务，但这个数字在损益表中没有体现出来，从收入开始，这个收入是关于总商品销售额的酬金和佣金的总和。这被称为"总与净"的矛盾。eBay 公司的会计政策（净收入报告）是与美国公认会计准则（GAAP）的精神以及文字保持一致的，是由财务会计标准委员会（FASB）的紧急事务小组（EITF）补充的 99—19 摘要，来指导公司出具净收入的收入报告（如果公司表现为代理人或者经纪人没有预测风险或商品所有者的报酬）。Priceline.com 公司的 10K 报告声明，为了产品销售而开始的购买和标明记录的商品（Priceline.com 公司 2001 财政年度的 10K 报告第 57 页），纠正当作收入的总交易价值的结论，并建议不要冒商业的风险。但在公司网站的投资者相关网页（http：//travel.priceline.com，/priceLineASPOurCompany，/pressroom，/whatsnew，/html，/pressrelease44.htm）上，公司声明"Priceline.com 公司没有对任何产品在线上维持和储存存货"，建议公司把商品销售给股东（取消头衔的）的期间尽可能短，并且把股东的相应风险减小。

从近期的分析师或者评价者的观点来看，人们意识到差别是明显的。Priceline.com 公司收入报告（已经形成的定义就是"报告总收入"）方法的调整方式是简单化地认识 Priceline.com 公司的利润，将其作为总收入的一部分，这个值远远小于那些更加保守性公司的（更加低的）净收入报告的数值。因此，通过研究旅游代理公司使用的净收入报告，寻求关于公司可能的未来利润的指导，必须做出调整，因为其他公司将报告的利润作为收到的佣金的一部分，同时把公司的利润作为（相对较大）总收入的一部分。对不同的业务结构和费用结构来说，这是必须做出的附加调整。

　　附表 3-1 比较了 Priceline.com 公司和网络电话旅行代理 Cheaptickets 公司的最近季度报告。① Cheaptickets 公司报告了净收入（但是报告公司总收入是在关于总账的注释中）。

　　一方面，报告给出的公司总收入和净利润的大幅度变化，使我们难以确信我们正在做出的比较，而实际上我们不进行这样的比较。另一方面，如果我们把 Priceline.com 公司的净收益作为公司总利润中的一部分来计算（可能类似于净报告系统中的收入），并且这个比例是 4.7%，那么会计师是相当保守的。

　　看看英国的情况，会计师更加保守。例如，Lastminute.com 公司（英国的一家主要的网络旅行品牌）报告的净收入为营业额，这些净收入形成公司固定损益账目的上端，同样报告总收入作为总交易额，这个报告体现在损益表的"上面"，但不是作为其中的一部分。有时相当混乱，报告把总利润作为总交易额中的百分比。QXL Ricardo 上市公司（英国设立的拍卖网站），同样把净收入作为营业额进行报告。PricewaterhouseCoopers（1999）② 声明，这是根据 IAS18 原则（国际会计标准委员会指导原则）进行的，代理人或经纪人的这项收入是受佣金或利润限制的，把这项收入变成交易的一部分。

附表 3-1　Cheaptickets 公司季度报告（2001 年第 2 季度）单位：百万美元

	Cheaptickets	报告总收入的百分比（%）		priceline	报告总收入的百分比（%）
总票面值	232.845		总收入	364.756	
总收入	28.501		总利润	60.106	16.5
总利润	26.414	92.7	（空白）		
净收益	1.221	4.3	净收益	2.816	0.8

　　关于收入认识方面的其他主要问题是收入报告中包含的物品交易收入。物品交易是两个公司交换商品或服务而不使用现金的过程。物品交易是进行业务的很好的方式，它在东欧解体时非常盛行，此时东欧经济需要大量供给，但只有少量硬通货或举债能力，因此，它们直接交换相互需要的供给。交易双方交换价值的项目，物品交易的使用是以简化的方式完成银行贷款和解决缺乏市场营销技能的问题。网络公司之间物品交易的最普通的例子是，一个公司网站和另一个公司网站之间交换广告。

① Cendant 在 2001 年 8 月需要 Cheaptickets 公司，后于展示期。
② 普华永道公司 PricewaterhouseCoopers（1999），pp. 3005 section 3.26。

网络公司价值评估：前沿观点

　　评估物品交易的关键概念是"携带价值"（Carring Value）。如果我们必须运转商品或服务（如果我们不能立即出售这些商品），根据可实现价值（就是后来出售它们时可能实现的现金），它们的价值是多少？假设我们的项目是零账面价值，这个例子是飞机起飞后的座位，此刻它不能再出售，因此它是无价值的。现在假设美国航空公司和英国航空公司（BA）做了一项交易，交换相应数量的未使用的起飞航班座位，表面价值是每个座位 500 美元（也许美国或英国座位表面上是为了进行飞行中的广告目的）。这样安排将增加收入，但不影响利润（因为英国出售 500 美元的座位等于500 美元买入的座位）。这似乎有些滑稽，同样从来没有航空公司的经理乘坐，部分因为航空公司没有计算这项收入，部分因为公司的会计师不允许这样处理。

　　页面广告是期终资产的另一个例子。例如，网络公司的广告部，在顾客浏览网页的时刻就等同于飞机"起飞"。如果在网页上展出的广告标语此刻没有出售，它最终没有价值。网站常常刊登部分自己的网站或网络，删除标语，或给重要顾客免费刊登。对这个问题进行大致的描述，跟踪 2000 年 6 月的 Leading Web Advertisers公司，公司网站 22% 的广告标语是自我广告的标语。例如，ESPN. com 公司的广告标语 73% 是自己或与自己网站有关的。其他的数据是：AOL 公司的 45%，GO. com公司的 30%，altavista. com 公司的 10%，Yahoo. com 公司的 5%。需要注意的是，2000 年 6 月在线广告需求过于提前下滑，这个情况的发生可以向前追溯到 2001 年的第一季度，因此当前的未出售标语存货的数据可能较高。

　　使标语避免或者终止在内部使用的一项选择是，把公司自己网站上的广告与其他公司网站上相同数量的广告进行交易。这是明智的商务决定，但是，因为这个决定进行的物品交易经常走向极端（因为没有其他可用的购买者），很多公司在这些期终资产形成的真实收入的实际报告中有不正确的抬高收入的倾向，在 2000 年 3 月《幸福杂志》的文章中，使许多读者转向实际情况，Jeremy Kahn 报道，许多新建立公司收入的一半依赖于物品交易，并且一些已经建立的网络公司（如 Sportsline 和EdgarOnline 公司）用这种方式获得超过 18% 的收入。如果相应的现金协议（物品交易被公司协议交换的相同数量的现金所掩盖）包括在内，Kahn 报道，Jupiter Online公司（市场研究代理公司）估计 15% 的网络公司的收入与物品交易有关。

　　美国和英国标准化组织已经开始减少流行的物品交易收入报告。例如，在美国财务会计标准委员会（FASB）发布紧急事务小组（EITF）报告的摘要 99—17 声明，如果在过去的 6 个月中公司收到类似交易的现金收入，公司只能报道物品交易。这份文件也强迫公司在账目脚注中做出物品交易收入比例的披露。

　　其他关于总收入或净收入，以及物品交易收入的证据包含在 Davis（2000）的文章中。Davis 教授指出，1998 年，52 家公司中的 38 家有机会使用总收入报告进行这样报告。55 家公司对是否进行物品交易包括在收入的说明中，49 家公司说明包括了一定的物品交易，其余 6 家公司说明在收入中不包括物品交易收入（更进一步，

68 家公司被认为有机会报告物品交易收入，没有明确说明它们是否把物品交易作为收入的一部分）。

收购时的商誉与增长

在资产负债表中，一项特殊的无形资产是商誉。当公司购买其他公司时，商誉是会计中创造的更多的账面价值。账面价值通常等于为收购公司支付的无形资产的价格。对网络公司而言，账面价值是较低的，因此商誉可能较高。商誉可以被分摊（等于无形资产的折旧）或在资产负债表中保持商誉的全部价值，但是，属于定期的评述是，未来现金流量可能对此价值描述进行充分调整（这项定期评述定义为减值评述，因为如果商誉受损，它必定减值）。如果商誉分摊，或者商誉已经损失，这样可以减少网络公司的收益，引起公司巨大的损失。许多网络公司之所以在较短的时期内分摊商誉，或是出于无法选择，或是因为听取公司会计师的意见而这样做。但是，它们坚持认为，商誉不能反映现金流量，是可以忽略不计的。要注意的是，分摊反映了购买收购公司时的过去现金流量。会计处理的逻辑是经理人员在进行投资时应当保持记账。[①]

当然，评估师只是对未来现金流量感兴趣。但是，他应当注意商誉是被分摊的，所研究的公司在过去已经使用收购增加收入和潜在的利润。当前在资产负债表中的未分摊商誉应当敲响警钟。[②] 如果为了保持增长率需要进一步收购，评估师有两个选择：

——假设公司为了增长将继续进行收购，因此收购支付的自由现金流量将减少预期现金流量。对于公司在收购时支出费用的计算，商誉分摊也许是一个指导方针。在公司的历史报表和历史信息资源中披露时，一个更加可靠的方针（因为公司在关于如何快速记录它的商誉上有一定的判断力）是公司保持跟踪记录收购费用。评估师同样要记住目标公司的市场价值的变化，这些公司可能使需要收购的费用低廉或者昂贵。

——假设公司停止收购，这样意味着阻止了公司的增长率。如果公司仅仅靠内部的增长，那时计划必须调整，以反映将出现的低增长率（内部增长有时定义为组织增长）。

在 2001 年，网络公司有个增长的趋势，就是快速地注销商誉，通过在非常短的时期内分摊商誉，或将商誉作为损失的无价值部分来对待，在收入中注销。例如，亚马逊公司 2000 年度的 10K 报告表明，公司在商誉或其他无形资产上的损失是

---

① 英国会计标准委员会：FRS 10 的摘要，发布在 http：//www. asb. org. uk/publication149. html （1998 年 12 月）。

② 如果商誉被公司和它的审计师认为具有一个明确的时间，那么，公司就不必分摊，而且可以从年度收益中"打击"。但是必须看到，从历史性的伤害的观点出发，审视商誉的价值。

1.89 亿美元。公司商誉分摊的时间跨度是 2 ~ 4 年，导致 2000 年度的分摊费用为 3.218 亿美元。这个结果的净值（连同商誉的其他转移）就是，亚马逊公司的资产负债表中的商誉从 1999 年末的 5.347 亿美元减少为 2000 年末的 1.57 亿美元，减幅为 70%。

这样对于亚马逊公司未来的优势是，资产负债表中商誉的低数值，美国公认会计准则（GAAP）下的未来收入，将导致低的收入分摊费用。同样意味着公司有的无形资产将减少损失。尽管 2000 年这些大量费用增加了损失，损失如此之大，超过了 5 亿美元，也没有引起股东的愤怒。一些股东也许被说服了，认为这些费用不是真实的金钱，这样进一步降低了它们在股东头脑中的重要性。

最近，美国在标准制定方面的发展是召开商誉分摊问题审议会。美国财务会计标准委员会（FASB）在关于其 5 年期计划改革公司兼并与收购的会计管理上，达成一致结论。这就产生了为商誉分摊问题以及为公司兼并与收购的会计方法的结果——权益集合法。

权益集合法是公司兼并与收购中可选择的会计方法，允许小型的和集中管理的公司，而不是有一系列的管理者接管运行的公司，进行兼并者的合并会计说明，兼并方的会计处理是，账面价值（在网络公司中非常低）加到一起，形成公司的新资产负债表，这样用于收购被兼并公司的大量的股票的现金价值没有反映到合并后的公司账面中。同样，这项交易不带来商誉，所以，不会产生商誉分摊带来的问题（对收入的负面影响）。兼并者企图使用这一方法，在这里合并的公司有大致相同的规模，并且每个公司的管理层将联合经营新公司。但是，值得怀疑的是，兼并者的定义已经被延伸，在一些收购中或联合处理中得到收益。

起初美国财务会计标准委员会（FASB）的用意是删除权益集合的会计方法，而用超过交易的账面价值的部分作为商誉，并取代 40 年期内分摊的一套系统。但是，商业利润成功的游说改变了这个方法，说明商誉分摊的需要将有害于公司收购的增长能力。美国财务会计标准委员会（FASB）在 2001 年 7 月 5 日决定采取以下政策：

——废除权益集合法。

——资产负债表中记录商誉。

——商誉必须属于定期损失评述，损失的费用在损益表中支出。

——商誉不能分摊。

1998 年英国的会计制度 FRS10 规定后，美国和英国在实际上保持一致，除此之外，英国的这个制度给予管理者判断力，他们按照自己的意愿进行分摊商誉（超过 20 年的时期）。

理解预计会计报表

亚马逊公司常常提供美国公认会计准则（GAAP）规定的损益表（按照美

国证券法的有关规定制定）和预计损益表。什么是预计利润？它是有价值的目标吗？

　　预计会计报表被 investorwords. com 称为在一系列假设基础上的假想资产负债表和损益表。因为公司能在不同时期、不同目下使用不同的假设，预计报表不需要包括所有时期，而且在每一份财务报表中，也许不止一个预计报表。亚马逊公司的预计报表不包括非现金项目和公司划分为非循环的项目。预计报表的其他用途包括公司最近收购的其他公司。这些公司通常包括兼并公司的预计历史会计报表，也包括美国公认会计准则（GAAP）下的会计报表。这些预计报表试图评估，如果收购已经在一年以前发生，将如何看待公司的会计报表？这试图让投资者尽早能够在当前和过去的数据之间进行基本比较。公司制定的其他预计报表是收益预计报表，这个报表假设按照期权模型来评估雇员的股票期权，而不是评估股票内在价值（常常为零）。这就是公司被迫按照美国的会计原则 SFAS123 规定制定的预计报表的例子（除非公司报告调整收入为"大字标题"利润，但是没有公司这样做）。

　　但是，SFAS123 规定披露了（将在第七章中详细讨论）一些例外。由于大多数预计报表没有会计调整者的要求，公司理论上可以按照自己的意愿做假设。但是，美国证券交易委员会（SEC）最近颁布了一项声明，警告公司预计报表不能真实和准确地传递公司的财务状况（Glasner，2001）。在声明中没有提到具体的公司名称。

　　作为预计报表的例子，我们转向亚马逊公司说明的美国公认会计准则（GAAP）和主要预计财务结果。我们可以看到 2001 年第一季度的结果是有趣的例子（来自公司 2001 年 Q1 10Q 报告）。

　　对附表 3-2（预计报表例子）的评述，我们可以看到一些排除项的明智的基本理论，但不是其他部分。例如，如果公司不进行收购，明智地排除预计连续进行收入的商誉分摊。排除经常作为收购结果的基于股票的补偿，也可以是类似的调整。排除"相关的损失和其他的损失"部分似乎是明智的，因为资产的损失（已经支付了的）是非现金项目。但是，10Q 报告的进一步检查显示，1.14 亿美元中的一部分是重组费用（5550 万美元）。参见 10Q 报告中的注释 6 的说明（见附表 3-3）。

　　这些重组费用常常在分析师的重要收入计算中被排除，但这里表现的现金与非现金费用之间的区别是明显的。如果公司建立需要现金重组费用的模式，这将吃掉付给股东的现金，因此这部分资金需要分别报告（为了公平起见，在过去的经济公司中这类的牺牲者也被拉平）。

　　在我们下结论之前，还有重组费用以及预计报表的其他问题。我们称之为"饼干罐"（cookie jar）综合征，取名为"装饼干的罐子"，用于今后消费的位于厨房中的储存的罐子。这个分析是，尽管公司将在重组过程开始时花费全部重组费用，但公司没有花费这个季度花费的所有费用，并一直保持很多年。在"饼干罐"模式中（注意到，这个模式不是会计原则允许的，但一些研究者建议公司仍然采用它），公司花费超出重组需要的费用，讲述了市场中确定的故事，这就是为什么这是一次性的，并且分析师在从重要收入中排除重组费用时爱上了它。在当前损益表中，支付的有效重组费用和大量的其他费用（"饼干罐"）立即纳入。这个重组费用能够组成我们需要的未来收入。例如，如果收入预期缩短为 1000 万美元，财务总监（CFO）把它作为先前发生的重组费用的一部分，并且这项费用不出现在损益表中，这个目的就实现了。试图保证会计报表给出一定时期内的合适的利润测算，会计专家非常机敏地让公司保留这个类型。审计师坚持把重组费用作为特殊目的进行保留，这个保留与重组需要是相当的。例如，在紧急事务小组（EITF）的 96—9 报告中，关于存货记录的分类和其他重组相关的费用，美国财务会计标准委员会（FASB）紧凑地描述重组费用包括的基本内容，如指令存货记录不必记在重组费用中，但必须考虑在商品销售费用中。

附表 3-2　预计报表例子

执行的预计报表的结果

　　根据我们执行的结果提供一定的预计报表信息，这些信息排除了基于股票的补偿、商誉以及其他无形资产的分摊与相关的损失和其他的费用支付，也根据我们的净损失提供了一定的预计报表信息，这些净损失排除了非现金所得和损失及其净值，排除了投资者权益方法损失的权益及其净值，排除了由于会计原则变化带来的累计影响，同样排除了来自预计报表运营结果的数量。这个预计报表的信息没有体现与美国公认会计准则的一致性。

　　预计报表的结果和一定的现金流量信息是 2001 年 3 月 31 日结束时的前 3 个月的信息，以及 2000 年（为了清楚表达而删除）的结果，具体如下（除了每股数据外，单位：千美元）：

	2001 年 3 月 31 日结束时的 3 个月		
	报告数据	预计报表调整	预计报表
净销售额	700356	—	700356
销售费用	517759	—	517759
毛利润	182597	—	182597
运营费用			
执行费用	98248	—	98248
市场营销费用	36638	—	36638
技术与措施费用	70284	—	70284
管理费用	26028	—	26028
基于股票的补偿费用	2916	-2916	—
商誉与其他无形资产分摊费用	50831	-50831	—
相关损失与其他费用	114260	-114260	—

续表

	报告数据	预计报表调整	预计报表
总运营费用	399205	−168007	231198
运营损失	−216608	168007	−48601
利息收入	9950	—	9950
利息支出	−33748	—	−33748
其他费用支出，净值	−3884	—	−3884
非现金所得与损失费用，净值	33857	−33857	—
净利息支出与其他费用	6175	−33857	−27682
投资者权益方法损失的权益前的损失	−210433	134150	−76283
投资者权益方法损失的权益，净值	−13175	13175	—
会计原则变化前的净损失	−223608	147325	−76283
会计原则变化后的累计影响	−10523	10523	—
净损失	(234131)	157848	(76283)

我们正在提高的预计报表结果只是为了提供信息，预计报表的结果来自我们的财务报告记录。

我们期望预计报表运营损失的数量能够平滑，稍微改善 2001 年 6 月 30 日结束的季度与 2001 年 3 月 31 日结束的季度比较的结果，我们希望在 2001 年 12 月 31 日年终结束时，在考虑希望 2001 年第四季度预计报表的运营利润时，预计报表的运营损失在净销售额的 3%~6%之间变化。但是，任何这样的预计都会受到大量不确定性因素的影响，参见标题"可能影响未来结果的附加因素"。

附表 3-3　来自 10Q 报告的注释 6

在 2001 年 3 月 31 日结束时的 3 个月，与公司重组相关的费用如下（单位：千美元）：

资产损失	58748
连续租赁负债	34292
期终收益	15088
经纪人佣金，专业服务费用和其他重组杂项费用	6132
总计	114260

我们怎样区别公司是否储存"饼干罐"？是的，我们可以从关于记账的注释中得到一些信息，因为公司被要求说明公司重组储存的状况，它们这样做的目的是什么，公司已经花费了多少费用。返回到亚马逊公司的例子，我们能够参照公司 2001 年度 Q3 10Q 报告的注释 6（只在上一个部分）（见附表 3-4）。

附表 3-4　10Q 报告中的注释 6

注释 6：相关重组与其他费用

2001 年 9 月 30 日，与重组相关的费用和其他费用的增加值是 71 百万美元，其费用构成如下（单位：千美元）：

	2001 年 3 月 31 日结算	后续增加值	非现金处理和其他调整	支付	2001 年 9 月 30 日结算	12 个月以内到期	12 个月以后到期
租赁负债	34667	50970	-2693	-18805	64139	46437	17702
期终收益	8445	599	-2449	-5146	1449	1449	
经纪人佣金，专业服务费和其他重组杂项费用	4121	2141	1559	-1986	5835	5710	125
总计	47233	53710	-3583	-25937	71423	53596	17827

记录的重组相关费用和其他费用是 2001 年 9 月 30 日结束时的 3 个月和 9 个月的费用，主要是与资产损失相关的计算机和执行中心的设备的处置相关，也包括一定的与收购相关的费用，如被收购公司的员工的红利支付和其他与收购相关的杂项费用支出。

在其他地方，公司报告支出的重组费用总计 109.1 百万美元（不包括资产损失 67.8 百万美元）。这就意味着亚马逊公司仍然有 65% 的资金可用于弥补未来的费用支出：在"2001 年 9 月 30 日的结余中"为 71.4 百万美元。这是"饼干罐"吗？我们倾向于不要在结余中形成明细。结余中的多数继续为不需要的房屋和设备支付租赁负债，因为它们降低了租赁起初计划中的应付账款，这就自然地拖延了费用支付。

当我们倾向于判断亚马逊公司的重组储存并不是会计滥用时，公司创造利润的这种方式是在美国公认会计准则（GAAP）下完全正当的方式。例如，如果公司保护其不需要的设备转租合同，或包括 7.8 百万美元的经纪人的和职业津贴，以及估算的各种费用和其他没有考虑到的费用支出，公司能增加收入中的利润。但是，一旦公司从预计报表中排除这些费用，公司再难把这些费用重新分类在预计报表上。

总之，预计报表经常受到投资者的仔细审查。投资者需要"净"利润测算，排除一次性的事件（有时定义为非重复性项目），并且忽略投资者认为不损害投资回报的非现金项目。但是，在查看这些报表时存在一定风险，因为有些排除的是现金项目（如重组费用），如果这些费用发生将阻碍股东获取回报。同样，重组费用的重复不等于能创造未来会计利润的"饼干罐"，公司可以通过管理自己的收入来实现宣布的目标（宣布的目标就是预计利润）。重组费用的问题是特别矛盾的。公司经常声称这些费用是一次性的，但在随后的年度中，公司不得不产生进一步的重组费用（也许是一个新问题的结果，或者是新管理层到来的结果）。Kieso 和 Weygandt（1998）[①] 报告了两个极端的事件：Citicorp 公司在 1989~1994 年发生了 6 起重组费用，Westinghouse 公司在 1985~1994 年发生了 7 起重组费用。投资者应当注意实际中的重复"非重复性"费用。

尽管商誉分摊是非现金的，如果公司连续花费股东的资金用于收购和投资，那么，预计把这些项目从过去花费的分摊中排除，将是不可信的。收购费用由股份形式支付，为这些收购发行的股份代表了当前混乱的股东损失。

最后，经理人员定义的预计形式的灵活性是实际的最大缺点，即使不是这样，定义"超出预计"费用对经理人员来说也是巨大的诱惑。同样，美国公认会计准则（GAAP）下的利润率也许具有所有的缺点，可以在公司间对此进行比较，预计形式的利润率是不能够比较的。

资产与经营租赁

在公司报告中经常明显出现预计会计报表和美国或英国的公认会计准则下的会计报表，这有很多有趣的和重要的条款没有在会计报表中强调，而被转入注释部分。注释通常在会计报表的背面，有"补充财务报表"或"计算说明"的标题。这些是公司被迫选择披露的补充信息的条款，但是，公司没有被迫去确认（确认是个技术术语，包括会计信息在公司的主要财务说明）。

这些注释的例子是"承诺以及或有事项"的注释。我们查看亚马逊公司的 2000 年 10K 报告的报表（见附表 3-5）。

附表 3-5　10K 报告报表

注释 9：承诺以及或有事项租赁和市场营销协议在不可废止的运营和资本的租赁下，公司当前的租赁办公室以及执行中心设备和固定资产在运营租赁协议的租赁费用支出中分别为：2000 年为 98 百万美元，1999 年为 43 百万美元，1998 年为 8 百万美元。

同样，公司签订一定的市场营销协议，包括 2002 年上半年承诺的固定费用。总的市场营销相关承诺数量是 19 百万美元，相应的成本被认为是相关协议时期的费用。

未来减少承诺的结果如下：

年度结束：12 月 31 日	资本租赁（美元）	运营租赁（美元）	市场营销协议（美元）
2001	13676	105230	17495

[①]　Kieso 和 Weygandt（1998），第 158 页。

续表

	资本租赁（美元）	运营租赁（美元）	市场营销协议（美元）
2002	9070	88958	1016
2003	5828	55200	—
2004	41	46767	—
2005	—	43936	—
从此以后	—	256907	—
总减少的租赁支付	28615	596998	18511
减少注入的利息	（3778）		
减少租赁支付的净现值	24837		
减少流动部分	（11746）		
长期资本租赁负债	13091		

在英国和美国的公认会计准则（GAAP）下，资本租赁确认在资产负债表中，所以这项披露是补充说明。资本租赁是一个租赁活动，在那里租赁者（就是租赁顾客，租赁提供者称为出租人）在自己的资产上承担巨大的经济风险。这方面的例子是，一项有 10 年寿命的设备的 10 年期的不可废止租赁。在资产负债表上确认的意思是，公司的会计师必须计算这项租赁的现值，并且把这项数值放入资产负债表中，作为资产（设备）和对应负债（包括在债务中）。这个过程被称为资本化。其背后的意思是，如果设备的购买资本租赁安排超过了公司首先从银行得到的贷款，然后再购买设备的费用，对于一项设备来说在会计上一定没有区别（在这个例子中，设备表现为一项资产，借贷作为负债）。由于实际交易是相同的，所以记账应当相同。

对运营租赁进行不同的处理，运营租赁通常定义为：不可废止租赁时期是少于75%的资产寿命，或者支付超过的时期是少于90%的获取租赁时的资产价格。这些运营租赁不必资本化。这些租赁的记账是通过损益表进行的，在运营资本中减去租赁费用，在资产负债表中不反映资产或负债，这可能是明智的做法，如假设租赁是短期的。但是，如果公司使用运营租赁准备了大量的公司的固定资产，这也许是资产负债表外筹资担保的方式，能够表明资产负债表不完全反映公司的借贷和承诺。

如果评估师想转变这个处理，并且资本化租赁，作为资本租赁，要采取以下三个步骤：①

（1）将运营租赁支付的现值作为公司债务的资本成本，对于网络公司也许是7%～9%。

（2）把这些费用作为资产负债表中的固定资产或者是债务。

---

① http：//www.fortune.com/indexw.jhtml？channel＝artcol.jhtml&doc_id＝00001561。

（3）从运营资本中转移运营租赁支付作为应付利息。

这样计算的现值为债务的9%（即便有担保，像亚马逊公司这样的债务也有高风险性，将导致较高的资本成本），用 Excel 公式得出净现值（NPV）(0.09，105230，88958，55200，46767，43936，256907)=428.9百万美元。附表3-5表明，2005年（此后）增加256907美元的租赁支付，我们假设这些支付大约发生在2006年，等于从2001年10K报告中计算NPV(0.09，60837，57501，48729，41953，42400，306372)。

为什么这样做？当人们简单地把费用从一行移到另一行时，会使损益表产生不同的结果。但是，这对资产负债表产生了很大的不同，增加的资产负债表中的净负债达到了10亿~15亿美元，或高于两倍的有形固定资产的数值。在潜在的贷方和投资者看来，这样的高负债数值将对偿付能力产生影响，如资本负债率［有各种定义：负债/权益，或负债/（负债+权益）］。它也降低了此时亚马逊公司利润的占用资本报酬（RoCE）。

如果公司有效拥有这些资产（如果亚马逊公司冒所有的大风险，并且获利于所有权），那么资产最好记为资本化的。运营租赁使所有者具有的风险是明显的，我们返回查看亚马逊公司2001年Q1报告的预计结果，特别是重组费用。这些费用的一部分是连续的租赁支付费用，为34.3百万美元；另一部分是公司必须支付的设备和其他租赁资产费用（在2001年的Q2报告和Q3报告时期，连续支付的租赁债务是51百万美元）。就如上述讨论的那样，公司有潜在的转租空间和设备，但是发现在 McDonough 公司、Georgia 公司和其他附近的地方，没有大型分销中心设备的用户。这些信息对评估师来说，他们意识到公司拥有大量的运营租赁，可能会带来潜在的风险。

第四章 亚马逊公司价值评估基本案例的构建

价值评估的分析步骤

表 4-1 价值评估的分析步骤

1	**CFA**	**现金流量分析**	**第四章**
a	CCA	连续案例分析	如果当期运营参数不变，评估公司的净现值
b	BCA	最佳案例分析	如果运营参数提高，评估公司的净现值
c	WCA	最糟案例分析	如果运营参数变差，评估公司的净现值
d	FCA	筹资分析	研究现金流量计划，决定公司是否能够筹集足够的资金执行其计划
e	RoCEL	有限占用资本收益率（第六章）	调整评估的现金流量，保证它们没有搁置不合理的大量资本收益
2		**其他工具**	
a	ROA	实物期权分析（第八章）	决定公司机会的期权化产生的价值
b	SA	战略分析（第十二章）	决定公司的力量和市场机会：现金流量三种情况（CCA，BCA，WCA 的所占比例）下权衡的产品
c	DCA	不连续性分析（第十二章）	评估公司历史上的会计数据，连同可能的产品市场的发展，阻止公司的增长或利润的提高，或其他的不连续性

现金流量分析：建立分析问题

为了价值评估的目的，初始工作要求评估师投入其大部分时间来建立详细的公司现金流量模型。就如同在第三章讨论的那样，通过研究历史会计报表获得信息。这里是对评估师预期的收入、成本、资产的有效总结和综合。我们通常使用商务应用的电子数据表程序，即 Excel，所有主要的程序具有同样的格式和工作方式。

模型建立的四个步骤：

（1）根据所评估的公司和可比较的公司的过去表现，图表化其运营和财务数据，区分主要价值驱动因素。

（2）连续性最好以及最糟的案例评估价值驱动因素。

（3）建立电子束数据表格，开始主要价值驱动因素评估的预期计划。

（4）通过权衡特定情况下的价值确定净现值（第六章）。

由于逻辑上的需要，步骤1和步骤2经常合并，在研究过去价值的同时，确定未来运营参数。

我们将亚马逊公司作为案例进行研究。

步骤1和步骤2：将主要经营参数和财务参数进行图表化：价值驱动因素评估

运营和财务参数的重要数据来自财务报表。对于像亚马逊公司这样只有非常短的设立时期的公司，季度报表必定是可用信息的主要组成部分。在使用季度报表时，一个重要的告诫是季节性。季节性的意思是，公司的收入和利润有季节性的变化。在亚马逊公司的案例中，公司在圣诞节前期有一个收入高峰期，其他公司是在其他时期的高峰时期（例如，生产冰淇淋的公司在夏季产生更多的收入）。如果是季节性的，在公司季度报表的处理中必须牢牢记住这些季节变化的影响。随着网络公司的成长，我们有更多的信息可以使用，年度报表可以替代季度报表增加进来。①

财务分析练习如下：

（1）绘制收入增长图。

（2）绘制成本与收入比重图。

（3）绘制资产明细的收入比例图。

（4）检查评估可比较的成熟公司。

第一步：绘制收入增长图

绘制收入增长图的目的是，通过设置预期收入模型，预测未来收入。就如第二章中提到的那样，对于历史上的和未来的收入，共有五种基本模型：

（1）超速增长模型：持续最高速度的收入增长。

（2）迟滞快速增长模型：速率下降的收入增长——可能是指数型或者线性的下降。

（3）产品发布引导模型：主要产品发布后的特别快速的增长。

（4）稳定状态/成熟期模型：慢速增长、不增长或下降。

---

① 可以证明，产品发布引导型收入增长模型，如微软公司，是季节性服务公司，公司产品开发（负的现金流量）、产品发布（正的现金流量）的周期是3~4年。

（5）非模型：未来收入必须用特别的方式进行预测。

在查看数据之前，我们考虑一般的路径。在亚马逊公司的早期，公司的收入增长是很清晰的快速增长模式，具有指数性延迟，并且是季节性的（模型2）。但是，公司的增长被迟滞到低的水平，我们的远期计划将假定为稳定状态增长模型（模型4）。

季节性模型对五种模型都有影响。因此，在我们区分这些模型之前，我们需要对提供的数据进行选择。由于收入增长使用季度财务报表，这可以提供两种模型：

（1）季度—季度收入增长模型；

（2）季度—年前收入增长模型。

从1997年到2001年，每个模型的图表显示如下。在我们看来，季度—季度图表（见图4-1）是展示收入增长的季节性变化的清晰证据。

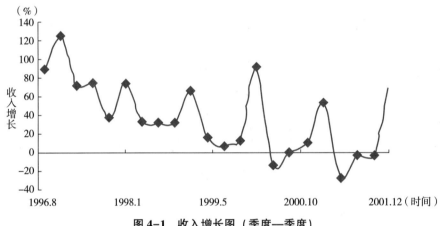

图4-1 收入增长图（季度—季度）

为了对未来收入增长的趋势进行分析，与图4-2一起分析将更加明智，通过比较本年和上一年同样季节的收入增长，减轻季节性的影响。

很明显的是，两个图形展示的收入增长的一般趋势都是向下的，合适的收入增长模型是快速向下倾斜的，就是模型2。图4-2的数据图线是平滑的，但不是线性的，就是图4-2中的每个季度的收入增长不是以固定数值增加。在分析收入增长快速增长公司时，指数型迟滞模型是有用的。指数型迟滞模型是收入模型2的子模型，快速增长但有迟滞。如果收入增长具有迟滞指数性，那么，这个季度的收入增长是上一年度该季度收入增长乘以一个常数（小于1）。为了说明这个情况，我们考虑每季度t的收入增长以x%比例线性下降：

收入增长$_t$=收入增长$_{t-1}$-x%

在这个相对于时间的收入增长图例中，图线为向下倾斜的直线。

如果收入增长以指数型下降，季度t时收入增长和季度t-1时收入增长的等式如下：

收入增长$_t$ = 收入增长$_{t-1}$ × y%

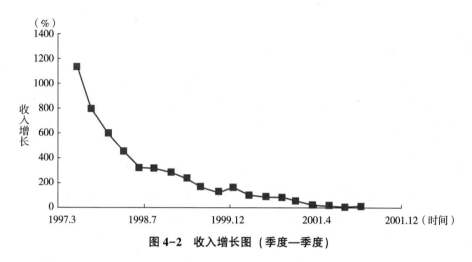

图 4-2 收入增长图（季度—季度）

图形的结果是指数型曲线，类似于图 4-2。回顾以上两个例子，时期 t 的收入增长是年度增长，通过比较季度 t 时的收入和季度 t-4 时的收入，得出收入增长t=（收入$_t$/收入$_{t-4}$）-1。

为了确定指数型模型是否适合数据分析，增长数值的对数相对于时间进行绘图。如果指数性迟滞比较适合，对数图将是向下倾斜的直线。我们用自然对数的图来说明亚马逊公司在 1997 年 6 月到 2001 年 6 月期间的季度收入增长（见图 4-3）。

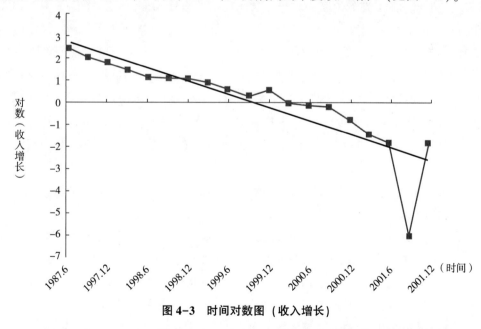

图 4-3 时间对数图（收入增长）

使用 Excel 的 TREND 指向功能，在图 4-3 上加上直线。我们可以看见，收入增长迟滞的指数型模型仅仅是近似的。但是，对数图清晰地表明了公司收入增长的严重下滑，特别是在 2001 年的第 3 季度（2000 年末季度的收入增长降低是亚马逊公司 1994 年第 4 季度增长情况的一个例外）。注意下降是收入增长的变化率（收入的"二阶导数"，是数学中的术语）。收入仍然一年接一年的增长，但是，增长率逐渐变小。尽管对于传统经济公司，收入增长率是个标准预期的常数，但是，我们预计网络公司的增长率的下降表，恒定增长率和任何特别增长率表之间的增长率。例如，在超速增长模型中，初始高增长率在前 1~2 年中是能够预测到的，那么，我们可以使用指数型迟滞增长率。在亚马逊公司的案例中，历史上的增长率形成指数型迟滞模型。这个案例中的指数型迟滞模型没有理论上的分析背景，它应当被视为有用的近似值，而不是高速增长公司的自然法则。但是，当公司增长时，收入增长下降的模型不能反映我们经常观察到的事实，就是当公司增长时，取得快速增长变得越来越困难。用最简单的例子来说明这种情况，就是如果亚马逊公司在第一天的交易中卖出一本书，100% 的增长就是要促使两个顾客在第二天各自购买一本书。年度收入为 30 亿~40 亿美元的 100% 增长是难以取得的，特别是扣除市场营销费用后，就会反映出慢速的收入增长。

如果使用指数型迟滞收入增长模型，我们需要估算收入的迟滞增长率。需要估计可见的与对数图相近的直线，为此我们要使用 Excel 中的两项功能：LINEST 和 LOGEST。如果我们希望根据数据来实际拟和一条直线或曲线，使用 TREND ［对于（线性的）对数增长数据］或 GROWTH ［适合未经加工的收入增长数据（指数型迟滞的）］功能。LINEST（角度）输出包含角度值的直线梯度。在这个例子中，如果使用 LINEST 处理上述的对数图，结果输出每个季度对数增长的变化率大约为 -0.31。数学常数 e（大约为 2.718）的幂为 -0.31，得出每个季度增长率下降的大约比例为 27%（就是，每个季度相对于上个季度增长了 73%）。使用 Excel 的 EXP（…）功能计算常数 e 的幂，结果为 -0.31，这可以看作是自然对数的反对数，也可以选择把这两项合并到 LOGEST 功能中。如果 LOGEST 用于增长率的区间（没有采用对数），这个功能最适合增长率数据的指数型迟滞线，直接得到 73% 的数值。

TREND 和 GROWTH 两项功能与 LINEST 和 LOGEST 两项功能共同使用，除非这两项功能用于某一区间范围内，在这区间中产生拟合的直线或者曲线，然后画在图中。例如，在区间 1 内以 x 值（如日期）画直线，区间 2 以 y 值（如收入增长的对数）画直线，然后以合适的数值在区间 3 中进行如下操用：

（1）指针点亮区间 3（Excel 中的"加号"形状）。

（2）点亮的区间 3 进入公式"=TREND（区间 2，区间 1）"。

（3）按住 CTRL 和 SHIFT 键，按 Enter 键。

需要注意的是：区间 1、2、3 必须同样大。

分析的结果是，季度的收入增长迟滞率是 73%。这有两个用途，可以用于估计在季节性数据的基础上的季度收入，或者预测未来年度收入增长的途径。但是，预计的季度数据中隐含了人造的精度。为了使用从季度数据中估算的收入迟滞率来预测年度收入增长迟滞率，我们必须考虑到，如果收入迟滞率为上个季度水平的 73%，两个季度后迟滞率将为前期水平的 0.73×0.73（0.53）倍，等等。因此，在这个例子中的年度收入增长率为 0.73^4 或者是 0.28。因此，我们能够看到，亚马逊公司的过去数据表明，其收入增长率将快速迟滞。从公司早期到现在，用恒定的收入增长进行估算，将得到非常不准确的当前收入预计。

值得注意的是，使用年度迟滞率乘数到收入增长中会导致收入增长率的下降，我们还没有对不连续性案例（DCA）进行分析，就是不连续性可能夸大公司的收入（对数的中断），或者引起收入迟滞的加速。就如我们看到的，这样的不连续性阻碍了亚马逊公司在 2001 年的增长。这是由于消费者的经济状况下滑，特别是在 2001 年的第 3 季度。排除第 3 季度的数据（增长忽略不计），迟滞率将是每年 40%。其他可能的不连续性包括亚马逊公司在图书、音乐和视频上的投资决策。[1] 这就引起了收入的一次性跌落，以及未来相当慢速的收入增长。收入迟滞模型（指数型）假定为连续性的情况，当公司变大后，实际中这种增长将非常困难。

我们考虑指数型模型的预计，将近期收入与假设恒定收入增长进行对比，比较两者的相似性。例如，在 1997 年，公司取得的收入是 147.8 百万美元，表示在 1996 年后获得了 838% 的收入增长。在表 4-2 中，我们在预测实际收入的基础上，比较恒定收入增长和迟滞收入增长（迟滞收入增长率为 40%，排除 2001 年第 3 季度的不连续性的影响）。

表 4-2　亚马逊公司的预计方法比较　　　　　单位：千美元

年　份	1997	1998	1999	2000
恒定收入增长	147758	1386538	13011055	122093706
迟滞收入增长	147758	643270	1506162	2314317
迟滞（1995~1997 年数据）	147758	496108	963952	1327565
实际	147758	609996	1639839	2761983

首先，每年收入增长 838%，亚马逊公司将成为"新 Wal-Mart"！但是，这样连续超速增长是不可能的。即使是成功的或者辉煌的公司（如 Wal-Mart 公司和

---

① 我们希望 Michael Warl 代表了公司的战略选择（在伦敦商学院的电子版课程中），影响现在和下面的讨论。

Microsoft 公司）在几年中能够连续达到的增长率不超过 25% ~ 30%。收入迟滞模型给出了更加合理的估计，这些前期的不连续性数值的结果更接近于实际的产出。在第 2 行中，1998 年的收入增长是 0.4×838% = 335%。但是，收入迟滞率为 40% 的计算需要从 1997 年到 2001 年第 2 季度的所有数据入手。我们考虑到模型建立者仅仅知道 1996 ~ 1997 年的增长，1995 年（0.511 百万美元）和 1996 年的收入（15.746 百万美元）是首次公开发行的数据，可以从公司注册报告和招股说明书中得到。这就得到预计的第 3 行，相比第 2 行略有不精确，得到公司 2000 年收入的正确数量，不同于恒定收入增长模型的数量。

数据的最终成分应当包括分析师的预测或者管理层当前或者近期的预测。在 2001 年第 4 季度信息发布（2002 年 1 月 22 日）中，亚马逊公司的管理层宣布，净销售额期望增加 10% 以上。Morgan Stanley（Meeker，2002）预计 2002 年的收入为 35 亿美元（增长 12%）。这是比较 2000 ~ 2001 年全年 13% 增长率的结果。

当前收入迟滞率的连续提示，收入增长率快速下滑接近于零。但是，未来可能的情况是，部分取决于公司管理的作用和美国经济的发展。一方面，公司的管理层把公司增长作为目标，降低成本，就是减少市场营销的费用支出和银根紧的价格策略。通过"销售 1 美元，收取 99 分"的方法（就是以低于产品成本的价格销售）保持公司快速增长。当消费者对一般商品的需求下降时，用经济价格出售（就是以公司能够赚钱的价格销售），将不可避免地导致公司慢速增长。毛利润（销售额减商品销售成本，作为销售额的比例）是价格策略的高水平指标。另一方面，经济增长率的变化，无论是增加还是减少，都在一定程度上超出了管理层的可控制范围。这就是宏观经济影响覆盖了公司的战略。

收入历史（连同我们在以下看到的毛利润图）表明，亚马逊公司现在正在变成成熟的公司，或者至少当前是看起来像成熟的公司，在集中精力取得利润时，表现为相对适度或者甚至是负的增长。

但是，我们没有考虑到的是，有一个管理层控制的可变因素。这就是产品系列的选择。考虑到 2001 年产品系列明细分类（见表 4-3）。为了缩小公司规模，我们可以看到有三个战略供亚马逊公司选择（见表 4-4）。此刻我们关注选择 1，尽管我们感到选择 2 和选择 3 可能扰乱公司管理层的头脑。管理层的重要决策标准是国际贸易中的获取价格（可能是 0.5 和 1.5 倍的收入），以及当美国 BMDV（图书、音乐、DVD 以及录像带）非零售业务部分关闭时，有多少费用可以实际减少。尽管 BMDV 的部分利润率的数值是 9%，这并不意味着亚马逊公司经过关闭其他业务后，能够立即转变成创造 1.57 亿美元利润的公司。[①] 同时，部分利润数值包括了业务领域分摊的成本。考虑到总公司的治理管理费用，当前这项费用被分摊（也许是销售

---

① 157 百万美元是 BMDV 利润中的一部分，数据来自亚马逊公司案例中表 2-9。

额的比例）到不同的业务领域。但是，当公司在国际上和 ETK 上的业务被关闭后，公司大多数的费用仍然保持在报表上，中心费用被分摊到小的收入单元。

表 4-3　亚马逊公司的产品系列

产品系列	销售额（%）	部分利润（%）	增长（%）
美国图书、音乐、视频（BMDV）	54.1	8	-1
电器、工具、橱具（EKT）	17.5	-35	13
服务	7.2	15	13
国际销售	21.2	-21	74

表 4-4　亚马逊公司的战略选择

战略选择	影　响	未来收入增长
稳定增长	当前市场的连续表现	5%~10% 的收入增长
聚焦美国市场	出售或关闭国际业务	开始收入有 20% 减少，然后增加 0%~10%
聚焦 BMDV	出售或关闭国际业务；关闭除图书、音乐以及 DVD/video（BMDV）外的所有美国零售业务，保留服务产品系列	开始收入减少 35%~40%，然后增加 0%~5%（降低）

对于亚马逊公司的产品系列，我们预期增长和公司及分析师的预期保持一致。因此，作为连续案例分析（CCA），在当前战略的连续假设下，12% 的收入增长是预期的。对于最佳案例分析（BCA），我们希望有相同产业中最好的公司来表现。出于这个原因，美国零售业的领导者 Wal-Mart 公司和 Targe 公司 t 的账目包括在这个案例的注释中。可以看到 Wal-Mart 公司有最高的销售增长，每年获得 15%~20% 的显著的收入增长率。对于最糟的案例分析（WCA），我们使用公司主要市场的增长来预测。就如案例研究中（5%~7%）和更加悲观的利润假设，使用的技术称为限制占用资本收益率（RoCEL），模拟了网络公司占用资本收益限制的竞争过程。限制占用资本收益率（RoCEL）也作为最佳案例的上限。对于限制占用资本收益率（RoCEL），我们将在本章的后面部分和第六章进行深入讨论。

第二步：绘制成本与收入比重图

连续的财务分析过程形成了第一部分的现金流量分析（CFA），我们现在在分析这段时间内公司发生的成本。我们首先把这些费用占销售额的比例作为基准，然后与其他最佳经营公司的情况进行比较，产生 BCA（最佳案例分析）成本价值。现在查看总成本数值的意义在于，在一些有限的案例中（如果成本完全是固定的），在分析的第一步查看成本在销售额中的比例（见表4-5）将是更加有吸引力的。我们将有机会用简单的方法比较不同规模的公司。通过这样分析得出主要利润参数，具体如下：

——毛利率＝（销售额-销售成本）/销售额＝毛利润/销售额

——运营利润率＝运营利润/销售额

——净利润率＝税后收益/销售额

我们查看亚马逊公司自初始阶段以来的几年中的成本变化图（见图4-4）。成本明细分类表明公司的成本参数在1999年以后的表现呈下降趋势。

商品销售成本（COGS）中有两个有趣的地方。首先是来自成本观察的兴趣，其次是来自价格观察的兴趣，因为这使我们深入看到公司是成本增长优先，还是利润率增长优先。从图4-5中我们可以清楚地看出，从1999年12月前到2000年9月后，公司的毛利润率产生了大幅变化，从平均大约21%变为平均25%（公司的毛利润率在1999年第4季度受到存货的影响，减值39百万美元）。就如上述提到的那样，亚马逊公司的毛利润率数值不能严格地与其他公司的毛利润率相比较，因为公司的商品销售成本中没有包括执行费用，但它被认为是SG&A成本中的一部分。

我们把亚马逊公司2001年度的成本数据作为销售额中的比例进行总结（见表4-6）。如果这些数据保持不变，数值之和达到101.4%，那么公司将不可能盈利，也就没有价值。但是，这是我们考虑的未来的成本，不是过去的成本。我们能提前预测成本吗？能模拟我们在前面章节中讨论的运营杠杆吗？我们可以从一个简单的等式中预测作为收入功能的成本：

成本＝C×收入+F

这里，C＝作为收入比例中的收入的可变化部分

F＝固定成本

这个等式的模拟是没有问题的，Excel能够容易处理这个公式，但是计算C和F相当麻烦。有两种方法预测这个值：使用过去数据或使用财务分析。我们对过去数据采用回归分析，这可以使我们看到过去数据中固定成本和可变成本之间的关系。财务分析是评估成本类型的过程，预计有多少费用是固定的、有多少费用是可变的过程。

转到第一个方法，简单分析成本的方法，以年代顺序排列相对于收入的成本（见图4-6）。我们将得到简单的成本形式的概念。

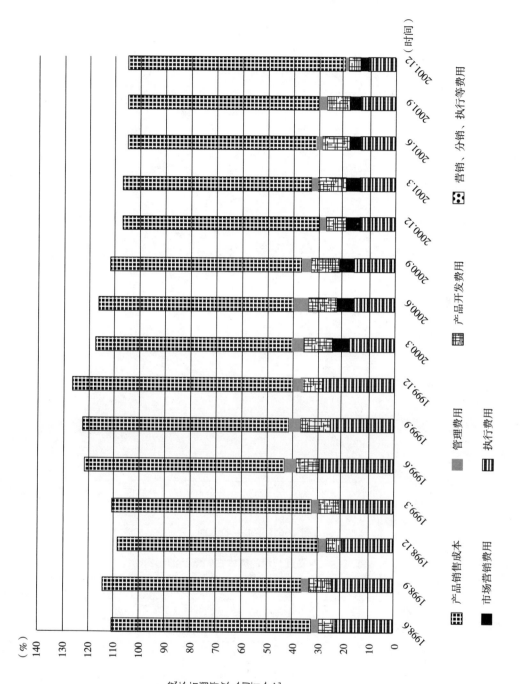

图 4-4　亚马逊公司的成本明细图

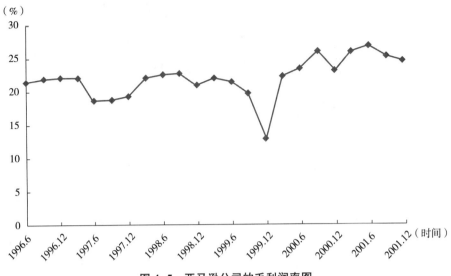

图 4-5 亚马逊公司的毛利润率图

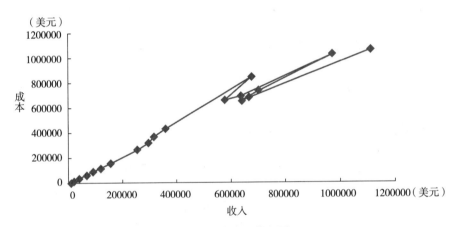

图 4-6 成本—收入图

表 4-5 亚马逊公司的成本占销售额的比例

成本类型	占销售额比重（%）
净销售额	100
销售成本	74.4
毛利润率	25.6
执行费用	12
市场营销费	4.4
产品开发费	7.7
管理费	2.9

我们从图 4-6 可以看出，在建立公司业务的过程中，成本自然随着收入的增加

而增加。如果我们使用回归分析所有的可变数据，我们将得到以下关系式：

季度成本=1.04×收入+19.2百万美元

这表明，可变成本是收入的104%。换句话说，公司贡献的利润率是-4%。-4%的贡献利润率就是，公司每增加1美元收入，就会产生4美分的损失。但是，使用过去数据的问题是，公司在大部分时间中是正在增长的。作为评估师，我们所期望的是公司固定化其业务运营，使我们观察在这个不变的业务运营情况下，成本随着收入增加的情况。很清楚，在这样的利益的严格假设下，可能没有业务，特别是没有业务增长的运营。我们寻找公司活动相对稳定的时期。例如，如果我们放大图片来看2000年，就能发现2000年3月至2000年12月[①]成本增加和收入的关系如下：

季度成本=0.9×收入+146百万美元

这个情况是复杂的，因为经过这个时期，我们可以观察到公司成本快速增加，并且达到这些业务。在2001年，公司的业务规模在减少。出于这个原因，在这些成本要素的基础上，我们应当同样考虑成本的财务分析方法，把成本分为固定的、可变的和混合的（见表4-6）。

表4-6　成本分类：财务分析方法的结果表

成本类型	收入（%）	固定/可变/混合
销售成本	74.4	可变的
执行费用	12	可变的
市场营销费用	4.4	混合的
产品开发费	7.7	混合的
管理费	2.9	固定的

销售成本是亚马逊公司的商品在销售过程中的成本，这些费用大体上是可变成本，因为每个销售需要采购商品来履行对顾客的订单（根据有吸引力的采购条款，当收入增加时，将为公司带来一定的利益）。

执行费用也是最有可能变动的，因为挑选和包装活动根据活动量而变化。

市场营销费用的一部分是固定的，一部分是变化的。在近期的广告中，促销将增加收入，因此市场营销费用是变化的。我们假设这些费用中固定费用和可变费用各占一半（亚马逊公司会计策略是从销售额中除去促销票息，而不是将它们作为市场营销费用）。

---

① 在1999年12月使用的增加的费用和收入与2000年12月使用的增加的费用和收入之间的关系更加令人感到鼓舞。但是，就如我们在上面讨论的1999年12月第4季度的不正常的高费用，是由存货减值和其他原因引发的。

网络公司价值评估：前沿观点

公司在近期削减产品开发费用（作为其他费用），但是，当公司需要增长生产，增加店面和特色时，这些费用必须增加。亚马逊公司具有在 2001 年增加 8 家新商店的能力（见表 2-1），而不需要增加技术和措施，这些费用是大体固定的，并且为过去的费用支出提供了坚固的平台。因此，我们假设这些费用中 75% 是固定的，25% 是可变的。

管理费大体上是固定的。对一个公司来说，总公司和其他部门的管理活动是固定的需求，并且公司不会简单地因为收入的增加而增加管理层次。

就如上述提到的，这些调整是近似的。例如，尽管执行费是大体可变的，仍作为固定成本的成分，因为亚马逊公司已经建立了巨大的分销中心网络，能够解决公司目前的销售量问题。同样，管理费用中也有可变的成分，只需要稍微增加中心管理资源，就能处理大量业务。

采用财务分析方法得出以下等式：

年度成本 = 0.905×收入 + 3.399 亿美元

这里的 3.399 亿美元是管理费用的实际支出，加上 2001 全年的产品开发费用（75%）和市场营销费用（50%）。

在 2000 年期间，财务分析方法和回归方法得到了类似的结果，在缓慢增长的这个短暂时期，这个分析方法比较容易进行。因此，我们在使用这个等式进行成本函数分析时充满自信，因为这个分析包括了两种方法都采用的接近 90% 的可变成本，而且这个等式使用了最近期的可变总支出作为固定成本的成分，一旦我们使用已经假定的这个等式，成本数据直接跟随收入增长而得出。因此，在建立模型的阶段，成本数据作为收入的函数是可以预期的。

最后，查看前面的图表，我们看到公司已经在削减成本上取得了进步。根据这个案例，执行费用占销售额的 10%。当前，这个费用数量的数值是低于这个水平的（部分预期效果来自毛利润率增加的结果）。我们假定这个水平在提高，等式调整为：

年度成本 = 0.875×收入 + 3.399 亿美元

对于最糟的案例，我们假定成本结构没有改进。

读者也许会问，可变成本相对于固定成本的典型的成本比例是多少？没有典型的数值，因为各个公司的运营杠杆是不同的。但是，正如我们前面章节中讨论的那样，可变成本在销售额中的比例是 85%～90%（依据时间间隔），就是根据过去的数据进行分析，几乎所有的成本都是可变的。记住，时间间隔（1975～1998 年）是非典型的时期，公司的利润增长与成本中可变成本的比例不相称，这就给出了明显的信号，运用杠杆的影响进行的假定是较小的。

第三步：绘制资产明细的收入比例图

财务分析过程形成现金流量分析（CFA）的第一部分，我们现在分析公司的资产需求。这对于现金流量分析（CFA）是重要的，如果公司期望经过一段时期后不断地增加公司的运营资产，就如成本的增加一样，这肯定需要增加现金。因此，我们必须预期未来这些资产的需求。在例外（通常是暂时的）的情况下是不值得的，如果公司具有有效的资本结构，公司通过增加销售额，能够容易地从资产负债表中产生现金。这就意味着公司供货者的支付期超过了公司给顾客的支付期，因此，从运营资本中产生现金，也意味着公司不需要离开运营资本的大量运营资产。

亚马逊公司有潜在的可能达到这个位置，因为公司商品费用的支付是顾客通过信用卡支付的，而公司具有相当标准的商务支付期限给供货者，可能是 30 天的支付期。由于公司对固定资产的适度需求，如建筑物（相对于公司的竞争者），所以能从运营资产中产生现金。

再一次肯定，我们为横向比较的公司建立基准，我们绘制需求运营资产占收入比例的图。图 4-7 表明了业务资产的需求，资产需求中两项主要的部分就是有形资产与存货，也包括其他流动资产 OCA 和其他资产 OA。2000 年，有形固定资产平均占销售额的 15%，但在 2001 年下降到销售额的 9% 到 11%。但是，这是会计调整和收入增加的结果。公司关闭了一套分销设备和两个顾客服务中心，减少和合理运用其他的运营设备，这就导致资产负债表中减少了 5900 万美元（2% 的年度销售额），此时，反映了资产价值的恒定降低。

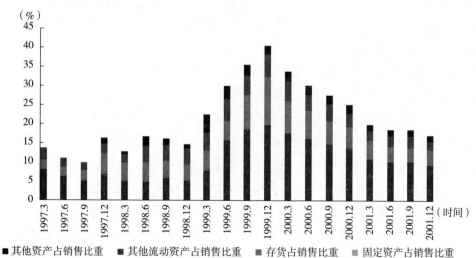

图 4-7　亚马逊公司资产占收入的百分比

图 4-8 表明了另一种情况，在每一天的运营过程中公司承担的非利息关系是负债。因为这些负债，应当属于供货者的，不承担利息，它们有时被称为自由财务。

可能是供货者为了有效地借贷给购买者，含蓄地在资本成本中制定价格，但这种财务方法是有利的。图中同样显示了运营负债的下降趋势，但不如运营资产那样陡。净资产的影响在图4-9中接近于零。这个影响被视为净资产的保守性估计，因为在计算中没有被包括在投资者公司中的资产和需求公司中的资产。应当记住，投资在其他公司的现金流量并不重要，我们必须评估亚马逊公司在没有这类未来投资时，是否能够取得预期的增长。因为基本的要求是适度的增长，这可能是合理的假设。

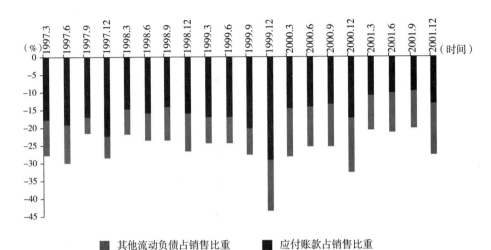

图4-8　亚马逊公司运营负债在收入中的百分比

　　仔细查看图4-8，我们看到亚马逊公司有段时期，直到1998年12月，表现出了非常有吸引力的运营资产动力，非常有效的运营资本结构［运营资本定义为存货减去应付账款（加上应收账款，在本案例中忽略不计）］。这是公司初始运营模式的结果，是商品的中转站，而不是存货的持有者。公司初期位于Seattle，靠近大的图书商店，优化了这个中转过程。但是，在1999年，公司改变了运营模式，持有更多的存货，建立了一系列分销中心。这些分销中心是租用的（运营租赁），而不是直接拥有的，这意味着中心的土地和建筑物没有出现在资产负债表中，但租赁费是从损益表中减去的。在财务报告和图4-9中，这碰巧增加了公司的有形资产，假设部分是非租借设备和分销中心的结果，部分是其他扩张原因的结果。公司报告（在案例中引用），这个分销网络将给公司带来每年转移100亿商品的能力。这反映了一个事实，有形固定资产随着时间的推移在收入中的比例已经下降。

　　头脑中有了这个证据，会产生什么样的观点？我们认为对于负运营资产业务，没有什么秘密或特别的兴趣。这项业务在传统的零售和个别的例子中，如期刊出版，已经存在了好多年。这两种类型的业务是"旧经济"，有资本运营动力学的好处：公司在支付给供货者费用之前从顾客那里收到现金，并且可以暂时用这些资金投资或开展新的业务。期刊出版是极端的例子，因为期刊读者通常在一年前支付给出版

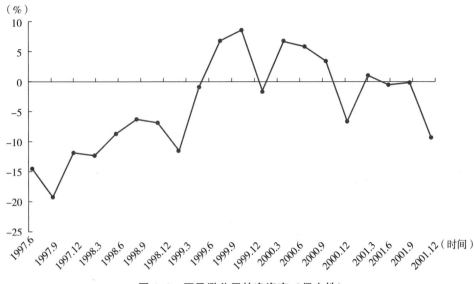

图 4-9　亚马逊公司的净资产（保守性）

社，而出版社只要在一年中出版期刊。贴现现金流量（DCF）分析完全可以估计这样业务的价值。增加收入导致慢的和稳定的现金流量收益，这是适中的价值，但应当包括在贴现现金流量（DCF）中。

无论运营资产在销售额中的比例是负还是正，现金流量都可以简单计算，结果如下：

资产现金流量＝资产百分比×（销售额$_{t-1}$－销售额$_t$）

换句话说，在一般的案例中运营资产作为销售额的一部分，其数值是正的，收入的增加（销售额$_{t-1}$－销售额$_t$<0）将导致负现金流量。这就符合这个事实，t-1 年的资产等于资产比例×销售额$_{t-1}$，同样，t 年的资产等于资产比例×销售额$_t$。我们必须发现的是这两项资产的不同。

如果公司有负的运营资产，将从资产的增加中产生正的现金流量。这些现金流量可以提前及时预计收入和资产数据，作为几年来的现值评价数值。这个方面的例子可以在第九章现金流量报告的讨论中看到。

对于亚马逊公司，似乎最敏感的是，假定公司能够从引人注目的运营资本动力中筹集运营资产所需的资金。换句话说，我们提前预计运营资产是收入的 0%。使用季度现金流量表，我们作为理解性的查看，感到公司根据筹集所需的资产，经过4 个季度后是如何表现的①（见表 4-7）。

需要注意的是，当公司在圣诞节期间支付供货者的产品销售时，公司在 2001 年第 1 季度产生大量的负的现金流量。这个分析证明了公司从 2001 年运营资产中产生

---

①　有些问题构成了季度现金流量，这些现金流量通常必须从可用的信息中计算。例如，2000 年第 4 季度的报表中没有分列的现金流量，所以，这项内容必须用 2000 年的现金流量减去 2000 年前 9 个月的现金流量（2000 年第 3 季度报表中表示的）来计算。

非常小的现金流量（2001 年收入的 0.2%）。这并不意味着运营资产资金的需求或资金流入变得不重要，而是表明公司在近期有可能保持或低于基本的利润率。

表 4-7　2001 年 1~4 季度亚马逊公司的现金流量变化

现金流量变化	第 1 季度（美元）	第 2 季度（美元）	第 3 季度（美元）	第 4 季度（美元）	总和（美元）
存货	19823	25277	−659	−13813	30628
准备支出与其他流动资产	27334	−12203	2960	2641	20732
应付账款	−229758	−1632	−22594	209546	−44438
发生费用与其他流动负债	−57762	52271	−9721	65243	50031
资产负债表中现金"自由"	−240363	63713	−30014	263617	56953
购买固定资产	−19437	−10425	−12925	−7534	−50321
运营资产的净现金流量	−259800	53288	−42939	256083	−6632

第四步：检查评估可比较的成熟公司

同样注意在这一步中研究可比较的公司。这个案例研究数据包括可比较的零售商的账目，以及数据的财务分析，如 Dupont 杜邦分析体系。然后用这些数据检查评估长期利润、资本成本以及取得的长期收入增长。

总结现金流量分析的价值驱动因素（见表 4-8）。

表 4-8　亚马逊公司的价值驱动因素总结

	连续案例（CCA）	最佳案例（BCA）	最糟案例（WCA）
收入增长（%）	12	20	7
可变资本在销售额中比例（%）	88.5	88.5	90.5
固定成本（百万美元）	340	340	340
运营资产在销售额中比例（%）	0	0	0
有限占用资本收益率（RoCEL）	30	30	15

步骤 3：建立电子数据表模型

建立模型的第一部分是设计电子数据表的所有组成结构。在设计电子数据表的时候，根据不同的重要程度，我们应当在头脑中形成四个目标：

（1）计算价值的方案容易进行。

（2）随着时间的推移，方便公司进行当前的财务数据计算。

（3）给顾客和同僚有吸引力的表述。

（4）同僚的数据的可互换性。

第1、2个目标通过已有的电子数据表模型结构可以取得（见表4-9）。

板块划分如下：

参数块：储存主要的驱动因素，如收入增长，资本成本，成本在收入中的比例以及固定成本—可变成本比例，模型中的输出数值必须保存在参数块中。在进行敏感分析时，评估师将在这个参数块里进行编辑，以便于参考，使其具有辅助的作用。

过去数据块：储存公司最近期的账目信息。这些信息帮助在模型中计算财务项目的初始价值，同时为比较公司过去和预期表现提供现成参考。

计算块：这个块用于储存计算现金流量的公式，公式在评估价值时产生现值。通常模型也包括产生预期损益表、资产负债表以及现金流量表的公式。

计算块应当由参数块（如收入增长率）中参数驱动公式和过去数据块（如上一年度的收入）中的过去数据组成。当在新参数下重新进行价值评估时，计算块中不需要改变任何公式（尽管如果计算方法改变了，将需要改变）。在 Excel 中计算块经过以下顺序固化锁定：Format 菜单、Format 单元、Protection 命令。这有两步过程：当工作表完成 Tool、Protection 后，应当使用 Protect Sheet 命令，激活保护功能。如果电子数据表仅提供个人使用，可以选择的是用户期望支配保护过程，但它要在计算块中有适当的保护意识。

同样模型设计有助于表述质量。兼容性和通信这个问题最终是最复杂的。这和专业领域的设立最相关，如投资银行。如果可能，格式应在相同专业的公司间达成一致，这样数据能够共享，综合的数据库可以建立起来，这样能够把数据库出售给顾客而获利，提供给公司内部经济学和战略分析师使用。即使不能达成协议（或强制性的），多余的块能够用于从 Excel Model 中摘录输出［如 EPS（每股收益）预计，收入预计等］，然后通过服务器上的概括模型进行访问。按照这个方法专业人员选择需要的模型格式，只要他们提供固定的参数给公司的数据库就可以。这方面深入详细的应用超出了本书的范围。

我们现在转向一步步建立电子数据表。请注意，出于灵活性的考虑，允许划分电子数据表的第1行和左面 A 列完全空白。

表4-9　电子数据表模型结构

参数块	（空白——可以用于内部电子数据表通信）
过去数据块	计算块（锁定的）

参数块

保存单元 A1：M30 到参数块。行不必隐藏，但要避免移动或者插入单元格，特别是在其他的业务簿同时连接时。然后输入有明显标注的参数值。参数部分看起来像表4-10。

表4-10 参数块

	B	C
2	亚马逊公司价值预计	
3		
4	参数	
5	收入增长	12%
6	销售成本（COGS）	74.4%
7	其他可变成本	14.1%
8	固定成本（SGA）（美元）	339.9
9	有形资产	10%
10	运营资产/负债（净值）	−10%
11	资本成本（初始）	13%
12	资本成本（最终）	10%
13	负债利率	8%
14	税率	35%
15	净运营损失（NOLs）（初始）	2300
16	期终增长率	4%
17	期终现金流量（CF）乘数	16.67

5~10 行包括的参数来自现金流量分析价值驱动因素总结表。出于表述的目的，我们已经把可变成本（88.5%）分割成销售成本（销售额的 74.4%，产生 25.6%的毛利润）和其他成本（销售额的 14.1%）。表述的目的和以往资产负债表的兼容性，同样使我们把运营资产分成有形资产（销售额+10%）和运营资本（−10%），尽管净运营资产保持为零。

有五组参数是我们没有在上面讨论的。第一个参数是开始和关闭资本成本的两个数值，已经在第一章中讨论的资本资产定价模型（CAPM）中计算使用。初始价值计算中使用了 Bloomberg.com 公司提供的 1.8 的 β 值，4%的自由风险率和5%的市场风险补偿率。最终值的假定降低了公司的发挥性，仅仅高于市场水平。[1] 我们将在第五章中讨论资本成本的计算方法的选择。

第二个参数，债务的票面利率，能使我们计算突出的债务利息。6.75%是亚马逊公司的最高债务票面利息。为了计算年度应付利息，我们应当从理论上计算从开始到结束的平均值（得出年度的平均负债），然后乘以票面利息。但是，每年最终债务的计算是通过模型得出的，所以不能返回到前期模型的部分，这将导致循环计算。因此，我们调整债务利息为8%，在历史的利息与预计的利息之间得出平滑的回归（1999~2001年的历史数据表明，年度平均债务的平均利息支出是7.7%）。

我们期望的税率是可以自我解释的，是公司赋税利润中赋税的百分比。

第四个参数是净运营损失（NOL）。在第三章中，出于赋税目的，我们简短地讨论了这个净运营损失（NOL）的问题。这些是公司过去的损失，可以保护公司不用支付利税，直到累计的利润等于这些过去的损失。这些损失必须考虑到评估模型中。根据2001年10K报告，公司2001年末的净运营损失为23亿美元。

我们预计公司未来10年的情况。有限预期的原理是，我们向前判断运营参数合理性的能力，将在我们未来进一步的讨论中减少。但是，提供的这项业务仍然在2012年中得到关注（预计的超出年度容许永久正确的计算），[2] 这表明它有继续存在的价值。最终的增长率和最终的乘数能使我们计算这个数值。最终乘数是数字式的乘数，用于与2001年的现金流量相乘计算得出2001年的数值。我们把这种计算作为"大拇指规则"，估算2011年业务的价值所在，然后把这个数值贴现成今天的数值。

最终的价值乘数的计算公式采用的是被称为戈登增长公式或者威廉姆斯增长公式（或简单的恒定增长公式）。这个公式给出无限系列现金流量的数值C，[3] 增长率g，以及资本成本r。公式如下：

$$V = \frac{C}{r-g}$$

这个公式在单元C17中计算，使用单元C16中的增长率和单元C12［单元C17′＝1/（C12-C16）′］中的资本成本（适合于2011年）。我们在第九章中仔细讨论了这个

---

[1] 就如在第一章中提到的，税后的加权平均资本成本WACC的公式为：

$$WACC = r_{Dbet}(1-T_C)\frac{D}{V} + r\frac{E}{V}$$

我们没有使用这个公式，因为公司在一定的时期内没有处于赋税的位置，而且可转换资本的成本评估比较困难。但是，为了说明公式的使用，如果亚马逊公司在市场中的可转换债券的价值是公司在市场中总占用资本的25%，如果我们假设可转换债券的资本成本为13%（与权益相同），并且没有当即支付税款，初始的加权资本成本将是11.86%，这将会增加连续案例分析中的权益价值，大约为5%。

[2] 这是由Lundholm和O'Keefe（2001）提出的。

[3] 对于这个公式，首先的现金流量发生在发布的第1年后，这就是为什么第11年后的现金流量用于计算价值的理由。

公式及其缺陷。由于这个公式假设了无限系列现金流量，它在保守性地使用公式时非常重要。注意公式是随 C（现金流量）和 g（增长率）的增加而增加的。使用 g=4%等于接受成熟经济长期增长率的数值。g 的数值高于这个数值是不可避免的，因为假定公司的增长将永远高于经济增长，这样就主宰着经济。选择的数值解答能够解释，把任何乘数的数值作为快速的初始增长和慢速长期增长的结合，这些内容将在第九章中讨论。

过去数据块

下一步是完成电子数据表的过去数据块。这部分仅仅由一年的数据组成（最近一年），或许评估师在模型中需要更多的过去数据在手中。这个表述的格式由评估师确定，不必按照公司报表的格式，但必须按照模型的格式进行相应替换。在这个块中最重要的数字是上一年度的收入，这个收入是大多数模型中的驱动因素，还有其他驱动模型余数的数量，如期初权益和期初净债务。过去数据部分看起来像表 4-11。

作为惯例，所有的成本和负的现金流量都表现为负数。由于应付账款以及其他流动负债（OCL）是负债，因此是特殊的。它们之所以表现为负数，是因为这些数据列在资产负债表中的资产部分，并且是扣除运营资产后的净值。

注意在第 C 和 D 列中公式的使用，将主要的运营资产和资产负债表数据项目作为收入的比例，表示为现成的计算手册。数据直接取自于第二章和第三章。

表 4-11　过去数据块

	B	C	D	E	F	G	H
32				1998 年	1999 年	2000 年	2001 年
33	损益表						
34	年份	2000	2001				
35	总销售额	/销售额	/销售额	610	1640	2762	3112.433
36	毛利润	24%	26%	134	291	656	798.875
37	营销费（可变）	−22%	−16%	−133	−413	−594	−512.533
38	营销费（固定）						
39	其他（可变）	−14%	−11%	−63	−230	−378	−331.027
40	其他（固定）						
41	运营利润	−11%	−1%	−62	−352	−317	−44.685
42	净利息			−13	−37	−90	−110.129
43	税前利润			−74	−390	−407	−154.814
44	净运营损失				845	1650	2300
45	赋税			0	0	0	0
46	净收益			−74	−390	−407	−154.814

	B	C	D	E	F	G	H
47							
48							
49	资产负债表						
50							
51	固定资产	13%	9%	30	318	366	271.751
52	投资	3%	1%	1	371	92	28.359
53	商誉与无形资产	9%	3%	186	730	255	79.749
54	存货与其他流动资产	9%	7%	51	300	261	211.335
55	应付账款/流动负债	−32%	−27%	−161	−694	−889	−837.790
56	其他净值	2%	2%	8	40	60	49.768
57							
58	净资产			114	1066	145	−196.828
59							
60	股本			301	1198	1342	1466.501
61							
62	储存　　开始						
63	保留						
64	结束			−162	−932	−2309	−2906.501
65	股东资金			139	266	−967	−1440.000
66							
67	资本负债率						
68	借贷资金			−25	799	1113	1243.172
69							
70	占用资本			114	1066	145	−196.828

计算块

我们现在要建立电子数据表的最主要部分，即计算部分。我们提供了一步步的指导来建立基本模型，读者将更好地理解我们完成的模型，因为我们深入到了每个公式的结构中，并且做出了合理的解释。

注意：计算块的公式利用了 Excel 对公式的不同形式的地址。使用 $ 符号作为行或列的前缀字母，使行或列的地址确定化。这可以加速进入公式的过程，并且自动填充其他年度数据或排列项目。不熟悉这种方法的读者，可以用 Excel 在线帮助解决标题的使用参考以及主题句相对性和单独性参考之间的不同。

第一步：在 32 行填充年份

2002 年到 2012 年应当填入 I32 到 S32。

第二步：计算年度收入

输入单元 I35 的公式"＝H35＊（1＋＄C5）"。这个公式用单独列、相对行表示单元 C5（收入增长率）。因此，当我们拖动底部右边角落的单元 I35 到右边时，将自动填充，列将保持不变，并且定位成单元 C5。公式通过相对的行、相对的单元定位单元 H35（2001 年度收入）。我们自动填充右边，这个结果将调整一个单元到这个单元的左边，就是上一年度的收入，自动填充这个单元到右面单元 S35。

第三步：计算年度毛利润

输入公式"＝H35＊（1－＄C6）"到单元 I36。再一次使用单独列、相对行定位单元 C6（销售成本的比例），确保这里定位正确的单元。自动填充这个单元，向右到单元 S36。

第四步：计算 SG&A 成本

SG&A 成本有固定的和可变的两种。这些可以合并成一行或分成两行。对于后面的选择，输入"＝I35＊＄C7"到单元 I39、"＝－＄C8"到 I40。自动填充这些公式，向右到单元 S39：S40。注意我们把 SG&A 成本设置为负数，保持与历史数据的可比性，保证电子数据表中成本和利润的清晰性。这是整个电子数据表中的惯例。

第五步：计算净利润

这是简单的相对行、相对列公式，增加毛利润到成本（负数）中，得到运营利润。输入"＝SUM（I36：I40）"到单元 I41，同样向右到单元 S41。

电子数据表现在看起来像表 4-12（删除 C～E 列是为了节省空间）。需要注意的是，运营利润要按照亚马逊公司模拟的逻辑。由于我们的最终结果是自由现金流量，如果我们此刻减去非现金项目，我们将在计算现金流量时再加回来。为了简化，我们现在给它们空出两行空间。同样，尽管一些其他收益和损失是现金项目，我们将假定它们为零，同时在模拟时把它们排除。

我们现在进行填充运营利润下面的公式。

第六步：计算应付利息

应付利息在 42 行计算，通过用年初的净债务与有效的票面利率相乘得出，对年初净债务的使用进行调整。使用年初净债务需要保证从左到右、从上到下的模式，避免递归的计算。单元 I42 中使用的公式是"＝－＄C13＊H68"，这里票面利率用单独列和相对行定位。H68 是上一年度的净债务。然后，我们向右自动填充到 S42。此刻，所有的单元 J42 和 S42 显示为零，因为未来年度的净债务没有计算。

第七步：计算税前利润

输入"＝I41+I42"到单元 I43，从运营利润中减去利息，然后，我们向右自动填充到单元 S43。

第八步：当前净运营损失结转

运营损失代表当公司开始盈利时，发生的一系列损失，我们将在今后逐渐使用它，因此，公式需要反映这项内容。在单元 H44 中需要开始历史的净运营损失。如果公司在该年度中进一步损失，就需要进行相应的增加。如果公司在该年度中盈利，同样需要相应地增加运营损失。但是，一旦净运营损失降到零，就必须在这里停止（负运营损失没有意义）。

输入"=IF｛H44>0, IF〔I43<0, H44-I43, MAX（H44-I43, 0）〕, 0｝"到单元 I44 中，用复杂的公式来完成这项计算工作。从外面插入，我们开始使用 IF 这种方式表示这个计算，假设 H44>0 或者相反。在这个案例中 H44 为零，运营损失被消耗，并且在下一年度同样为零（因为模型是连续的，我们排除了运营损失在到达零值后再出现的可能性）。其他情况下用公式"IF〔I43<0, H44-I43, MAX（H44-I43, 0）〕"进行计算。I43 是本年度公司的税前利润，如果它小于零，运营损失增加-I43。如果税前利润是正值，运营损失减少 I43。MAX（H44-I43, 0）表示保持运营损失数值不低于零；Excel 的 MAX 函数将输出 H44-I43 和零两者之间的最大值。需要注意的是，单元 I44 输出的是最近年度的运营损失。

第九步：计算应付税款

如果存在可赋税利润，应付税款就是赋税利润乘以税率。如果没有可赋税利润，就没有应付税款。但是，赋税利润和税前利润（43 行）是不同的。如果运营损失已经消失，即 I44＝0，那么就只存在赋税利润。如果 I44（该年度最终运营损失）大于零，那么赋税利润等于零。如果运营损失在本年度消失，明年 I43-H44 就是赋税利润。如果运营损失在上一年度消失，那么 I43-H44 仍然得出赋税利润，因为 I44 等于零。对公式"=IF(I44>0, 0, I43-H44) * -＄C14"进行精确的计算，其结果与税率相乘，得出的结果在单元 C14。在单元 I45 中输入这个公式。

第十步：计算税后利润（或收益）

在单元 I46 中输入公式"=I43+I45"。在 44~46 行中自动向右填充这个公式。

损益表现在已完成。但是，由于净负债还没有计算，所以这个计算还没有结束。损益表的结果见表 4-13。

下一步是建立资产负债表。注意我们假设的参数，此时，亚马逊公司的运营资产为零，意味着没有必要建立资产负债表。但是，它被包括进来，能够用于敏感性分析，完成我们希望的在亚马逊公司提高资产运营效率或解决与之相关的问题，测试隐含价值。

资产负债表（见表4-14）将按照前面的格式，尽管这里不是一样详细。我们计算固定资产（TFA）、其他的资产和负债，然后计算当前的权益价值，这里将通过公司盈利表现的结果作为留存价值的记录。由于亚马逊公司有大量的留存亏损，所以权益是负数。最后是在净负债（负债减去现金收入）中的结算项目。这就意味着负债被假定为提供资金的需求，用于平衡资产负债表中的资产和负债，而且假定公司产生的现金流量用于支付债务（而不是支付红利）。

表 4-12 预计损益表（第 5 步以后）

	B	F	G	H	I	J	K	L	M	N	O	P	Q	R	S
32	年份	1999	2000	2001	2002	2003	2004	2005	2006	2007	2008	2009	2010	2011	2012
33	损益表														
34															
35	总销售额	1640	2762	3112	3486	3904	4373	4897	5485	6143	6881	7706	8631	9667	10827
36	毛利润	291	656	799	892	999	1119	1254	1404	1573	1761	1973	2210	2475	2772
37	营销费（可变）	-413	-594	-513											
38	营销费（固定）														
39	其他（可变）	-230	-378	-331	-492	-550	-617	-691	-773	-866	-970	-1087	-1217	-1363	-1527
40	其他（固定）				-340	-340	-340	-340	-340	-340	-340	-340	-340	-340	-340
41	运营利润	-352	-317	-45	61	109	163	223	291	367	451	546	653	772	905
42	净利息	-37	-90	-110											
43	税前利润	-390	-407	-155											
44	运营损失	845	1650	2300											
45	赋税	0	0	0											
46	净收益	-390	-407	-155											

表 4-13　预计损益表（第 10 步以后）

	B	F	G	H	I	J	K	L	M	N	O	P	Q	R	S
32	年份	1999	2000	2001	2002	2003	2004	2005	2006	2007	2008	2009	2010	2011	2012
33	损益表														
34															
35	总销售额	1640	2762	3112	3486	3904	4373	4897	5485	6143	6881	7706	8631	9667	10827
36	毛利润	291	656	799	892	999	1119	1254	1404	1573	1761	1973	2210	2475	2772
37	营销费（可变）	-413	-594	-513											
38	营销费（固定）														
39	其他（可变）	-230	-378	-331	-492	-550	-617	-691	-773	-866	-970	-1087	-1217	-1363	-1527
40	其他（固定）			-340	-340	-340	-340	-340	-340	-340	-340	-340	-340	-340	-340
41	运营利润	-352	-317	-45	61	109	163	223	291	367	451	546	653	772	905
42	净利息	-37	-90	-110	-99	0	0	0	0	0	0	0	0	0	0
43	税前利润	-390	-407	-155	-38	109	163	223	291	367	451	546	653	772	905
44	运营损失	845	1650	2300	2239	2229	2066	1843	1552	1188	734	188	0	0	0
45	赋税	0	0	0	0	0	0	0	0	0	0	0	-163	-270	-317
46	净收益	-390	-407	-155	-38	109	163	223	291	367	451	546	490	502	588

表 4-14 预计资产负债表

	B	D	F	G	H	I	J	K	L	M	N	O	P	Q	R	S
49	年份	2001	1999	2000	2001	2002	2003	2004	2005	2006	2007	2008	2009	2010	2011	2012
50	资产负债表															
51	固定资产	9%	318	366	272	349	390	437	490	549	614	688	771	863	967	1083
52	投资额	1%	371	92	28	28	28	28	28	28	28	28	28	28	28	28
53	信誉和无形资产	3%	730	255	80	80	80	80	80	80	80	80	80	80	80	80
54	存货/OCA	7%	300	261	211											
55	应付账款/OCL	-27%	-694	-889	-838											
56	其他净值	2%	40	60	50	-349	-390	-437	-490	-549	-614	-688	-771	-863	-967	-1082.575
57																
58	**净资产**		**1066**	**145**	**-197**	108	108	108	108	108	108	108	108	108	108	108
59																
60	每股资本和收益		1198	1342	1467	1467	1467	1467	1467	1467	1467	1467	1467	1467	1467	1467
61	收入：开始					-2907	-2945	-2963	-2928	-2830	-2657	-2395	-2026	-1533	-895	-268
62	保留					-38	-18	35	98	173	263	368	493	639	627	645
63	关闭		-932	-2309	-2907	-2945	-2963	-2928	-2830	-2657	-2395	-2026	-1533	-895	-268	377
64																
65	**股东的筹资**		**266**	**-967**	**-1440**	-1478	-1496	-1462	-1364	-1191	-928	-560	-67	572	1198	1844
66																
67	资本负债率 (D/D+E)		75%	N.M.	N.M	N.M.	N.M.	N.M.	N.M.	N.M.	N.M.	N.M.	N.M.	N.M.	N.M.	N.M.
68	借贷－现金		799	1113	1243	1587	1604	1570	1472	1299	1036	668	175	-464	-1090	-175.5
69																
70	占用资本（净值）		**1066**	**145**	**-197**	108	108	108	108	108	108	108	108	108	108	108

第十一步：计算资产负债表中的有形固定资产

我们将49~50行作为资产负债表的标题行，并在51行计算固定资产。固定资产直接来自收入和固定资产所占的比例，存在单元C6中。单元I51正确的公式是"=I35 * $ C9"，它将自动向右填充到单元S51。这就等于假定固定资产的周转率为1/C9，在本案例中是10。注意：这个数值不包括在运营租赁下所用的固定资产。这个问题在附录3-1中展开讨论。

第十二步：假定投资和商誉是连续的

复制当前的投资和商誉的数值到单元I52：S53。这些非现金项目中的变化给模型带来了不必要的复杂性（理解这个变化不困难，权益的减少是低的净利润的结果，在减少这些项目时进行简单的平衡。其他数值，如净负债将保持不变）。

第十三步：计算其他运营资产与负债

由于在我们所使用的参数中已经假设其他资产和负债等于收入的10%，我们现在预计负债是最重要的。无论是存货还是应付账款支付的类似于票面的利息，我们都能够把它们从我们的计算中扣除，因此，我们跳过54~55行。在单元I56中我们应当输入的公式是"=I35 * $ C10"，然后自动向右填充到S56。

第十四步：净资产求和

在58行的单元I58中输入"=SUM（I51：I56）"，对净资产求和后自动向右填充到S58。

第十五步：复制股本和溢价的现值

在单元I60中输入"=H60"，并且自动向右填充。就如我们在第三章讨论的那样，股本和溢价是公司从购买股票的股东那里收到的现金的记录。我们假设亚马逊公司没有增加股本。这个假设主要是为了简化模型，把净负债的数值固定在平衡项目中或者作为"插销"（Plug）。

第十六步：计算年度权益保留值

这一步主要是关于留存利润的计算，或者在这个案例中的累计赤字。每年的权益保留就是上一年度的权益保留加上留存利润或者减去留存的亏损。留存利润是税后的利润（收益）减去任何形式的分红。我们采取三步计算这个数值。在开始年度设置留存的开始，它等于上一年度的留存，把"=H64"输入到单元I62。亚马逊公司没有计划支付任何红利，因为这些属于证券持有者，它们不会对企业价值产生任何影响，所以，留存的利润等于税后利润或收益。因此，我们输入"=I46"到单元I63。然后，这两项数值加起来得出最终的权益保留值（单元I64的公式是"=I62+I63"）。这个数值作为下一年度同样计算的起点。一旦在单元I62：I64中输入三个公式后，自动向右填充到S单元。上一年度结束时的留存由相对行和相对列确定，这将有利于正确计算每年的数值。

网络公司价值评估：前沿观点

第十七步：计算全部股东的资本

这些等于股本和溢价（60行）加上结转的留存，因此，在单元I65中输入"–I60+I64"。当前，亚马逊公司的股东权益资金是负值。这就是说，在公司中股东利息的历史成本估算值（减去所有的负债后）小于零。但是，这没有使公司停止进行业务，公司能够解决它的财务债务，并使这些债务降低，公司管理层和审计师能够证明公司正在关注这些业务，并且这些业务常常假定为"除非即将开始清算"。[①] 同样，这并不意味着公司的权益是无价值的。尽管账面权益在大量的学习中被认为是价值的指标，但是，如果每个公司期望未来现金流量是足够大的，那么，这些具有负账面权益的公司也能够有正的价值。

第十八步：资产负债表中净负债的平衡

净负债是平衡项目或者"插销"在单元I68中输入公式"=I58–I65"。使用公式"=IF[OR(I65<=0，I68<=0)，" N. M. "，I68/(I68+I65)]"，我们就可以在单元I67中计算资本负债率（D/D+E）。在这个案例中回报价值是"N. M. "（没有意义）：如果权益是负值，资本负债率就没有意义。

第十九步：总的净负债和权益

输入公式"=I65+I68"到单元I70中，得出总的净负债和权益。自动填充65~70行，70行的数值等于那些在58行的数值。

现在资产负债表看起来就像表4-14。应付利息将自动更新，看起来就像表4-15。

模型中的下一步是计算自由现金流量（见表4-16）。在这里，对于模型期中的前一些年，自由现金流量精确地等于运营利润（除去第1年，在小数量负运营资产向零运营资产过渡中，产生小的负现金流量）。这是因为在当前的背景下没有净资产，直到2011年也没有所得税，因为直到那个年限公司都没有净运营损失（NOLs）。但是，我们将准确计算自由现金流量（FCF），确保公司模型的灵活性，这些公司具有正的或负的运营资产，此时的亚马逊公司具有正、负的运营资产。

计算自由现金流量的方法是采用运营利润，加上运营资本的变化值和其他类似的费用（其他运营资产和负债）。一般情况下，现金流量表的准备也包括了折旧，但为了简单，这里并没有包括。我们这样做的理由是，当我们进行资产投资时，折旧加上运营现金流量将有一个相等的和相对的负现金流量。[②]

---

① Kieso 和 Weygandt（1998）的第42页。

② 数字的例子有助于说明（我们需考虑一个有负的净资产的公司作为例子，而不是我们假设亚马逊公司零资产）。首先我们要记住的是损益表包括折旧费用（它在市场营销费用、产品开发费用等项目中被计入）。我们的净资产数量占销售收入的一定比例。我们假设1年（由于收入的增加）的资产将从1000美元（初始年）增加到1200美元（年末）。我们进一步假设50美元的折旧作为资本计入损益表，因此，资产初始年的账面值已经减少到950美元。我们因此需要投资现金到250美元的资产中。我们可以通过增添50美元的利润来计算运营现金流量的现金投资，然后投资250美元（=1200–950）在有形的固定资产中，或者调整忽略折旧的返还，并且计算在有形固定资产中的投资为200美元（=1200–1000）。

表 4-15 预计损益表（第 19 步以后）

	B	F	G	H	I	J	K	L	M	N	O	P	Q	R	S
	年份	1999	2000	2001	2002	2003	2004	2005	2006	2007	2008	2009	2010	2011	2012
32	损益表														
33															
34															
35	总销售额	1640	2762	3112	3486	3904	4373	4897	5485	6143	6881	7706	8631	9667	10827
36	毛利润	291	656	799	892	999	1119	1254	1404	1573	1761	1973	2210	2475	2772
37	营销费（可变）	-413	-594	-513											
38	营销费（固定）														
39	其他（可变）	-230	-378	-331	-492	-550	-617	-691	-773	-866	-970	-1087	-1217	-1363	-1527
40	其他（固定）			-340	-340	-340	-340	-340	-340	-340	-340	-340	-340	-340	-340
41	运营利润	-352	-317	-45	61	109	163	223	291	367	451	546	653	772	905
42	净利息	-37	-90	-110	-99	-127	-128	-126	-118	-104	-83	-53	-14	37	87
43	税前利润	-390	-407	-155	-38	-18	35	98	173	263	368	493	639	809	992
44	运营损失	845	1650	2300	2338	2356	2322	2224	2051	1788	1420	927	288	0	0
45	赋税	0	0	0	0	0	0	0	0	0	0	0	0	-182	-347
46	净收益	-390	-407	-155	-38	-18	35	98	173	263	368	493	639	627	645

网络公司价值评估：前沿观点

表4-16　预计现金流量表

B	项目	2002 (I)	2003 (J)	2004 (K)	2005 (L)	2006 (M)	2007 (N)	2008 (O)	2009 (P)	2010 (Q)	2011 (R)	2012 (S)
81												
82	现金流量表（纲要）											
83	营业利润	61	109	163	223	291	367	451	546	653	772	905
84												
85	其他营运资产/负债的净变动	-228	42	47	52	59	66	74	83	92	104	116
86	经营现金流*	-167	151	210	276	350	432	525	629	745	875	1021
87												
88	投资活动											
89	TFA的净变化*	-77	-42	-47	-52	-59	-66	-74	-83	-92	-104	-116
90	净收购和投资	0	0	0	0	0	0	0	0	0	0	0
91												
92	税收	0	0	0	0	0	0	0	0	0	-182	-347
93												
94	证券持有人的自由现金流（FCF）	-244	109	163	223	291	367	451	546	653	590	558
95												
96	利息	-99	-127	-128	-126	-118	-104	-83	-53	-14	37	87
97												
98	从股本中筹集的资金	0	0	0	0	0	0	0	0	0	0	0
99												
100	现金（贷款）净增加额	-343	-18	35	98	173	263	368	493	639	627	645
101												
102	校验和	0	0	0	0	0	0	0	0	0	0	0

注：＊表示经营现金流量和总资本净变动不包括相等和相反的折旧。进一步的讨论见本章105页，108页及页下注。

第二十步：转移运营利润到现金流量

在 81 行输入标题，由运营利润（41 行）转到现金流量，我们开始计算自由现金流量，在单元 I83 输入"=I41"。

第二十一步：计算现金流量

在其他资产和负债中，我们通过在本年度中减去上一年度的价值来计算现金流量，就是在单元 I85 中输入"=SUM（H54：H56）-SUM（I54：I56）"。

第二十二步：计算运营现金流量

我们通过两行的相加求和计算运营现金流量（忽略折旧），在单元 I86 中输入"=I83+I85"。

第二十三步：计算运营资产的变化

我们现在计算投资现金流量在运营资产中的变化（净折旧），在单元 I89 中输入"=H51-I51"。

第二十四步：从收购和投资中计算现金流量

计算投资在收购和权益投资中的现金流量（此时为零），在单元 190 中输入"=（H52+H53）-（I52+I53）"。

第二十五步：转移税款

从损益表第 45 行转移税款到现金流量，在单元 I92 中输入"=I45"。由于净运营损失的增加，在此背景下，头几年这些税款为零。[①]

第二十六步：计算自由现金流量

通过运营现金流量加上投资现金流量，我们计算自由现金流量（FCF），在单元 I94 中输入"=SUM（I86：I92）"。自由现金流量是证券持有者发生的现金，是现金流量需要用于公司业务进行的筹资，对于税务专家是可以免除债务的。它发生在支付利息和税款之前。这个基本原理是，价值不依赖于投资者是否尽快得到分红或利息，或者推迟或根本没有分红和利息，因为投资者将立即在预期的或类似的风险投资中获得收益，从亚马逊公司的股票中得到回报。

第二十七步：转移利息和任何形式的分红

从损益表中移动利息（和如果可适用的分红）到现金流量，在单元 I96 中输入"=I42"。

第二十八步：从证券权益中计算筹资现金流量

从最近发行的权益证券中计算筹资现金流量（在本案例中为零），在单元 I96 中输入"=I42"。

---

① 在实际中由一定的时差产生的在净运营损失 NOL 已经使用的情况下的一定的赋税（如公司选择最小赋税的缘故）。这对价值评估的影响是适度的（但不可忽略不计），因为它们向前记数有一定的赋税责任（而不如新的赋税责任要求严格）。但是，读者应当注意这个问题。

第二十九步：计算现金来源的变化

计算公司现金来源中现金的增加和减少情况。在单元 I100 中输入"=I94+I96+I98"。

第三十步：与资产负债表相比检查现金的变化

通过检查我们发现，现金变化的计算与资产负债表中是一致的（现金减去净负债）。在单元 I102 中输入"=-（I68-H68)"。这个单元的数值必定为零。如果还没有进行这些工作的话，自动向右填充或复制这些公式到 J~S 列。

现在完成了现金流量表的结构构建，看起来就像表 4-16（出于节约空间的目的，D~G 列已被删除）。

完成自由现金流量数值的计算后，我们现在处于这些现金流量的现值的位置，与我们在第一章中看到的公式相一致。读者此时可能回想起了把未来 \$C 转换为目前现金的现值的公式：

$$C 在 n 年的现值 = \frac{C}{(1+r)^n}$$

这里的 r 是资本成本。

由于在这个模型的时间跨度中使用了不同的资本成本，我们将 13% 作为初始资本成本和将 10% 作为最终资本成本，这种情况在计算时稍微有些复杂。通过考虑一个简单的储蓄债券的例子，有助于我们更好地理解这个计算。如果储蓄 100 美元债券的期限为两年，期望第一年的利息率是 5%，第二年的利息率是 4%，按照支付利息相反的顺序，计算这个投资价值可以简单地分为两年的计算进行。首先，计算第一年末的现值，100 除以 1.04 得出 $V_{t=1}$ 的数值为 96.15 美元。然后计算目前的现值，96.15 除以 1.05 得出 Vt=0 的数值为 91.58 美元。换句话说，我们可以计算综合贴现因子：

$$\frac{1}{1.04} \times \frac{1}{1.05}$$

从第 1 年到第 t 年的贴现率 r_1 到 r_t，可以被概括为如下的从第 1 年到第 t 年的综合贴现因子：

$$\frac{1}{1+r_1} \times \frac{1}{1+r_2} \times \frac{1}{1+r_3} \times \cdots \times \frac{1}{1+r_t}$$

为此，我们必须计算资本成本 r_i 的数值，r_i 是每年假设的数值。为此我们用最后的资本成本减去开始的资本成本，这样我们可以得出整个期间的资本成本的增加值（或减少值），在本案例中是 -3%。我们用这个数值除以第 1 期间的数值，得出每个期间资本成本的变化（因为在 10 个期间的模型中，有 9 个期间的资本成本的增加值）。然后我们从初始资本成本开始，加上每上一年的资本成本的增加值。

第三十一步：计算年度资本成本

在单元 C106 中输入"=（C12-C11)/9"来计算年度增加值。从参数块转移初始资本成本到工作表的下面部分，输入公式"＝C11"到单元 I107。不要填充或粘贴，这两块是单独计算的。

然后，在单元 J107 中输入公式"＝I107+＄C106"，把增加值（由单独列确定）加到上一年的资本成本，自动向右填充到单元 R107（没有必要把这个计算进行到 2012 年，因为 2011 年的贴现因子其永续年增长金是打折扣的），见表 4-17。

表 4-17　计算自由现金流量现值

	B	C	I	J	K	L	M	N	O	P	Q	R
105	计算自由现金流量现值		2002 年	2003 年	2004 年	2005 年	2006 年	2007 年	2008 年	2009 年	2010 年	2011 年
106	资本成本每年变化=-0.33%											
107	年度资本成本		13%	12.7%	12.3%	12.0%	11.7%	11.3%	11.0%	10.7%	10.3%	10.0%
108	贴现因子		0.88	0.79	0.70	0.62	0.56	0.50	0.45	0.41	0.37	0.34
109	贴现自由现金流量		-215.9	85.7	113.9	139.4	162.6	184.1	204.2	223.3	241.8	198.6

第三十二步：计算每一年模型的贴现因子

第 1 年的贴现因子是 1 除以 $1+r_1$，因此，在单元 I108 中，输入公式"＝1/(1+I107)"。第 2 年的贴现因子（就是第 1 和第 2 年的合并）是第 1 年的贴现因子除以 $1+r_2$（和上述公式相等），在单元 J108 中输入公式"＝I108/(1+J107)"，自动向右填充到单元 R108。

第三十三步：计算每个年度的自由现金流量的现值

把第 94 行计算的自由现金流量与第 108 行计算的贴现因子相乘，得出自由现金流量的现值。在单元 I109 中输入"＝I94＊I108"，自动向右填充到单元 R109。单元 I109：R109 的内容是预计未来现金流量的现值，这些单元可在表 4-18（连续案例下的权益值的计算）中看到（列 D～H 被删除）。

为了便于参考，我们进行参数块中最后一步的价值计算，用户能够立即看到参数变化对价值的影响。权益值的计算过程分成两个部分。首先，企业价值的计算，把 2002～2011 年的现金流量的现值与公司期终价值（2011 年销售价格）的现值相加。权益值的计算就是减去其他非普通权益债券和债权。那么，股票价格就等于权益数值除以发行股票数量。

第三十四步：计算现值

计算预计流入现金的现值，在单元 C22 中输入公式"＝SUM（I109：R109）"。因为这些现金流量是已有的现值，简单地相加就能得出计算的结论。

第三十五步：计算期末价值

在单元 C17 中计算期终价值，用期终税后现金流量乘以最终价值乘数。因为在亚马逊公司模型的现金流量必须调整到模拟税后，作为未来的赋税也许是可能的（亚马逊公司大多数的净运营损失是在 1999~2000 年建立的，期终是在 2015 年）。为了获得这个，在单元 C23 中输入"＝〔(S94-S92)-(S43 ∗ C14)〕∗ C17 ∗ R108"。这个公式简单地加回已经支付的税款（根据净运营损失支付的全税率、部分税率，或者零税率），从 S92 中（如果税率已经支付，将是负值）减去 S94。然后我们减去全部债务利息，等于税前利润 S43 乘以税率 C14，用公式"(S94-S92)-(S43 ∗ C14)"进行表示。这个表达式用期终乘数相乘计算期终的未来价值，然后再乘以贴现因子来计算今天的现值。

表 4-18　连续案例下的权益值的计算

	B	C
21	权益价值计算	
22	现金流量到平面的现值	1337.8
23	期终价值的现值	3131.6
24	公司的总价值	4469.4
25	减去负债/员工股票期权	-1895
26	加上现金和接近的现金	996.6
27	权益价值	3571
28	在外发行股票	373218
29	每股价值	$ 9.57

第三十六步：计算企业价值

在单元 C24 中输入公式"＝SUM（C22：C23）"，这是公司的权益加负债的数值。

第三十七步：计算权益值

减去其他证券的数值就得到公司的权益值，即剩余债权，然后加上公司的现金、美元或相当于美元的数值。

我们计算可转换债券和员工股票期权计划，在第七章中是 18.95 亿美元的数值。把这个数值输入到单元 C25 中，输入现金和有价证券 9.96585 亿美元（见附表 2-1）到单元 C26 中，然后减去负债，把这部分现金加到企业价值中变为权益价值。

这包括权益的评估过程，得到估算的股价后，输入最近的 10Q、10K 或者年度报告中发行的股票数量，然后在单元 C27 中用权益值除以股票数量，得到每股的股价。最终价值部分如表 4-18 所示。

在写本书时（2002 年 3 月），亚马逊公司的股票价值大约是每股 15 美元，总权益值是 55 亿美元。我们在第十章中讨论错误评估和无效率。我们希望随着时间的推移，这个价格逐渐接近实际值，尽管公司试图通过努力经营来提高一些运营参数，得到超额价值。我们认为存在这种可能性，并体现在下一部分的最佳案例分析（BCA）中（当然，我们将同时考虑最糟的案例分析）。

完成现金流量分析：最佳案例和最糟案例分析

经过艰苦的工作，我们建立了模型，现在可以通过它利用亚马逊公司的历史数据来快速地评价案例的合理性。表4-19是这个案例的摘要表。

此时，不考虑有限占用资本收益率（RoCEL），我们将在第六章进行讨论。我们能够简单地输入新参数到参数块模型中和权益值模型中。最佳案例的参数块（包括评估结果）就像表4-20（最佳案例的参数块）。

表4-19　亚马逊公司的现金流量分析摘要表

	连续案例 （CCA）	最佳案例 （BCA）	最糟案例 （WCA）
收入增长	12%	20%	7%
可变成本占销售额的百分比	88.5%	88.5%	90.5%
固定成本	$340m	$340m	$340m
运营资产占销售额的百分比	0%	0%	0%
限制占用资本收益率（参见第六章）	30%	30%	15%
权益价值（模型）	$3.6bn		

表4-20　最佳案例（BCA）的参数块

	B	C
2	亚马逊公司价值评估预计	（$m）
3		
4	参数	
5	收入增长	20%
6	商品销售额	74.4%
7	其他可变成本	14.1%
8	固定成本（SGA）	$339.90
9	有形固定资产	10%
10	运营资产/负债（净值）	−10%
11	资本成本（初始）	13%
12	资本成本（最终）	10%

续表

	B	C
13	债务票面利息	8.00%
14	税率	35%
15	净运营损失（初始）	$ 2300
16	最终增长率	4%
17	最终现金流量倍数	16.67
18		
19		
20		
21	价值计算	
22	现金流量到水平的现值	2483.9
23	最终价值的现值	7802.4
24	总企业价值	10286.3
25	减去负债/员工股票期权	−1895
26	增加现金和接近的现金	996.6
27	权益价值	9387.9
28	在外发行股票（百万）	373218
29	每股价值	$ 25.15

但是，当我们运行有限占用资本收益率（RoCEL）模型的运算法则时，这个评估将大量简化。有限占用资本收益率（RoCEL）模型的效果是通过把资本收益率压在一个特定的水平来模拟竞争的。这样做的理由是，如果产生高的资本收益率，竞争者将进入市场，从而降低这些收益率水平。这表明了此类现金流量模型的缺点，因为离开运营杠杆后，在最后期间公司变得极为有利可图。例如，查看模拟最佳案例分析中亚马逊公司在 2011 年的利润率，运营利润率是 9.7%。我们从可比较的案例中推断这个数值对于零售商来说太高了。但是，有限占用资本收益率（RoCEL）模型为我们提供了科学的方法来检查这些过高的数值。最糟案例的评估如表 4-21 所示。

表 4-21　最糟案例（WCA）的参数块

	B	C
2	亚马逊公司价值评估预计	（$ m）
3		
4	参数	
5	收入增长	7%
6	商品销售额	74.4%

	B	C
7	其他可变成本	16.1%
8	固定成本（SGA）	$ 339.90
9	有形固定资产	10%
10	运营资产/负债（净值）	−10%
11	资本成本（初始）	13%
12	资本成本（最终）	10%
13	债务票面利息	8.00%
14	税率	35%
15	净运营损失（初始）	$ 2300
16	最终增长率	4%
17	最终现金流量倍数	16.67
18		
19		
20		
21	价值计算	
22	现金流量到水平的现值	134.3
23	最终价值的现值	1368.7
24	总企业价值	1502.9
25	减去负债/员工股票期权	−1895
26	增加现金和接近的现金	996.6
27	权益价值	604.5
28	在外发行股票（百万）	373218
29	每股价值	$ 1.62

筹资分析

　　随着时间的推移，现金流量模型输出中一个经常被忽略的关键问题是公司业务的筹资需要。[1] 价值的贴现现金流量模型（DCF）通常忽略了筹资问题。基于这种情况下的假设是，正的净现值预计将吸引投资者足够的资金。但是，因为我们处于过去和历史演变事件的不完全信息中，筹资将阻止公司开展它的业务计划，这存在现实的可能性。例如，2001 年亚马逊公司发现，和其他大多数公司一样，从公开市场中增加新资本是比较困难的。因此，我们将检查公司的净负债，看它是否高于当

---

　　① 我们感谢伦敦商学院的 Chris Higson 对酬资问题的强调。

前负债的账面值21亿美元。这就是说，手头拥有的现金为零，公司有潜在的需求去筹集资金。在最佳案例的情形下，当模拟公司较早开始支付债务时，筹资是没有问题的。在连续案例的情形下，我们像表4-11一样打印资产负债表，2003年的最大负债是16亿美元。这就是说，公司此刻有多余的5亿美元现金。但是，我们看看最糟案例情形下的净负债行（见表4-22）。

表4-22　最糟案例的负债排列

	B		G	H	I	J	K	L	M	N	O	P	Q	R
49	资产负债表		2000年	2001年	2002年	2003年	2004年	2005年	2006年	2007年	2008年	2009年	2010年	2011年
68	借贷资金		1027	1243	1671	1806	1928	2035	2123	2189	2229	2239	2215	2150

就如我们看到的，直到2010年，公司从来没有设法偿还负债，并且在2006年达到为零的净现金状况。这表明由于需要过多的筹资，公司合适的最糟案例分析（WCA）的价值是不切实际的。

在2009年和2010年，公司同样需要大量筹集另一部分资金。公司的可转换债券不能很好地转换成权益。在这个案例中，所有的可转换债券分成两大部分付款（所谓现金支付的债券原则），它在债券初始发行的十年后有所增加。在最佳案例中没有竞争的情形下，公司有足够的现金支付这些债券，2009年1月，总数大约为12.5亿美元，2010年2月进一步增加到6.15亿美元（2002年欧元与美元的外汇比率）。在此情形下，公司变穷，新的筹资来支付这些数量的机会是较小的。既然这样，与债券持有者进行再协商是可行的，可能的结果（如果达成一致）是债权转换为权益，此时，可转换债券的持有者同意将相同的权益作为可转换债券的交换，这样将使公司从需要支付的票面利息和全部债券的原则下解脱。

如果存在网络公司的公众市场筹资无法使用的情况，那么现金流量分析是关键的，其他有意义的检查，如检查利润和模型的最后销售额（相对于公司的市场规模）也是重要的。在亚马逊公司的案例中，尽管受到占据的潜在限制和热心于在线销售的影响，但公司的潜在可设定市场仍然是巨大的。但是，公司可能没受到市场规模的限制和挑战。对于大多数公司而言，需要注意的是，销售额大于30%的市场占有率是极少数的，因此，超过30%的市场占有率模型其最后产生的收入预计应当仔细再检查。

这个模型能用于其他类型的网络公司吗？

我们当然希望如此！将所有网络公司的报告用于研究亚马逊公司的数据，这意味着人们能够策划成本、需要资产等，尝试找到运营参数的趋势是这些公司前进的方向。对于我们使用的与亚马逊公司同样的财务分析方法，人们应当对不同的公司进行运营参数估算，并且建立类似的模型。

非常全面地检查模型的目的是，使读者更好地理解模型，使读者充满自信，当需要在模型中进行变化时，如何使模型进行工作。读者在分析时可以根据需要调整模型，强调其他公司运营参数的重要性，或者用其他的方式扩展模型。

模型修正

我们对这些模型相当怀疑。我们在本书的第一部分讨论的模型肯定没有这么复杂，但是，它有助于我们强调什么是公司的重要价值驱动因素。因此，可能增加的收入是：

——列出不同类型的运营资产和负债，并且对这些分别进行预计（如存货、应付账款和其他当前负债）。

——列出不同产品线的收入，并且用于每个产品线的不同利润。

——建立模型指导亚马逊公司进行战略选择，如在所有市场、美国的和英国的连续表现。

——建立简单的利润预计驱动模型，而不是可变成本的混合模型。

对大量在线项目和分类进行预计，如在收入内，我们不可避免地从预计一小部分未知的参数向预计大量未知的参数转移。同样，对于这些参数，如服务收入，我们实际上只有极短的历史，通常有较少的证据和知识作为预计的基础。

亚马逊公司的收入模型在本案例中相当直接，因为我们预计收入将稳定增长。这个模型可以修正预计指数型迟滞增长。为了这样去做，我们给收入增长建立了单独行，并且定义开始数值，然后我们用前期收入增长（列相对确定）乘以迟滞因子（单独确定）计算收入增长行的单元。用通常的方法计算每年的收入，使用相对行、列确定相关年度的增长率。

文章出发点

这里对本书的第一部分进行了总结。经过这里相对集中地对现金流量分析的讨论，读者也许希望提到下一部分的内容，我们在第二部分继续以资本成本的衍生品为讨论的开始，我们希望读者深切地关注一个极为关键的参数。我们讨论、评估的其他高级问题包括实物期权价值（ROA）。第三部分也同样重要。到目前为止，前面我们具有三种情形下的原始数值。下一步是在竞争的情形下对它们进行调整，就如我们在第六章中讨论的那样。但是，有些时候我们在使用战略分析（SA）时，必须权衡这些数值，这将在第三部分讨论。同样，战略分析将有助于我们提前获悉潜在的不连续性（DCA）。第四部分是专业人士感兴趣的内容，他们将探索、评估非报价权益，理解兼并与收购的问题，以及进行"滴答和迫击炮"（Clicks and Mortar）评估。

第二部分

高级价值评估理论与实践

第五章　资本成本

资本成本对我们意味着什么?

资本成本的同义词是贴现率、预期报酬率以及必要报酬率。资本成本是投资者年度需要的年度投资收益率,用于补偿投资者进行风险投资所承担的风险,由于投资者贷出或投资的资金在这些风险项目中,所以会给投资者带来推迟消费和承受通货膨胀的损失。在低通货膨胀率的国家,如21世纪早期的美国和英国,对无风险政府票据来说,资本成本的变化范围为2%~4%;对上市公司的权益来说,资本成本上升到10%~15%。总之,一个公司的资本成本将是公司的权益资本和其所拥有的所有任何负债的加权平均资本成本。由于实际中大多数网络公司完全通过股票筹资或者大部分通过股票筹资,本章的重点在于探讨权益资本成本的问题,特别是上市公司的权益资本成本。据报道,非上市公司的权益资本成本远远高于上市公司的权益资本成本的水平,至少是20%,有时达到50%~100%。这些将在第十六章中仔细讨论。

我们的主题是网络公司价值评估,一些读者也许会问,本章关于资本成本的需求是什么,特别是有些不可思议的细节。事实上本章中的大部分内容是相互关联的,不仅是对网络公司,而且是对整个市场而言。但是,网络公司价值评估对现有的关于资本成本的知识构成了压力,为了进一步理解如何评估这些公司,我们需要了解对这些压力进行多少调整。

确定资本成本的分类法

通常认为确定一个公司或计划的资本成本的明智指导是,仔细查看投资者在类似的公司或类似的计划中已经获得的投资回报。进行这个过程有两种方式,也有第三种办法,但不使用这种范式:

(1)建立相对其他公司的公司资本成本模型,使用股票市场的数据和资本成本的公式,如资本资产定价模型(CAPM),法马和傅仁奇四因子模型(Fama and French Four Factor Model)。

（2）建立"颠倒"资本成本模型，对公司运营资产的详细分析和这种类型的风险（由资产系数β确定）进行计划（基本成分决定）。

（3）使用总市值方法，简化资本成本，得出预计收益或现金流量，并且希望这些收益或现金流量进一步增长（反向计算方法）。

第1类型的方法（基本公式方法）能够进一步分为两类方法：一种方法是它们是否使用历史数据形成公式参数评估；另一种方法如修正历史数据来满足在投资者风险偏好市场中感到的变化。这些方法是确定预期回报的主要方法。

第2类型的方法在使用时比较困难，除非人们拥有大量的有关计划的数据。但是，有些作者对网络公司已经采用的这种方法的过高资本成本表示怀疑。Aswath Damodaran（2001）给出一些写作的实例。对这种方法的深入讨论是在 Brealey 和 Myers（2000）以及 Foster（1986）的文章中。

第3类型的方法如果被怀疑是不正确的评估方法，就不适合使用这个方法。正如我们下面说明的那样，如果公司估价过高，并且预计的现金流量值是正确的，将产生低的预期回报值。由于资本成本能够解决价格公式[①]，这个方法将绝不会提出股票是能够正确评估的。但是，在一个"过热"的市场中有可能引起错误评估的蔓延，当过高评估一只股票或一批股票时，引起其他股票资本成本向下调整（但是，有些作者建议，在总体上相反的评估能够有益于市场的资本成本调查，我们将在下面讨论这个应用）。

推荐使用的方法是资本资产定价模型（CAPM）

在基本公式决定的分类中，主要的方法是单因素资本资产定价模型（CAPM）。这个方法仅仅建立公司权益的非个别风险。这个逻辑是，如果投资者持有多种投资组合，这些公司的个别风险将达到平均数。通过投资组合能够轻易避免公司的个别风险，没有超过资本资产定价模型（CAPM）承担风险的风险收益。资本资产定价模型（CAPM）看起来只存在于股票与市场的协方差带来的风险。因为每只股票和股票的不同投资组合受到市场回报的高度影响，这个市场风险是投资者不可避免的，并且这个风险就是资本资产定价模型（CAPM）的价格。资本资产定价模型（CAPM）的公式如下：

$E[r] = r_f + \beta(r_m - r_f)$

期望收益＝无风险收益＋贝塔系数×风险收益

式中，$E[r]$＝股票的期望收益率；

r＝收益率；

---

① 有几个例外，如非正的资本成本将解决这个公式，正的价格等于负的未来现金流量。

r_f＝无风险率或无风险收益率；

r_m＝市场收益率。

资本成本的确定是评估师面对的最困难的任务。期望的收益率不是以前的收益率，而是对于计划的期望或需要的收益率。如果公司或计划的净现值（NPV）是负的，公司的收益率将超过这个需求收益率，将对风险支付更多的补偿，因此是个好投资。但是，在没有进入投资者头脑的时刻，这个投资是可以考虑的，我们难以看到如何精确确定这个数值。通常，捷径是使用我们可以观察到的公司的过去收益率和参数，告诉我们投资者期望公司在给出一系列参数情况下，会有什么样的收益率。

单因素资本资产定价模型（CAPM）来完成这个计算是第一流的方法，由于模型和不确定的风险率相关，并且和期望收益率相关，这两个数相加就成了公司的贝塔系数（β）。在一定的假设下，公司的贝塔系数（β）与投资者对于风险和收益之间平衡的观点直接相关。但是从金融品种的寿命来看，这种一流的方法没有什么了不起的。资本资产定价模型（CAPM）受到了责难，因为这个理论从贝塔系数和收益率的关系上看是可测的，并且这些关系随着时间的推移并不保持恒定。在以后的章节中，我们讨论资本资产定价模型（CAPM）遇到的挑战和进一步优化的选择性理论。

资本资产定价模型原理

资本资产定价模型直接跟从关于投资者效用的两个假设（效用是经济术语，意思是满意或快乐）。投资者的效用是关于下面两个变量的函数：

（1）收益率；

（2）收益率变化（就是风险）。

后者的假设是把两个假设合并成一个，就是投资者不喜欢风险（相当程度上），并且用高差异代表风险（更加值得怀疑）。

资本资产定价模型（CAPM）如何遵循上述假设，请参见附录5-1。

可分散风险和系统风险

就如上面所述，资本资产定价模型（CAPM）仅仅确定市场风险、系统风险和市场范围的风险，降低投资者承担的和购买股票的风险。这些风险类型可以定义为：

（1）可分散风险：公司的个别风险通过持有市场投资组合能够彻底化解，或者持有不同股票可以化解大部分风险。

（2）系统风险：股票的这种风险因为市场风险的降低而降低〔通过贝塔系数（β）的确定〕。

图5-1表明了分散风险的好处。该图使用了Campbell等（2001）近期非常有趣的发现，并且表明在近几年分散风险的好处越来越难以取得。低的那条线是投资组

合的标准方差（不稳定的）和 1963~1985 年投资组合中持有的股票数量之间的相互关系，高的那条线表明 1986~1997 年同样的关系。这表明，在最近一段时期内，要获得过去同样分散风险的好处，需进行更大数量的投资组合。这两条线是基于 Campbell 等人的超标准方差测量，即在此基础上增加了 20% 的市场标准方差（Campbell 等人的报告指出，在相同时段内市场的不稳定性没有表现任何向上的趋势）。从这个保留的结果可以看出，1985~1997 年的结果代表每只股票各自的不稳定性在恒定的增加，或者在一定时期内一些股票具有各自的高不稳定性，并且使分散风险难以取得。如果这些结果代表了恒定的增加，就会导致分散风险更加难以取得，并且趋向破坏资本资产定价模型（CAPM）关于投资者持有的市场投资组合的假设。

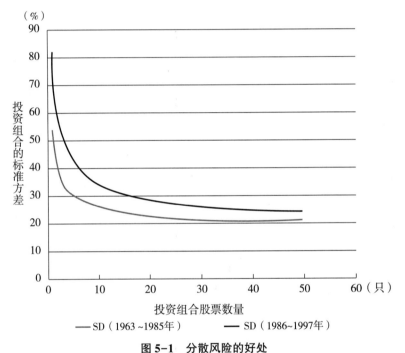

图 5-1 分散风险的好处

资本资产定价模型（CAPM）的经验测试

资本资产定价模型（CAPM）是线性等式：

$$E[r] = r_f + \beta(r_m - r_f)$$

这里 $E[r]$ 的预期值来自贝塔系数（β〔具有梯度 $r_m - r_f$ 和截距 $(0, r_f)$〕），资本资产定价模型（CAPM）通过相对于贝塔系数（β）的收益率的计划进行测试。我们希望收益率随着贝塔系数（β）的增加而增加。经过最长的可用时期（1926 年至 1991 年）这似乎表现为线性关系，显然，没有资本资产定价模型（CAPM）预计陡的梯度。但是，经过近来相当长的时期（如 Fama 和 French 1963~1990 年的调查时期），这种关系是不清楚的，似乎收益率没有多少变化，与贝塔系数（β）无关。

还有其他几种不同的责难。通常使用的股票市场指数被作为资本资产定价模型（CAPM）市场指数的代理（就是替代或者等同）。但是，我们正在寻找的理论数量是整个产品资产的市场指数，包括房地产以及所有人力资本（工人的训练）和没有上市的公司。因此，这个数量极难评估，难以追踪，使得对资本资产定价模型（CAPM）的测试非常困难。同样的争论使任何对资本资产定价模型（CAPM）的测试都不可避免地进行市场效率的测试，因此，我们使用市场价值作为审计师期望的收益率。在这样的一个测试中，期望的结果可能是失败的，因为资本资产定价模型（CAPM）不正确，或者市场没有效率。

尽管这些批评家给问题带来了重要的信息，但他们不满意对资本资产定价模型（CAPM）的批评。同样，当研究者试图纠正一些问题时（如对知识成本资产数值的代理），其结果没有吸引力。关于资本资产定价模型（CAPM）的经验证据是模糊的，经过很长时期后，这一理论具有好的经验支持。但是，在最近较短的时期内，贝塔系数（β）并不是个好的收益率指标。

作为资本资产定价模型（CAPM）的支持者，我们注意到了这个模型的缺点。继续忍受责难，不仅因为这个模型是完美的理论，而且因为最好的选择理论弱化了分析的支持，类似于经验的支持水平，更低的可用性水平。资本资产定价模型（CAPM）也给网络公司提供了富有吸引力的结果，我们实际上期望网络公司具有高的资本成本。对资本资产定价模型（CAPM）的优势进行总结：

——模型和数据在很大程度上是互相包容的（股票收益率超过债券）。

——经过长时间后，收益率（r）与贝塔系数（β）成比例。

——这是最适用的理论。

换句话说，为资本资产定价模型（CAPM）喝彩，而不是认为它什么都不是。

基本公式理论

套利定价模型（APT）理论

单因素资本资产定价模型（CAPM）非常特别，贝塔系数（β）对确定风险是唯一相关的系数。Stephen Ross 的套利定价模型（APT）（Arbitrage Pricing Theory）提出，风险因素在宽范围内是相关的，每个因素自身的权重因子 b_i 与收益率相关。在套利定价模型中，期望收益率 $E[r]$ 的等式看起来是这样的：

$E[r] = a + b_1(r_{factor1}) + b_2(r_{factor2}) + b_3(r_{factor3}) + \cdots + noise$

式中，a 为没有设置风险因子的股票收益率（a 类似于无风险收益率）；

b_i 为股票对每个因子的敏感性；

r 为与每个因子相关的风险收益（对投资者承担的这种风险的酬劳），就是只有这种风险的名义证券的收益率减去无风险利率。

但是，套利定价模型（APT）不是说这些因子是投资者必须假设依赖的行业或其他特性，可能使用回归模型测试因子模型。简化的风险因子被假定为汇率、GDP增加值、商品价格、价格/股票票面价格比率、公司规模。

法马和弗伦奇四因子模型（Fama and French Four Factor Model）

套利定价模型（APT）中最受欢迎的是法马和弗伦奇四因子模型（Fama and French Four Factor Model，FF）。这个模型起源于法马和弗伦奇对资本资产定价模型（CAPM）的批评性评价，就如我们上面提到的那样。在我们对资本资产定价模型怀疑的时候，法马和弗伦奇观察到股票价格收益率的其他模式。这些模式主要与公司的规模和公司股票的市场价格/票面值比率相关（计算时用公司的总市值除以股东持有股票的票面值）。小公司似乎比大公司有好的收益率，同样的价值股（低的价格/票面值比率的公司）似乎比魅力股（高的价格/票面值比率的公司）有好的收益率。以后的研究工作把价格因素加到模型中，从而有效地表明公司表现出好的股票收益率可能是连续的出色表现（收益率是连续自相关的，至少是在经过一个较短时期后）。风险通过贝塔系数（β）来表示，这个数值同样可以在模型中计算得出。

为了计算法马和弗伦奇四因子模型（Fama and French Four Factor Model）下的期望收益率，需要关于公司的四因子内容的数据。然后把这些数据输入到以下公式中：

$$E[r] = a + b_1(r_{size}) + b_2(r_{price/book\ ratio}) + b_3(r_{price\ momentum}) + \beta(r_m - r_f)$$

法马和弗伦奇四因子模型（Fama and French Four Factor Model）的问题

模型的经验和基本概念上存在一些问题。首先，模型似乎给人一种直觉，就是小公司比大公司承担更大的风险（所以要求更高的收益率）；相反，高的市场价格/票面值比率的公司（或者高速增长的"魅力"股）承担较小的风险。把事情弄糟（或至少是把事情弄的不清楚），小公司的印象似乎已经相反，1998~1999年，价值股的表现远远低于魅力股的表现，与 FF 模型提出的正好相反。

其他对于股票价格/票面值比率影响的解释是，市场系统性高估了魅力股的价值（有时称为传说股，因为这些股票的价值常常依赖于传说，而不是对股票的运营参数的基本分析）。在这个假设中，价格/票面值比率和收益率的影响与投资者期望收益率无关，但是，在由于市场纠正高估的价值引起的低落的现实的收益率面前，这个比率与高的价格/票面值比率的影响有关。① 这似乎是不可思议的区别，但是，关键的问题是，是否我们寻找到评估的信息。由于投资者需要或希望得到收益率，所以，短期的错误评估不会产生与投资者期望的收益率有任何不同。高估的网络公司仍然是风险性公司，因为这些公司将产生低的实际收益率，因为价格将下跌，投资者将纠正过高评估。但是，投资者在所有的时间中将仔细查看公司（特别是一系列的保持公司连续运营的运营资产，这些资产不改变公司的价值），并且找到风险性企业，期望从这些风险中得到高的收益率作为补偿。

FF 模型和其他因子模型的使用

FF 模型是商学院里普遍都上的课程，也许是因为习惯，或者由期望保留与行业实际的一致所致。另外的批评是由数据的减少造成的，并且没有足够的理论和经验支持展示资本资产定价模型（CAPM）（即使变好，也没有足够的优越性来改变这种态度）。数据对 FF 模型的批评似乎是一定程度上的"象牙塔"，但这的确是对此批评的较好理由。如果基于理论下的模型是正确的，随着时间的推移这个模型有可能更加坚固。另外，数据造成的模型经过一段时间的观察有可能是正确的，但有可能因为其依赖的理论在财务变化之间的转移而突然变得无效。没有好的理论，对于实际工作者和学术工作者，同样没有工具解释这个转移。

FF 模型和其他特别因子模型在资产管理中被广泛使用。对冲基金和投资顾问公司在比较公司的特点和财务比率后，不断地对过去的收益率挤压数量。如果这些投资管理者观察到在财务参数和收益率之间的关系后，他们将采纳的策略是试图对这些关系进行资本化。有所保留的是如何保持这些模型的吸引力，因为过去变量之间的关系在他们被观察到后没有保持。这可能是财务数据的自动分析，为公司的战略和行为的仔细基本分析提供了同样的收益率。实际上，自动财务分析系统不断增加的独特性，将限制这些系统的收益率的应用。

确定资本资产定价模型（CAPM）的参数

把竞争性因子模型搁置在一边后，我们现在继续讨论资本资产定价模型（CAPM）的应用。资本资产定价模型（CAPM）对我们使用已经知道的参数是极为方便的，但是，在确定这三个关键参数中的每一个时，我们都面临着一些问题，我们在进行之前先来解决这些问题。

资本资产定价模型（CAPM）的公式重复如下：

---

① 这个观点得到 Skinner 和 Sloan（1999）的支持，他们通过增长股票研究股票的收益模型，并且发现增长股票的低收益主要是由不满意的收益公布时增长股票价格的大幅度下跌引起的。

$$E[r] = r_f + \beta(r_m - r_f)$$
$$\Rightarrow E[r] = r_r + \beta(MRP)$$

这里，$E[r]$ 为期望收益率或资本成本；

r_f 为无风险利率；

β 为贝塔系数；

市场风险收益（MRP）= 市场风险收益 $r_m - r_f$。

确定无风险利率（r_f）

确定无风险利率（r_f）是这些问题中最基本的挑战。正常情况下，使用短期的政府国库券和相应的合适的市场风险收益（市场风险收益 MRP）。许多教科书建议读者观察长期的国库券利率，得到的是长期证券的权益。一个更加合适的理由是长期国库券利率比较稳定。如果市场风险收益（MRP）使用的历史数据已确定，通常情况下，使用长期国库券利率进行的工作比较好。市场风险收益就是权益证券的收益率和政府国库券收益率比较的结果。权益与短期或长期国库券的比价，有可能得到市场风险收益。市场风险收益对于权益和短期票据之间的不同是有用的（市场风险收益稍高于长期政府债券与权益的差值，因为长期的政府债券能够产生的溢价通常在 0.5%~1%。Dimson 和 Marsh（2001）列出了权益的市场收益率和主要市场的两种类型的市场风险收益。

评估者应当努力平滑观察到的无风险利率的短暂变化，特别是在使用短期无风险利率时。在本书中我们已经把无风险利率假定为 4%。但是，这个利率是变化的，并且读者应当查看财务快讯中的当前利率。

确定贝塔系数（β）

大量的商务服务提供贝塔系数（β）的评估数值，包括 Bloomberg（www.bloomberg.com），Marketguide（www.marketguide.com）和英国伦敦的商学院。例如，在前面章节计算亚马逊公司的资本成本中，我们从 www.bloomberg.com 中得出的贝塔系数（β）值为 1.8。使用 $E[r] = r_r + \beta(MRP)$ 公式，市场风品险收益（MRP）为 5%、无风险利率为 4%，这样得出的期望收益率是 13%。

作为选择，贝塔系数（β）值可以由读者亲自使用以下公式确定：

$$\beta_i = cov(R_i, R_m) / [var(R_m)]$$

式中，R_i 为股票的日收益率；

R_m 为市场的日收益率。

贝塔系数（β）值可以作为股票收益率（R_i）和相对于指数收益率（R_m）的最适合的一条斜线来计算。

注意漏点的情况！通常使用的网络数据似乎排除了一些数据点：如果这些数据

覆盖了一天，当股票和市场协相关时，这会导致贝塔系数（B）值具有相当大的差别。

假设股票的日收益率（β_i）具有高斯分布 Gaussian Sampling Ditribution（这个假设经常被采纳），标准方差（SD）或标准误差通过用以下公式计算：

$$SD(R_i) = \beta_i / (\sqrt{n})$$

这里，n 表示我们使用的非交叉数据点的数量。

日收益率可以计算如下：

$$R_i = \frac{(当天收盘价+每股红利)}{当天开盘价} - 1$$

在市场日收益率（R_m）数值中，可以使用类似的公式，但是，需要相等的每单位指数的收益率。这可以从各种各样的在线服务或者 Financial Times 和 Wall Street Journal 期刊中得到。在美国，早期的这个市场收益率是大约大于年指数的 1.4%，在英国为每年指数的 2.4%，或者为 DJIA 每天的 0.5 点。因为收益率数值即使在股票价格下跌中仍然能够维持，所以，如果发生指数向下滑动，每天的收益率数值也能够保持住。

Excel 在其列表中已经建立了方差和协方差的计算公式，如下：

方差：VAR（A2：A61）产生的（样本）方差的三个月的收益率数据 A2 到 A61（当然仅仅是按照天计算）。

协方差：COVAR（A2：A61，B2：B62）产生的协方差是在 A 列的三个月的股票收益率数据和 B 列的三个月的指数收益率之间，两者都处于 2~61 排。

尽管我们已经提出收益率的日测量值，资本资产定价模型（CAPM）没有特别关注是否使用日收益率。Bloomberg 报告说（在私人谈话中），他们使用了两年的周数据。其他提供者并没有回应询问。计算的贝塔系数（β）值对于计算所使用的期间和数据数量具有相当的敏感性，并且这个数值随着时间的推移而变化。在各种收益率期间，应当进行敏感性分析，并且随着时间的推移，敏感性分析跟踪贝塔系数（β）值的变化趋势。

同样，贝塔系数（β）值的计算中尽可能多地包括收益率数据。原则上，所有使用的数据都应当包括在内（局外的收益率不应当被排除在外）。但是，这里也存在排除公开发行日的股票收益率的观点，因为公开发行日是不能够重复的。

评估师需要关心的一点是如何准确确定贝塔系数（β）值。我们在此对贝塔系数（β）值的标准方差进行说明，通常贝塔系数（β）值由其并列的商业服务提出。为了说明这个，我们假定公司的贝塔系数（β）值是 2，我们考虑的是，如何把这个数值合并在我们的价值评估模型中。如果贝塔系数（β）值的标准方差是 0.6，更直观地讲，贝塔系数（β）值的标准误差是 0.6。意思是说，如果贝塔系数（β）值的样本分布服从高斯分布，我们能够有 67% 的把握确信贝塔系数（β）值的分布。如果所有的股票收益率数据趋向无穷，我们可能找到真实的或基本的贝塔系数（β）值，这个数值分布在1.4~2.6的范围内。我们有95%的把握确定实际的贝塔系数（β）值分布在0.8~3.2之间。如果贝塔系数（β）值的标准方差非常大，就需要价值评估模型的敏感性测试，通过改变贝塔系数（β）值来进行，因此，可以得出资本成本值。但是，我们并不建议这样去做。相反，我们建议使用当前的贝塔系数（β）值进行估算，但这样得出的资本成本，特别是网络公司的资本成本要经过模拟评估的整个阶段。我们可以通过一段时期内经营杠杆的逐渐降低来模拟贝塔系数（β）值的减少。

通常用于资本成本权益的计算的贝塔系数（β）值是最小二乘法（OLS）得出的贝塔系数（β）值。这和回归的贝塔系数（β）值、Levered杠杆的贝塔系数（β）值相同。其他形式的贝塔系数（β）值包括：

非杠杆的或资产的贝塔系数（β）值：就是如果公司完全是通过权益筹资的贝塔系数（β）值〔低于或等于杠杆贝塔系数（β）值〕。

修正贝塔系数（β）值：基于公司的贝塔系数（β）值趋向于行业的贝塔系数（β）值的理论，修正贝塔系数（β）值是行业的和最小二乘法（OSL）得出的贝塔系数（β）值的加权平均值。这可以基于套利加权〔就是2/3的最小二乘法（OSL）得出的贝塔系数（β）值，1/3的行业贝塔系数（β）值〕或者基于最小二乘法（OLS）得出的贝塔系数（β）值和相对于行业贝塔系数（β）值统计可靠性的加权平均。

修正贝塔系数（β）值的方法不适合于网络公司，因为我们并不清楚，根据运营资产收益的变化情况，网络公司是与哪个公司所在的行业进行比较。

确定市场风险收益（MRP）

最富有挑战性的参数是确定市场风险收益（MRP）。MBA和财务管理学生的培养所应用的市场风险收益值是8.5%，是Ibbotston Associates指导下的权益市场收益率和无风险利率之间不同的研究。但是，最近低估的市场风险收益变得受宠。许多这些方面的评估来自公司资本成本的反向计算，把当前股票价格作为内在价值进行计算。如果贝塔系数（β）值的测定是用普通的方法对每个公司的历史数据进行回归分析，那么资本成本的反向计算将导致公司市场风险收益（MRP）评估的分配。这些估算值远远低于Ibbostson和类似的指导下得出的历史上的数值。通常典型的市场风险收益（MRP）的数值在1%~3%。

为了说明对资本成本变化的理解，耶鲁大学管理学院的IVO Welch对财务经济学家有关市场风险收益的观点进行了有意义的调查研究。1997年到1998年底，Welch对226名学院派的财务经济学家进行了调查，2000年6月，其中一小部分经济学家举行了圆桌会议。调查（已经在 *Journal of Business* 上发表）表明，市场风险收益（MRP）平均为每年7%左右。圆桌会议表明，市场风险收益（MRP）的各自估算值在很大的范围变化，从1%～2%（来自反向计算）到8.1%（来自历史估算）。但是，当Welch在2001年夏季对这些问题进行另外一次调查时，他发现调查的市场风险收益（MRP）值相当的低，短期为3%～3.5%，长期为5%～5.5%。在与实业家和学生的讨论中，有位圆桌会议成员提出，谦卑也许是有益的出发点。这确实是一个事实，还有我们很多不知道的。但评估不需要谦卑，对市场风险收益（MRP）的估算是必要的，并且我们将尝试修正的估算值为每年5%。

为了讨论这个折中的数值，我们要考虑把Ibbostson和类似的工作的估算值作为出发点，并且讨论向下修正的原因，这个调整数值是多少才是合理的。在市场风险收益（MRP）数值的理解中，有三种主要的向下驱动力：

（1）高估的股票价值经过反向计算后，产生了极低的市场风险收益（MRP）值。这里的论点表明，投资者因为市场的出色表现取得了信任，认为股票有小的风险性，因此，不需要高的市场风险收益（MRP）。其中部分观点认为，实际经济的变化已经降低了需求风险，做生意较合适，并且对市场机遇与威胁有较快的反应。

（2）修正主义认为，以前的历史市场风险收益（MRP）值过高。这个论点坚持历史的市场风险收益（MRP）是我们未来的市场风险收益（MRP）的期望的满意预测，但是历史的市场风险收益（MRP）已经被错误测定。

（3）财务经济的最近工作不能解释历史市场风险收益（MRP）值。如果当前的资产定价经济模型和投资者的选择是正确的，权益溢价5%～10%的变化暗示了投资者非常高的风险厌恶水平。

高估股票市价暗示市场风险收益（MRP）已经下跌了吗

许多财务经济学家出于无私心和纯学术目的致力于市场风险收益（MRP）研究。不容怀疑的是，权益值的增加为市场风险收益（MRP）中的利息提供了主要的推动力（即使网络公司股票价值下跌之后，市场价格与历史同时期相比仍然处于高的水平，如平均价格—收益比率）。如果分析师正确预测未来的收益（平均的），并且股票市场价格（平均的）与股票内在价值保持一致，历史上的贝塔系数（β）可以为未来的贝塔系数（β）提供正确的导向。如果资本资产定价模型（CAPM）是正确的，那么市场风险收益（MRP）也同样是正确的。如果股票价格与未来的收益或贝塔系数（β）没有任何明显的变化，那么有些东西必须得出，并且有些是市场风险收益（MRP），因为所有其他参数（分析师的收益预测、市场价格、无风险利率以及贝塔系数）都能够直接测量，市场风险收益（MRP）必定下跌。在这种情况下，上涨的股票价格给观察者提供了具体的证据，投资者需要对权益市场风险的下跌做出补偿。违反直觉的产物（因为低期望收益率而上涨的股票市场）是这个市场的垃圾的典型。

网络公司价值评估：前沿观点

让我们花费一些时间来简单地解释：

我们假设一个小国家中有极其忠诚的百姓，他们把所有的积蓄存入一家大银行。这家银行每年支付的利息是5%。这是所有投资者期望的收益率，由于所有的百姓是完全值得信任的。我与鲍勃签订协议，他将在一年后支付105美元给我。这个借据的价值在今天是100美元，我可以到地方的咖啡屋把借据作为一个股份卖给鲍勃的朋友。现在假设（一个惊人的举动）大银行削减利率到4%，鲍勃的借据现在值多少钱？

银行的行为将降低期望收益率到4%，因为所有的投资者是无风险的。但是，我与鲍勃之间的协议仍然生效，假如我今天卖掉这个借据，我的借据的价值上涨到105/1.04＝100.96美元，如果我卖掉借据，少于前面支付的利率（现在是4%）。

这里的分析是，公司的一份股份给我们的权利是那个公司的一份股份的现金流量。如果我们期望一个公司的平均投资的收益率下跌（因为公司在这些天看上去具有少的风险），那么股票的价值将上升。

James Claus和Jacob Thomas（2001）在财经季刊 *Journal of Finance* 上发表了大量的案例研究，这是在这个领域工作的好例子。Claus和Thomas检查了1500家到3000家美国公司的案例（1985～1988年）。他们的方法是个好的榜样，是关于任何成功地转变贴现率的确定和如何执行市场风险收益。他们从IBES数据库中获得股票价格，从COMPUSTAT数据库中得到过去的会计数据。他们同样从IBES数据库中得到关于权益分析师对未来收益预测的信息。

然后他们使用剩余收益模型（可以看作是DCF模型在数学上的重新调整）来回答以下问题：假设估价等于未来现金流量的数量，那么资本成本将会是多少？换句话说，我们建立贴现现金流量（DCF）等式，试图评估未来收益（根据我们的财务计划）和资本成本［我们的资本资产定价模型（CAPM）］，我们将假设市场价格和预测的未来现金流量是正确的，并且依此估算资本成本。

想象改变在上一章中提到的亚马逊公司的模型，改变资本成本，直到我们得到和市场同样的评估。读者可以试用我们发展的这个模型，并且最好是用Excel的Goal Seek函数完成绝大多数的工作。步骤如下：

（1）在Excel中打开亚马逊公司模型。

（2）输入参数到连续案例中。

（3）在单元C12中输入公式"＝C11"，保证资本成本和模型中的是一样的，Goal Seek函数只能一次处理一个参数的变化。

（4）从Tools菜单中选择Goal Seek。

（5）在Set Cell条目点亮单元C29，即当前的股票价格。

（6）在To Value条目，输入今天的亚马逊公司的普通股票价格（＄15）。

（7）在By Changing Cell条目，输入或者点亮单元C11，即资本成本。

（8）当按下"OK"，系统将改变资本成本的数值，经过复杂形式的测试，直到股票价格等于 15 美元。这将立即完成。

（9）暗示的资本成本（价格 11 美元，这里等于 8.9%）在单元 C11 中表示。

这就意味着为了制定亚马逊公司的计划和纠正市场价格，亚马逊公司的资本成本必须是 8.9%。如果亚马逊公司的贝塔系数（β）值纠正到 1.8，那么这就暗示市场风险收益（MRP）大约为 2.7%。Claus 和 Thomas 经过很长时期以及非常大的公司样本重复这个过程，使用分析师的收益率预测（电子数据表的预计）为每个公司"安装"价值评估模型。依据一个单独的判断，人民对 Claus 和 Thomas 的计算结果有多少信任：人们对 1985～1998 年的股票市场评估有多少信任。可以肯定，有影响力的市场评论家，如 Robert Shiller 在畅销书 *Irrational Excberance* 中做出强烈的反应，在 1985～1998 年，相应地在美国股票市场爆发了司空见惯的价格高估。更进一步，无论是我们估算的 2.7%，还是 Claus 和 Thomas 提出的 3%，按照每个投资者的观点，都好似非常诱人的股票市场风险收益。

我们声明，对每个公司的资本成本使用反向计算，如果怀疑是错误的评估，那么我们不提倡使用这个计算。如果没有怀疑是错误的评估，在进行评估时就不存在什么要点，意思就是我们在对每个公司进行评估时，可以重复使用这个技术。但是，查看市场范围的评估就存在更多的修正，特别是如果我们把不同公司的价值评估看作是相互独立的过程。在过去的几年中，更多不同的投资者愿意支付超过我们对股票的期望，并且对此只可能有两个原因：

1）投资者已经正确地判断修正的市场风险收益（MRP）值会下跌到大约 3%。这就意味着风险资产是更加不具风险的（也许这些资产从来都不具有风险），并且多样化的投资者投资在和经济具有同样的风险的独特的业务项目上（如商场和工厂），将得到 7% 左右的收益率〔4% 的无风险利率加上 3% 的市场风险收益（MRP）〕，而且这是值得高兴的业务（没有任何流动性溢价）。这样股票的未来收益率将超过无风险利率，平均每年大约为 3%。

2）投资者已经正确地判断未来的市场风险收益（MRP）是 3%，并且以合适的价格购买股票，但实际上市场风险收益（MRP）仍然是 8%。既然风险资产仍然具有相当的风险，我们假设在 Oakland 或伦敦东部的工业区行走，投资者将需要他们的商店或工厂具有 12% 的收益率。这个问题对于股票市场的投资者非常简单。公司就是一系列的商场和工厂。如果投资者在实际经济中能够收到 12% 的收益率，这其实就是他们期望从市场得到的回报。股票的价格将通过实际上降低数值来反映。

我们将应用大量的信用来看待所有投资者的观点，但凭借股票价值来完全接受他们的观点是不明智的做法。第一，每只股票的价值没有被完全独立地确定，市场中股票的评估具有大量的共有数据点，公司的未来在很大程度上受到各种经济因素的影响，并且投资者使用这些影响来判断市场的价值。这意味着不会感到舒适，因为对所有股票进行的评估采用的是低的市场风险收益（MRP）值：这些股票可能只是投资者们的相同错误的不同的人为表现。第二，没有明显的原因表明，基本的资产现在看起来没有风险。第三，股票价值的上升不是投资者充分认识的结果，是公司的平均风险下降的结果，或者对过去夸大的结果。实际上，股票价值的上升会导致对低公司风险建议的解释。这类似于1929年的模式，股票市场的新范式在2000年初才出现。

市场风险收益（MRP）只是在历史收益率数据上高估吗？

Dimson、Marsh和Staunton（2001）已经建议市场风险收益（MRP）的过高估计部分是因为高估了股票市场的收益率，是因为各种选择类型的偏见。选择偏见在这里意味着人们估计股票市场收益率时，不注意排除了一些表现差的股票，高估了其他股票收益率。为了给出说明的例子，有两种方式可以采用：成功的偏见和生存者偏见。这些偏见的一个目的是，使用公告的股票指数的收益率来判断权益收益率。这似乎是第一次用不寻常的敏感的方法来判断典型的股票收益率。但是，所发生的是，股票价格收益率的调查者试图通过向后追溯10~20年的指数公司的表现来评估过去的收益率，但这会高估收益率。为了找到原因，我们需要认识这种指数公司是那些存活下来的公司，并且实际上是成功的公司。我们假设返回1940年使用一种主要的股票指数，"装填"1920~1939年间遗漏的市场收益率。指数公司通常达到了经过10~20年的高速增长和具有好的损益表现，并且可以同时产生高的收益率——超过平均值（成功的偏见）。而且，这就是我们使用这些指数代表市场平均收益率的问题所在。同样，这些公司是存活者。收益率的变化已一文不值，1920~1939年（-100%的收益率）是零（幸存者的偏见）。我们知道这些公司持续到现在，或已经在指数中消失。这样收益率就不能代表平均股票。

Dimson等对全球股票市场的仔细分析和他们的表现意味着我们也许能够至少分到小块面包并且吃掉它们。为了确定市场风险收益（MRP）值，我们必须对近期股票市场收益率抱敏捷的态度。很多评论家感到1997~2000年的收益率不会在今后长时间内重复出现。Shiller（2000）研究的更加深入，并且提出在1980年到2000年是一个例外的时期，并且在分析之前进行了有益的告诫。Claus和Thomas进行的收益率展望的研究中提出，3%的市场风险收益（MRP）值完全是这一期间数据的结果。返回到Dimson等人的工作，在市场风险收益（MRP）值的评估中，消除各种偏差的结果已经与许多理论家感到的低的数值更加步调一致，但是，仍然要以历史的数据为基础。Dimson等人提出，美国和英国市场的风险收益（MRP）数值是5%。

为什么观测的市场风险收益（MRP）值远远高于我们期望的财务经济理论数值？[①]

当许多老前辈读到反向计算评估的市场风险收益（MRP）值是 3% 时，他们的怨恨在不断增加，这是因为这个数值太低了，但还有另外一群年轻愤恨的人认为，谁会认为这个数值太高。财务经济学指出，股票在其收益率上没有足够的变化去修正市场风险收益（MRP）值超过 1% 或 2%。

这些理论家使用的逻辑转换成每天的语言，就是厌恶风险的投资者的水平将必定表现为需求的市场风险收益（MRP）值（8%）。Hansen-Jagannathan 低于 Sharp Ratio（基本的收益/风险比率，用市场超出收益率/收益率方差的方法计算），理论家计算战前的超出收益率，并且提出投资者的代表必定是具有 48% 的相关风险厌恶系数。这就暗示着极大的风险厌恶。为了进行一个 50∶50 的赌博，一个人用其年收入的 5%，人们愿意提供的赌注是 12∶1。

这使得理论家提出自 1950 年以来的高收益率是不能被投资者期望的，也没有成为资本成本的价格。近期的投资者仅仅是幸运的。这个对未来期望收益率的教训是，这些收益率在近 10 年内不会有这么高，也许只是超过无风险利率 1% 或 2%。市场风险收益（MRP）在理论上提出的不同分歧（1% 或 2%）和难以处理的现实世界的数据是权益溢价提出的疑惑。

然而，有些已经提出的理论可以解释这个疑惑：

经济学家分析经济行为的模型建设，人的风险厌恶是与他们不喜欢推迟消费有关。有些其他模型对于经济代理是非常厌恶的，但是，他们不关心推迟消费，这些模型容许有稍高的市场风险收益（MRP）。

人类行为的习惯模式可以阻止人们进行最有吸引力的投资，导致权益的低价和实行的市场风险收益（MRP）的增加。

比索（PESO）问题：经济代理正确的需要高风险收益，因为大量股票的风险（例如：货币的贬值）在近期的美国市场没有发生。因此，波动的数据较低，因为投资者已经幸运地避免了股票，但他们仍需要高收益率，因为股票保留的可能性。

对交易的各种限制，如交易费用和短期销售的限制阻止风险的合理定价。

每个经济代理的风险是相当特殊的和不可给予保险的，以至于可以预计的行为趋向一致。就是说，所有市场参与者的群体不能模仿成一个大平均代理，这就意味着基于权益溢价疑惑的逻辑可能是错误的。

限制参与：只有一部分的投资人口。他们的消费和收入比平均公民呈现更大的波动性。因此，如果我们测定他们财富的波动性，权益溢价疑惑可能表现不那么

[①] 讨论极大地受到 Demarzo（1998）的影响。

严重。

所有的理论都没有被接受，并且完全保留着疑惑。但是，如果以上趋势中的几个偏离了市场风险收益（MRP）理论计算的方向，那么，这就可能解释预计和观察值之间的不同。

总　结

总之，我们提出的资本资产定价模型（CAPM）应当作为主要的方法，用于确定公开报价网络公司的资本成本。但是，最好的做法是在法马和傅仁奇四因子模型的基础上进行敏感性分析，法马和傅仁奇四因子模型的资本成本数据和资本资产定价模型（CAPM）中的数据一样，是不容易获得的。法马和傅仁奇四因子模型的资本成本能够从提供的几项服务中获得，包括 Ibboston Associates；学院用户能够从 CRSP 服务获得法马和傅仁奇四因子模型的因子的收益率。但是，法马和傅仁奇四因子模型的成长股票的低资本成本是否合适，低的资本成本对于网络公司特别重要。如果观察的成长股票的低收益率是由于这类股票的高估，那么，我们不应当对这些股票进行低资本成本的假设。

同样，我们已经讨论了关于资本资产定价（CAPM）模型关键参数的确定，特别是贝塔系数（β）和市场风险收益（MRP）的确定。

贝塔系数（β）取决于对其进行测定所经历的时期。由于理论对这个时期几乎没有给出指导，所以，我们列出了测算贝塔系数（β）的方法，便于评估者通过测算日收益率、周收益率以及月收益率等进行敏感性分析。

最后，我们对市场风险收益（MRP）值（5%）进行辩护。这实际上低于过去使用的 Ibbotson 评估，这个数值可能属于 Dimson 等人讨论的偏差。这个数值实际上高于期望的或反向计算的市场风险收益（MRP）值 3%，并且仍然高于来自经济理论对市场风险收益（MRP）值的低估。反向计算的评估由于近期的反常，也许是不安全的。理论的评估是令人感到疑惑的，也许是工作中经济行为模型的使用是不完全的。我们评估的 5%是接近 Dimson 等人近期的著作的，他们确定各种国家的历史市场风险收益（MRP）值，并修正了限制以前工作精确性的偏差。

附录5-1　资本资产定价模型（CAPM）的推导

资本资产定价模型（CAPM）能够通过简单的推导得出，下面是 Jagganathan 和 Mcgrattan（1995）的推导过程。

第一步：提出问题

假设投资者代表能够在 3 项资产（0，1 和 3）中进行选择。他把财富对每个资产或权益配成 a_0、a_1 和 a_2。

存在无风险证券（政府债券）：资产 0（资产 1 和资产 2 是股票）。注意无风险证券是零方差。

投资者的直接效用函数 V，取决于 $E[R]$（期望收益率）和 $var(Rm)$（收益率的方差）：

$$V = f\{E[Rm], var(Rm)\}$$

投资者通过调整他的有价证券 a_0、a_1 和 a_2，寻找最大值。

第二步：权益和定义

我们知道：

$\alpha_0 + \alpha_1 + \alpha_2 = 1$（投资者完全投资）

$E[R_m] = \alpha_0 R_0 + \alpha_1 E[R_1] + \alpha_2 E[R_2]$（有价证券的收益是证券收益率的加权平均）

$Var(R) = \alpha_1^2 var(R_1) + \alpha_2^2 var(R_2) + 2\alpha_1\alpha_2 cov(R_1 R_2)$（统计公式，总方差与各方差的关系；cov 意思是协方差，就是股票的不确定性在相加后的相对变化是多少）。

第三步：引入两个假设

当 $\alpha V/\delta E[R_m] > 0$，效用随着 $E[R]$ 的增加而增加，投资者喜欢高收益率。

当 $\delta V/\delta var(R_m) < 0$，投资者的效用在有价证券收益率的方差中增加。

第四步：重新整理

然后，我们通过建立 $1 - a_1 - a_2$（使用 $a_0 + a_1 + a_2 = 1$）消去 a_0：

$$V = V\{(1 - \alpha_1 - \alpha_2)R_0 + \alpha_1 R_1 + \alpha_2 R_2, \alpha_1^2 var(R_1) + \alpha_2^2 var(R_2) + 2\alpha_1\alpha_2 cov(R_1 R_2)\}$$

有关 α_1 和 α_2 的不同的 V：

$$(E[R_1] - R_0)V_1 + 2\{\alpha_1 var(R_1) + \alpha_2 cov(R_1, R_2)\}V_2 = 0$$

$$(E[R_2] - R_0)V_1 + 2\{\alpha_2 var(R_2) + \alpha_1 cov(R_1, R_2)\}V_2 = 0$$

这里，V_i 是关于 α_i 的 V 的偏方差。

第一个等式乘以 α_1，第二个等式乘以 α_2，然后两者相加：

$$\{\alpha_1(E[R_1] - R_0) + \alpha_2(E[R_2] - R_0)\}V_1 +$$

$$2\{\alpha_1(\alpha_1 var(R_1) + \alpha_2 cov(R_1, R_2)) + \alpha_2(\alpha_2 var(R_2) + \alpha_1 cov(R_1, R_2))\}V_2 = 0$$

使用 $E[R_m]$ 和方差的定义：

$$(E[R_m] - R_0)V_1 + 2var(R_m)V_2 = 0$$

表示这个公式把前两行作为（V_2/V_1）的函数：

$$E[R_i]-R_0=\{cov(R_i, R_m)/var(R_m)\}(E[R_m]-R_0)$$

第五步：定义贝塔系数、得出资本资产定价模型（CAPM）的公式

定义贝塔系数：

$$\beta_i=cov(R_i, R_m)/var(R_m)$$

代入上式：

$$E[R_i]-R_0=R[R_m]-R_0$$

$$E[R_i]=R_0+(E[R_m]-R_0)\beta_i \quad （CAPM 公式）$$

注意：投资者持有市场有价证券。

换句话说，资本资产定价模型（CAPM）能够通过两个简单的假设推导得出：投资者喜欢高收益率，并且他们不喜欢高的方差。这不是凭空产生的。

第六章 RoCEL：限制资本收益率的技术

竞争限制资本收益率

竞争是如何进行的？首先，根据所讨论的竞争问题的目的，我们怎样确切地知道对贴现现金流量模型（DCF）起影响作用的因素？其次，来看一个事实，竞争是如何直接限制资本收益率和资产收益率的？并且竞争是如何确保使用公司的一小部分的这样的资本或资产来获得较高的收益率。我们将继续讨论这个问题的技术方法。最后，我们将挑选亚马逊公司的价值评估作为案例，通过进行资本收益率的限制，来完成我们计划在第四章中进行的价值评估。

转向数据分析上来，能够从图6-1可以看出，收益率超过25%的公司比例是较小的。选择这些数据中有代表性的数据，图6-2表明了收益率的统计分布情况。

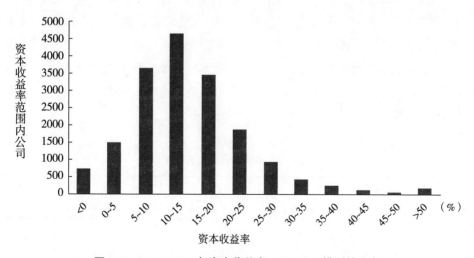

图 6-1　1967~1998 年资本收益率（RoCE）模型的分布

注：统计的是年收入大于 1 百万美元的大公司。

经过统计分析，我们能够观察到以下现象：

■ 处于中间部分的公司：15% 的收益率；

■ 在 1/4 以内的公司：9%~20% 的收益率；

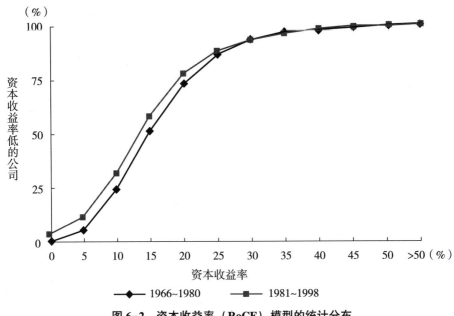

图 6-2　资本收益率（RoCE）模型的统计分布

■　少于 5% 的公司：超过 35% 的财政年度资本收益率（RoCE）。

同样，Healy，Palepu 和 Bernard（HPB）的研究表明，只有少数公司产生持续高的收益率。三人研究了美国工业公司的分布，并且仔细查看了这些公司的资产收益率（ROA）和其他参数，把公司分成高收益率、次高收益率为其 20% 的 1/5（20%），等等。然后对同样的公司进行一定时间的跟踪。高收益率的公司从平均 25% 的收益率开始，但是 8 年后，公司的收益率降低到 12%。

因此，我们期望大多数公司产生 15% 的资本收益率。资本收益率超过 20% 的公司毕竟是少数，超过 35% 的是极少数，而且可能是暂时的。因此，我们在表 6-1 中固定了标准数值。

表 6-1　资本收益率（标准）

在竞争性市场的公司	最大资本收益率 = 15%
公司有特殊能力保持其市场地位	最大资本收益率 = 30%

具有高资产收益率（ROA）的预测是较差预测

第三章我们讨论的基本总收益率健康检查是强加的预测，从表面上看，适度的收入增长率（20%）能够带来收入的增长，但在预测后的几年中，这个增长使公司超出了公司所在市场的总规模。例如，AOL 公司的许多早期预测使公司与所有的美国人进行了雇佣签约。

另一个基本健康检查是资产收益率，这个收益率发生在预测的后几年。当所有收入健康检查控制了过多的收入增长假设时，资产收益率健康检查有效地控制了运营杠杆的过度企望，形成了收入增长计划的第二次检查。

我们在电子数据表中录入公式，不仅是为了检查资本收益率，还能促使资本收益率形成限制资本收益率的框架，或者随着时间的推移逐渐符合迟滞模式。

使用 Excel 对资产收益率（ROA）进行控制的实际情况

对资产收益率（ROA）进行控制的最好做法是使用宏指令和脚本设计。一个例子就是在线脚本应用，能够在 www. internet-valuation. com/palg rave（需要注册）中看到资本收益率受到限制。但是，脚本计划超出了本书的主题范围，能够使用选择性的公式。这样有必要限制初始占用资本的收益率，以避免在电子数据表中出现循环计算问题。初始资本收益率（RoBOA）通过以下步骤计算：

——经营利润作为分子。

——年度初始运营资产（BOA）作为分母，运营资产通过采用的占用资本（股东权益资金加上负债）减去现金和可转换债券确定。

然后，电子数据表与初始资本收益率（RoBOA）比较，以最大的收益率为基准（如30%），或者以预测的指数趋势线为基准进行比较，如果超过基准，经营利润就减少并且形成以下等式：

经营利润＝基准 RoBOA×BOA

以下是电子数据表编码顺序取得期望的结果：

（1）以上一年的数据计算初始运营资产。

（2）用销售额减去成本来计算运营利润。

（3）在这个经营利润的基础上计算初始资本收益率（RoBOA）。

（4）对照最大基准检查初始资本收益率（RoBOA）。

（5）设置经营利润，如果初始资本收益率（RoBOA）>基准资本收益率（Ro-BOA），RoBOA×BOA＝销售额−成本。

我们现在用最简单的案例举例说明特殊的问题，这里把单独的资产收益率存入单元 C18 中。考虑到亚马逊公司电子数据表存储的形式是按照向下排列项目、列向排列年份，在模拟中以第一列为第一年（见表6-2）。

注意，单独确定基准最大收益率的使用，保证这个公式能够在若干年内不用修改；并且同样保证我们把第3~5步合并成为一个简单公式，存入单元 I41。这就提高了模拟损益表的可读性（但是，这必须来自公式的可读性）。同样需要注意的是，我们已经使用了会计净资产，作为运营资产的评估首先被扣除 First-Cut。这种做法对拥有大量无形资产的公司并不适合，我们将在以后的内容中讨论。

表 6-2　电子数据表的特别公式

计算	公式
输入运营资产到单元 I58	
输入初始运营资产到单元 H58	＝H58（上一年）
输入毛利润到 36 行、成本到 37~40 行，以表示为负值	
计算初始运营利润	＝sum（I36：I40）
计算初始资本收益率（RoBOA）	＝sum（I36：I40）/H58
输入基准 RoBOA 到单元 C18	
在单元 I41 中计算运营利润	如果〔sum(I36：I40)/H58>＄C＄18，＄C＄18＊H58，sum(I36：I40)〕

我们提出，向下趋向的资产收益率 ROA 能够用于（根据 HPB 他们提供的证据）模拟竞争的效果和逐渐成熟的市场。指数迟滞模型就成为：

$$ROA_{t+1}=目标 ROA+(ROA_t-目标 ROA)×迟滞因子$$

这里，ROA_t 和 ROA_{t+1} 分别是第 t 年（本年）和第 t+1 年（下一年）的占用资产收益率；目标 ROA 是公司收益率下降的典型占用资产收益率（ROA）（如 12%）；（ROA_t－目标 ROA）是实际超出目标的收益率，表现为指数性的迟滞[①]；迟滞因子是个乘数，将本年度超出目标的收益率作为上一年收益率的一部分，根据公司的实际竞争优势，其典型的数值可能是 50%~80%。

经营性资产的正确数值是多少?

至今为止，在这个讨论中我们已经使用的有关运营资产的会计定义是：

运营资产＝权益+净负债

这里，净负债是现金和现金等价物的净负债。

忽略准备资本的数量，如预付资产，运营资产也可以通过使用资产负债表一侧的资产进行相等的计算：

运营资产＝总资产-现金和现金等价物

使用总资产＝权益+负债

但是，许多评论家提出会计报表没有评估无形资产，如品牌。市场营销费用支出可能是持续的收益，尽管这项费用被立即支出（在利润的计算中，把这项费用从收入中减去），但是在设备上的费用支出逐渐被折旧。无形资产是否在资产负债表

---

① 注意目标资产收益率实际上从来没有达到过，这就是对指数过程的期望。

中得到评估的问题，与基本现金流量分析评估的结果完全无关，这个问题是现金流量的时间问题，不是现金流量分析花费在此事上的时间。但是，这个问题与模拟竞争的主题极其相关。我们列出需要彻底说明这个问题的理由，它们集中在市场营销费用支出的问题上：

如果会计处理市场营销费用支出采用不同的方式，那么运营资产将变化。例如，如果对市场营销费用支出和正在建设的有形的设备（形成一项资产）的支出进行相同处理，运营成本将增加。

考虑到进入市场的公司查看进入市场所需的资产的收益率，这也许相当于会计师评估运营资产的收益率，或者不能相当于会计师评估运营资产的收益率。

因此，如果我们通过限制资本收益率来模拟竞争的效果，我们应当在所有需要进入市场资产的基础上，包括任何种类权益的设立上，限制这些收益率，因为为了有效地竞争，竞争者将不得不重复考虑这种权益。

总之，我们必须对准的目标是，计算完全资产重置成本的收益率。对于竞争者而言，在市场中建立新的业务将要花费全部资金，并且在这个市场中经营。这包括无形资产的评估。评估者同样应当考虑这样一个问题，运营租赁是否应当资本化（就如我们在附录3-1中讨论的那样）。

经营性资产与市场营销费用支出的会计处理

正常情况下，对所有市场营销费用的支出进行记账。假设我们正在探索着建立一个品牌，并且每年的支出是200百万美元。对损益表的影响将会是每年减少200百万美元，对经营性资产的影响将会是零。

为了对照，假设我们每年增加200百万美元的支出到一个工厂，并且采取10年期限的折旧。对损益表的影响将在表6-3中显示，对资产负债表的（累计）影响将通过表6-4显示。

表6-3　10年折旧的损益表

年限	1	2	3	4	5	6	7	8	9	10	11	12
总折旧	-20	-40	-60	-80	-100	-120	-140	-160	-180	-200	-200	-200

表6-4　10年折旧的资产负债表

年限	1	2	3	4	5	6	7	8	9	10	11	12
新运营资产	+180	+340	+480	+600	+700	+780	+840	+880	+900	+900	+900	+900

换句话说，在固定资产上的费用支出没有采取与市场营销费用支出相同的方式，

立即反映在损益表上，因为固定资产是作为一项资产存入资产负债表的，并且逐渐折旧。如果我们在计算资产收益率时，资产收益率为基准收益率，我们就容许在美国公认会计准则（GAAP）下，公司建立的高的运营资产产生高的利润。但是，如果公司建立品牌的努力已经获得成功，并且这个品牌已经有效地建立了一个进入障碍，那么这个品牌能够视为一项资产，并且这个品牌需要由任何想要进入市场和参与竞争的品牌进行替换。新进入者必须有选择性地接收低的和不超过这个妨碍公司的风险收益的市场，无论哪种方式，这个品牌都能使新进入者的进入变得更加困难，并且阻碍他们进入市场。

值得注意的是，经过 10 年的时间，市场营销费用的固定支出与固定资产的固定支出达到平衡。对损益表的影响与 10 年前的完全一样，并且对经营性资产的影响达到并停滞在 900，这个固定资产大大超过了可能的无形资产。同样，1~9 年累计的折旧相加后等于 900，正好是 900，少于 1~9 年的市场营销费用。所以，会计账目被保留，如果我们想要公司在 9 年后的任何时期被清算，为了计算超过清算账面的利润，账面值 900 将从任何清算程序中被减去。但是，必须注意的是，如果支出是正的增长率，折旧处理［在美国公认会计准则（GAAP）下的会计规定，用于无形资产处理］将不变地给出低的费用支出和高的利润。

为了在竞争中取胜，需要哪些资产？

战略决策最终由投资者对出色的收益率的研究所驱动。每一天的决策由经理人员做出，但是，假设经理人员的选择是根据他们为股东创造价值的能力进行的，并且假设对他们进行适当的激励，经理人员将寻找机会进入市场，使他们能够创造超过资本成本的收益率。如果市场需要无形资产来进入，那么这就是进入市场必须投资的资金。为了模拟竞争，使用最大基准的资产收益率（ROA），作为分母的资产应当包括无形资产准备金。

但是，资产的模拟，特别是建立市场营销费用支出资产的模拟，有时是相反的事情。就如我们所了解的资产，在正常的交谈中，这些资产是相互区别且不同的。理想化的资产应当是可出售的，作为价值的最终测算。品牌资产常常是一部分业务，品牌资产不能从业务中分别出售，如果公司遇到破坏品牌的问题，品牌资产能够很快地给予没有价值的补偿（由于中毒的恐惧，消费食物的品牌将很快遭到破坏，公司的品牌价值就这样被抹去）。

而且，不容怀疑的是，一些公司，如 Coca Cola，已经建立了极有价值的品牌专营权，更多的市场营销费用用于短期需要和目标。例如，为了响应竞争者的打折营销，公司提出相应的打折营销是没有意义的，因为公司将产生的是长期品牌忠诚。在早期阶段，亚马逊公司把执行成本划分为市场营销费用和销售费用支出。这个分类是严格的，但通常分摊成本是正确、合适地划分市场营销费用和销售费用（因为这些费用并不是产品中的一部分）。但是，无论是执行成本还是分摊成本，都能够被视为除了成本外的任何其他费用，在维持顾客的服务时都尽可能地减少。总之，品牌上的投资只是市场营销费用和损益表或利润、损失报告的销售费用中的一部分。品牌上的投资（是市场营销费用和销售费用的子集）可以形成一项资产，也许对投资者的感觉也许只有暂时的影响，或者没有影响。

与这些争论相反的例子是，认为市场营销费用过高估计了在品牌上的真实投资，我们考虑一个没有特别在广告宣传和品牌建立上进行花费的公司，用这种方式能产生对公司的正面评价和建立自己的品牌吗？使用基于品牌费用模型的公司将表现出没有无形资产，但很明显这样公司就没有有价值的品牌了。另一个例子是亚马逊公司，公司创始人的才能引起了新闻媒体的注意，这些媒体保证公司经常出现在新闻中。这个"自由公开"没有成为模型中的因素。事实上，任何公司的市场营销费用支出的会计模型和品牌资产的影响都只能是近似的。

品牌的会计评估的一项选择是基于拥有品牌的公司获得的品牌收益的价值评估。一些代理，如 Interbrand 公司和 Landor 公司，给公司提供客观的品牌评估，这些评估是基于适当的公式和程序的。Interbrand 公司在网站上[①]公布了自己的计算方法，公布了全球前 100 名品牌的数据表，我们在以下亚马逊公司品牌价值的讨论中使用了这些数据，具体描述如下：

在每个计算品牌价值的案例中，Interlander 公司使用的是 13 年前开创的方法，已经评估了超过 2500 个品牌。Interlander 公司的合适的方法已经得到了全球许多国家的审计师、税务专家以及证券交易所的普遍认同。Interlander 公司基于公司业务的品牌从经济利润的产生开始，类似于经济增加值（EVA）。价值评估过程涵盖了三个领域：期望产生未来的经济收入的品牌业务，产生这些收入的品牌角色和品牌的期望收入的风险面。

在我们讨论亚马逊公司的价值评估时，我们将深入讨论上面的论述。

在公认会计准则（GAAP）下，市场营销费用支出的会计处理假设，市场营销费用支出具有的影响是一年或少于一年。对此已经进行的研究是，市场营销费用形成的资产是否已经包括在内。有些研究指出，市场营销费用应当作为一项支出；有些认为，市场营销费用确实形成了一项资产。研究者使用了各种方法，但具有说服力的方法只有价值相关分析法，这个方法形成了对市场权益值的回归分析（作为内在价值的代表），并且测试了市场权益值与市场营销费用是否和两三年前的销售费用相关。如果发现这样的关系存在，就表明市场营销费用和销售费用形成了一项资产。有些研究者已经发现了它们之间的关系，有的还没有。市场权益值是个随机变量，由于市场价值倾向于错误评估，对这些经验数据很难形成结论。

---

① 网址：http：//63.11.41.5/internand/teat/html/events/table_1.html。

市场营销资产的模拟

为了实现需要的效果，在贴现现金流量的预测中建立一块标记，我们必须评估需要建立资产的规模，以此作为公司市场营销费用支出的结果。我们有效地建立了一个"影子"会计账目，代表公司的市场营销费用折旧以代替立即的支出。基于我们对运营资产的过高评估，我们测试它是否超过最大基准资产收益率：

运营资产＝权益＋净负债＋市场营销费用资产

测试程序如下：

——单独的市场营销费用支出用于潜在地建立品牌，如果难以分辨的话，不包括执行费用、分销费用以及促销费用的支出（例如，优惠券和临时打折）。在美国更加合适的基本数值表明，广告支出可能超出市场营销费用和销售费用，这个数值必须在年度报告的 10K 文件档案中单独报告。

——根据市场营销费用资产确定折旧进度表。依据公司建立足可支撑的品牌潜力，这个进度应当是 1~3 年。

——形成市场营销资产。在每一年，增加市场营销费用到资产中，并且根据上面确定的折旧进度表，只减去名义折旧值。

——计算初始运营资产（BOA），就是权益加净负债再加市场营销费用的资产。

——比较初始运营资产收益率（RoBOA）与最大基准初始运营资产收益率的程序（就如我们在"使用 Excel 的实际的资产收益率 ROA 问题"部分讨论的），使用修正的初始运营资产（BOA）数值。

无形资产摊销的指导原则

存在结算的证据就是研究和开发费用形成的资产。在市场营销上费用支出的状况就有些不清楚，经验表明，公司从广告支出产生长期利益的能力可能是公司的特效药。有些公司的保护来自广告以外的收益，但大多数过高的收益很快在消费者的头脑中消失，而且这个收益是短期的收益。美国公认会计准则（GAAP）表明，经营的假设是敏感的。

但是，评估者希望进行敏感性分析，短期市场营销费用支出的摊销时间最长是3 年，是直线状的。

在有些网络的研究和开发费用支出是主要的部分，如关于硬件和软件的基础部分。例如，电子商务零售商在他的电子商务零售平台上的费用支出形成了一项资产。研究表明，这项资产的可能摊销期限是 5~10 年。相关公司的敏感性分析也许是个有趣的领域。

评估者应当注意这个过程的结果。如果正在建立市场营销费用资产，那么增加在市场营销上的支出实际上增加了竞争情况下的数值（这个过程不是人为加工的过程，但代表了增加 1 美元市场营销费用支出产生的经济价值的实际情况）。值得注意的是，限制资本收益率（RoCEL）技术方法不是说额外资产是好的，这个方法隐含地表明额外的资金支出创造了自身的价值。额外的费用支出有增加价值的潜力，除非这项支出创造了一项资产或制造了障碍，导致竞争者为了参与竞争需要效仿或克服障碍。

亚马逊公司案例的继续

我们回顾评估亚马逊公司价值的初始参数（见表 6-5）。

现在我们通过限制亚马逊公司的资本收益率，使用以上的技术来模拟竞争力量。首先要注意的是，公司具有非常低的预计的占用资本，大约是 108 百万美元。但是，考虑到需要与亚马逊公司竞争所需要的包括全部资产的替代成本，我们应当考虑公司的无形资产因素，并且可以清楚地看到公司有很强大的品牌，这些公司是至今为止最家喻户晓的公司和最值得信赖的电子商务零售商。另外，我们也应当考虑公司经营租赁资产的资本化（正如附录 3-1 中讨论的那样），以及公司的电子商务零售技术平台。

就如上面讨论的那样，有两种方法来计算公司品牌的价值。一种方法是费用支出——基于资本化的模型，这里使用市场营销费用作为输入，并且假设这项费用支出正在形成一项资产，这项资产经过有限的生命周期被折旧。另一种方法是利用品牌价值评估，评估值是品牌价值评估顾问给出的评估值。

表 6-5　亚马逊公司初始参数表

	连续案例（CCA）	最佳案例（BCA）	最糟案例（WCA）
收入增长	12%	20%	7%
销售额中可变资本的百分比	88.5%	88.5%	90.5%
固定资本	$ 340m	$ 340m	$ 340m
销售额中运营资产的百分比	0%	0%	0%
权益值（不受限制的）	$ 3.6bn	$ 9.4bn	$ 0.6bn
限制有限资本收益率	30%	30%	15%

首先我们使用第一种方法，需要收入两个数值。首先我们需要公司实际发生的市场营销费用支出。然后我们需要市场营销费用资产的分摊或折旧的期限的估计值。在亚马逊公司的案例中，早期几年的市场营销费用支出没有分类列出，但是，把这些费用包括在了市场营销与执行费用中。我们假定执行费用没有品牌价值，所以我

们把市场营销费用细分，通过假设在早期几年市场营销费用相对执行费用的比率与以后的年份中是同样的，这样我们就有了数据。表6-6表明了1996年以后的市场营销费用支出。

表6-6 亚马逊公司的年度市场营销费用支出

	1996年	1997年	1998年	1999年	2000年	2001年
市场营销费用支出	2.0	12.7	43.2	175.8	180.0	138.3

为了构造市场营销费用资产，使用我们上面讨论的方法产生电子数据表条目（见表6-7）。折旧被认为是3年期直线（例如，单元I125 = G124/3+H124/3+I124/3），并且我们计算在第4章中讨论的每个假定下的正在进行的市场营销费用支出，所以单元I124的数值=138.3×0.5+0.022×I35，这里单元I35包括年度收入，0.022代表50%的成本变化要素。设置初始市场营销费用资产（公司公开发行设时）等于零，然后加上市场营销费用，减去折旧来计算每个连续的年度市场营销费用资产。

在连续案例分析下，2011年公司的市场营销费用资产达到274百万美元。技术资产用同样的方式进行计算〔见表6-8（年度技术费用支出 = 241.3×0.75+0.019×收入）〕，计算出的数值在2011年将达到358百万美元。这些相当小的无形资产，连同亚马逊公司108百万美元的会计运营资产，这些资产不能看作是资产完全替代成本的价值代表，这个数值是竞争者面对面地与亚马逊公司进行竞争所需要追求的。但是，如果运营租赁下的资产是资本化的（见附录3-1），运营资产将进一步增加到381.8百万美元（2000年是428.9百万美元）。为什么我们决定要这样做？我们如果感到运营租赁引起亚马逊公司承担所有者风险的一大部分，并且这些风险主要来自金融风险，而不是所有者风险规避的工具，我们将决定这样做。

我们将推算以下的数值，即2011年连续案例分析（CCA）下的总运营资产：[①]

运营资产（基本的）	$108m
市场营销费用资产（三年直线折旧）	$274m
技术费用资产（三年直线折旧）	$358m
经营租赁的资本化值	$382m
总运营资产	$1122m

---

① 我们突出在2001年所需要的资产，因为这些资产帮助确定最终价值，是价值评估的关键。2001年的资产是2012年初始运营资产收益率的初始运营资产。

表6-7 随时间变化的市场营销费用支出资产的演算

	B	C 1996年	D 1997年	E 1998年	F 1999年	G 2000年	H 2001年	I 2002年	J 2003年	K 2004年	L 2005年	M 2006年	N 2007年	O 2008年	P 2009年	Q 2010年	R 2011年	S 2012年
122																		
123	初始技术费用资产	0.0	1.3	9.1	33.0	131.6	178.6	152.2	143.3	152.0	161.9	173.0	185.5	199.5	215.1	232.6	252.2	274.2
124	市场费用加到资产	2.0	12.7	43.2	175.8	180.0	138.3	145.8	155.0	165.3	176.9	189.8	204.3	220.5	238.7	259.0	281.8	307.3
125	分摊	0.7	4.9	19.3	77.2	133.0	164.7	154.7	146.4	155.4	165.8	177.3	190.3	204.9	221.2	239.4	259.8	282.7
126	最终资产	1.3	9.1	33.0	131.6	178.6	152.2	143.3	152.0	161.9	173.0	185.5	199.5	215.1	232.6	252.2	274.2	298.8

表6-8 随时间变化的技术费用支出资产的演算

	B	C 1996年	D 1997年	E 1998年	F 1999年	G 2000年	H 2001年	I 2002年	J 2003年	K 2004年	L 2005年	M 2006年	N 2007年	O 2008年	P 2009年	Q 2010年	R 2011年	S 2012年
129																		
130	初始技术费用资产	0.0	1.5	9.1	35.1	122.0	232.8	250.6	245.1	252.4	261.0	270.6	281.4	293.4	306.9	322.1	339.0	358.0
131	技术费用加到资产	2.3	12.5	46.4	159.7	269.3	241.2	247.1	255.1	264.0	273.9	285.1	297.6	311.6	327.3	344.9	364.5	386.6
132	分摊	0.8	4.9	20.4	72.9	158.5	223.4	252.5	247.8	255.4	264.3	274.3	285.5	298.1	312.2	327.9	345.6	365.3
133	最终资产	1.5	9.1	35.1	122.0	232.8	250.6	245.1	252.4	261.0	270.6	281.4	293.4	306.9	322.1	339.0	358.0	379.2

提示：清除 A124、B124、A131 和 B131，以确保你的分期偿还计算公式（第 125 和 132 行）正常运作。

表 6-9　亚马逊公司：Interbrand 公司的价值评估

	1999 年	2000 年	2001 年
亚马逊公司品牌的 Interbrand 公司评估值 （$ bn）	1.361	4.529	3.130

　　现在让我们看看确定市场营销费用资产的其他选择，主要依据品牌价值的评估。我们从最主要的品牌价值评估顾问那里得到一些数据来帮助我们进行这项工作。所得到的亚马逊公司品牌价值评估的历史数据（由 Interbrand 公司这个最主要的品牌评估者提供）（Hof，2001）在表 6-9 中可以看出。Interbrand 公司提供了世界上最主要品牌的年度评估表，这个数据表已经公开发布。Interbrand 公司进行品牌价值评估的精确方法没有发布。就如上面提到的，无论品牌对未来剩余收益的贡献是多少，公司的计划剩余收益以及剩余收益的风险方面都是关键的评估输入。新闻中的评论（Bainbridge，1999）提出，品牌同样需要进行评分，对 7 个品牌属性按照"想象的理想品牌"进行评分。属性和属性的权重分别是：市场（10）、稳定性（15）、领导能力（25）、支持（10）、趋势（10）、地理（25）以及保护（5）。这个品牌分数同样对价值评估有用。这里好像有一些主观的空间，而且有趣的是，注意到品牌价值开始是接近 1 百万美元的，提出更高的准确度将直观地看上去合理一些。

　　由于我们正在计划运营资产的未来价值，我们将理想化的倾向预测未来品牌价值，但是，这些是没有用的。我们假设保持 2001 年的数据。现在资产的全部成本评估如下：

经营性资产（基本的）	$ 108m
市场营销资产（三年直线折旧）	$ 3130m
技术资产（三年直线折旧）	$ 358m
经营租赁的资本化值	$ 382m
总经营性资产	$ 3978m

出于模拟的目的，我们取市场营销费用资产的两个评估值的平均值（费用资本化方法和单独评估的方法）1702 百万美元，得出 2011 年公司的总经营性资产是2550 百万美元。在这个案例中，我们对此进行调整的目的是，使品牌评估的资本化方法低估品牌价值，因为亚马逊公司的大量公开和公共关系并没有直接支付（因此在会计报表中没有出现），而是在消费者中加入公司的"股票头脑"。另外，Interbrand 公司的数值持续超过模型的时期的假设是积极的，并且可能高估品牌价值，因为这个高估的数值假设公司能够满意地维持这个品牌在当前的水平（当看到在最近的几个季度中有节制的支出时）。

亚马逊公司限制资本收益率（RoCEL）的计算

　　现在我们准备对亚马逊公司执行限制资本收益率（RoCEL）的算法。在准备过程中，把连续案例参数（CCA）装订在第四章中制定亚马逊公司的电子数据表。就如本章开始讨论的那样，限制资本收益率（RoCEL）技术的程序如下：

（1）用上一年的数据来计算初始运营资产。

（2）用销售额减去成本来计算运营利润。

（3）基于这个运营利润来计算初始运营资产收益率（RoBOA）。

（4）基于最大基准运营利润来计算初始运营资产收益率（RoBOA）。

（5）设置运营利润，如果括号内的条件成立（RoBOA>基准 RoBOA，基准 RoBOA×BOA，销售额−成本）。

计算及其结果在表 6-10 中可以看到。

步骤 1：用上一年的数据来计算初始运营资产

为了执行限制资本收益率技术 RoCEL 的计算，我们使用单元 B130 前面的自由空间。在第 139 行，我们使用第 70 行的占用会计成本，然后我们加到这个运营租赁的资本化数值（382 百万美元），在第 125 行的市场营销费用资产和存入第 133 行的技术费用资产。为了使市场营销费用资产的平均数值为 3130 百万美元（Interbrand），使用资本化的数值，我们把这些数值相加到一起，得出运营资产包括无形资产的数值，并把这个数值存入第 143 行。值得注意的是，在这个案例中，占用会计资本没有随着时间的推移而发生变化，因为我们已经假设亚马逊公司的净运营资产为零。但是，在模拟中使用包括会计运营资产的公式仍然很重要。这能使任何的变化由于资产的增加或者减少而有效地加入到限制资本收益率（RoCEL）的算法中。

步骤 2：使用销售额减去成本来计算运营利润

在最后的限制资本收益率技术的计算中，在第 41 行的运营利益的计算中必须写得过多。因此我们在 145 行重复这个过程。例如，在单元 I145 中输入 "=SUM（I36：I40）"，并且自动向右填充。

步骤 3：基于这个运营利润来计算初始运营资产收益率（RoBOA）

我们现在用运营利润除以上一年的运营资产，结果就是初始运营资产收益率（无竞争的）。例如，在单元 I146 中输入公式 "=I145/H143"。

步骤 4：基于这个运营利润来计算初始运营资产收益率（RoBOA）

将这个最大基准值存入单元 C18（参数设置），在这个单元中输入 30%。

步骤 5：计算运营利润来保证其不超过占用资本收益率 RoCE 的最大基准值

为运营利润写上前面的公式，在单元 I41 中输入以下公式 "=IF{ISBLANK（$C18），SUM(I36：I40)，IF[I146>$C18，$C18*H143，SUM(I36：I40)]}"，自动向右填充到单元 S41。如果没有限制基准收益率，ISBLANK 函数的使用就是为了防止根本的运算。

表 6-10　亚马逊公司的限制资本收益率部分

	B	H	I	J	K	L	M	N	O	P	Q	R	S
138	限制资本收益率部分	2001	2002	2003	2004	2005	2006	2007	2008	2009	2010	2011	2012
139	占用资本（合计）	(197)	108	108	108	108	108	108	108	108	108	108	108
140	运营租赁：资本化值	382	382	382	382	382	382	382	382	382	382	382	382
141	市场营销费：平均资本化或 Interbrand 的数值	1641	1637	1641	1646	1652	1658	1665	1673	1681	1691	1702	1714
142	技术平台：资本化支出方法	251	245	252	261	271	281	293	307	322	339	358	379
143	需要资产的完全重置资本的评估	2077	2372	2383	2397	2412	2429	2448	2469	2493	2520	2550	2584
145	运营利润	(45)	61	109	163	223	291	367	451	546	653	772	905
146	初始运营资产收益率（RoBOA）（没有限制）	-2%	3%	5%	7%	9%	12%	15%	18%	22%	26%	31%	35%
147	检查初始运营资产收益率（RoBOA）	-2%	3%	5%	7%	9%	12%	15%	18%	22%	26%	31%	35%

　　为了检查运算执行的正确性，使用第 41 行的运营利润（限制的）计算初始运营资产收益率，相加后能够得出检查行（第 137 行），占用资本收益率（RoCE）限制的部分（在 CCA 案例中）应当和表 6-10 相像。注意，2011 年和 2012 年的运算中降低了资本收益率（以及相应的运营利润和现金流量）。

　　现在在电子数据表中装入最优的参数（BCA）。注意，在模拟计算的最后，没有限制的资产收益率变得非常高。由于数值是经常性地在很大程度上依赖于最终数值，下一年的运营利润的评估更加重要。如果进行这个计算时没有考虑在竞争性市场中实际得到的收益率，那么数值有可能被高估。

　　继续最糟案例（WCA）的分析，我们假设 7% 的增长（单元 C5），15% 的其他可变成本（单元 C7）和 15% 的限制收益率。最糟案例分析（WCA）保持在 604 百万美元（每股 1.62 美元）。我们的竞争模拟在这里没有一点影响，因为 WCA 假设没有引起足够高的资本收益率，换句话说，WCA 已经假定了竞争激烈的市场。

最终现金流量分析（CFA）

　　亚马逊公司最终的现金流量分析（CFA）的结果反映在表 6-11 中。

表 6-11　限制占用资本收益率的现金流量分析结果表

	连续案例 （CCA）	最佳案例 （BCA）	最糟案例 （WCA）
收入增长	12%	20%	7%
销售额中可变资本的百分比	88.5%	88.5%	90.5%
固定资本	$ 340m	$ 340m	$ 340m
销售额中运营资产的百分比	0%	0%	0%
权益值（不受限制的）	$ 3.6bn	$ 9.4bn	$ 0.6bn
限制有限资本收益率	30%	30%	15%
权益值（最终的）	$ 3.1bn	$ 3.7bn	$ 0.6bn

　　现在这些结果只是用来权衡这些情景，使用公司的战略位置的分析，我们将在第十二章的结尾来进行（这些数值同样排除任何来自买方期权的数值，我们将在第八章讨论）。

附录 6-1　直线折旧法与余额递减折旧法

　　当我们简短地查看第三章中的固定资产折旧，对折旧的概念进行揭示时，我们假设的是直线折旧法。直线折旧具有 3 年的时间期限，如果一项资产在第一年初时的购买价格是 300 美元，那么在损益表上出现的折旧是在 1~3 年期间，以每年 100 美元进行折旧（见表 6-12）。

表 6-12　折旧期限（3 年期限直线折旧）

年限	1	2	3	4	5	6
初始运营资产	300	200	100	0	0	0
直线折旧	100	100	100	0	0	0
结束运营资产	200	100	0	0	0	0

表 6-13　折旧期限（50%的余额递减折旧）

年限	1	2	3	4	5	6
初始运营资产	300	150	75	37.5	18.75	9.375
余额递减折旧	150	75	37.5	18.75	9.375	4.6875
结束运营资产	150	75	37.5	18.75	9.375	4.6875

在以每年 50%的折旧率进行的余额递减折旧方法下，折旧在资产负债表中是按照 50%的资产进行折旧的。在第一年，300 美元的 50%被折旧，就是 150 美元，那么有 150~300 美元将保留下来作为资产。在下一年中，再一次以 50%（75 美元）"用完"。表 6-13 给出在头几年的折旧计划（按照纯粹的余额递减折旧法，资产将永远不会被完全"用完"。为了从资产负债表中消除这部分，需要注销或出售资产）。我们再一次假设这部分资产是在年初时购买的。

由于这是简单的例子，直线折旧法是相对直接的。但是，对于复杂的资产购买计划，余额递减折旧法更容易计算。这是因为在余额递减折旧方法下，折旧的计算总是这样进行的：

折旧=折旧率×初始运营资产

在折旧的直线折旧计算下，除非资产的购买每年保持不变，即对于 n 年折旧期限，在 t 年的折旧计算需要除以在每 n 年的 t−n+1，t−n+2，t−n+3，…，t−n+（n−1），t 时购买的 n 项资产，对于直线折旧法，下面类型的公式需要计算储存在 X 列中年度的数据的折旧：

=X3/＄O1+IF(＄O1>1，W3/＄O1，0)+IF(＄O1>2，V3/＄O1，0)+
　IF(＄O1>3，U3/＄O1，0)+IF(＄O1>4，T3/＄O1，0)+IF
　(＄O1>5，S3/＄O1，0)+IF(＄O1>6，R3/＄O1，0)+IF
　(＄O1>7，Q3/＄O1，0)+IF(＄O1>8，P3/＄O1，0)+IF
　(＄O1>9，Q3/＄O1，0)

这里：

1）折旧期限储存在单元 O1 中；

2）资产支出的数据储存在第 3 行（对于 10 年折旧期限，单元 O3～X3 必须要检查）；

3）使用 IF（＄O1>x，…）表明，过去习惯于允许折旧期一直到 10 年进行自动的变化。

例如，如果折旧期限设为 5 年到单元 O1 中，那么只有单元 T3、U3、V3、W3 以及 X3 需要除以 5 来计算 X 年的总折旧值，IF 表明"关闭"在单元 Q3～S3 中的计算（因为 O1 不会大于 5，等等）。

相反，余额递减折旧法将是：

X4 ＊ ＄O2

式中，X4 为第 X 年的初始运营资产；

O2 为每年用完的资产的百分比（余额递减）。

通常，余额递减法比直线折旧法更加方便计算。

第七章　期权Ⅰ：员工股票期权计划与可转换债券

什么是期权?

期权是一种金融衍生证券。衍生证券是被定义为基础证券的衍生品。基础证券是现金流量的一个分支（也许是一个或多个），常常基于公司或政府证券的支付。基础证券常常是一定类型的负债或权益（股票）。

我们看看基础证券的一个例子，以及非常简单的金融衍生品。假设我们拥有某个公司出售的证券，并且在 2010 年返还投资者 100 美元的本金。在 2002 年初，公布的当前投资者在 1980 年购买的价格是 100 美元，支付利率是 11% 的 30 年期的证券利率，此时证券变得非常有价值。我们能够想象把这个证券分成两个金融衍生品。其中一个金融衍生品只给我们在 2010 年的 100 美元的权利；另一个金融衍生品只给我们提前支付的每份证券 11 美元的权利。为什么我们要这样做? 是的，有些投资者可能想把当前的现金转换为稳定的现金流量，有些想要正常消费的资金，但是，也许在 2010 年之前不需要大量的现金。想象一个核电站眼看将按照 2010 年的期限进行退役，并且拥有大量的短期金融资产要寻找投资对象。"只有本金"证券在 2010 年支付 100 美元，这个证券将是最符合公司业务计划的。这两个金融衍生品的可选择性也许对具有不同观点的不同交易者具有很大的吸引力，他们的观点是未来利率将快速变化。这些金融衍生品给予交易者两种新的关于利率的"赌注"。

股票期权是另外一种类型的金融衍生品，极类似于相对于基础证券价格的上涨或降低的一种保险策略。我们现在假设基础证券是 Yahoo! 公司的股票，并且 Yahoo! 公司股票当前的价格是 13 美元。最简单的期权是看涨期权或看跌期权。在 4 月份 Yahoo! 公司股票的看涨期权的价格是 15 美元，它给看涨期权的购买者购买 Yahoo! 公司股票的权利，但没有义务必须购买。购买者有权购买的价格被定义为敲定价格或者执行价格。如果现在期权不是一个好的交易，当我们能够或者在未来能够在市场中以 13 美元购买时，我们将不使用我们的期权以 15 美元买 Yahoo! 公司的股票。例如，如果 Yahoo! 公司的股票在 4 月份上涨到 20 美元，那么这份期权的价值将是 5 美元。但是，如果 Yahoo! 公司的股票价格仍然为 13 美元，那么这份期权将一文不值。我们分担的损失是我们将为期权初始支付的资金（称为期权权利金）。

我们仔细考虑期权的价值，并且集中在期终时的期权价值，就是4月份的价值。图7-1称为看涨期权清偿图。很清楚，来自期权的清偿与4月份Yahoo！公司的股票卖出价格极为相关。清偿图表示的是，清偿位于坐标的y轴上，Yahoo！公司的股票价格在坐标的x轴上。

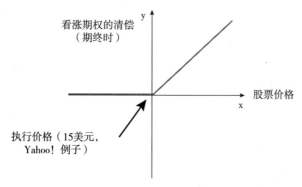

图7-1 Yahoo！公司的股票看涨期权的清偿图

读者常常在期权教科书上看到的（也许已经看到了）是另外一种图，我们称之为利润图。利润图就是有效的清偿图，但要减去期权的成本，即当我们今天购买时，我们所支付的费用。我们假设在这个案例中，期权权利金是2.5美元，就是花费2.5美元购买4月份的15美元的看涨期权（见图7-2）。我们能够看到如果Yahoo！公司的股票价格是17.50美元，那么此时Yahoo！公司股票的看涨期权产生均衡。如果4月份Yahoo！公司的股票价格是17.5美元，期权在期终时价值2.5美元，和我们支付的费用完全一样。

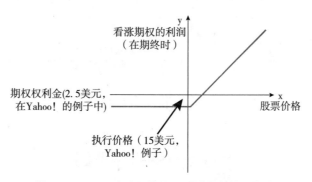

图7-2 Yahoo！公司的股票看涨期权的利润图

另外，可以看作是看涨期权的一种金融衍生品，就是看跌期权。看跌期权给看跌期权的所有者的权利是以一定的价格卖出股票，但是，没有义务卖出股票。例如，Yahoo！公司股票4月份的看跌期权给所有者权利以每份10美元的价格在4月份中的任何时间出售Yahoo！公司的股票，但不是一定要履行这个义务。举一个例子，假如一个人对购买 Yahoo！公司的股票的看跌期权产生兴趣，这个 Yahoo！公司的股票被其他人所持有，并且当 Yahoo！公司的股票看涨时，这个人同样担心股票价格将下跌，有些人希望保险来对付股票价格的下跌。在这个案例中，他或她最大的损失是 3 美元加上期权权利金，而不是如果他或她在只拥有股票时将要出现的 13 美元。图 7-3 是 4 月份 10 美元的看跌期权的期终清偿图，图 7-4 是看跌期权的利润图，并且假定期权权利金为 1.5 美元。从清偿图可以看出，如果股票价格下跌，看跌期权的所有者就赚钱。

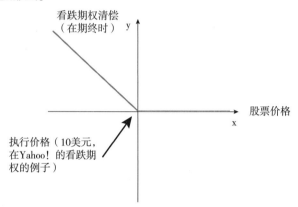

图 7-3 Yahoo！公司的股票看跌期权的清偿图

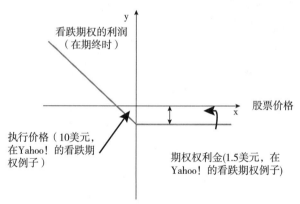

图 7-4 Yahoo！公司的股票看跌期权的利润图

金融期权的价值评估

金融期权的价值评估既有趣又赋有挑战性。实际上，有趣也许是没有公开的声明，解决期权价值评估的人将获得经济学界最高荣誉——诺贝尔奖。

为了声明这个问题，想象一项业务的清偿图，图形对外部经济环境相当敏感，但是看上去比期权图要平滑得多。我们肯定不希望清偿图的斜率快速变化，特别是在产生期权敲定价格时。仔细观察这个图表，在清偿图中有个交点，交点使期权不能使用贴现现金流量法 DCF 进行价值评估，因为期权的资本成本在交点处是快速变化的。

Fischer Black 和 Myron Scholes 进一步进行了解决，这个方法称为布莱克—斯克尔斯（Black-Scholes）公式。[①] 布莱克—斯克尔斯（Black-Scholes）公式与期权的关键参数相关，与基础证券对应的期权价格相关。布莱克—斯克尔斯（Black-Scholes）公式的产生有些复杂，而且超出了本书的研究范围（读者可以参考 Rubinstein 对各种期权模型的综合介绍）。因此我们对计算的范围进行限制。同样，我们能够在表 7-1 中给出参数与期权价值相关的略表。首先，存在以下等式：

看涨期权＝[N(d₁)*(股票价格)]－[N(d₂)*PV(执行价格)]

d₁＝ln[(股票价格)/PV(执行价格)]/[(标准方差)*$\sqrt{(时间)}$+(标准方差)*$\sqrt{(时间)}$]

d₂＝d₁－[(标准方差)*$\sqrt{(时间)}$]

N(·)＝累积正态分布

PV(·)＝现行股票价格[使用无风险利率(r_f)作为贴现率]

换句话说，首先计算 d₁ 和 d₂，使用以下条件：

（1）股票价格（S）。

（2）执行价格（K）。

（3）标准方差（变动性），就是计量股票价格如何波动（δ）。

（4）到期日的时间（T）。

然后计算看涨期权价值。

累积正态分布函数在 Excel 中比较容易实现，使用 NOPMSDIST(·) 工作表函数进行。换句话说，假设我们在电子数据表中的单元 B2 中已经计算了 d₁，输入"＝NORMSDIST(B2)"就能够在电子数据表的其他单元输出"N(d₁)"。

执行价格的现值可以通过下式得出：

PVr_f(执行价格)＝执行价格/[(1+r_f)^T]

r_f＝无风险利率

T＝至到期日的时间（用年表示）

表 7-1　参数和布莱克—斯克尔斯（Black-Scholes）公式的期权数值关系

参数	对增加期权数值的影响	原　因
标准方差 δ	增加	价格波动有益于期权价值（并不像贴现现金流量 DCF）。如果期权是"价

---

① 布莱克—斯克尔斯（1970）。

参数	对增加期权数值的影响	原　因
标准方差 δ	增加	外"的，那么损失期权权利金。如果是长期的亏损，期权的损失也是同样的，价格的宽幅波动意味着对长期期权同样具有好的机会。因此价格波动对期权持有者是有益的
股票价格 S 执行价格 K	看涨期权上涨 看跌期权下跌 看涨期权下跌 看跌期权上涨	对于看涨期权来说，相对于资产的价格其执行价格越低（期权是"价内"的，或者低于执行价格，就减少"价外"的），期权的价值就越高；对于看跌期权来说，正好相反
时间 T 无风险利率 r_f	增加 增加	无风险利率越高并且时间越长（当"坐定"敲定价格直到执行时，创造更多价值），期权就越有价值。越长的时间同样产生越长时间的价格波动，也就越容易产生"价内"

看跌期权定价

看涨期权通常使用看涨期权和看跌期权的期权比价这个关系术语进行定价，就是由看涨期权和看跌期权决定一个满意的关系式，或者是根据购买看涨期权、看跌期权和无风险证券的投资组合产生的无风险套利。

为了给看跌期权定价，必须：

（1）用上面讨论的同样的敲定价格和确定时期计算看涨期权的价格。

（2）使用期权比价为看跌期权定价：

看跌期权价值=看涨期权+PV（执行价格 K）-股票价格 S

与网络公司价值评估的关系

期权定价与网络公司的价值评估有两个关键的相关领域：

（1）薪酬计划和资本结构包含期权类型的证券种类和规模，主要的管理层持有股票和股票期权（有时称为员工股票期权计划 ESOPs），以及其他的可转换债券（可转换债券是借贷的凭证，当股票价格上涨超过一个价格时，能够转换成股票）。这个影响在本章中进行了讨论。

（2）有些分析师已经提出，网络公司的股票具有同样的期权到期日支付的模式（更像是期权，而不是一般的股票，也同样具有一些期权性），因此我们不能使用贴现现金流量法（DCF）进行满意的评估，而是必须使用期权定价的方法进行价值评估。另外一种期权定价的方法是，网络公司具有实物期权，特别是早期进入网络市场的公司具有进入的权利，而不是义务，并且当市场条件变好时，公司将执行这些权利（类似于 Yahoo！股票的持有者）。这个将在下一章展开讨论。

什么是员工股票期权计划（ESOPs）或者管理层股票期权？

管理层经常参加公司的协议条款，包括用股票期权或员工股票期权计划（ESOPs）对管理层进行薪酬支付。员工股票期权计划通常给管理层相对较长时期的看涨期权，这个看涨期权是根据同样水平的当前价格的敲定价格。[①] 员工股票期权计划被设计成公司未来给管理者的巨大奖励，即使管理者没有大量的资金购买股票，也能给管理者无偿的分享和某种程度上较好的治理行为的欢快，通常这是普通薪水不能做到的。如果公司的股票价格大幅上升，管理者的员工股票期权计划的看涨期权将具有较大价值。如果股票价格下跌，股票期权将一文不值。这就是说，公司股票表现不好的管理者将得不到与那些使公司股票表现良好的管理者相同数量的薪酬。但是，公司表现不好的管理者同样得到了他们的基本薪水。

员工股票期权计划（ESOPs）的优势和劣势

在我们讨论任何评估员工股票期权计划之前，我们简短地提出员工股票期权计划的优势和劣势。员工股票期权计划（ESOPs）的优势是激励的效果。具有公司的期权意味着管理者更加关心公司股票价格的上涨。就像根据薪酬计划包含的一部分或者有时是几乎全部的员工股票期权计划（ESOPs），这些管理者已经被公司重新雇用。最著名的员工股票期权计划接收者的例子是 Disney 公司的 Michael Eisner，这个激励计划完成了有利于员工股票期权计划的薪酬。Forbes 在 2001 年 4 月的报告中指出，Eisner 在过去的 5 年中共收到价值 737 百万美元的薪酬，然而 Eisner 在此之后，目前的薪水是每年 0.75 百万美元，大约是他收到的期权薪酬总数的 0.5%，其余的人受到激励或者基于股票的薪酬。与这个激励计划相反的是，Warren Buffett 没有给他自己以及他的公司中其他执行官发行任何员工股票期权计划的股票期权。但是，趋向于权益相关的薪酬的趋势也同样在 Berkshire Hathaway 公司中得到反映。Buffett 只收到 10 万美元的年薪，并且他的大多数财富主要依赖于他所持有的大量的公司股票。

股票期权激励经理人员吗？对这个问题的回答是肯定的。股票期权给经理人员直接的公司利益，经理人员变得集中精力于提高公司的股票价格，并且使经理人员的利益与股东的利益相结合。但是，我们对此提出三个忠告：

■ 第一，股东也许为激励经理人员支付过多的报酬。

---

① Joel Stem 曾经指出，长远期执行的期权将是更加合适的激励，因为一份期权的执行价格与当时的股票价格一样，这个股票价格持续到典型的员工持股计划期是 5~10 年，这就是一个赌注，也许不能有那么有效的激励。Stephen Ross 曾经指出，一定的长期期权将对经理人员有优化的激励效果。另外，Warren Buffeet 避开股票期权，而且倾向于现金补偿，主要因为会计处理的不公平使发行期权公司的利润率通胀。

网络公司价值评估：前沿观点

■ 第二，持有股票期权的经理人员也许进行了一些不必要的帮助其他公司的活动。

■ 第三，员工股票期权计划是"迟钝的仪表"，而且过高的员工股票期权计划的利润，常常除了与公司优越的表现有关外，还与市场中股票的上涨有关。

第一点是许多评论家的观点。这好像很难使更多的人理解，给 Michael Eisner 737 百万美元的激励，这个数字超过他原有的 100 百万美元的激励是否有意义。[①] 但是，正如证据加以证明的那样，采取员工股票期权计划的薪酬的一个基本理由不可能计量管理的效果，如果有简单的方法可以计量这个效果，员工股票期权计划就不需要了。当经理人员创造大量的价值时，如果给股东支付更多的薪酬，他们对经理人员努力进行的支付充满了希望。

第二个问题有些晦涩。拥有股票期权的经理人员在股票价格下跌时会感到不安，但他们没有与股东那样承受金钱上的损失。假设我们是一家公司的 CEO，我们的薪酬是以敲定价格为 13 美元的员工股票期权计划的股票期权为主，如果股票的价格同样为 13 美元，有些人以投掷硬币的方式作为对公司进行的巨大赌注。硬币正面朝上，股票价格下跌到 9 美元；硬币背面朝上，股票价格将上涨到 17 美元。如果我们只关心我们未来财富的增长，我们就会进行赌博。如果我们赢了，我们的股票期权价值为 4 美元。如果我们输了，我们的股票期权价值为零。但是，由于期望的价格是 13 美元（在风险中性的情况下），这样的交易结果对股东来说增加了不稳定性。现在重新假设：硬币正面朝上，股票价格下跌到 1 美元；背面朝上，股票价格上涨至 17 美元，我们应当怎么办？我们仍然继续这个赌博。我们的股票期权利润的分配与前面完全一样（我们的看涨期权在到期日如果股票价格是 1 美元或 9 美元，则收益为零），但是，我们喜爱风险的行为损害了股东的利益（因为期望赌注的价值即使在风险中性的情况下也只有 9 美元）。

很明显，我们对这个例子进行了简单说明，就是没有人用投掷硬币来进行大的业务投资的赌博。但是，经理人员必须每天决定是进行安全操作，还是进行风险计划。按照员工股票期权计划，取得薪酬的经理人员可能喜爱风险项目，即使这个项目不会给公司产生效益。但是，相对于这个趋势，还存在着其他因素。如果经理人员失去赌注，他就会失去工作。即使他或她已经接近退休年龄（并不需要新的工作），他或她仍然关注维护自己的名声（毕竟他或她希望写一部最畅销的自传）。在这种情况下，经理人员是风险厌恶者，Carpenter（2000）的理论著作指出，[②] 在某些情况下，这种风险厌恶能够弥补雇员股票期权的表面上的激励，鼓励经理人员冒

---

① 需要注意的是，在 2001 年，对迪士尼公司来说是个公司绩效令人感到失望的一年，Eisner 总共收到 100 万元的薪水。迪斯尼公司的薪酬计划不同于首席执行官 CEO 的薪酬计划，通过两种方式，即使在绩效不佳的年份也能够获得较高的收入。

② 卡彭特（2000）。

险。这种理解基于经理人员的风险偏好，而且我们关于风险厌恶经理人员的观点是与是否接受 Carpenter 的论文的观点相关的。[①] 如果网络公司的执行官普遍喜爱采取风险（或许因为年轻充满自信，并且他们所拥有的知识将具有更多的机会来推动股票价格），那么这种寻找风险的行为可以观察到，并且仍然伤害公司。

第三个问题是员工股票期权计划常常从大范围的股票价格上涨中得益，有些公司在处理这个问题时，根据给定公司的一些基准，确定公司的股票期权条件。例如，也许只有当公司在其行业中的表现处于排行前列时才执行期权价格。但是，对于小公司来说这些效果将受到限制。如果顶尖的管理人才的供给少于市场的需求，就如公司使我们相信的那样，当其他公司在招募并且提供原始的员工股票期权计划的股票期权时，公司薪酬委员们依据业绩调整的员工股票期权计划进行人才招募的确是件困难的事情。如果政府希望鼓励员工股票期权计划与公司的业绩更加紧密相关，也许应该考虑改变税收政策以鼓励期权与业绩相关联。

股票期权的会计处理

根据人们的观点，股票期权的会计处理问题是个大问题。有些读者也许已经像专家那样充分了解了会计处理在英国和美国当前的位置。对于其他的读者，在考虑这些方面时我们暂时停止讨论，并且简短地讨论理想化的会计系统，以便能够看到与实际生活中的情况的比较。基本的问题是：给经理人员的股票期权是否应当作为成本在收益和亏损或者损益表中反映出来。

理想的会计系统也许是在以下两个极端中：

■ 极端激励者学派认为：股票期权激励经理人员努力工作，使他们的利益与股东的利益保持一致，并且这个艰苦的工作增加了利润和股东价值。因此我们不能以任何的方式阻碍股票期权的发行，而且不应当把股票期权作为一项成本在损益表中反映。更进一步，由于股票期权实际使公司收益（增加管理效果，并且使企业价值"馅饼"变大），所以把股票期权作为成本的认识是错误的逻辑。

■ "期权是一类股票"（OAS）学派认为：股票期权具有价值，并且这就是为什么经理人员希望得到这个期权的原因。股票期权是股东对经理人员的薪酬支付，并且应当像薪水一样在损益表中得到认同。

很清楚，以上观点都不正确。极端激励者学派可能为了增加激励，提倡对股票期权酬金的无限稀释。OAS 学派完全误解了股票期权的激励效果，同样也是错误

---

① 卡彭特运用一个假设，关于"持续相对风险厌恶假设"（CRRA），就是假设当人们在变得富有时，如果失去 1% 的财富时具有的厌恶情绪。对大多数人来说，这实际上是个实际的假设，超过在大量经济工作中持续绝对风险（CARA）厌恶假设，持续绝对风险厌恶假设，假设富有的人与贫穷的人一样关心 1 美元的得失。

的。OAS 学派也提出了深入的问题：为了认识股票期权的价值，我们必须计算这个价值。我们已经讨论了布莱克—斯克尔斯（Black-Scholes）公式不能用于评估这个股票期权的价值。主要的问题是雇员的股票期权具有时期权限，雇员在得到股票期权的利益之前，必须保持公司给予的期权有一定时期的限制，如果他或她在执行日期之前离开公司，通常会完全失去这个利益。同样股票期权通常不能进行交易和套利（在没有被执行时）。在公开的市场购买价外的期权通常以严格的单独的价值出售，但雇员股票期权根本不能交易。

当前，英国和美国的会计政策坚持极端激励者学派的观点。雇员股票期权并不作为成本计入损益表，除非这些股票期权允许在当前股票价格之下进行执行价格交易。这种情况很少发生，因为这将意味着（如果没有时期权限的需要）股票期权持有者通过执行期权能够直接生产利润，并且出售股票。这将没有必要激励他或她做任何事情，除了直接给他或她的经纪人打电话，并且因为这个原因，也可能因为会计处理的原因，这些"价内"股票期权很少让渡。当敲定价格大约等于股票价格时，大多数股票期权以"在价"或者附近进行让渡。因此，这些股票期权不应当在损益表中以任何形式反映。

过度让渡的一个潜在预防机制就是，股票期权的让渡将会增加股票的数量，这些股票参加每股收益（完全稀释的）的计算。每股收益（EPS）是公司在该年度生产的价值数量的指标，作为资本投入的回报，每股收益（EPS）来自一只股票出售产生的收益。很多投资者非常看重每股收益（EPS）的增长，把每股收益作为公司经营好坏的指标。每股收益（EPS）有两种计算方式，基本的和完全稀释的。稍微简化后得到以下两个等式：

$$每股收益（EPS）（基本的）= \frac{年度利润}{发行在外股票数量}$$

$$每股收益（EPS）（完全稀释的）= \frac{年度利润}{可能发行在外的股票数量}$$

因此，对于普通的旧经济公司来说，大量股票期权的让渡将减少完全稀释的每股收益（EPS）（完全稀释的股票假定所有的股票期权都被执行）。很多投资者观察每股收益（EPS）的数量，这本身就代表了对股票期权发行活动的检查。这当然与公司不创造利润完全没有关系。实际上股票期权冲减每股收益将导致用上述方法计算的每股的亏损减少，这种看法很明显是荒唐的。出于这个原因，当股票期权是非冲减每股收益时，就是当增加每股收益（EPS）或者每股亏损时，完全稀释的股票不包括期权股票。最后，每股收益（EPS）没有被新经济投资者作为标杆而经常使用。因此，每股收益（EPS）的防御机制，就像我们定义的那样，每股收益对于许多网络公司是无效的，并且发行股票期权的任何费用没有在损益表中反映。

在英国，特别是在美国，标准制定委员会已经被置于令人捧腹大笑的位置。财

务会计标准 FAS123 是美国的一个关于雇员股票期权会计的主要标准，标准是在
1995 年发布的。财务会计标准委员会最初打算发布财务会计标准 FAS123 的目的是，
使公司直接意识到雇员股票期权应当在损益表中。公司将必须对被让渡的股票期权
支付调整后的布莱克—斯克尔斯（Black-Scholes）公式的价值。但是部分公司的非
常有力的抗议有效地阻止了这个标准的形成。① 在阻止财务会计标准 FAS123 后，公
司剩余两个能够选择的标准：一个是旧标准（原来称为 APB25 标准），标准只允许
公司按照内在价值支出费用（敲定价格减去股票价格，通常为零），另一个是新公
平价值〔调整后的布莱克—斯克尔斯（Black-Scholes）〕方法。几乎没有例外（实
际上我们还没有发现一个例外）的是，公司都采纳了 APB25 标准的方法，并且表明
在股票期权让渡中没有费用支出。

因此，当前美国和英国的情况是股票期权的让渡没有在损益表中反映。并且现
在来看是对价值评估者的暗示。如果公司面对雇员通过股票期权（没有在损益表中
的隐含的）或薪水（作为支出发生的）进行选择，公司有可能更加偏好通过股票期
权来支付雇员。这对于那些在当时没有产生利润的公司特别正确。这些公司甚至不
看自己的股票期权让渡是否反映在令人沮丧的每股收益（EPS）中。对此真实的是，
我们不必假设市场只关注收益/每股收益（这称为机械观点，就是按照收益进行机
械的公司价值评估），我们只需要确信一些小数量的投资者关心这个收益。但是
如果雇员把这些股票期权看作是对现金薪酬的内在转换，我们也许会在未来产生问
题。当股票市场上涨时，雇员将很高兴接收股票期权，但是，在 2002 年的市场环境
中，股票价格的增值表现为一种不确定性，雇员也许需要更高的现金薪酬。我们必
须把这个考虑到我们的价值评估中。即使会计不需要认可股票期权的费用，聪明的
评估者必须认识到这个公司将在未来必须支付的真实的薪水，这个薪水将基于雇员
对股票市场价值的观点，这个观点是在市场中与其他雇佣者进行交易获知的。其他
的影响是股票期权的执行将增加参与公司现金流量计算的股票数量，这样就减少了
每股的价值。

员工股票期权计划的税收处理

员工股票期权计划的税收处理已经引起了一定的会计账目的混乱，我们也许简
单地考虑了这些账目。重要的税收问题是，当雇员决定执行他们的员工股票期权计
划时产生的影响。在股票期权交易中，交易者以一定价格购买这份期权，然后根据
市场是否处于较优的情况决定是否卖出这份期权。购买价格和出售价格之间的差别

---

① 对使用美国会计准则的学生来说，针对美国会计准则委员会（FASB）关于业务合并的位置，近期防
卫的行动一直是对美国会计准则 FAS 第 123 号进行斗争（曾经以同样的方式结束）的回忆。

就是利润或亏损。但是，员工股票期权计划获得利润的过程包括两步。这是因为员工股票期权计划的期权是不能交易的，这些期权必须由原始期权持有者执行。这包括雇员持有者支付的现金和收到的股票，然后把收到的股票出售以获得利润，也可以选择继续持有股票。

美国和英国的股票期权税收处理在一定程度上是苛刻的，对股票期权执行的所得征收税金。按照这个观点，股票期权持有者将无利可图，因为他或她还没有出售股票。

■ 在美国，股票期权持有者是按照敲定价格和股票价格之间的差别，以及他或她的个人最高所得税交纳税金的（通常是 39.6% 加上其他确认的税金）。

■ 在英国，雇员交纳的所得税通常是 40%，并且公司还要交纳 12.2% 的税金作为国民保险税（即 NICs，英国命名为社会安全）。从 2000 年 7 月，公司已经被允许与雇员进行协商，雇员将支付雇佣者国民保险税（NICs）。根据 2001 年中期英伦半岛收入的确凿信息，雇员收到减少的国民保险税金（NICs）后，他们的税金有效地减少了 47.32%。

■ 如果在执行期权后持有股票一段时间，那么任何补充的利润将支付资本利得税。

■ 但是，这个领域属于快速变化的，并且美国和英国公民或者公司应当参考专家对这些及其相关问题的建议。

这些税收政策对会计的影响如下：

■ 在美国：当雇员根据他们的股票期权所得纳税时，就要认识到这些税费是公司股东已经支付的费用。因此，这个费用减少了对利润的报告（如果可能）和可征收的税费。如果股票期权在执行时的所得减少或消失，那么这一行的内容将减少或消失。

■ 在英国：当公司在执行期权而被迫支付公民保险税时，这会使有些公司产生大量的费用。这个问题已经在一定程度上得到减轻，因为公司允许让渡股票期权，包括雇员必须支付的国民保险税（NICs）。因此在 2000 年的财务报表中，这些费用不必期望保持在这样的水平。

员工股票期权对企业和权益价值的影响

就如上面提到的那样，员工股票期权计划的保险能够以两种方式影响价值评估过程：

■ 员工股票期权计划（ESOPs）凭证的存在表明，如果股票价格上升，员工股票期权计划（ESOPs）凭证将被执行，并且将有更多的权益持有者来分享企业的价值，这将减少争论中的权益价值。

■ 管理层收到员工股票期权计划，并且把这个计划作为他们的部分薪酬策略，这也许导致已经报告的薪酬数量被低估于真实的薪酬。这是因为员工股票期权计划的保险没有反映到损益表中。如果员工股票期权计划变得对经理人员没有吸引力，经理人员将坚持超过他们在过去所得到的更高的现金薪酬。

因此必须尝试进行两种调整。对于前面的问题，员工股票期权计划（ESOPs）在现在可以根据修正的期权 F 定价模型进行价值评估。然后从企业价值中减去这个数值作为以下讨论的内容。一种简洁的方法是假定期权执行（稀释），并且用计算的权益值除以完全稀释的股票数量。这不如假定的途径那样准确。但是，这个方法适合于期权执行是确定的和期权的数量是小的两种情况。评估者应当保证使用一种或另外一种方法，但不是两种。

第二种影响比较难以调整，特别是在许多网。络公司中，由于股票期权形式的奖励在公司的组织中向下发展，并且可能涉及到大额数量的资金的影响。作为一般的原则，调整因素应当根据市场上可比较雇员的薪水比率来确定，而不是根据"完全构成"雇员确定，这些雇员在过去收到了非常可观的股票期权奖励，现在他们关注的是他们将会失去的这些利益。为了说明这个情况，我们以 Microsoft 公司为例进行说明。微软公司的股票从 1986 年初始发行到 2001 年秋季，股票增值了大约 250 倍。如果以公司中雇员持有股票期权计算，这些雇员已经变成了百万富翁。对于一个公司来说，要维持这样增值的步调是不可能的。因此，雇员在今天应当向微软公司申请需要得到这个百万美元薪酬的现金支付吗？不，当然他们可以去努力尝试，但是他们不会得到这个薪酬。对于他们为公司提供的服务，雇员将通过协调得到薪酬的市场收益率，其中可能包括一定的股票期权。这正好是 1986 年至 1990 年期间微软公司创始人所做的。他们不希望收到百万美元的股票期权所得，而只是关注薪酬的市场收益率。他们收到的巨大的员工股票期权计划是令人惊异的，就是在公司名义"概率分布"的顶部产生的最大结果。

总之，当最高管理层的薪酬可能被员工股票期权计划的普遍执行所产生的沉淀大量抵消时，这就不是正常的成本的比例。对于中间层的雇员，我们的推测（也许"受启发的推测"的定义更好）是雇员依赖他们的股票期权不超过他们认为的薪酬的 10%~20%，因此对这个秩序的调整，至少在保持劳动力市场稳定方面应当被看作是个补偿。但是，由于股票期权的吸引力的下降与劳动力市场健康的下降保持一致（这样压制了正常的市场薪水），此时的第二种影响将在一定程度上转移，特别是转移到组织中的中层和低层。

员工股票期权价值评估方法

在 APB25 标准和英国当前的情况下，分解计算股票期权价值的"内在价值"方法是直接的。就如 APB25 标准提出的那样，股票期权具有股票价格和敲定价格，并且是十年的期限〔典型的员工股票期权计划（ESOPs）〕，这些股票期权明显不是没有价值的。

在进行股票期权评估时，选择采用的方法是布莱克—斯克尔斯（Black-Scholes）公式，以及对此进行一定修正后的方法。首先，我们来讨论分解布莱克—斯克尔斯（Black-Scholes）公式。股票期权与可交易期权的比较如下〔就是在芝加哥期权交易所（CBOE）和伦敦股票交易所（LSE）进行股票期权买入的正常交易〕：

■ 没有很长时间的授权期。

■ 在执行期之前不能自由交易。

■ 如果雇员离开公司他将失去这份股票期权。

最重要的是，股票期权与可交易期权相比没有优势。因此，股票期权与可交易期权相比没有什么价值，并且布莱克—斯克尔斯公式并不适合对股票期权进行价值评估。[①] 布莱克—斯克尔斯公式可以看作员工股票期权计划（ESOPs）的价值的高级联系（除非雇员有一定的内部信息）。

很多人已经努力完成雇员股票期权的评估。他们中的多数使用布莱克—斯克尔斯公式作为出发点。Young（1993）从实践者的视野指出，[②] 通过采取完全期限股票期权反映赋予权利（如 T = 10 年），并且从中减去具有一定授权期限（也许 T = 3 年）的相同股票期权的价值。然后得出在 4~10 年期间活动的股票期权的价值，这一期间员工股票期权计划的期权实际上是活动的。但是，因为股票期权理论计算中间的急转，这有可能低估了股票期权的价值。假设雇员一定留在公司，10 年期的股票期权具有 3 年的赋予权利就等于：

■ T = 3 年的欧洲看涨期权。

■ T = 4 到 T = 10 年的美国看涨期权。

美国看涨期权和欧洲看涨期权表示何时股票期权可以执行。欧洲看涨期权只能在期限末执行，美国看涨期权可以在期限内的任何时间内执行。但是（这里是个急转），在股票期权理论中，欧洲看涨期权与美国看涨期权具有相同的价值。这是因为执行美国看涨期权不是个明智的想法，因为当人们这样做时浪费了看涨期权的时间价值。由于优化的策略总是持有美国看涨期权，这样欧洲看涨期权就有相同的价值。因为员工股票期权计划的股票期权是不可交易的，雇员常常在早期执行这些股票期权（因为他们不能出售这份期权），但是，授权期限阻止他们完成执行期权。为了了解为什么 Young 的论文是错误的，我们考虑一份股票期权授权期是 3 年，期终是 3 年零 1 天。Young 理论提出这个股票期权的价值是：

---

① 实际上，布莱克—斯克尔斯公式的推导做出这样几个假设，特别是关于可交易性和市场深度方面，它就忽略了大多数期权交易的价值。

② 杨（Young，1993）。

股票价值=看涨期权（3 年零 1 天）–看涨期权（3 年）

这个价值非常小，但在实际中股票期权有 3 年的时间可以得到现金，并且具有很大的价值，即使期权持有者只有将近的时间来执行期权。

财务会计标准委员会（FASB）在 FAS123 信息披露标准中提出的方法是有建设性的。回顾 FAS123 标准的政策是受阻止的，使公司不能连续在损益表中报告股票期权费用。但是，财务会计委员会不坚持要求公司在注脚中计算和报告相等的股票价值（FAS123 披露标准），以至于有趣的挑战者得出一种理念，在修正的布莱克—斯克尔斯公式的基础上，股票期权的成本费用是多少。FAS123 标准的方法是：

（1）用布莱克—斯克尔斯公式作为评估的基础。

（2）调整时间到期终（T），反映期望的股票期权的寿命。

（3）用期望授权期限的股票期权的百分比乘以结果值。

调整 2 是需要的，因为有些雇员可能被迫执行他们的股票期权，也许是因为退休，或者是为了再次调整个人的投资组合来兑现他们的期权。调整 3 也是需要的，因为有些股票期权不能够保存到授权期限（也许是因为一定比例的雇员已经离开公司）。

调整 2 是关于我们如何调整员工股票期权计划的股票期权，即这些股票期权不能交易的实际数值，如果雇员现在想要获利，他或她不得不尽早执行期权。如果期权是可交易期权（例如，人们在美国期权交易所购买的），持有者可以当即出售这份期权，但是，必须首先执行期权，把这份期权变成股票，然后再出售股票（这个只能近似地调整：研究人员在这个领域寻找更加准确和精确的调整是积极的研究课题）。

亚马逊公司员工股票期权计划评估案例

在本书前面部分有关亚马逊公司评估的练习中，我们主要关注的是企业的价值。比较直观的意思就是，我们评估亚马逊公司的业务完全是通过向前预计公司的现金流量。但是，在本书中评估公司时我们的基本目标是评估权益，这个权益可以在NASDAQ 股票市场中自由交易。并不是来自亚马逊公司业务的所有现金流量都是由权益持有者所有，因为亚马逊公司也发行了一定的可转换债券和一定的雇员股票期权。为了计算公司的权益值，我们采纳以下的方法：

（1）把公司作为一个整体进行评估。

（2）评估债务。

（3）从企业的价值中减去债务的数值，得出权益和或有负债的数值。

（4）评估或有负债：认股权证（包括员工股票期权计划的权证），可转换债券的权证。

（5）从第 3 步的结果中减去或有负债的数值。

（6）得到权益的结果。

出于教学的缘故，我们提前到认股权证这一步。首先我们应当注意的是，在我们努力评估员工股票期权计划的股票期权时，我们在一定程度上受到了信息披露的限制。例如，亚马逊公司在2000年的10K报告中披露的股票期权，尽管报告是长篇报告，但这个披露缺乏一定的细节。下面我们选取披露的相关内容。

第一部分，2001年10K报告中的第66页表明，亚马逊公司在发行股票时，按照执行价格等于敲定价格的通常实践（见图7-5）。有些股票期权有较快的授权限制时期，典型的是三年。

股票期权活动表（见表7-2）是报告第67页上的内容。当我们想要尝试使用和停止在后面出现的FAS123标准的公允价值费用时，这个表是比较有用的。在2000年至2001年期间，当公司通过给予接近当前股票价格的股票期权以激励经理人员时，要注意在外发行股票期权的平均执行价格的下跌（就是在公司支付给经理人员薪酬之前，给经理人员一座小山去爬）。[①]

股票期权计划

通常公司董事会准许的股票期权不低于公司普通股票在准许日的公开市场价值的执行价格。每个在1996年12月26日之前准许在外发行的股票期权具有5年时间的授权限制期限。一般情况下，准许在1996年12月26日以后在外发行的股票期权拥有10年时间的准许时期。受到国际服务收入的限制，先于1999年4月的公司计划下的准许的股票期权，以及在一定假设计划下准许的股票期权，通常变成可立即执行的股票期权，但是，他们在授权经过一段时期限制的转让上受到限制。1999年4月后计划准许发行的股票期权一般有授权期限，并且要根据以下的授权期限的计划才能变成可执行的：20%为一年以后，20%为两年以后，5%为3~5年中每年的最后一个季度。在2000~2001年期间准许在外发行的股票期权有授权期限，并且50%在一年以后变成可执行期权，另外50%在两年后变成可执行期权。在2001年第一季度，公司按照给雇员确定的资格标准提供有限的非强制性雇员股票期权兑换。准许股票期权遵照这个股票期权计划兑换授权期限，并且在准许发行日期的6个月后有25%变成可执行期权，在后续的18个月内每个月是4.166%。在2001年第三季度准许发行的股票期权一般具有授权期限，并且按照以下计划变成可执行期权：①从准许日到2003年10月，准许股票期权限制期限是以季度为等份经过36个月、38个月和60个月分期进行的；②从准许日后，股票期权限制5%~12.5%的期限是12到16个月，其余的限制期限在46~60个月时期内以季度分期进行；③从准许日后，股票期权限制4%~12.5%的期限是大约6个月和8个月，其余的限制期限是在24~60个月的时期以季度分期进行。在没有授权期限的股票期权的执行上，发行的股票是不受限制的，并且受到公司在雇员或服务期结束时以执行价格进行回购的影响，而且这个限制背离了初始的授权限制期限的计划。在2001年12月31日，公司有大约110百万股受限制的普通股票，包括发行给关联收购的限制股票，也包括2001年发行给一些关键人物的股票，它们都属于回购和包购的股票。

图7-5　亚马逊公司股票期权计划

---

① 对于高科技公司，这些公司股票价格曾经下跌低于股票发行时的股票期权的敲定价格，或者在其他方面低于股票期权的敲定价格，曾经一直存在一个一般的趋势。尽管给予低价格的股票期权具有正面激励效果，一些股东权益主义者已经批评了这种趋势，他们指出期权的重新定价意味着，当股票价格下跌时，管理层结束了受到的激励。

表7-2　亚马逊公司股票期权活动图股票期权活动

以下是公司的股票期权活动的汇总表：

	股票数量 （以千股为单位）	加权平均执行价格
1999年1月结余股票……	76009	$6.69
准许和计划的股票期权……	31379	63.60
取消的股票期权……	(11281)	19.70
执行的股票期权……	(16125)	4.00
1999年12月31日结余股票……	80342	27.76
准许和计划的股票期权……	20717	38.13
取消的股票期权……	(19502)	37.19
执行的股票期权……	(11119)	4.02
2000年12月31日结余股票……	70438	32.17
股票期权兑换的净影响……		
准许和计划的股票期权……	12503	13.38
兑换和取消的股票期权……	(31170)	51.94
股票期权兑换的净影响……	(18667)	
准许和计划的股票期权……	33706	8.10
取消的股票期权……	(13438)	25.29
执行的股票期权……	(6089)	2.73
2001年12月31日结余股票……	65950	10.65

2001年12月31日，有6300万的普通股票可以用于未来准许股票期权计划。

应当注意，从价值评估的立场出发，6300万的普通股票可以用于未来的准许，这与它们被准许是无关的。最后这个句子的意思是，管理层能够准许这6300万股票而不需要股东的表决（因为已经被准许了。但是，到目前为止，股东的表决对大多数计划来说是正式的。

表7-3中的列表是关键之一，因为它给出我们有关发行在外股票期权的最近数据。应当注意，我们在其他列表中看到的平均股票价格对我们不是十分有用。想象一下亚马逊公司的这些股票，以我们所写下的15美元进行交易，给我们的信息是他们有100万在外发行股票期权，其平均价格是50美元。有可能是100万份股票期权，平均价格是50美元〔根据布莱克—斯克尔斯（Black-Scholes）公式，在98%的变动性

下，3 年寿命的价格是 5.8 美元〕；或者 50 万份股票期权价格在 5 美元（价值 12.20 美元）加上 50 万份股票期权价格在 90 美元（每份期权价格 4 美元）。因此，同样的平均敲定价格平均能够值 5.8 美元（100 万份股票期权价格在 50 美元）或者 8.10 美元（50 万份股票期权价格在 5 美元，50 万份股票期权价格在 95 美元）。为了进行更加准确的计算，我们需要进行明细分类，所以，表 7-4 是我们将要使用的主要数据来源。

表 7-3　亚马逊公司股票期权

表中概括了 2000 年 12 月 31 日发行的可履行的股票期权信息

	发行的股票期权加权平均数			可履行的股票期权	
履行价格的变动范围（美元）	股票期权的数量（千）	剩余期限（年）	履行价格（美元）	股票期权的数量（千）	履行价格的加权平均数（美元）
0.03~1.00	5000	5.0	0.42	4222	0.39
1.17~5.37	5095	5.9	4.01	1943	3.85
5.81~7.86	4838	6.8	7.13	2360	7.11
7.93~7.93	26071	9.7	7.93	—	7.93
7.95~8.55	3660	8.5	8.51	263	8.23
8.72~13.24	1872	8.2	11.40	471	11.86
13.38~13.38	10712	1.8	13.38	4227	13.38
13.57~19.89	3602	7.3	16.76	1575	17.04
20.06~104.97	5100	7.7	35.77	1903	30.53
0.03~104.97	65950	7.1	10.65	16.964	10.32

表 7-4 中的列表来自 2001 年 10K 报告的第 68~69 页，说明了每年发行股票期权的名义费用的 FAS 123 号标准披露内容，并且将要发生的预计利润（在本案例中是亏损）具有准许日的股票期权公开价值，并且是从损失中减去的。这是一个不同于预计利润报表的预计，在预计利润报表中公司排除许多费用，如商誉的分摊（在附录 3-1 中讨论过）。由于预计意味着基于一系列的假设，公司能够基于不同的假设，报告许多他们所希望的预计结果。

表 7-4　亚马逊公司预计信息披露

预计信息披露

公司使用内在价值的方法计算它的股票期权。如果薪酬费用被认为是基于 SFAS123 号标准下的 1999 年、2000 年、2001 年准许股票期权的准许日的公开价值，那么使用股票薪酬的会计方法预计公司净损失和每股净损失的数量就不可以对未来年度报告的结果产生影响，对于 1999 年、2000 年和 2001 年 12 月 31 日结束年度，就有以下的结果：

从年度末的 12 月 31 日

	2001 年	2000 年	1999 年
	（千美元为单位，除每股的数据外）		
报告的净损失	（＄567277）	（＄1411273）	（＄719968）
SFAS123 号标准预计的净损失	（963085）	（1720312）	（1031925）
报告的基本的和稀释的每股损失	（＄1.56）	（＄4.02）	（＄2.20）
SFAS123 号标准预计基本的和稀释的每股损失	（2.64）	（4.9）	（3.16）

准许的每份股票期权的公开价值是使用布莱克—斯克尔斯（Black-Scholes）公式的期权定价模型在准许日进行估算的，假定没有期望分红，按照以下的加权平均假设进行计算：

从年度末的 12 月 31 日

	2001 年	2000 年	1999 年
平均无风险利率	4.1%	6.2%	5.5%
平均期权期望寿命（年）	3.3	3.0	3.5
变动性（1）	98.0%	89.6%	84.9%

值得注意的是表 7-4 对于价值评估没有作用。例如，1999 年发行的 3 亿的股票期权的平均价格是 63.60 美元（从表 7-2 中得出）（在 1999 年期间，亚马逊公司的股票的交易价格在 45~106 美元的范围内波动），这些股票期权在 2002 年 3 月股票价格至少价值 15 美元（因为当准许股票期权在"当前价"时，股票期权就处于"价外"，就是 K>S）。

尽管展示给我们的是布莱克—斯克尔斯公式计算的主要要素（如变动性，无风险利率等），我们所希望有些披露的要素却不存在。我们希望完全地知道预计收益是如何计算的，包括所假设的亚马逊公司股票期权的百分比是多少，是否有授权限制期限和期望的股票期权的寿命（使用敲定价格，我们就能够得出股票期权的平均期望寿命）。

表 7-5 亚马逊公司股票期权计算评估

股票价格＝15 美元
变动性＝98%
无风险利率＝4%
期权寿命＝3.3 年
将授权的期权＝66%

执行价格的范围	股票期权的数量（千股）	执行期权价格（加权平均）	d_1	d_2	V（看涨期权）	总值（$ m）	授权值（$ m）
$ 0.03~$ 1	5000	$ 0.42	2.971	1.191	14.652	73.259	48.241
1.17~5.37	5095	4.01	1.704	-0.076	12.749	64.954	42.773
5.81~7.86	4838	7.13	1.381	-0.400	11.591	56.078	36.928
7.93~7.93	26071	7.93	1.321	-0.459	11.351	295.922	194.866
7.95~8.55	3660	8.51	1.281	-0.499	11.266	41.232	27.152
8.72~13.24	1872	11.4	1.117	-0.663	10.378	19.427	12.793
13.38~13.38	10712	13.38	1.027	-0.753	10.064	107.808	70.992
13.57~19.89	3602	16.76	0.901	-0.880	9.404	33.874	22.306
20.06~104.97	5100	35.77	0.475	-1.306	7.666	39.099	25.747
0.03~104.97	65950	10.65				731.654	481.796

现在股票期权评估所剩余的工作就是，应用布莱克-斯克尔斯公式进行计算，并且对评估进行一定的修正。我们采纳由美国劳动力统计署发布的13%的平均收益率（保守性的估计网络公司或IT产业的收益率是15%~20%）。这就暗示雇员的期权价值是 $(1-0.13)\times(1-1.03)\times(1-1.03)=(0.87)^3=66\%$，在三年的股票期权限制期限后的附近。前面使用亚马逊公司提出的平均期望寿命，并且确定的2001年的变动性是基本准确的（我们将在附录7-1中讨论变动性）。我们基本近似地忽略了可执行期权与在外发行股票期权之间的区别（注意在表7-3中，可执行期权是在外发行期权的一部分）。实际上我们能够更加准确的计算，并且假设可执行期权是短期的，股票期权是长期价外的。由于我们的近似值，在表7-5中出现的结果是可以得出的（显示的立即结果 d_1 和 d_2 是为了帮助读者使计算的结果在头脑中浮现）。

因此，2000年末在外发行股票期权的价值总额是4.82亿美元，这是巨大数量的资金，大约为2002年3月权益市场资本的9%。

亚马逊公司的负债和可转换债券的虚拟负债

继续我们前面的练习来计算权益价值，我们处理第4a条目，并且转移到负债和可转换债券的价值的计算上来，就是第2和4a条：

（1）把企业作为一个整体进行评估。

（2）评估债务。

（3）从企业的价值中减去债务的数值，得出权益和或有负债的数值。

（4）评估或有负债：

    a. 认股权证〔包括员工股票期权计划（ESOPs）的权证〕。

    b. 可转换债券的权证。

（5）从第3步的结果中减去或有负债的数值。

（6）得到权益的结果。

亚马逊公司的资本结构是非常有趣的。尽管公司没有像我们通常理解的那样具有很多的负债。但是，公司有大量的可转换债券。这是在风险业务中经常借贷出售的特殊类型，凭什么人们借钱给公司来换取上面提到的股票，因为借贷的部分与股票期权的权证以及期权的部分联结在一起：就是借贷可转换成权益。在一定的价格上，债券所有者有选择的权利，转换他或她的任何利息支付（负债）的权利成为股票的剩余现金流量（权益）的权利。表7-6呈现了来自2001年10K报告（第61页）中公司一系列在外发行的债券。

在表中列出的票据只是很少的数量，包括优先权贴现票据、资本租赁负债（与租赁特殊的建筑物或设备条款相关的负债）和其他长期负债，就是没有与股票期权联结的传统负债。我们更加仔细地查看公司长期负债中两个最大的部分，第1行和第3行。我们怎样来评估它们，来看企业价值如何自然转变成所有者的这些债券？

　　评估者首先应当考虑的是，当复杂债券在可以使用市场价格时是优先于权益的。亚马逊公司的 2001 年 10K 报告记录了 2001 年结束时这些债券的公开市场价值。在这种情况下，欧洲可转换无优先权票据 PEACS 价值 3.1 亿美元（大约 51% 的债务的票面值）和可转换无优先权票据价值 6.25 亿美元（大约为 50% 的债务的票面值）。很明显，投资者完全相信无优先权将无法支付。优先贴现票据的价值是 1.94 亿美元（大约是 83% 的债务票面值）。此时他与提到的无优先权技术相关。欧洲可转换无优先权票据（PEACS）和可转换票据不能够立即转换，而是次优的，意思就是这些债券是次优的债券。在某种程度上，当公司加入清算时，这些债券处在权益与优先权债券之间的"夹入的次序"。在公司清算时，首先是所有的特别的索赔权必须要支付，如税务当局、会计师和安全审计人员（假设他们的抵押覆盖了债务）。其次支付持有非担保的但是是优先权债券的所有者。然后只有无优先权持有者收到其他的支付。如果在无优先权债券持有者后还有任何其他的剩余资金，就是给权益所有者的。

表 7-6　亚马逊公司长期负债

注释 8——长期负债
公司的长期负债和其他长期债务汇总如下：

12 月 31 日

	2001 年	2000 年
	（以千计）	
6.875% 的欧洲可转换无优先权票据（PEACS）	$ 608787	$ 650463
欧洲外币转换	33265	—
4.75% 的可转换无优先权票据	1249807	1249807
优先权贴现票据	231830	210278
资本租赁负债	16415	24837
长期重组费用	20640	—
其他长期负债	10381	8656
	2171125	2144041
长期负债的减少的流动部分	(5070)	(4831)
资本租赁负债的减少流动的部分	(9922)	(11746)
	$ 2156133	$ 2127464

由于最近的价值大于那些在 10K 报告中的数值，读者可以参考由 MorganStanley 经营的 www. convertbond. com 网站上的数据。这个网站在 2000 年 3 月提供的近期数据是每 100 美元为 62. 75 美元票面的可转换无优先权票据，以及每 100 美元为 60. 75 美元票面的欧洲票面发行的欧洲可转换无优先权票据（PEACs）。www. convertbond. com 此刻的报告是在到期日产生的可转换利率（类似于利率）在美国票据是 18. 5%，在欧洲票面票据是 18. 7%。没有有关贴现票据的近期数据可以使用。假设票据上涨了 10%（由于它们接近票面值，它们不能像可转换票据那样得到同样高的上涨），它们现在的市场价值是 2. 13 亿美元。

以这些市场价值为基础，我们可以把公司发行的所有债券的数据组合在一起，来计算公司的权益价值（见表 7-7）。

表 7-7 亚马逊公司权益价值

	百万美元
企业价值（连续案例分析 CCA）	4469
减去负债值	260*
减去可转换债券值	1153
减去欧洲可转换无优先权票据 ESOPs	482
加上现金值	997
权益的结果	3571

注：* 包括 4700 万美元的资本租赁和其他长期负债。

当市场价格不可利用时，对可转换债券的评估

市场价格经常是不可利用的（特别是对小公司和未报价的公司来说，有可能是可转换债券的真实值）。有必要用理论的方法评估这些公司的债券。为了这样做，我们必须准确放大可转换债券，并且更加特别地讨论可转换债券的部分债务、部分期权的特性。

例如，我们考虑亚马逊公司 4. 75% 的可转换票据。以下是从公司 1999 年 5 月 13 日的 S—3 文档中摘录的内容（给可转换票据二手买卖提供的信息）：

图 7-6 列出了这些债券的更加详细的信息。

$ 1250000000

亚马逊股份公司

4.75%的 2009 年到期日的可转换无优先权票据

我们公司的 4.75%的 2009 年到期日的可转换无优先权票据的持有者，可以在出售期或私下协商的方式下出售他的票据，以及在任意时间以市场价格把可转换票据转换成普通股票。准备出售的持有者可以出售票据或普通股票，或者通过签名出售给股票经纪人或代理人，这些人可以收到贴现、税率减免以及佣金形式的薪酬。从 1999 年 8 月 1 日起，利息在每年的 2 月 1 日和 8 月 1 日安排支付。票据将在 2009 年 2 月 1 日到期，除非提前转换或兑换。票据是无担保的，并且是排在我们现存的和未来负债后面的。

票据的持有者可以把任何票据的一部分（以 1000 美元的倍数）转换成普通股票，每股的转换价格是 156.055 美元，可以根据具体情况进行调整。我们公司普通股票在 Nasdaq National Market 中挂牌的标志是"AMZN"。1999 年 5 月 12 日普通股票的收盘价格是 142.9375 美元。

人们可以在 2001 年 2 月 6 日之前的任何时间兑换票据的任何一部分，赎回价格等于每 1000 美元的票据加上到赎回日期中增加的和未支付的利息，如果：①公司普通股票的收盘价格在赎回通知投递之前，在任何连续的 30 天交易日期间，至少持续 20 个交易日超过转换价格的 150%；②登记处公告的包括票据和普通股票的转售是有效的，并且在赎回期的 30 天内期望保持有效性和可用性。如果我们在此条件下赎回票据，我们将按照每 1000 美元的票据以 212.60 美元得到另外"完全"支付，减去我们实际支付在先于赎回通知投递日期之前的票据上的任何利息数量。我们必须为赎回的所有票据进行"完全"支付，包括在通知投递日之后的转换票据。

图 7-6　亚马逊公司可转换无优先权票据的情况

如果投资者希望购买票面值是 100 美元的票据，他或她将收到以下的回报：

如果票据是不可转换的，并且公司没有破产：

■ 从 1999 年 8 月 1 日到 2009 年 2 月 1 日，每 6 个月得到 2.375 美元的票息。

——2009 年 2 月 1 日得到本金 100 美元（除了 2.375 美元的票息之外的）。

如果票据是可转换的（就是根据票据持有者的选择）：

■ 直到可转换日期，每 6 个月支付 2.375 美元的票息。

■ 在可转换日期，可以转换成亚马逊公司的普通股票，每份票据 100/156.055 等于 0.6408 股。

■ 在转换后，根据所拥有的股票参与任何形式的分红或者其他收益。

如果票据是强制性赎回票据，因为股票价格在前面提到的时期内已经超过 156.005 美元的 1.5 倍（这是在亚马逊公司中的选择）：

■ 直到可转换日期，每 6 个月支付 2.375 美元的票息。

■ 在赎回日，用 121.26 美元减去已经支付的票息。

如果公司破产：

■ 直到破产日，每 6 个月支付 2.375 美元的票息。

■ 然后公司可能被重组，可转换债券持有者的持续状态是不确定的。

■ 即使没有重组的清算，可转换债券将安置在欧洲可转换无优先权票据 PEACS

的一边，低于优先权债券和其他优先权负债（如应收账款），但优先于普通股票和优先权益。

为了准确评估票据的价值，以上所有的情况都应当考虑到。首先，我们必须评估在发行后 0.5 年和 10 年之间发生的票息，以及第 10 年的最终支付。这些票据必须以合适的资本成本来进行评估。可转换票据的主要内容不同于负债，是可转换的票据，并且能够按照票据持有者的选择转换成权益。这就等于亚马逊公司在 156.055 美元的权益的看涨期权，因为 156.055 美元的票据价值等于可转换的一股股票的价值。这能够使用布莱克—斯克尔斯公式进行评估。但是这里存在执行期权时的最大价值的上边，因为明智的期权持有者将在股票价格超过 234.08 美元时执行他的或她的期权，以阻止强制性赎回（这种赎回期权只在 2002 年 2 月前适用）。当公司在 1999 年 1 月 28 日发行可转换债券时，亚马逊公司股票的交易价格是 122.875 美元。在这个阶段我们能够看出可转换债券包括的内容有：

负债+看涨期权部分的权益

并且能够通过计算负债的现值（使用第一章中的技术），加上期权部分的价值（使用布莱克—斯克尔斯公式）来计算这部分价值。当可转换债券发行时，我们来计算债券的价值。

期权部分

以 156.055 美元的价格购买看涨期权，直到 2009 年：

使用变动性[①] = 84.9%，S = \$ 122.875，K = \$ 156.055，T = 10，r_f = 5%[②]

布莱克—斯克尔斯（Black-Scholes）公式的价值是购买的每份股票的看涨期权是 103.45 美元。

在 234.08 美元价格出售看涨期权，直到 2002 年（上限）：

使用变动性 = 84.9%，S = \$ 122.875，K = \$ 234.08，T = 3，r_f = 5%

布莱克—斯克尔斯（Black-Scholes）公式的价值是购买的每份股票的看涨期权是 51.78 美元（最大——以下计算值）。

由于能够购买每份股票的价格是 156.055 美元，这些部分对每 100 美元的可转换债券的价值是 33.11 美元。

可转换债券部分

计算这种可转换债券的贴现率是极其不确定的。使用无风险贴现率加上 5% 的

---

① 从表 7-4 中得到 1999 年的变动性（亚马逊公司 2001 年 10K 报告的第 69 页）。
② 从图 1-1 中得出 1999 年的无风险利率。

风险收益，① 我们得出资本成本为 10%，得到债券的价值是 68.45 美元，如表 7-8
所示。

表 7-8　可转换债券部分的计算实例

贴现率	10%								
年	0	0.5	1	1.5	2	2.5	9	9.5	10
现金流量	−100	2.375	2.375	2.375	2.375	2.375	2.375	2.375	102.375
现值 PV（现金流量）	−100	2.264	2.159	2.059	1.963	1.871	1.007	0.96	39.47
总现值 PV	0.5 年后为 68.45								
净现值	−31.55								

　　这就提出在 1999 年发行的可转换债券的总价值是 101.56 美元。由于上面计算
的等值出售的可转换债券可能反映了当时投资者的观点，或者可能已经排除了我们
认为的近似值。例如，期权部分比我们在上面提到的更加复杂，因为债券持有者没
有与公司直接签订购买协议，就是股票价格必须持续 20 天高于触动的价格；当赎回
时，公司将支付给债券持有者全部构成的支付（对债券持有者有益），并且即使赎
回是可触动的，公司也不可能用现金方式赎回债券。由于这些缘故，我们有可能理
解投资者把可转换债券视为期权的价值比例，并且高估了可转换债券的价值。另外，
基于布莱克—斯克尔斯公式的假设对于像亚马逊公司那样的公司是没有支持性的，
因为交易以跳跃方式发生，而不是按照布莱克—斯克尔斯公式的模型那样。有关这
方面的进一步信息可以参考其他专家的文章。

　　但是，2002 年 3 月，权益的价格是 15 美元，看涨期权部分在价值上有所下跌。
2002 年 3 月，看涨期权的价值近似为每 100 美元的期权的价值为 5.26 美元（基于
4% 的无风险利率、98% 的变动性和 7 年的寿命，注意强制性赎回规定期终为 2002
年 2 月）。可转换债券部分也同样被视为具有风险性，因为对亚马逊公司在未来的
偿债能力更加怀疑。Lehman Brother 的 Ravi Suria 提出了一个在 2000 年 6 月的 1200
基本点位的风险收益（虽然有忠告，但是有可能是不充分的），得出的资本成本是
16%，现有保存的 14 张配给票票息在 2002 年 3 月可转换债券的价值是 55.31 美元。
这就暗示了在 2002 年 3 月总价值（可转换债券+期权）大约为 60.50 美元，对应的

---

　　① 穆迪公司（Moody）确定的亚马逊公司可转换债券的等级是 Caa2 级，亚马逊公司的可转换债券处于金
融债券的排行榜尾列。Caa 是这样定义的："债券的 Caa 等级是较差的等级。这样的问题可能会导致不负责任，
或者按照利益的原则它存在目前处于危险的成分。" 就如 Altman 和 Kishore 讨论的那样，对于这类等级的债券，
承诺的是有 4.5% 的债券利率，这个利率超过了 1978 年到 1994 年的风险利率值。特别是对于 1990~1991 年的
大量欺骗活动，主要与杠杆收购相关，可以认识到它高出风险利率 2.1%。但是，对这类债券的风险评估并不
是个机械的活动。亚马逊公司不可能再发行这样数量的纯债券（没有可选择部分的债券）。

市场价格是 62.75 美元。

换种方式来看待这个问题，我们把可转换债券持有者视为给权益持有者签订了看跌期权。这给人的直觉是权益持有者分担了企业总价值低于负债值的公司股票价格下跌的风险：就是当他们的股票价格下跌到零（很明显，这是令人不安的画面，但这是更好的选择）。换句话说，可转换债券持有者出售给权益持有者看跌期权：

■ 基于债券是企业的价值。

■ 因此股票价格是当前企业价值的反映（就是债券的市场价值或者类似的债券加上权益的市场价值，在 2002 年 3 月为 74 亿元）。①

■ 敲定价格是可转换债券的表面值（在图 7-9 中我们使用的可转换债券的票面值是 21.7 亿美元）。

■ 变动性是企业价值的变动性（由于可转换债券接近于权益变动的轨迹，我们使用的数值是 98%）。

■ 期终的时间是可转换债券的赎回时期（到 2002 年就是 7 年）。

我们可以使用期权比价评估看跌期权。

（1）首先使用布莱克—斯克尔斯（Black-Scholes）公式评估看涨期权。

使用变动性=98%，S=74.4 亿美元，K=21.71 亿美元，T=7，r_f=4%

看涨期权价值=67.9 亿美元

（2）使用期权比价评估看跌期权：

看跌期权=看涨期权+现值 PV（执行价格）-股票价格

看跌期权价值=10.3 亿美元

有所有无优先权债券持有者签订（出售）的这份看跌期权（尽管优先权债券持有者也签订了无优先权债券持有者的看跌期权，我们在这里忽略不计），所以看跌期权分担了无优先权债券票面值 19 亿美元的债务。因此对于每 100 美元等值的看跌期权是 49.50 美元。那么可转换债券的价值是债券的无风险现值（在未来无风险利率 4% 时为 104.78 美元，参见表 7-9），减去 54.50 美元的债券持有者签订的看跌期权价格，加上看涨期权"上边"的价格 5.26 美元，这就得出 55.6 美元的数值。注意，我们考虑使用看跌期权时的失败风险，是可转换债券部分在无风险利率时的贴现，而不是风险利率，否则我们将冒两倍计算债券的风险。

① 2002 年 3 月的 74 亿美元的企业价值是这样计算的，等于 2002 年 3 月的资本市场的权益数值 55 亿美元，加上债券的市场价值（表 7-7 中的 260 百万美元+1153 百万美元），再加上股票期权的市场价值（表 7-7 中的 4.82 亿美元）。

表 7-9   可转换债券部分的无风险利率计算

贴现率=4%									
日期	2月2日	8月2日	2月3日	8月3日	2月4日	8月4日	2月8日	8月8日	2月9日
发行后的年度	3.5	4	4.5	5	5.5	9	9.5		10
现金流量	2.375	2.375	2.375	2.375	2.375	2.375	2.375		102.375
限制 PV* （2002 年 2 月）	2.070	2.030	1.991	1.952	1.914	1.669	1.636		69.161

现值总额* （2002 年 2 月） 104.784 美元

注：* 表示价值不包括 2002 年 2 月的票息支付。

顺便指出，当公司发行时，可转换债券是非常普遍的。亚马逊公司计划发行 5 亿美元的可转换债券，但是当看到巨大市场需求时，就扩大规模到 12.5 亿美元。在发行后的数周内可转换债券的价格下跌到 82 美元，但又在 1999 年 5 月上升到最高值 150 美元；在 1999 年 10 月又快速下跌到 75 美元，然后在 1999 年 12 月又上升到 150 美元。而后在 2001 年 1 月下跌到 35 美元左右，在 2002 年 3 月的交易价格是 60 美元。总之，在过去的年度中可转换债券的价格与股票价格的变动非常接近，可转换债券的权益/期权的特性是非常有号召力的，而且具有高的贝塔值（β）。

Exploding puts/death spiral 可转换债券

最著名的 Exploding puts/death spiral 可转换债券的例子是 pets. com。公司发行自己股票的看跌期权，选择执行类似于以低于股票价格的敲定价格出售可转换债券的策略。这样当股票价格下跌时，可转换债券"推翻"类似债券票据的（可转换的）固定等值的价值，转换成更多的股票（权益持有者对此感到悲痛；另外，恢复公司的专家也许羡慕这个转换到债券持有者的高超的控制，这不需要任何管理工作）。

公司自己对自有股票的看跌期权的签订是大量风险的转移。返回到对期权的保险性的分析，签订看跌期权就如为公司提供保险，是针对自己公司股票下跌进行发行的策略。只有一件事情是准许的，如果当公司被要求支付索赔时，公司将处于非常不利的位置，因为公司股票将下跌。当公司支付索赔时，权益将更进一步下降。因此术语是"死循环"。

所以为什么公司采纳这个疯狂的战略？对，问题是非常简单的。当一个公司的股票剧烈波动，交易者为股票的期权支付的更多。这些适中但不重要的看跌期权的收益将大大增加未来年度的现金流量（被确认无疑的是有些时候公司的脸面被打破）。

附录 7-1　变动性计算

变动性通常可以通过网络在线和有关文章资源获得。公式如下：

变动性 = SD[$\log_e$（收益）] × $\sqrt{\text{一年内收益期的数量}}$

如果需要计算变动性，应当在 Excel 中使用以下方法。

（1）在 A 列第 2 排前收入股票价格。

（2）在单元 B3 中插入公式"= A3/A2−1"，并且向下复制，在 B 列中计算收益值。

（3）在单元 C3 中插入公式"= LN（B3）"，并且向下复制，在 C 列中计算基于自然对数 e 的收益的对数值〔根据布莱克—斯克尔斯（Black-Scholes）公式对价格变量进行对数正态的移动，这里就把价格变量转变成为正态移动的收益〕。

（4）输入公式"= STDEV（C3∶Cnn）"，这里 nn 表示自然对数的最后一行，来计算标准方差。这就得出了每天的变动性。

通过乘以 $\sqrt{253}$（交易日），或者 $\sqrt{52}$（如果使用周收益），或者 $\sqrt{12}$（如果使用月收益），来计算年度的变动性。

第八章　期权Ⅱ：实物期权

本章的组织结构如下：首先我们讨论使用实物期权评估公司的优点和缺点，特别是使用它们评估网络公司的情况。那么，记住这些步骤，我们继续讨论实物期权的价值评估方法。

实物期权的分析

作为一个金融期权，如我们在上一章开始时讨论的 Yahoo! 公司在 4 月份的看涨期权，期权的敲定价格是 15 美元，这份股票期权很明显是非常有价值的资产，即使 Yahoo! 公司的股票价格是 13 美元。可选择执行期权的特点就是，期权持有者可以参加股票市场表现价格 15 美元上边的交易，当股票价格下跌（离开支付的期权权利金）时也不失去他（她）的期权。出于这个缘故，期权出售者或者签订者只会以高的价格出售这样的期权。当期权持有者获得收益，期权签订者就是进行支付的交易对手。

转移过渡到实物期权，就存在一个一般的协议，就是期权价值评估技术对于评估配药学与类似的研究和开发项目具有巨大帮助。一个具有专利的药剂是具有潜在巨大价值的一份资产。但是，在开发这个药剂的每个阶段，当试验的结果或者证据是负面时，管理层有权放弃这个项目。这里要注意的关键问题是，上边就是公司开发药剂的所有者。公司没有被迫去开发，但是任何未来利润的权利都分配给了公司。交易对手是来自代表国家经济利益的国家政府，由国际上的各国政府组成的联盟。全球经济给发明专利产品公司不断增长的选择，因为考虑到成功创新的非常重要的激励和奖励。期权的分析是明智的，支付的形式看上去像那些金融期权，而且有清晰的交易对手。图 8-1 和图 8-2 通过描绘每个看涨期权的利润图，表明了这些金融期权和实物期权之间的相似性。

给公司权益持有者有限责任的看跌期权①（把公司的资产以债券票面值的敲定

---

① 权益可以被看作是公司资产的所有权，加上负债的票面的看跌期权的所有权，或者加上负债的票面的看涨资产的所有权。

价格分担给债券持有者）是众所周知的和可以接受的实物期权的例子（当考虑上一章中亚马逊公司无优先权可转换债券时，我们讨论这种类型的看跌期权的例子）。这个案例中的交易对手是可转换债券持有者，当他或她签订借贷协议时，他们给借贷的公司一个看跌期权。当评估不稳定的产业，如航空公司和船运公司时，贴现现金流量（DCF）方法不能很好进行。对于航空公司评估，少数人考虑使用战略的净现值（NPV）法（净现值的测算包括期权上边），加上航空公司可转换债券的看跌期权转换成的标准贴现现金流量，把具有统计的净现值 NPV 作为这个数值首先砍掉的部分。[①]

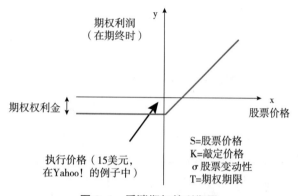

图 8-1　看涨期权的利润图

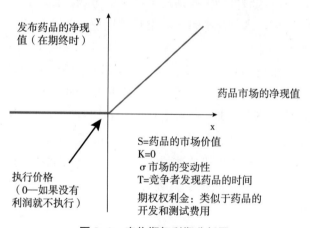

图 8-2　实物期权利润分析图

　　类似的是，石油和天然气具有期权的特点。考虑到实际油井具有特别吸引力的特性，油井可能随时被抽空，并且石油很快被出售掉，而且在油井静止时不存在维持费用，石油不会泄漏到周围的油田。这样的一口油井就等同于有关原油交易的看涨期权的交换。所有者具有的上边是与资本主义国家明文昭示的长期支持财产权

---

① 战略净现值 NPV 和统计净现值的技术来自 Trigeorgis（1996）。

（他或她拥有的油井）相一致的。

更多可争论的是，与实物期权方法相关的精彩的案例是许多计算机产业的实物期权的期权指数。例如，在1978年进入个人计算机行业（标准化前）的初始亏损，也许已经把一个公司定位成具有明显增长优势的产业，尽管在1980年这个增长不明显。这就是个例子，没有交易对手给公司期权。但是，由于公司承担的初始亏损项目拥有战略资产，上面有些类型的期权不存在。公司具有有技能、有经验的有用原型。但是，这个原型很明显不是与专利产品或者所拥有油井那样，具有清楚确定和很好定义的期权。上边是与竞争者共享的，而且如果市场高速增长，更多的竞争者将会被吸引过来。有些将具有类似于我们主题公司一样的战略资产，有些将购买或者特许经营这些资产，其他的新进入者将从零开始研发。主题公司有上边，但是公司的期权是广泛共享的（大量的专业个人计算机制造商大多数进入破产行列）。

封上信封（Pushing the envelope）？

进行更深入的分析，我们能够设想，在美国每个星期天早晨的街头角落，存在一个具有期权一样特征的潜在增长的柠檬汽水市场，或者在英国的一家接一家的洗车市场，这两者都是由孩子们控制的市场。这个市场持续增长，为了计算柠檬汽水货摊，我们使用战略净现值NPV，并且建议我们的孩子们如何度过他们的星期天。我们应当不仅仅考虑孩子们创造利润的静态的净现值和成功的星期天，同样应当记住孩子们可以在这个巨大的市场中捕捉这个增长的市场可能性，并且把这个市场划分为橘子汁市场。柠檬汽水货摊给孩子们增长的期权，当评价这个投资时，我们必须记住孩子们也没有其他选择。

而且，柠檬汽水市场增长的期权还有一些明显的问题。在Yahoo! 公司的看涨期权的情况下，我们拥有期权是我们从交易对手那里购买了债券。交易对手轮流拿他们自己的或有负债与我们的期权进行对比。在利用柠檬汽水市场的增长中，不存在交易对手给孩子们这种权利。在增长的柠檬汽水市场，任何人需要的是一些柠檬、扑克牌、水壶、糖果、家庭冷冻机的冰块、桌子和一些玻璃杯。至今在这里存在柠檬汽水市场增长的期权，所有的孩子们所共享的市场。对于任何单独的孩子来说，这些都趋于没有价值。

柠檬汽水货摊期权探究

所谓的网络公司增长的机会就是，公司分享期权就如任何人都可以购买柠檬一样吗？或者期权上边受到财产权的保护或特殊交易对手的担保（也许是政府支持的专利）。或者公司的期权在一定程度上处于这些极端情况的中间，这些期权所具有的价值是由于这些公司拥有的战略资产吗？

很明显，亚马逊公司的期权扩展肥皂洗衣粉市场后，就是柠檬汽水货摊的期权。

在这个市场中，公司没有战略资产，实际上是相反的。Unilever 和 Procter & Gamble 公司在肥皂洗衣粉的制造和市场营销中拥有巨大的竞争优势。亚马逊公司有很好的商店，但与其他数以千计的网络零售商和数以万计的离线零售商相比，公司没有处于很好的位置。

Yahoo！公司在银行业的增长期权是非常具有吸引力的，但是这个增长可能只是完全受到时间限制的增长。公司已经与主要的银行形成了伙伴关系，但是这些银行中的多数已经开发和正在开发自己的网站。在网络银行业中，战略资产就是资本、声誉和交易过程的专业技术以及网站和良好的状态。

另外，系统网络公司，如 Verisign 公司（在其他产品中的一家专门从事数字证书①的公司）常常有技术领先的优势或者一项专利技术。由 Verisign 公司提供的这类数字证书产品没有在市场中得到增长，但是如果增长了，Verisign 公司将拥有大部分增长价值。Baltimore 技术公司有类似的状况，是在英国上市的公共关键技术制造公司。②

但是，即使这些公司的期权存在并且有价值，我们要通过假设在我们的静态的贴现现金流量 DCF 模型中具有高增长率，来双倍计算期权的价值吗？贴现现金流量模式常常在评估网络公司时封存其非常高的增长率，特别是当我们基于 1998～1999 年的数据时。就如 Damodaran（2001）已经提出的争议，采用这些高增长率的贴现现金流量 DCF 数值可能是不安全的，并且假设在这些已经优化的数字中包括期权的增长价值。

与实物期权的分析问题和贴现现金流量的预计问题这两者相关的其他问题，就是与最佳执行期权相关的问题。如果我们相信实物期权是普通的事情，并且在许多产业中常常被认识，那么实物期权已经在广泛的基础上被执行了。意思就是，当我们以利润数字为基准，为建立公司而建立贴现现金流量的预计时（公司的经理人员通过执行柔性的管理来利用实物期权），我们在使用这些贴现现金流量中的连带的实物期权的利润时，已经封杀了一定的实物期权利润。另外，如果我们相信实物期权不在这里，很少由经理人员执行，那么我们仍旧有一个问题。期权必须被公认，并且有潜力去执行才有价值。这样来说，实物期权专家的角色，就从根据过去基础评估实物期权内容的业务（因为在帮助经理人员使用实物期权的过程中没有干扰，实物期权内容的价值可忽略不计），转变为在公司内部传播关于如何最好地探测和管理实物期权的福音。公平地说，实物期权顾问以他们的角色完全地看到了这个情况。但是，这不是我们所要关注的地方。我们评估 Caesar 公司，向 Mark Antony 道

---

① 数字身份证是电子文件，它用来在诸如互联网的网络上区别相似的人和资源。它的定义来自罗宾逊（2001）的文章，文章同时对相关概念进行了简短概述。

② 公共钥匙的技术是一种数据加密方法，通常用于数字身份证和其他网络加密应用。

歉，我们没有起诉该公司的意思。

最后，网络公司有足够的管理资源来利用所有的理论上可以使用的期权吗？我们正在挑选特殊的案例，就是网络公司能够或者不能够被认为具有有效期权的市场，但是可以肯定的是，有无限广阔的事情经过这种新的网络公司机制来出售或中间转让吗？这是真的。在每一个市场中进行试验，很明显超出了任何公司所有的资源。更进一步，在这些市场中的很多地方缺少战略资产，将使增长期权成为柠檬汽水货摊期权，由所有的竞争者甚至是所有的公司共同分享。战略选择和优化是必须的，这就是业务的过程。

分析实际有利的推理工具。通过发现物体和不同地点发生的现象的模式和相似性，我们能够把专业技术从一个领域转向另一个领域。实物期权是在实际中进行分析的好例子，并且实物期权分析已经证明，在一些非常困难的评估任务中非常有用，如石油和天然气的价值评估。但是，在竞争性的市场中实物期权分析几乎没用，但是在许多网络公司运作的市场中是极具竞争性的。在这样的市场中，许多期权只有较低的价值。表8-1进行了概括和总结。

表8-1 实物期权有价值或没有价值

	价值	少量价值或没有价值
来自标准实物期权理论的期权	具有潜在上升（和下降）的不稳定性市场现值PV（执行价格）减去资产价格是大的和正的（看涨期权），或者大的负的（看跌期权） 执行期权的机会将长期存在	预测平淡的市场 现值PV（执行价格）减去资产价格是小的和负的（看涨期权），或者小的负的或正的（看跌期权） 执行期权的机会将短期存在
探测共享的、两倍计算的或不实际的期权	很清楚交易对手签订的期权 依赖有限债务或财产权的期权上边 没有竞争者或潜在进入者 专利产品 公司拥有重要的战略资产或竞争力 增长被视为静态净现值NPV的弹性的增加 接近公司管理层的经验	来自以太这一化工产品的期权 没有上边的清晰合法权利 有许多竞争者和潜在竞争者 容易复制的产品 由其他公司拥有战略资产，或者容易被其他公司开发 已经在贴现现金流量DCF计算中假设的高增长（两倍计算的风险） 在无关的或遥远的市场部分，公司管理层将没有时间去探索

公司实物期权价值确定的过程

（1）确定主要实物期权（每个公司为3~5个市场）。

（2）评估有多少公司将在上边共同分享。

（3）确定实物期权等式参数（整个市场）。

　　（4）评估市场期权价值——垄断案例〔使用布莱克–斯克尔斯公式的风险中性方法〕。

　　（5）评估市场期权价值——供过于求的案例（Grenadier，2000）。

　　布莱克–斯克尔斯公式的方法我们在上一章中讨论过。布莱克–斯克尔斯公式的风险中性方法将在附录 8-1 中讨论。但是，一旦我们知道参数的数值，计算实物期权的价值就相对直接地计算出参数是否存在和这个市场是否存在更多的问题。

　　过程中的步骤 2 是因特别精彩而被掌声打断的表演。就是在这个步骤我们探测了柠檬汽水货摊的期权。如果产品市场是充分竞争的，就不存在继续过程中的 3~5 的步骤，T=0（所有期权立即到期），而且期权的价值是零。基本上，如果你不执行期权，别人也会执行期权。

　　在供过于求的市场中，市场由企业联合组织共同享有，即正式的（合法的）或非正式的组织，期权的价值将低于垄断的期权价值，并且一般情况下，实物期权价值将随着在产品市场中竞争者数量的增加而非常快速的降低。我们使用 Grenadier（2002）概括的方法对此进行修正。但是，由于在本案例中我们并不是坚持所有 Grenadier 的假设，我们正在考虑自己的缺陷而不是 Grenadier 的，我们在不同的假设下使用他的理论，得出的数值不是十分精确，并且应当被视为粗略的评估。

在竞争下的期权价值评估

　　研究者已经建立起竞争情况下的计算期权价值的方法，但是，这些方法常常是随机过程计算的知识，这个方法已经超出了本书的研究范围。无可争议的是，竞争具有减少实物期权价值的影响。使用布莱克—斯克尔斯（Black-Scholes）公式的框架，我们就能够看到对关键参数的负面影响，特别是对参数 S 和 T 的负面影响（见表 8-2）。

表 8-2　竞争对期权价值的影响

股票期权参数	实物期权公式	竞争带来的影响
标准方差（或者变动性）（σ）	项目价值的变动性（σ）	不确定性
股票价格（S）	市场价格的现值（不是收益的现金流量）（S）	减少市场的价值
执行价格（K）	进入新市场的成本（K）	由于更多的公司建立了一个平台，如果一种方法降低了价格，那么不确定性减少执行价格 K
时间（T）	在执行期权前可用于学习/解决不确定性的时间（T）	在执行期权前减少留给解决不确定性的时间
无风险利率（r_f）	无风险利率（r_f）	没有影响

　　Steven Grenadier 已经广泛地写作了关于实物期权和其他市场中实物期权和竞争

网络公司价值评估：前沿观点

的主题的文章。[1] 最近的文章[2]出自对 n 个公司市场的实物期权价值与 1 个公司的实物期权价值进行比较的表述。文章使用实物期权的文献为假设标准（如相对于需求函数的恒定弹性市场，以及演化为几何 Brownian 运动的增加需求的冲击的出现）。然后这篇文章模拟了公司的决定，但是在模拟公司决定时，考虑了其他公司的投资战略（这就是在经济学和博弈论中的纳什均衡，纳什均衡就是假设当游戏的其他参与者执行他们的最优策略时，人们所决定要做的他们的最优策略）。这样的结果是期权价值由于公司的数量而减少的结果。就如 Grenadier 说明的那样，由于担心他们等待的期权价值提前消失，增加的竞争导致公司尽早执行自己的期权。以下是对此进行总结得出的公式：

$$OP(n) = \frac{1}{(n\gamma - 1)}$$

这里，r 是在需求函数中的参数（需求函数是商品生产数量函数中价格的表达，在这里 $P(t) = X(t) \cdot Q(t)^{\frac{1}{\gamma}}$）。根据基本案例分析，r 是最简单的出于垄断期权考虑的收益（就是垄断的案例的标准实物期权分析）。例如，当垄断期权的收益是 200% 时，OP（Ⅰ）必须等于 2。因此，γ 在这里等于 1.5。[3] 考虑到期权的 100% 或者 200% 的收益，在很多情况下，这些收益是实物期权书本中考虑的典型数据，我们能够看到在更多的公司进入市场时，实物期权价值在快速下降（见表 8-3）。

表 8-3 竞争对实物期权价值的影响

公司的数量	期权权利金 = 价值净现值的 200%		期权权利金 = 价值净现值的 100%		期权权利金 = 价值净现值的 50%	
	γ	期权权利金 OP（n）（%）	γ	期权权利金（%）	γ	期权权利金（%）
1	1.5	200	2	100	3	50
2	1.5	50	2	33	3	20
3	1.5	29	2	20	3	13
4	1.5	20	2	14	3	9
5	1.5	15	2	11	3	7
6	1.5	13	2	9	3	6
7	1.5	11	2	8	3	5
8	1.5	9	2	7	3	4

---

[1] 参见文章 Grenadier（2000）。

[2] 查阅今后的金融研究（Financial Studies）。

[3] OP(I)= 200%=2。因为等式 OP(n)=1/(nγ-1)，由于 n=1，并且 OP(I)=2，得出 2=1/((I)γ-1)，得出 2= 1/(γ-1)，得出 2(γ-1)=1，得出 2γ-2=1，得出 γ=1.5。

续表

公司的数量	期权权利金 = 价值净现值的 200%		期权权利金 = 价值净现值的 100%		期权权利金 = 价值净现值的 50%	
	γ	期权权利金 OP（n）（%）	γ	期权权利金（%）	γ	期权权利金（%）
9	1.5	8	2	6	3	4
10	1.5	7	2	5	3	3

亚马逊公司的期权价值

我们的方法首先强调战略分析，数字分析是第二位的。为了公司在现存市场中的期权价值，实物期权必须满足表 8-1 中的需求。大多数的网络公司主要关注的期权是增长期权，而不是财产权支撑的期权，如我们前面讨论的油井的期权。更进一步，当我们等待执行期权时，对于保护的期权只是非常少的期权保护。有可转换债券持有者签订给负债持有者的亚马逊公司的清算是确定的价值，就如我们在上一章讨论的那样，上边的研究通常集中在增长期权上。增长期权有时也称为平台期权，因为他们建立一个平台以进一步扩展市场，也许通过制造一个"水中的脚趾"小部分地进入市场。初始进入可能是没有利润的，但是通过保护技术领先地位或者是品牌的认可，公司可以获得一个位置，可以从那里来参加未来市场利润增长。这方面经典的例子就是 20 世纪 70 年代个人计算机产业的平台期权。但是，就如这里发生的那样，这种期权容易受到攻击，或者按照战略资产的需求完全进行转移（那样，围绕 IBM 公司个人计算机标准的标准化，与很多早期进入者的战略资产变得毫不相关）。

步骤 1：区分主要实物期权

亚马逊公司的当前活动在哪里给出最好的平台？给管理层的时间是受限制的，公司不能进入更多受数量限制的市场。如果这些执行期权具有价值，在市场上出现的连同最优的或者接近最优的执行期权是至关重要的。我们的程序是以公司现在所在的市场为出发点，然后去评估哪里的市场能够通向"垫脚石"。然后我们使用我们所定义的探测有价值的实物期权的特征（见表 8-1 中总结的），评估这些公司当前具有最高实物期权价值的增长的市场。进一步分析后，就如表 8-4 所示，这些标准归结为如下三个问题：

——在增加的市场中有多少竞争者？在竞争者实施行动之前，受影响的公司将有时间解决不确定吗（实物期权具有价值是最根本的)？

——受影响的公司拥有更高的战略资产吗？面对新的市场，虽然公司具有相关市场的经验，但公司真的已经建立平台了吗？是刚刚从零开始吗？

——当前收入预测潜在的增长是在增加吗？

为了进一步分析，使用表 8-4，我们区分以下市场：

——音乐的数字下载

——电子图书的数字下载

——服务领域

——软件/ASP

——电源插座

表 8-4　亚马逊公司区分主要的实物期权

当前的领域	构成的平台	竞争者	是否可能获得高级战略资产	当前预测是否增加
图书	电子图书	有	可能	是
音乐	音乐数字下载	潜在的	不确定	是
影像	影像数值下载	潜在的	不确定	是
国际组织	扩展产品线	依赖	是	？/是
拍卖	其他拍卖形式	有，占优势	不能	不
服务	其他服务产品	是，很多	是	？/是
家庭改进	更宽的产品范围	是，很多	不	不
电子器件	更宽的产品范围	很多	不	不
软件	ASP（应用服务提供或其他服务）	是,变化的竞争力	不	是
橱具	更多的家庭服务范围	是，很多	不	不
健康美容	更宽的个人产品范围	是，很多	不	不
户外产品	更宽的产品范围	是	不	不
工具	更宽的产品范围	是	不	不
亚马逊插座	更宽范围的打折产品	是	是/？	是
移动电话/airtime	其他相关电话销售	是，很强	不	是
计算机	更宽范围的计算机产品	是，很强（例如 Dell 公司）	不	不/？

步骤 2：确定有多少公司共享

步骤 2 和步骤 3 是有关研究实物期权价值最可能留给亚马逊公司的市场分析方法。就如我们上面提到的，从竞争问题开始的理由是，公司是否能分享这个数值是零的实物期权，所以我们不必进一步进行下去。选择市场中的竞争者参见表 8-5。在这个步骤中，由于大量的拥有高级战略资产的竞争者已经在这个市场中存在，我们能够取消软件/ASP。

在音乐数字下载中，未来的竞争方向是不确定的。真正的对等的文件共享程序，如当前的 Cnutella，破坏了付款音乐下载服务，这样使音乐出版商机敏地发布人们期望的音乐。如果版权保护问题得到解决，亚马逊公司将处于好的位置，来衡量公司在互联网上关于录制音乐的第一零售商的位置，但是公司将面对来自 Npaster 公司的竞争（现在试图在作为付款音乐提供方面找到角色），以及大量街头零售商的竞争，这些零售商试图提高他们在网站上的等级。在市场中真实的不确定性是，音乐出版商自己是否将发生冲突。从银行提取存款直接对音乐录制价值链进行投资的诱惑可能是无法抵抗的。最可能的过程是音乐出版商停留在附带销售（就是确定特许协议和采取策略投资在一些服务提供上的例外）上有两三年的时间，然后进入有自己网站的市场。

表 8-5　亚马逊公司在相同市场的竞争者

产　业	具有类似的和对应的战略资产	评估数量
音乐—数字下载	MP3. com 公司，Artistdirect. com，Cdnow. com/Columbia House，Napster，towerrecords. com，virginmega. com，Record Labels（?）	10
电子图书—数字下载	Barnesandnoble. com 公司已经占领这个领域，但是亚马逊公司在其他领域处于有利位置。电子图书读者服务公司和出版商也试图进入竞争	1~3
服务领域	Yahoo!、AOL、MSN 公司	3
软件或者 ASP	许多	许多
电源插座	Overstock. com，half. com（eBay），buy. com，ubid. com 以及其他公司	5

亚马逊公司最近与 AOL 公司和 Target 公司达成协议，是能够最广泛定义的服务收入的例子。亚马逊公司当然具有运营在线商店的专业技术，并且能够用参加其他需要这个专业技术的业务进行衡量。考虑到这个领域的竞争者，设想一家公司希望论证或建立自己的商业网站，公司应该往哪儿走？亚马逊公司最可能是第一位的选择，把专业技术融合到商业网络入口建设中。其他的选择是 AOL 公司自己，以及其他主要的网络入口，如 MSN 和 Yahoo! 公司网站。

步骤3：确定实物期权公式的参数（整个市场）

公司的数量 n 就如我们在上面讨论的那样（把每个竞争者都加到市场计算数量中，当然亚马逊公司自己必须包括在内）。我们假设亚马逊公司的潜在项目是具有与公司当前业务类似的不稳定性，并且与可转换权益价格保持相当的接近，我们使用亚马逊公司权益的不稳定性作为公司的运营资产不稳定性的近似值。但是，在理想情况下，相关项目的不稳定性能够获得，这个数值应当用于计算中。由于我们正在讨论的所有项目是电子商务项目，如财产项目的期权，不稳定性将不得不向下调整。亚马逊公司 2001 年 10K 报告中的 98% 的变动性数值在第七章中得到使用。

市场价值 S 是最难以计算的。我们寻找市场规模或者增加市场规模的预计，然后

网络公司价值评估：前沿观点

通过假定在采取4%的增长率时的平均税前利润（5%），来计算市场价值的现值。由于市场价值S应当代表的是现值，而不是未来期望的预期，所以可以看到收入接近近期的现值，参见表8-6。

表8-6 亚马逊公司具有实物期权的产业市场规模和市场价值

产业	收入 $ m （年度，资料来源）	未来收益 （m=5%）（$）	恒定增长收益的值 （r=13%，g=4%）
音乐下载	1100 （2003，Forrester）	55m	610
电子图书	838 （2001，Forrester）	42	470
服务	8600×20%＝1750 （2001，Yankee Group）	87.5	970
电源插座购买	11300×10%＝1130 （1996，零售价值新闻）	56.5	630

为了确定服务领域和电源插座的价值，我们把服务机会看作在线广告市场大量增加的部分（86亿美元收入），把电源插座视为电源插座的一小部分（近期提供的数字是113亿美元）。

然后我们继续计算实物期权价值（见表8-7），将每个市场的价值（来自表8-6）作为期权公式的股票价格。

敲定价格（进入市场的价格），尝试在不同的市场进入和建立网站，与我们所拥有的亚马逊公司在网站上的支出进行比较，到2001年第三季度总共为6.8亿美元。因此，我们使用的每个网站增加的大约的数量是，其中5000万美元为服务和电子图书的费用，1亿美元为音乐和电源插座销售的费用。由于这些费用包括市场营销费用和创办费用，所以，这些数值可能是保守的。

时间反映了市场中竞争者进行响应的参与速度，在电子图书和服务方面的速度慢于在电源插座和音乐下载方面的速度。

然后看涨期权的基本垄断价值V（看涨期权），根据布莱克—斯克尔斯公式计算得出（就如第七章中讨论的那样），通过敲定价格获取的基本收益OP（I）加以区分，OP（I）依次用于计算收益率r。使用OP（n）＝1/（nr-1）来计算OP（n），然后再乘以敲定价格就得到竞争的价值V（多个可比较的价值）。

就如表8-7中表示的那样，估算的亚马逊公司的实物期权价值的总额是6100万美元。

— 194 —

表 8-7 亚马逊公司实物期权价值的计算

产业	n	σ	S（＄m）	K（＄m）	T（X*）	r_f	d_1	d_2	V（看涨期权）垄断实物期权收益（＄m）	基本收益 OP（I）	隐含伽马	竞争收益 OP（n）	V（较多的）竞争性的实物期权价值（＄m）
音乐下载	11	89%	610	100	1	4%	2.521	1.631	515.22	515%	1.19	0.082	8.24
电子图书下载	3	89%	470	50	2	4%	2.472	1.213	425.82	852%	1.12	0.425	21.26
服务	4	89%	970	50	2	4%	3.048	1.789	924.36	1849%	1.05	0.311	15.55
电源插座出售	6	89%	630	100	1	4%	2.557	1.667	535.11	535%	1.19	0.163	16.34
总数													61.38

附录8-1　风险中性/期权估价的二项分布方法——操作实例①

建立平台：平台是负的净现值

当外部世界的状态在每年两次可选择间变化时，这个附录说明了评估增长期权的简单例子。特别是，每年相关市场的价值上升达到80%（标上乘数记号，u = 1.8），或者市场价值下降幅度达到40%（标下乘数记号，d = 0.6）。这就是二项分布式模型，由于每年有两个可能产生的结果，由于每个结果进一步产生两个结果，在 n 年产生的结果数量是 2^n。例如，在第二年产生 4 个结果或分支。

首先，我们看到没有灵活性的情况，如图8-3所示。在每年产生的分支中，我们假定市场的初试价值是 1 亿美元，资本成本是 20%，并且主观的或者任意方分支的真实世界概率为一半。不用选择，使用加权平均概率，我们能够很快计算净现值 NPV。记住我们使用的 u 和 d 的数值起源在第 2 年度的市场价值，然后向后计算确定净现值。这样如果市场在这两年中发展较好，那么市场的价值就是 1 亿美元×u^2 = 3.24 亿美元。向后计算，一年以后的价值是 V⁺ = 1.8 亿美元，或者 V⁻ = 6000 万美元。开始的价值确定为 V⁺ 的贴现值（1.8 亿美元/1.2 = 1.5 亿美元），再乘以概率 0.5，加上 V⁻ 的贴现值（6000 万美元/1.2 = 5000 万美元）乘以 0.5，总数为 1 亿美元。由于我们假定成本为 1.04 亿美元，这个项目产生 4000 万美元的负的净现值 NPV。下面我们介绍增长期权以及不确定性的解决，看看增长期权是如何影响价值的。

增长期权描述

现在我们假设一年以后我们选择投资 8000 万美元通过广告和制作新的网页来出售小说（最高是 1.04 亿美元），假设这将在第 2 年度扩大两倍的规模。要注意的重要事情是，在第 1 年（在我们必须决定是否增加规模之前）要解决不确定性：我们市场是处于上升状态（V⁺），还是下降状态（V⁻）。

下一步我们把扩张的成本（8000 万美元）和扩张（两倍数值）的影响结合到决策规则中。在任何情况下，我们能够接受市场价值 V，或者扩展和得出 2V 减去扩张成本 8000 万美元，所以决策的规则是，我们总是选择最大值 max（V，2V-8000万）。因此，现在我们计算这个数值，用上升状态 V+（这里 V=1.8 亿）和下降状态 V⁻（这里 V=6000 万）时的表达式如下：

---

① 来源于 Trigeorigis（1996）文章的第 153 页。

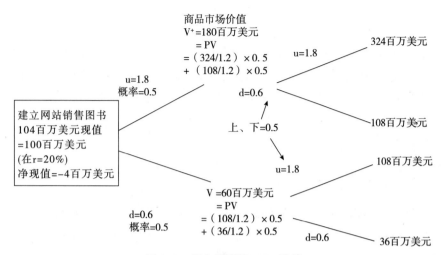

图 8-3　平台净现值 NPV 计算

——上升状态：$V^+ = \max(V, 2V-0.8) = \max(1.8, 2.8) = 2.8$ 亿美元

——下降状态：$V^- = \max(V, 2V-0.8) = \max(0.6, 0.4) = 0.6$ 亿美元

注意最大表达式规则已经表达了对每个结果的不同决定。为了在上升状态中获得 2.8 亿美元，我们必须扩张价值，但是为了在下降状态中释放 6000 万美元，我们没有在第 1 年末扩张价值（如果我们扩张这个项目只值 4000 万美元）。每个决定下的所有结果展示在图 8-4 中〔只描述了 1 年内的市场，0 年价值（战略净现值）在图中左边的外面〕。

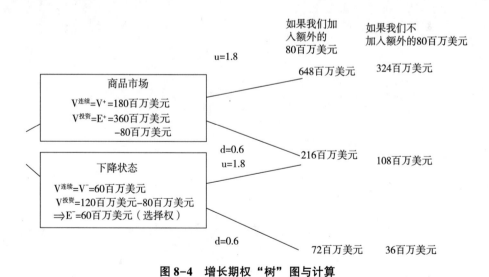

图 8-4　增长期权"树"图与计算

增长期权计算

为了讨论选择性，我们使用风险中性的概率来计算价值。假设无风险利率为5%，然后我们计算风险中性概率p。这就暗示了已知结果对观察价格给出的概率。总之，此刻人们不关心他们是否得出风险的或无风险的现金流量：

$p = [(1+r_f)-d]/(u-d) = (1.05-0.6)/(1.8-0.6) = 0.375$

然后我们计算战略净现值NPV：

战略净现值 $NPV = [(pE^+ + (1-p)E^-)/(1+r_f)^t] - I$。

$= [(0.375×280+0.625×60)/1.05] - 104 = 31.7$ 百万美元

期权价值 = 战略净现值NPV - 静态贴现值NPV = $31.7 - (-4) = 34.7$ 百万美元

一旦期权价值在头脑中形成，这个将被放弃（净现值NPV = -4百万美元），项目是可以接受的。

很明显，应当考虑有些忠告。二项分布状态不是实际的情况，而且u和d是人为选择的因子。但是，这些问题可以通过模拟非常短的时期内二项分布"树"，以及通过从利率得出的u和d的数值来克服。较难修正的就是，我们假设的从增长产生的大量利润将在没有竞争者参与阻挠的情况下被获取。这个二项分布说明的假设是没有竞争的情况下的，假设缺少现实性。一般情况下，竞争将减少期权的价值。Trigeorgis（1996）在第九章讨论了竞争模型。

第九章 价值评估实践

1995~1999 年价值评估的挑战

网络公司价值评估可以追溯到 1995 年网景有限公司（Netscape，Inc.）的股票首次在纳斯达克公开发行 IPO。在网景公司首次公开发行的时候，有个惯例就是公司在公众市场寻求上市之前必须是赢利的。尽管公司在上一年度已经记录有 1400 万美元的亏损，但是网景公司作为上市公司在第一天收盘时，公司的资本市值就达到 22 亿美元。很明显，价格—收益比率（PE）就是市盈率，在评估网景公司时是没用的。

在网景公司以后的几年中，挂牌上市的网络公司的数量逐步增加，以及必须控制的技术框架变化的增加，这就需要产生对股票分析师和专注于计算机网络领域进行酬资活动的经理人员的需要。随着网络公司股票价格的快速增值，在 1998 年到 1999 年期间的终止，投资经理人员需要创新分析方法来帮助他们制定决策。

面对巨大的价值评估挑战，网络公司分析师对符合这些需求的方法进行了寻找。当市盈率 PE 不能用于没有现行收益的公司时，我们在第一章中提到的贴现现金流量方法就能够充分提供在这些情况下进行价值评估的洞察力。许多分析师开始把这个方法作为他们的基本价值评估工具。

贴现现金流量 DCF 的使用是明智的和创新的，是有意义的网络公司股票价值评估。一个较好的例子就是 Cashflow.com，即 Credit Suisse First Boston 的一份关于网络公司价值评估的研究报告（Mauboussin，1998）。这份报告寻求解释网络公司价值评估的方法，指出网络公司业务只要较低的资产需求以及将要增加和产生价值的正的现金流量。这篇文章试图延伸到网络公司范围的现金流量价值评估的边界，并且想要吸引网络公司的投资者的注意力到资产效率的正面影响，是在其他业务领域里众所周知的影响（如超级市场和刊物出版业）。但是，文章存在的缺点是，在净现值 NPV 期内的正面影响的量化工作中，只做了少量的尝试。

当网络公司股票价值向上快速上涨时，增加使用的是由其他价值评估方法构成的。少量分析师讨论了对实物期权理论的偏好，如果公司股票是不成功的，他们根据这些公司相对于少量的潜在亏损的巨大潜在利润，来推断一些网络公司的股票价值。网络公司未来的收益被认为是具有不对称性的。如果网络公司"起飞"，根据分析师的观点，相对少量和有限的潜在的损失（权益现值），潜在的巨大的价值产生是基本不受限制的。由于这些推断的清偿是类似于看涨期权在股票上的模式，看涨期权的价值评估技术，如布莱克—斯克尔斯公式，就被假定为潜在的价值评估范式。由于这个方法在那个时期的实践中存在几个缺陷，无论是在概念上还是在执行中都存在。竞争的重要性问题几乎是完全被忽略的，即竞争性的市场没有受到限制的上边，因为正的经济利润将吸引其他的公司进入这个竞争性市场。同样，由于在量化潜在的期权价值的失败，分析师在实施中也犯错误。在合理的时间范围和潜在价值的假使下〔假设理想的布莱克—斯克尔斯公式坚持的条件〕，就如我们在第八章中讨论的例子那样，实物期权价值对许多公司是合适的。

可比较部分的增加

分析师在考虑网络公司时，与权益分析师研究其他产业时有同样的"时间饥荒"。权益分析师不像在学院里进行的研究，可以花费几年的时间写作专著和进行详细研究。每个分析师的工作面覆盖了多达 10 到 20 家公司，并且他们被期望在每天的基础上为投资者产生选择。因此，正像其他产业那样，投资者希望有个大拇指一样的规则和更加简单的价值评估方法。由于以贴现现金流量（DCF）方法为基础的分析不能产生正确答案的实际情况，所以这种需求在增长着，尽管贴现现金流量（DCF）公式预计提出的股票在整个 1999 年中有过高评估的事实，但是在此期间，网络公司的股票价值在连续增加。

大拇指规则是一组我们称为可比较的比率。逻辑分析的基础是我们下面讨论的市盈率（PE）比率的逻辑分析基础的外延。市盈率（PE）告诉我们收益的倍数，这个倍数的收益是投资者为了未来收益或者现金流量的回报而准备支付的资金。这个概念扩展为投资者准备支付给公司的收益的倍数，然后扩展为更加深奥的参数的倍数，如用户、网页浏览（对单个用户的个人计算机的单个网页的服务）和网上订购。然后这些倍数可以在网络公司和将要做出的调整之间进行比较，这个调整是根据哪个花费高的公司（高的可比较率数值），还是哪个便宜的（低的可比较率数值）做出的。但是，当大量的会计规则和规范寻找保证权益持有者的利益时，即 1 美元收益所对应的真实的现金流量或未来现金流量的利益时，这里就可能没有类似的保证，来保证一定数量的用户，或网页浏览将对权益持有者一直产生现金流量。即使没有这个基本的问题，不同的公司规模、不同的发展阶段和不同的业务模式，也意味着在使用可比较的来传达清晰的价值评估信息时，这些被比较的公司很少具有完全的相似之处。实际上，这些大拇指规则尽管是诱人的，但是给出了不正确的相关的价值评估信息，并且把投资者从执行基本的价值评估转移，价值评估已经引起投资者的警惕，注意市场价值和可能的基本价值范围之间的分歧。

可比较的例子

如表 9-1 所示。[①]

表 9-1 可比较的例子

可比较的内容	相应的内容
资本市值/用户 *	一般情况
资本市值/网页浏览 *	一般情况，特别是广告支持的公司
资本市值/广告浏览 *	
收入倍数（或资本市值/收入）	由于收益不是正值，这是主要使用的可比较的数值
每个订购者的收入	互联网供应商，基本订阅的网站
资本市值/POP *	与互联网供应商比较具有的表现点
产业潜在的市场股票的资本市值	一般情况（基本上意味着资本市值/预期收入）
资本市值/总互联网用户 *	公司的价值与最大相关潜力
收入/直接的电子市场营销	表明市场营销费用的产出
资本市值/Websteater *	用于评估免费网页供应商的社团
收入/Websteater *	测定社团网站的产出，对于社团公司，Websteater 如何有效地生产
价格/打折的收益	计划的收益和当前股票价格的折扣
销售额/雇员	使用雇员的效率是多少
收入/宽带 *	用于确定如何有效地管理配置公司的宽带来生产销售额

注：* 网络公司特有。

市盈率（P/E）：第一个可比较的比率

市盈率或者价格—收益比率对于旧经济公司来说，常常是可接受的准绳。这个市盈率 PE 是比较简单的，用现价除以最近的收益数值（历史的市盈率 PE）、最近 12 个月的报告的总收益（TTM——跟踪 12 个月的市盈率）或者最近预期的收益数值（期望的市盈率）。市盈率 PE 能够以每股为基础计算得出，也可以以整个公司为基础计算得出：

$$市盈率 = \frac{每股市场价格}{每股收益}$$

同样，由于资本市值等于每股收益乘以股票数量，那么公司年度收益就等于每股收益乘以股票数量：

[①] 参见 Harmon（1998）的文章。

$$市盈率 = \frac{权益的资本市值}{公司年度收益}$$

市盈率告诉了我们有多少投资者准备为收益支付资金（税后利润）。投资专业人员是舒服的，并且习惯于处理市盈率。高成长的公司通常具有高的市盈率，低成长的公司有低的市盈率。这是因为如果一个公司是高速成长的，未来的收益与低速成长的公司相比是巨大的（对于给出的收益现值）。对于公司之间市盈率的不同，还有其他可能的原因（不同的资本成本，由于短暂的问题引起收益暂时降低，或者由于例外项目的生产暂时夸大的收益），但是保持这些恒定，增长率是最重要的参数。

同样，我们能够从市盈率中得出增长率。这同样变得与研究价格/收入比率（P/R 比率）相关，因为我们能够根据 P/R 比率向回推出市盈率，并且执行同样的算法来确定暗指的增长。

如何把市盈率（以及价格/收益比率）转换成增长率

使用我们在第四章中讨论的 Gordon 增长模型，把市盈率转换成恒定增长率是可能的。我们下面讨论为什么这样做是不聪明的，因为在经济增长率之上的恒定增长率是不明智的。取而代之，我们建立一个模拟，我们有 10 年期末的最终价值，这个最终价值是建立在全面经济增长率（1/(r-4%)）的基础之上的，并且解决市盈率，把市盈率作为模拟的净现值，这里的收益率是每年 ξ%。

我们正式做出以下假设：

（1）价值是由不久的将来（直到第 T 年）的一系列的现金流量组成，加上 T 年后期终价值代表的现金流量。

（2）近期的现金流量每年以恒定的增长率（ξ%）增加。

（3）期终价值是最后一年的现金流量乘以（1/(r-4%)）。

（4）对于具有合适资产的公司，收益近似于税前的现金流量。

（5）资本成本或者贴现率随着时间的推移保持为 r%。

我们能够灵活使用电子数据表，通过改变 ξ 值，来解决期望的市盈率，或者通过 Goal Seek 函数自动完成电子数据表构建。贴现现金流量 DCF 除以 1 年的收益得出的价值，就等于市盈率 PE 的数值。同样的电子数据表如表 9-2 所示。计算公式是：

——B7 = 1/(B5-0.04)

——B8 = NPV(B5,C12:L12)+M12/((1+B5)^10)

——B12 = 1

——C12 = B12 * (1+ $ B9)（自动填充到 L12）

——M12 = L12 * B7

用户现在能够在工具菜单 Tools 中调用 Goal Seek 函数命令〔输入"B8"来"设置单元"，为了"评估"，在 B6（"98"）中输入价值，并且为了"通过改变单元"输入"B9"〕。可以选择一个简单的宏自动完成 goal-seeking 的过程，例如：

SUB Tvcalc( )

Range（"B8"）. GoalSeek Goal：＝Range（"B6"），ChangingCell：＝Gange（"B9"）

End Sub

为了向回推出由价格/收入比率隐含的增长率，首先除以预期的利润，转变成市盈率 PE。我们假设平均全面经济税前利润率为 5%（资料来自 Compustat）。

表 9-2　转变成增长率

	A	B	C	D	E	F	G	H	I	J	K	L	M
5	r=	10%											
6	PERa=	98	输入 PER 转变为 g										
7	PER10=	16. 67	（旧经济的 PER10 年的计算）										
8	Value=	$ 98. 00	（使用 goal seek 宏：进行计算）										
9	ga=	27. 6%	输出：隐含的收益增长率										
10													
11	年	0	1	2	3	4	5	6	7	8	9	10	TV
12	收益	1	1. 28	1. 63	2. 08	2. 65	3. 38	4. 31	5. 50	7. 01	8. 94	11. 41	190. 16

价格/收入比率

市盈率对网络公司具有有效的用途。几乎很少有网络公司是赢利的。包含一个负的收益的市盈率是没有意义的。因此分析师已经集中注意力将价格/收入比率作为可比较的内容，这个可比较的部分现在仍然可以使用。价格/收入比率的计算类似于市盈率的计算：

$$价格/收入比率 = \frac{公司资本市值}{公司收入}$$

或者，

$$价格/收入比率 = \frac{每股价格}{每股收入}$$

如果我们做出重要的假设，那么价格/收入比率与市盈率（PE）之间的关系是简单的算术关系。定义税前利润为 m，那么当：

$$m = \frac{收益}{收入} \Rightarrow 收入 = \frac{收益}{税前利润\ m}$$

$$\Rightarrow \frac{价格}{收入} = \frac{价格}{收益/m} \Rightarrow 价格/收入比率(P/R) = 市盈率(PE) \times 利润$$

得出的这个比率看上去非常接近市盈率（PE），分析师和投资者在进行描述具有低的价格/收入比率（P/R）公司时感到安全，而且与类似具有较高价格/收入比率（P/R）的公司相比相对便宜。但是，使用这个价格/收入比率（P/R）在过去和现在都不合适。令人惊奇的是，面对1997~1999年期间的不确定的场面，网络公司分析师寻找关于价格/收入比率（P/R）的原则和其他的分析方法。但是，那只是一定程度上的关注，并且对坚持使用这个方法感到惊异。

价格/收入比率（P/R）不适合的使用存在三个方面的原因。第一，价格/收入比率（P/R）能够隐含高的增长率。第二，使用价格/收入比率（P/R）进行价值评估，即使作为一个相对的价值评估指标，价格/收入比率（P/R）也能够导致较差的投资行为。第三，使用价格/收入比率（P/R）给经理人员建立了错误的动机。下面，我们分别讨论和说明这些原因。

价格/收入比率（P/R）隐含较高增长率

高的价格/收入比率（P/R）的问题是把难于解释的价格/收入比率（P/R）概念混淆了。这就引起了所在市场的价格/收入比率（P/R）的较高的数值，并且在一定情况下仍然是非常高。通过使用上一部分中价格/收入比率（P/R）和市盈率之间的关系，我们对难以解释的困难能够给予部分的克服：

$$价格/收入比率 = 市盈率（PE）\times 利润 \Rightarrow 市盈率（PE）= \frac{价格/收入比率}{利润}$$

税前利润是通过收益除以销售收入来计算的。就如我们在图9-1中看到的那样，税前利润的一般数值在0~15%，它的平均数为5%（就是销售额的0.05）。有些公司表现出较高的利润数值，如一些进行消费品生产的公司，并且公司具有专利或者版权的保护。

假设公司取得的是平均的利润率，用价格/收入比率（P/R）除以0.05，将我们得出几乎相等的市盈率（PE）比率。这可以使我们做两件事情，第一，我们能够立即看到相对于非常高的市盈率（PE）的比较合适的价格/收入比率（P/R），市盈率（PE）的通常数值是在10~25之间。第二，使用上面提出的方法，我们能够做出公司收入增长的模拟，公司需要对这个模拟的市盈率（PE）感到满意。

在表9-3中，我们考虑了1999年11月价格/收入比率（P/R）处于最高数值时的一些情况，并且使用上面提出的方法，我们可以推导出市盈率和隐含的增长率。

当所有公司都过高评估时，一个相对价值评估的指标，如价格/收入比率（P/

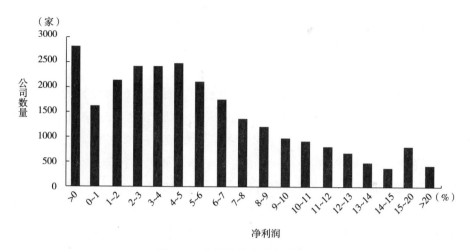

图 9-1　大公司的净利润分布图

注：本图统计的是 1967~2000 年收入大于 100 万美元的公司。

R），在指导价值评估时是没有用途的，就如我们在这里的分析一样。值得注意的是，这个对这些网络公司进行了模拟，假设瞬时和持续的转变为平均的利润率，因此真正需要的增长率应当是更高的数值。对于一些公司，在数值大幅度下跌后，当前的价格/收入比率（P/R）数值相对于收入增长率是极不可能的。

表 9-3　价格/收入比率表（1999 年 11 月）

	价格/收入比率（P/R）	隐含的市盈率 m=5%	隐含的 g （10 年的 PE=16.7，r=10%）（%）
etoys	165.5	3310	84.2
Drugstore. com	144.9	2898	81.7
eBay	97.1	1942	74.4
Priceline	21.3	426	49.1
Amazon. com	13.4	268	42.1
Bn. com	12.5	250	41.0
Beyond. com	4.9	98	27.6
Cdnow	2.7	54	19.4

价格/收入比率（P/R）给出错误的相关投资信号

当我们在网络公司泡沫的关键时期使用时，最终的问题还是价格/收入比率（P/R）不能够"工作"。就如我们上面提到的，在网络公司之间，可比较的价值的基本观点是比较乘数，如价格/收入比率（P/R）。公司具有较高的价格/收入比率（P/R），就被认为是昂贵的（出售）；公司具有低的价格/收入比率（P/R），就被

网络公司价值评估：前沿观点

认为是便宜的（购买）。在理想的情况下，可比较的专家将会寻找一组类似的公司（可比较的公司）进行限制价值评估的演练，而不是分析师在全国范围内、全部网络公司产业范围内比较公司后存在的例子。

为了测试可比较的投资行为的表现，[1] 我们寻找最普通的可比较的比率——价格/收入比率（P/R），并且从最大范围的网络公司股票名单（来自 INT 媒体的 www.internet.com）中抽取样品。然后我们按照公司股票的价格/收入比率（P/R），进行五等份的投资行为的表现的排列组合，按照季度收入进行测算。换句话说，我们首先对网络公司股票名单按照股票价格除以每季度的收入来排列股票[2]（当他们的季度的收入被公布后）。然后我们把股票分成五等份（每份五分之一），从排列名单的顶部向下计算。例如，如果季度报告中有 20 只股票，那么在每五分之一等份中有 4 只股票，把具有最高价格/收入比率（P/R）的 4 只股票排列在第 5 等份中，具有最低价格/收入比率（P/R）的 4 只股票排列在第 1 等份。然后在每个季度，我们计算每组股票的平均表现。然后我们把不同排列等份[3]〔最高价格/收入比率（P/R）的股票〕的表现进行混合，并且把最高价格/收入比率的等份与其余排列等份混合后的表现进行比较。

如果可比较的价值评估可以进行工作，我们将期望看到低的排列等份的股票〔低廉的价格/收入比率（P/R）〕具有高的股票表现，高的排列等份的股票具有更加令人失望的表现。如果可比较的价值评估不能进行工作，我们将不能够期望看到任何形式的等份股票的表现。实际上，相比高的排列等份的公司，低的排列等份的公司产生了大量的利润。公司表现如表 9-4 所示。

表 9-4　价格/收入比率（P/R）的收入的五等份排列组合

排列组合	低的价格/收入比率（P/R）	2	3	4	高的价格/收入比率（P/R）
按年度计算的总收入	−20%	−9%	16%	47%	50%
每个年度等份组合收益 *	%	%	%	%	%
94～95	−10	113	82	65	−5
95～96	−17	−4	−5	−44	28
96～97	22	29	21	14	54

---

① 参见 Briginshaw（2002）的文章。

② 收入是在当年 12 月份结尾的基础上计算的，也就是说，一个公司正在报告的 2002 年 6 月的报表，相关的 12 月份结尾的收入是 2001 年 7 月 1 日到 2002 年 6 月 30 日的结果。

③ 应用持有期间收益的技术作为标准。为了结合使用高价格收益比 HPR，我们使用以下公式：HPR = Π$(1+ret_i)$〔就是每一次收益 ret_i 加 1，并且进行复合运算 $(1+ret_i)$〕。就是：

$$HPR = \prod_{i=1}^{T}(1+ret_i)$$

排列组合	低的价格/收入比率（P/R）	2	3	4	高的价格/收入比率（P/R）
97~98	−31	−42	−14	59	113
98~99	−6	89	160	300	680
99~100	−82	−60	−26	−15	4

可以看出高的价格/收入比率（P/R）的排列组合的突出表现（可比较的模型的表现不佳）主要集中在 1997~2000 年，就是当价格/收入比率（P/R）由评论家普遍推广的那个时期。我们在下个部分提出，价格/收入比率（P/R）的表现和其他可比较的评估可能已经扭曲了管理目标，导致了评估的无规律。同样应当注意的是，1997~2000 年是以价值为基础的投资策略的不佳表现时期。以价值为基础的投资策略是以投资低市盈率（PE）或者低（PB）（资本市值除以票面权益值）的公司为特征的。尽管价值基础的投资策略被定义为一种新的投资策略，可比较的策略最类似于价值投资策略（特别是价值策略在高成长公司的领域中的执行），而且这个策略可以部分说明公司的极差表现。同样可能的是，在一个所有的类似的股票被过高评估的环境中（高的价格/收入比率（P/R）的股票是较少过高评估的），投资者正确的估算高价格/收入比率（P/R）（昂贵的）股票具有高级的业务模型，并且对这些股票支付了高价。最后，投资者可能因为失去理性的缘故，优先投资高价格/收入比率（P/R）的网络公司的股票，而不是低价格/收入比率（P/R）的网络公司的股票。也许投资者投资高价格/收入比率（P/R）的股票是因为建立在这些股票上的更加投机的压力（在这些股票中泡沫性最强）。无论什么原因促使高价格/收入比率（P/R）的股票具有相对突出的表现，很明显的是，投资者使用简单的可比较模型将会有不佳的表现。

动机问题

第三个基本问题就是网络公司的经理人员的一个动机问题。

价格/收入比率（P/R）评估今天的销售收入。这里唯一的方法，也可以是明智的方法，就是当今天的销售收入直接转换成明天的收益或者现金流量。但是，这也许不是这样的问题。最大价值的公司不会用同样的方式进行竞争，它们贪得无厌且坚决地为利润性收入而竞争。如果公司是价值最大化的，那么收入可能是收益的主要指标的功能。一旦投资者被价格/收入比率（P/R）和公司今天的收入数值所引导，要求公司来保证其所进行的业务是有利润的。寻找使公司收入最大化的公司，不是在任何传统方式下的价值最大化者。投资者使用价格/收入比率（P/R）作为决策的规则是为收入而支付，这里公司可以通过生产无利润的销售来简单地增加收入

〔同样也有很复杂的计划使收入增加或者膨胀，实物交换广告（参见第三章）是最出名的方法〕。

投资者边缘的几个错误的指导是将价格/收入比率（P/R）作为辅助价值评估的技术，那么这将没有什么问题。但是当整个的投资者，甚至是大规模比例的投资者在使用价格/收入比率（P/R）时，公司经理人员的动机是增加收入，而不是增加未来的利润。

当投资者用其他非收益相关的可比较的方法来判断公司时，类似方向偏离的动机就会发生。用户能够轻易地被一次特别的提议而吸引。但是这些提议是有利可图的，用户必须保留，而且必须准备以经济价格购买产品。就如以下讨论的可比较的赌博，点击或者进行网页浏览是可以较容易地通过大量的方法来产生的。

与基于收益乘数进行评估的公司所在的产业或背景相对照，这不是个完美的情况，因为（就如许多评论者提醒注意的）收益和一般的会计数据是向后看的。但是，与任何非收益的可比较的方法相比，这是相当突出的评估范式。在投资者的精神模型中引入一定的未来期望收益的权衡，并且现值最大化是非常接近近似值的。

Lyin 的眼球理论[①]：可比较的赌博

远离动机问题，这个问题促使经理人员寻找增加销售额，或者用户在这个考虑之下，没有考虑到计划中未来的利润率，还存在影响这些统计的其他方法，评论员已经提到要注意这些方法：

■ 通过支付其他网站，生产一个你的网站的隐藏（在背景中）弹窗，来增加独特的用户（如 2000 年的 About. com）。

■ 通过安排游戏或者赌博网站，就是用户必须经过点击通过后进行赌博的网站来增加访问者（如 Dealtime 和 Coolsavings）。

■ 通过寻找吸引访问者或者用户来增加用户范围，最可能的办法是使用互联网市场传递评论信息的座谈小组（如 Mediametix 小组被认为是包括了较高比例的老年人的网站，超过了平均网站的用户人数）。

这些方法可以人为地扩充可比较的评估参数。分析师寻找可比较的评估方法时应当意识到不同的统计方法对破坏脆弱不满的连接数法的潜在影响。这些演练一定要坚持，就如 X10.com（网络相机 xCam2 的销售商）作为 2001 年 6 月最好的电子商务网站（Jupiter MediaMetrix 调查统计）的表现所说明的那样：2001 年 X10.com 取得了亚马逊网站两倍的独特的访问者，但是这些几乎全部是靠非用户开始的网页弹出广告所致。

---

① 参见福布斯的娱乐性讨论，将"Lyin 的眼球"作为更加详细的例子进行讨论（Forbes, 2000）。

创造最好的可比较内容

这有可能是非常有限的状况，就是公司非常的相似，并且可比较的可能是明智的评估方法。公司必须拥有类似的规模、类似的利润和公司发展的类似的阶段。在实际中，这些状况是不可能生产的。最后，如果整个部分是过高或者过低评估的，那么可比较的方法在基本的评估中是没用的。

创造最好的可比较的方法就如同用羊乳酪做 souffle 这道菜一样：非常难做，并且当你做的时候，它不是非常好吃。当没有其他的选择，必须使用可比较方法的时候，明智的分析师将尝试使用贴现现金流量 DCF 的逻辑，来搞清可比较方法的意义。例如，为什么 eBay 公司的每个用户的价值大于亚马逊公司的？这就必定意味着市场期望每个当前的 eBay 公司的用户生产的现金流量现值，大于每个亚马逊公司的用户生产的现金流量。向后考虑，我们如何为这些公司建立一个贴现现金流量模型（就如我们在第四章中简短讨论的那样），这个模型依次的意思是：

- eBay 公司期望的未来利润大于亚马逊公司的未来利润。
- 亚马逊公司期望比 eBay 公司更大的竞争痛苦（压制了公司的利润或者增长）。
- eBay 公司通过获得更多的顾客或者交叉出售更多的产品给现存的消费者，其期望的收入增长快于亚马逊公司。
- eBay 公司在为顾客提供服务时，期望需要的运营资产少于亚马逊公司。
- 等等。

"等等"是必须的，因为任何偶然发生的或者影响现金流量的运营参数都能够影响公司的价值，以及相应的评估或者相对的评估的正确性。但是，对于任何评估的主要影响是：

- 利润。
- 增长。
- 资产效率。

使用这个逻辑推理，我们能够讨论方向而不是数量（如果期望的亚马逊公司的利润、资产利用率和增长看上去都好于 eBay 公司，我们就有个好的基础来声明，可比较的方法特别容易犯错误的公司）。除了在非常严格限制的环境下，是不存在大拇指规则，用来指导我们，来使每个用户价值的比率都给出假设。我们需要对所讨论的这个内容建立一个完全的现金流量模型。

注意我们如何讨论期望的运营参数（期望的利润，期望的增长）。再一次地，这是因为向前展望投资者的评估的性质。这不是你在以后为我们所做的，而是公司在未来提供的回报。但是，财务分析师所有的可以利用的与未来公司表现主要的证据，是当前的或者近期的历史表现。

对于新设立的公司的情况，其财务历史上的数量可以忽略不计，并且分析师必须寻找其他的线索，就如我们在第十六章中讨论的那样。但是在像亚马逊公司和eBay公司这样的情况下，有足够的信息来形成对未来预计的主要基础，就如我们在第四章中说明的那样。

预计市盈率（PE）

有些分析师已经使用了预计的收益数值，连同预计的市盈率（PE）（就是未来股票价格—收益的倍数，分析师期望投资者对未来1美元的收益所进行的支付），进行网络公司的价值评估，这是原则上的明智的办法。提前预计收益，对于没有运营资产的公司这样的特例来说，等于提前预计现金流量。对于拥有大量运营资产的公司来说，一旦公司达到一个稳定的状态，就是资本支出等于折旧时，公司的收益就等于税后的现金流量，对于拥有少量运营资产的公司来说，就如很多网络公司那样，公司的收益将接近现金流量。

在这项工作中已经产生的剩余的问题还有两个缘故。第一，分析师曾经一直在一些未来收益和收入增长的计划中过于追求最优化，这就导致加大了保证未来收益的数值，我们相信这个过渡的最优化，能够通过对网络公司过去的财务数据的更多的研究来加以处理。预计收益的过程是接近类似于预计现金流量的过程，我们在第Ⅰ部分已经讨论过的过程。第二，更加严重的问题是使用的向前预计的市盈率（PE）倍数太高了。在传统的财务模型中，就如Copeland等（2000）提出的例证，详细的财务数据模型被考虑到未来之中，直到公司达到一个稳定的状态。从这个观点来看，低的或者没有增长是可以预期的。假设经济的平均增长率约为4%，那么对于在模型最后期间的收益来说，最高的市盈率（PE）倍数可以在r=10%的情况下调整为17倍。但是，有些分析师一直使用的期终价值的倍数大约为250倍。我们现在讨论戈登增长模型，就是那些使用或者错误地使用生产的这些数值。

戈登（Gordon）增长公式：正确使用与错误使用

通常所知的价值评估公式中最专业的公式是戈登增长公式〔有时称为威廉姆斯（Williams）增长公式〕，这个公式给出了恒定增长的现值，公式的形式如下：

$$V = \frac{C}{r-g}$$

这个公式表明了在第1年末开始的年度现金流量C的数值，以及每年g的增长率和r为贴现率的贴现值，就是恒定增长的V值。

当增长率g接近贴现率r时，1/（r-g）"暴发"；当r=g时就变得无法下定义了，这就反映了这样一个事实，当一个恒定的计划增长现金流量大于自己的资本成本时，就会产生无限的价值。这样一个计划很明显是不可能存在的，从表9-4可以清楚地看到，这个公式对贴现率 r 来说多么敏感。

就如表9-5所示的那样，这个状况表现得更加清楚，保证一个计划或者具有增长率的公司接近于公司的资本成本，并且保证这个计划永远持续。悲哀地说，说起来容易，做起来难，而且因为公司很少能够发现这样的业务，所以在戈登增长模型中这样的计划所描述的高倍数就存在了。戈登增长模型在上述例子中并不是错误的，只是这个模型不适合应用罢了。在上面提到的15%的增长率在一些网络公司的圈子内看起来似乎出乎意料的低，但是分析师应当注意，收益的恒定增长处于这样一个明显、现实的水平是不可能的事。实际上，任何公司的增长收益或者现金流量恒定高于平均增长率（就是高于4%）的水平，将最终压倒所有的公司。第三排表明，假设更加准确的关于公司超过正常的增长能够持续多久的假设，这样倍数隐含了增长率。为了计算这些数值，我们使用在"如何把市盈率（PE）〔和价格/收入比率（P/R）〕转化成为增长率"的部分中讨论的算法。

表9-5　恒定增长的收益倍数（戈登模型）和1~10年的增长

增长率，g（r=20%）	15%	16%	17%	18%	19%
戈登收益倍数〔1/（r-g）〕	20	25	33	50	100
如果期终的市盈率 PE 是 16.7，对这个倍数的 10 年增长的需求	15.8%	19.1%	23.1%	29.1%	39.5%

一个解决办法就是，向前预计网络公司财务直到可以达到一个稳定的状态，然后使用相对于全面经济平均增长率的 1/（r-0.04）的合适的期终倍数，这里的 r 是资本成本。这就需要对未来20年的财务数据进行预计，一个可以选择的工作区是三阶段的贴现现金流量（DCF）。这就包括特别地预计10年的现金流量，并且将当前市场平均市盈率（PE）作为最终年度的收益的倍数。如果 r=10%，并且20年后的市盈率 PE 固定在16.7倍〔1（0.10-0.04）〕，这个数值近似于期望的市场回报，那么通过模拟需要10~20年间收益的增长率，市场的市盈率（PE）是有意义的检查。这个假设有效，公司将会在10年后变为一个拥有平均增长期望的公司，而不是拥有增长期望近似通货膨胀的公司。

当然，向前的税后利润的倍数大于30倍就不应当使用。如果基于运营现金流量就如对运营现金流量的各种各样的定义那样来计算期终价值，或者基于任何其他的税前的尺度（如运营利润）来计算期终价值，那么应当使用低的倍数，不要超过20倍。在理想情况下，在15附近的倍数，应当使用的倍数就是10。如果分析师相信，从期终价值期向前，这些倍数没有适度地反映公司的增长期望，那么现金流量的特殊的预计期应当扩展，使期终相对于市场规模的收入数值（和其他的运营参数）成为有意义的检查。

当特别预计的时期扩展到未来的 10~20 年时，在以后的年度中特别预计的信心就变得越来越困难，但是，在一个超出市场期终的市盈率（PE）中，这是更好的隐匿的增长。同样，由于迫使分析师预计遥远的未来，就会出现一种情况，就是现金流量（DCF）方法破坏了对贴现现金流量（DCF）结果的信心，这个结果现金流量在一定程度上是超过合适数值的。贴现现金流量（DCF）使我们的思想忙于关键的问题，就是这个增长在经过长时间后能否持续，网络公司能否获得这样巨大的收入和市场份额。价值依赖于遥远未来的现金流量，这使得我们非常担忧，我们是否能够依赖这个价值，就如我们应当的那样。可比较的价值评估没有产生这样的问题，而且这是贴现现金流量方法的最大缺陷。

使用戈登增长模型的案例

表 9-6 展示了一个使用戈登增长模型的案例，演示了有进取性公式的潜在的问题。分析师推荐在 1999 年 2 月和 2000 年 6 月购买亚马逊公司的股票，但是此期间的运用参数已经恶化，每个消费者的可分配利润（通常定义为收入减去可变成本，但这里定义为收入减去销售成本、执行成本、管理以及研究开发费用）从接近 30 美元减少到不足 10 美元。恒定增长中的小部分增长以及资本成本的小幅度降低，可以非常快速地改变这种情况，使其变得更加有吸引力，基于这种概念下的数字工作是错误的（见表 9-6）。

如果我们使用转换电子数据表，把市盈率（PE）转换成我们在本章中讨论的增长率，并且有效假设增长集中在头 10 年中，那么倍数之间的不同就清楚了，在 1~10 年，67 倍的倍数需要 30.3% 的增长率（资本成本是 13.3%），250 倍的倍数在资本成本为 12.9% 时，需要 49.5% 的增长率，不是实际上的 0.7% 的增长率，而是计算所得的 20%。

表 9-6　来自 DIL 分析师的亚马逊公司的报告（Von der Porten，2000）

	1999 年 2 月		2000 年 6 月	
收入	$ 180.00		$ 133.00	
毛利润	$ 45.00	25.0%	$ 30.59	23.0%
市场营销费用分摊（执行费用）	$ 11.70	6.5%	$ 18.39	13.8%
管理和研究开发费用分摊	$ 3.60	2.0%	$ 2.49	1.9%
股东每年的可分配利润	$ 29.70	16.5%	$ 9.71	7.3%
资本成本	13.3%	——	12.9%	——
增长率	11.8%	——	12.5%	——

	1999 年 2 月		2000 年 6 月	
资本化率	1.5%	—	0.4%	—
倍数	67	—	250	—
估算股东价值	$1980	—	$2428	—

高资产效率及其对价值的潜在影响

在以价值为基础或者贴现现金流量（DCF）方法的框架内，公司可以有很多种方法具有优异的价值，如高度垄断的毛利润，快速的盈利增长。网络公司的一个特性就是它们只需要较低比例的运营资产。例如，电子零售商不需要支付昂贵的街面商店房屋费用，在线内容供应商不需要花费印刷设备。

Credit Suisse 在 1998 年出版的 Cashflow.com 努力展示了这些可察觉优势的潜在影响。这是一份关于权益研究的文件，而不是一份历史性的文件，但是我们在此讨论这份文件是因为这份文件是一个案例，即专业分析师如何在贴现现金流量（DCF）的框架内进行思考，进一步理解网络公司股票的价值。但是，我们是在寻求批评和扩展对模型的分析。

考虑一下一个公司在 7 天后收到来自顾客的现金，但是公司只需要在 60 天后支付供应商，如果公司有低的存货，并且没有或者只有少量的固定资产，那么这家公司将会有非常奇观的资产负债表（见表 9-7）。

表 9-7 资产负债表

资产		负债	
固定资产	0	债权	100
存货	0	占用资本	(87)
现金	13		

公司将具有负的占用资本，并且不需要投资者的现金来形成未来增长。当公司增长时，由于公司不需要存货，而且还有 1.75 个月的免费资本使用，即使公司的支付将与公司创造的销售收支相抵，公司仍然能够支付现金给投资者。这就好像是个取之不尽的造钱机器，而且实际上如果假定的公司能够继续增长，现金支付就能够无限地持续下去。但是，我们知道如何使用恒定的公式对这样恒定持续支付的溪流提出评估。

资本估价的有效使用

Cashflow.com 公司观察到，在新经济公司和旧经济公司之间可能存在不同资本的有效使用。公司的作家指出，对于新经济公司的现金收益可能更加引人注目地低估了公司的自由现金流量总额。因此使用传统的价值评估方法有可能低估了新经济公司的价值，但是，这是运营资本有效使用产生现金价值的第二步，Cashflow.com 公司的作家没有严格地进行下去，尽管传统的方法（如基于市盈率 PE 的价值评估）也许不能够正确地进行这样的价值评估，但是贴现现金流量方法的框架有完全足够的能力来完成这个评估工作。

我们考虑亚马逊公司的例子。对亚马逊公司做出了一定的慷慨的假设，我们能够看到，资本的有效使用的数值不能够解释亚马逊公司的巅峰价值。在表 9-8 中，我们根据所知道的亚马逊公司 1999 年的财务数据提前预计了收入增长（使用过去收入下降到驱动收入迟滞率的那个点数），我们的目标仅仅是为了分离由于运营资本的有效使用产生的现金流量，假设在支付供应商之前，公司收到了两个整月的使用现金的收据，并且以 15% 的贴现率对生产的现金流量结果进行贴现，假设资本的有效使用无限地持续，这就产生了 9 亿美元的价值。这个故事说明，在 1998 ~ 1999 年，关于失去理性的最优化主义的主要原因包括两个方面。第一，这个资本有效使用的价值，即使在我们已经做出的慷慨假设下，这种高效率的恒定持续和这种资本有效使用的数值只能够解释亚马逊公司在此刻的一小部分价值。第二，为了使运营资本的有效使用按照作家面对的线索产生效果，运营资本的有效使用必须持续至少几年。实际上，运营资本的有效使用是不能持续一年以上的，亚马逊公司在 1999 年的财务数据表明，资本的有效使用不能够持续，因此这个数值的资源是非常有限的。

Cashflow.com 模型的短暂性

当 Cashflow.com 的文章发表时，亚马逊公司的最近期的资产负债表是 1998 年的资产负债表，展示的净资产（净资产 = 固定资产 + 净运营资本）等于收入（不包括运营租赁持有的资产）的 10% 左右。这个有效资产的资本结构是基于 Jeff Bezos 从订购批发商获得存货来完成订单的初始经营战略，这部分存货停留在公司的账面只有几天或者几小时。但是，1998 年之后，亚马逊公司的经营战略发生转移，公司寻找以保证及时供货的方式来获得更多顾客的经验，这就必须持有更多的存货产品，而不是依赖批发商的供应链。同时，公司决定加快多元化发展，通过收购和自身的发展进入其他的市场。最终，亚马逊公司的运营租赁的使用解释了进一步形成的资产，这些资产使公司自己承担了一定的风险。

1998 年的净资产 = -10% × 收入

1999 年的净资产＝20%基数

+收购资产（收入的 40%）

+租赁资产（收入的 16%）

因此负的净资产的形式，就在我们观察到的同时发生了转移，并且对亚马逊公司来说，资本的有效使用的真实数值是无限的，甚至为 10 亿美元，或者接近于零。亚马逊公司经营战略的变化并不是在零售业和消费品市场中唯一的一家公司，许多公司初始采纳的策略就是持有尽可能少的存货，他们发现需要改变这个策略来巩固在顾客中形成的好名声。但是，供应商的供货效率也许是他们自己从来没有同样的动机来服务最终的顾客，把顾客面对的业务作为服务对象，供应商不直接面对抱怨，并且更加重要的是，供应商知道他们对顾客的未来价值不需要分担任何担保，不考虑如何提供好的服务。

表 9-8 亚马逊公司预计收入增长（基于 1999 年的数据）

增长迟滞率：44%

中期增长率：7%

资本成本：15%

年份	1998	1999	2000	2001	2002	2003	2004	2005	2006	2007	2008	2009	恒定
增长率%		169	74	33	14	7	7	7	7	7	7	7	倍数
收入	610	1640	2858	3793	4338	4642	4967	5315	5687	6085	6511	6967	20
现金流量*			203	156	91	51	54	58	62	66	71	76	1519

净现值 NPV＝895 百万美元

注：＊与上一年度同期相比，为增加销售的 2 个月免费借贷。

查看贴现现金流量（DCF）

贴现现金流量（DCF）方法在一定时期内曾经是主宰价值评估理论的方法。但是，随着 90 年代后期网络公司达到较高价值，贴现现金流量方法（DCF）预计结果表明对市场价值的广泛分歧，当通过做出充分的进取性的假设有可能使用贴现现金流量方法（DCF）修正任何价值时，网络公司股票价值就处于任何可以相信的假设的范围之外，这些假设是对关键的变量，如收入增长、预计利润和资本成本的假设。当网络公司股票价格下跌后，贴现现金流量和市场价值之间的关系变得越来越靠近，但是分歧是永远也不会停止的。有些投资者期望得到早期时辉煌的日子的回报，而且很明显，如果贴现现金流量（DCF）是对网络公司的预计价值的有效方法，那么这些辉煌的日子将会慢慢做出回报。

我们坚信贴现现金流量（DCF）方法是对网络公司进行评估的正确方法。但是，我们不要离开关键点和使用中增加的主要问题，而是更加努力、有说服力地回答这些问题。这些关键点有以下四个方面：

- 贴现现金流量（DCF）方法与新经济无关。
- 贴现现金流量（DCF）贴现率太高。
- 贴现现金流量不能捕捉灵活性的价值。
- 贴现现金流量（DCF）方法需要太多的假设：我们不能够准确地预计增长和利润，所以就没有尝试的目标。

我们将依次寻找并回答这些关键点。

贴现现金流量（DCF）方法的保持与新经济相关

当投资者购买股票来挣钱，而不是为了娱乐购买股票时，贴现现金流量（DCF）方法是合适的价值评估范式。

设想投资者的态度发生变化，他们认为贴现现金流量（DCF）方法过时了，投资者可能减少了他们从投资获得现金的兴趣，而是偏爱拥有的股票与他们认同的公司是一样的，或者寻找投资，因为这些投资使他们作为另一种人被区分出来，或者因为投资证书是漂亮的。换句话说，如果投资者开始认为，对公司的投资与他们观察的油画或者雕像是同样的方式，那么贴现现金流量（DCF）方法将与此无关。

但是，对股票用这种方式进行表扬是非常不合适的。具有可收集性的内容，如油画和雕像，拥有美学的要求和有限的供应，公司中的股票没有美学要求，并且任何一只股票拥有的稀有价值是暂时的，如果投资者这样需要股票，公司可以在经营过程中发行无限数量的股票。

另外一种形式的娱乐活动就是赌博。Shiller（2000）已经提出，[①] 在 1982~2000 年股票价格大幅度上升的一个贡献性因素，就是改变投资者对风险的态度。使用贴现现金流量（DCF）方法（正常进行的）进行价值评估的基本原则是，投资者是厌恶风险的，除非他们因为这种风险受到了较高回报的奖励。很明显，如果所有投资者购买股票仅仅是为了娱乐，这些股票是否在未来上升或者下降，作为一个高消费层次形式的赌博，贴现现金流量方法将是（至少是暂时的）无关的。

但是，拥有股票的娱乐接近于懒得从股票上挣钱。一些人陷入赌博之中，并且需要在牌桌上进行资金冒险的兴奋，使其保持在一定基本水平上的兴奋。但对于大多数的赌博者，拉斯维加斯的一趟旅程就可以感到高兴，甚至如果发生适度的损失，实际上赌博场所尽最大努力使用各种各样的娱乐方法使顾客从损失中转移注意力，但还没有类似的娱乐能够体验股票上的资金损失。当人们可能产生下意识的冲动购

---

① 参见席乐（Shiller, 2000）文章的第 84 页。

买股票时，大多数投资者的意识思维是股票的股东不同于赌博，就是股票提供了真实经营中的赌注，并且股票具有长期的记录并提供给投资者优异的回报。

顺便提及，这两个特性（当损失时缺少娱乐，以及联系真实的经济）使股票成为赌博者可怜的娱乐源头。特别是后面的特性，使熊市中股票的投机买卖形成令人心碎的赌博形式，除了最沉迷的赌博者，其余的每个人很容易从轮盘赌博游戏中离开，他们知道这里有针对他们的作弊。与此相对照的是，持有损失的股票投机者能够做出各种各样的辩论来继续持有他们的投资，常常直接或者间接地把股票以前（高的）的价格作为赞同有效市场的股票价格的基础。但是，就如我们将要在第十章中讨论的那样，市场效率并不是说市场是正确的，而是说市场不要错误的预计。总之，股票投资对投资者来说是个悲哀的选择，他们作为一个愉快赌博的源头同样也是个悲哀的选择。如果这样的玩法暴发，他们可能也是短期的。

贴现现金流量（DCF）方法的经验证据

在以上的段落中，我们简短地安排了类似于其他公司那样处理网络公司的辩论，简短地了解为什么其他公司应当用贴现现金流量（DCF）方法进行评估的证据，贴现现金流量（DCF）方法基于的经济利润模型是由大量的研究支持的，这种支持的例子由 Copeland 等（1998）提出，[①] 他们基于价值线性预测，策划了贴现现金流量（DCF），发现与股票价值有94%的相关性。Kopeland 和 Ruback 研究了私下交易的价值评估，如管理层收购和杠杆收购的再资本化，并且发现贴现现金流量（DCF）产生8%或者更少的平均价值评估误差，然而可比较的公司价值评估方法可以产生16.6%的评估误差。有些工作者（如 Penman，1998；Feltham 和 Ohlson，1995）已经指出收入留存价值评估模型、红利贴现模型、贴现现金流量（DCF）和基于收益的会计模型之间的相似之处（显然喜爱收入留存模型）。就此而论，Bernard（1995）的文章可以看作是支持基于利润的经济模型的一类〔贴现现金流量（DCF）方法是其中之一〕，他们指出，在权益市场价值和两个关键的会计参数收益和账面值之间有非常高的相关性。

Croe 等人在2001年的研究具有特别的说服力，这篇文章比较了收益和票面价值评估模型（几种经济利润模型类型）随着时间变化的效率，两者都是在新经济之前和新经济时期之间的效率。他们发现，尽管基于会计的模型（由收益、账面值以及其他账目来代表利润率的期望增长）对于新经济公司的解释力度在下降，但隐含价值评估模型的结构仍然没有变化，提出了会计模型周围的变量，但是由于确定未来运用参数时的不确定性，模型具有巨大的潜在的错误，同样利润模型的解释力度的降低没有超出常例，类似的降低可以在19世纪70年代的中后期看到。

---

① 参见 Copeland，Koller 和 Murrin（1998）文章的第84页。

贴现现金流量（DCF）的贴现率太高吗？

贴现现金流量（DCF）方法没有对贴现率强加任何特别的选择。批评主要集中在通常接收的确定贴现率的方法上，就是单因素资本资产定价模型（CAPM）。但是，即使资本资产定价模型（CAPM）不支持，贴现现金流量（DCF）方法也不能生效。

当分析师开始研究网络公司的股票时，贝塔值（β）表现为出奇的高，正常的贝塔值（β）是在0.6~1.5之间，网络公司具有的贝塔值（β）高达2~3，这依次导致贴现率为15%~20%，这样高的贴现率导致对网络公司使用贴现现金流量方法进行评估生产的低的预计价值。基于贴现现金流量方法的分析师再一次受到没有得到的指责。

在本书关于资本成本的章节中，我们讨论了其中这样一些问题，从贝塔值（β）的不同时间范围可以检查出，使用每天的收入来计算贝塔值（β），常常生产低的贝塔值（β），并且没有与资本资产定价模型相反，在计算收入和贝塔值（β）时不存在正确的时间范围的规定，同样，较低的市场风险收益（PRP）数值可以进行修正，如为5%，可以解决可察觉到的资本成本的问题。

但是，也许是真的没有什么问题，也许高的资本成本是合适的。另外一个陈词滥调就是，1997~1999年经常使用网络公司的公众风险资本，意思就是在公众市场挂牌交易的公司，并且提供给公众投资者进行买卖，公司的经营就像是在首次公开发行之前的公司那样的外表和感觉，尽管公司仍然是由风险资本支持的。但是，对于公司的资本成本，基于公司运营资产的风险，无论公司是否挂牌交易都与风险无关。[1] 公司资产的贝塔值（β）的实质是我们可以根据有关类似公司的期望收益来进行最好的计算，在这里风险支撑的公司的期望收入从20%或者更高开始。如果公开交易的网络公司具有许多风险资本公司的特征，那么我们期望这些公司具有高的资本成本。一个有趣的问题就是这些资本成本是如何变化的，如何降低的，这是一个我们预计的过程，并且我们把随着时间的推移而下降的资本成本的期权，考虑到与学生讨论的模型，这在第四章中进行了说明。

贴现现金流量（DCF）获取了管理灵活性的价值？

关于网络公司的实物期权的价值评估的应用已经谈了很多，从一些分析师的观点看来，贴现现金流量（DCF）方法的失败有两个原因：第一，贴现现金流量（DCF）假设公司一旦开始经营就是连续执行盲目的计划，但是实际上公司进行了高的计划，放弃了差的计划（管理灵活性的争论）。第二，贴现现金流量（DCF）

---

[1] 唯一的例外就是风险投资公司由于缺少他们进行投资的清算，吸引了额外的费用来奖励他们。

忽略了期权类型的清偿组合，由于网络经济、摩尔定理以及新经济的其他的正面影响，产生了有限的下边（100%的权益价值）以及巨大的上边的情况（增长期权的争论）。

通常对实物期权价值评估的理解是，在每个公司总部外面的进口处有一棵金苹果树（增长期权）等待被收获（执行期权），但是，就如我们在第八章中讨论的那样，这个增长期权的争论所描述的世界的画面也许是有缺陷的。第一，在一个竞争性的市场中，增长的机会吸引着投资者，因此实物期权等于股票或者商品的看涨期权的敏捷的精神模型是有缺陷的（这里的期权所有者具有对他的或者她的上边执行的权利）。第二，假设实物期权价值能够被加到权益价值的现值上的方法是错误的〔有限的假设权益价值的现值是贴现现金流量（DCF）方法独有的〕。市场有长期评估实物期权的经验，航空运输业（清算常常是价值的一个关键因素）和自然资源产业是实物期权产业例子中特别重要的，如果实物期权对一个公司是有价值的，这就是安全的假设，这个价值中的一些或者全部已经滞留在当前的权益市场价值中。

贴现现金流量（DCF）方法肯定有很多假设吗？

复杂的贴现现金流量（DCF）模型在大量假设的驱动下，可以有100或者更多的金融数据的分项，考虑到这种情况下，复杂性并不总是个好的观念。我们所研究的公司的模型是相当简单的，并且驱动这些假设的参数少于12个。但是，这些参数可以进一步精简为以下的内容：

- 未来收入的模式。
- 未来利润的模式。
- 未来资产需求的模式。
- 未来资本成本的模式。
- 最终价值假设。

我们所知道的公司的5个假设似乎没有很多，但是有两个理由告诉我们为什么这是不真实的。第一，对于美国的很多网络公司以及少数的但仍然重要的欧洲和远东的公司来说，重要数量的财务数据现在已经建立，能够使我们知晓公司过去的表现。第二，没有其他的办法才制定这些假设，考虑到我们在本章的前面揭开的价格—收入比率（P/R）的过程，这是一种表明资本成本、收入增长、利润假设的方式，以及隐藏在最简单的比率中的方法。如果我们除了销售额和市场价格外，没有其他数据可以使用，我们仍然不能以价格—收入比率（P/R）为指导，对于市场似乎是相似的公司而言，价格—收入比率（P/R）嵌入了利润、资产增长以及收入增长的市场意识，但是这些公司可能并不是相似的，而且这些公司或者这个产业也许是过高评估的，滞留了那些超出可能的增长或者利润。不进行贴现现金流量（DCF）的分析，我们不能讲述这些内容。

既然这样，我们对一个公司只有少量的数据，这可能就需要通过观察其他产业类似的公司的利润和收入增长来评估公司，以测试什么方法是可行的。当我们在2000 年与 Pacific Century Cyberwork 公司的香港执行官一起研究时，我们看到一家公司即使没有任何重要的收入，但是通过比较那些"沿着赛道往前走"的媒体公司以及细读管理层的经营跟踪记录（如它们像电视明星那样吸引观众的能力），我们就有可能经过较长的道路分辨公司的潜力。这比仅仅挑选一个比率更加的艰难吗？肯定是。但是这个过程有两个重要的优势：第一，给我们一个可比较的更加准确的信息。第二，警告我们注意关键参数对价值评估的影响，这个影响以一种基于单个比率价值评估所不能的方式来影响价值评估。

权益价值中的其他潜在问题

在 1999 年中期到 2000 年 3 月期间的股票市场的巅峰时期，试图解释高的股票市场价值的理论扩展超出了明智的基于价值的逻辑，很多基于市场效率的理论被广泛讨论，我们在这个部分讨论和评价了其中一部分理论。

权益价值的支撑水平和阻碍水平的影响

技术分析师经常讨论一只股票如何在低于一定的水平（支撑）或者在高于一定的水平（阻碍）进行重复尝试，但是表现出发现一个障碍来阻止股票离开在这两点之间的交易范围。他们确信这些支撑和阻碍水平，一旦被观察到，能够帮助提供指导股票的未来运动方向。特别是，投资者在接近支撑水平时购买股票只有有限的风险，因为只有较小的下跌机会，股东应当考虑在股票到达自己的阻碍水平时卖出股票，如果阻碍水平一旦保持，股票将不能上涨得更高。这个概念对于弱形式市场效率是相反的，同样对通常意义的市场也是相反的。股票不是尝试到达什么地方，股票价格的时间序列是市场中购买者和出售者之间相互作用的结果。支撑和阻碍水平的形式几乎完全是随机的结果，也受到少数人按照交易的计划或程序交易行为的轻微影响。对于技术交易者有更大的损害，技术计划可以表现为数个月的工作（足够的时间来建立明显的有进取性的表现以吸引新的用户），然后作为在市场范围内的上升或者下降的结果，股票价格可能剧烈的下跌。技术交易计划较好表现的声明也许是删去投资亏损、修正买卖价差和交易费用的失败的结果，也许是整个市场范围良好表现或者好运气的结果。一个股票交易的策略可以通过购买每个月 20 美元的电子公告重复进行，或者一个便宜的软件包也可以容易地重复提供持续的回报。

突破移动平均水平

技术分析师策划了股票价格的移动平均水平，作为他们对未来股票价值的指导，并且帮助固定支撑和阻碍水平的数值（参见上面论述）。股票突破这些移动平均水平的范围被认为是特别有吸引力的（当股票向下突破移动平均水平时没有吸引力）。我们不相信移动平均水平对未来股票价值是可靠的指导，因为这样一个方法的成功在弱势市场效率中是相反的。而且这个方法较容易进行重复计算，有可能是这个市场波动中的失败的策略。

星期一效应、1 月效应和其他季节形式的股票价格表现

股票在星期一表现为超出一般的好，实际上 Wang 等（1997）指出，股票在每个月的头一个或者头两个星期一都有特别出色的表现，这个效应是众所周知的，但是不可能作为利润交易策略的支撑，否则股票会被套利。在另外一个例子中，1979～1994 年 Russell 拉塞尔 2000 年指数连续在 1 月份获得比 11 月和 12 月份大得多的收益。但是，这个效应也许已经停止了，在 1995～2000 年，这个股票指数在 1 月份的平均收益是负数（Stires，2000）。

生育高峰效应和共同基金的资金墙

有些评论者已经观察到，大量的生育高峰出生者（那些在 1946～1966 年人口的膨胀）为退休做的计划，增加了大量的资金用于投资权益的需求。很多生育高峰出生者把他们的资金分别投入到共同基金中，有些评论者已经提出，这就是"资金墙"，能够在一定的时间内保持股票高于基本的价值。Shiller（2000）有说服力地解释道，生育高峰效应是神秘的，或者至少对股票价格的重要影响已经激发了人们的自信，而不是影响基本的供给和需求关系。他指出，如果西方和美国大量的公民在争相为退休而存钱，这就会增加所有资产的价值，不仅仅是股票，但是股票和其他投资品种（如房地产和财产）已经是相当地不相关了。同样，近期美国储蓄利率非常低，按照一定的评估方法就接近于零，这与"资金墙"的储蓄活动几乎不能保持一致。

锁定效应

当公司首次公开发行 IPO（首次在英国公开发行时也称为股份公司设立）时，投资者和经理人员被迫进入锁定协议。他们必须许诺不能够在预先指定的时期（"锁定时期"）之前出售公司内的股票，锁定时期的原因是试图减少公众市场投资者的信息不对称的影响，内部人（就是那些知道一定的或者全部的内部公司文件和报告的人）具有很多对公司前途的信息，超过了外部人（那些只有招股说明书和任何其他已经能够进行私人研究的人）。容许内部人在首次公开发行不久后出售股票，这会使他们利用自己掌握的私人信息的优势，坚持锁定时期保证更加多层次的游戏

领域，因为有些公开信息将在首次公开发行和锁定时期的期终之间披露。[①] 但是，有些评论者已经提出，这将会导致在锁定协议结束的时候一个预计的负的回报。这是因为解放了对出售者的限制，如果有严格的正的概论表明出售者将希望出售股票，这将增加出售压力，而且产生压低股票价格的影响。同时提出，在锁定时期接近结束时，投资者将热心于实现他们的所得，既因为他们对公司价值评估缺乏信心，又因为他们需要现金来进行其他的消费或者筹资进行新的投资。

在这种情况下存在两个潜在的问题：第一，如果锁定协议期望在 T 天结束时有可预计的负的收入，在 T 天时股票价格下跌没有发生，但这个下跌是市场所预期的，可预计的负的收益可以在 T-1 天预计到，实际上经归纳后，股票价格下跌将在首次公开发行 IPO 之后立即发生。第二，我们能够想象博弈论的场面，出售压力可能产生 T 天的股票价格下跌，但是这将被战略购买者部分地抵消，战略购买者一直在等待这个机会。通过 Brav 和 Compers（2000）的文章中近期的经验证据，这个争论能够被临时地解决，他们提出在 T 天（锁定时期结束日）和 T-1 天有小的负的收益，限制风险资本支撑的公司，数量为 1.2%～2.5%（相当于交易费用）。即使这个效应持续，我们能够假设这个效应产生小的，或者没有套利的可能。

低流通股效应

众所周知，网络公司的一个特征就是，当公司初始进入公众市场时常常发行少量股票（就是网络公司的低流通股票）。可以想象，这个低流通股票相应有高的价格，因为大量的投资者希望购买网络公司的股票，开始时只有几家网络公司的股票可供购买，值得注意的是，网络公司在高价值评估期间，以不可想象的速度实现低流通股的"翻身"。

但是，低流通股的概念是与网络公司股票孵化出现的方式不协调的。在 2000 年第 1 季度结束时，可以看到高的网络公司股票价值，与此同时，数以百计的网络公司已经设立。当真正少数网络公司的股票可以购买时，在这些公司循环的初期就已经被期望有更高的价值。最终，Hand（2000）的经验证据指出，低流通股对股票价值的影响是适度的，并且只限制商业机构对商业机构的电子商务 B2B 公司的股票。人们可以确信，这可能是由这些网络公司短暂的历史和缺乏的财务数据形成的一个可选择的价值评估范式。

总　结

贴现现金流量（DCF）价值评估模型具有公司理论的基础（在第一章和此处都

---

① 内部股东允许出售公开上市 IPO 股票中的一部分，此时，必须清楚地披露，便于外部股东能够把这种情况考虑到他们的价值评估中。

进行过讨论)，并且我们能够相信，如果我们的假设是正确的，就会产生明智的价值评估。当然，如果是这样的话，就具有较大的价值。但是，就如我们看到的，竞争性价值评估模型可能是个错误导向，即使具有明显的、明智的假设。贴现现金流量（DCF）方法的其他主要优势是，模型强调了公司需要优先为股东产生价值的关键运营参数，就是这个强调，在网络公司股票泡沫的高峰期，也常常缺少价值评估，但贴现现金流量（DCF）方法在网络公司中与在其他类型的公司中一样，是在实质性地向前进步。

第十章　市场效率与网络公司股票

网络公司股票如何发生？

图 10-1（纳斯达克综合指数）表明了一个股票市场波动性的令人惊讶的故事。但是，无论描述的是否准确，当把故事刻画为贪婪的故事或者是愚昧无知，无论如何都是令人取笑的。当然，在引起网络公司股票价值波动中，贪婪的故事和愚昧无知都扮演了自己的角色，但是这个波动的缘故是由于早期阶段经营估算价值的困难，加上大量的狂躁，投资者离开后慢慢平静下来，我们就对无羁的鲁莽行为给出一个良方。

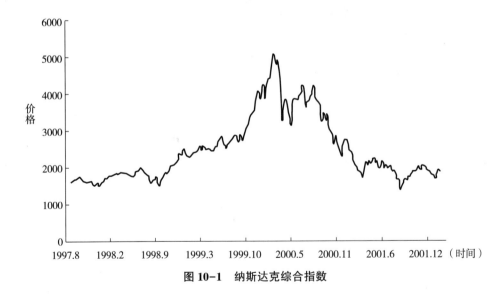

图 10-1　纳斯达克综合指数

超速增长或者泡沫？

对于网络公司博得的高的价值评估，在有些情况下依然在博得这个评估，对此可能有三种解释。它们是：

（1）市场已经确定了网络公司内的新价值来源，这种价值来源与收益和现金流量没有关系，因此错过了传统的价值评估范式。因为网络公司在新经济中运营，这里的网络效应和合作是至关重要的。收益和现金流量不能完全捕捉这些公司具有的价值。

（2）在新经济范式下，市场正确地参与公司收益的超速增长。因为网络公司比"旧经济"公司更加快速移动和更加高效，能够快速地成长和盈利（在网络公司必须建立的关键大量的业务的初始亏损期之后）。按照这样的观点，收益和现金流量仍然是重要的，网络公司以超出人们想象的速度在增长。

（3）由于投机性的泡沫，市场一直在高估这些股票。投资者系统地高估网络公司的股票。但是，由于观察到网络公司股票的高收益吸引着新的投资者进入这个市场，这个过高的价值评估仍然持续着。第三种解释把网络公司股票价值评估视为一个金字塔策划或者庞氏骗局（指骗人向虚设的企业投资，以后来投资者的钱作为快速盈利付给最初投资者以诱使更多人上当）。

我们反对第一种解释，网络效应在其所能够达到的影响程度内，可以称为是更低的正在进行的公司市场营销费用，因此可以计入现金流量。其他非传统的产生价值的方法，如高效率的存货控制和知识资本的利用，就容易合并到现金流量的框架中。最终，我们在第八章中讨论的来自实物期权的价值是受限制的，并且仍然根本上依赖公司的在未来可能的状态下产生利润的能力。

在剩下的解释中唯一能够测试的方法是，就如我们这本书第一部分讨论的方法，引导网络公司的基本价值分析。尽管那样，我们只能够形成一个解释的观点，就是能够正确地考虑概率。很明显，由于我们现在知道 2000 年 3 月的高的价值在今天是不能够持续的，这些价值似乎不被基本的分析所支持，使用在泡沫高峰期（Higson 和 Briginshaw，2000）的现存的数据进行基本的分析，进一步肯定基本的分析不能解释泡沫价值。经过一个删减的过程，第三种解释就被认为是 2000 年初期股票市场高价值的原因。

市场效率是怎样的？

关于市场价值与内在价值如何相互追踪的讨论，产生了市场效率的问题。人们常常使用市场效率的定义在买卖订单执行的速度和结果方面，在一个有效的市场中间：

——投资者应当能够迅速地买进和卖出股票。

——大的买卖盘不应当引起股票价格的大幅度波动（深度）。

——新的信息应当快速地消化在市场价格中。

市场效率的经验研究主要集中在对信息的反应速度上。对每个公司收益信息反映的研究，以及对利息率变化的反应速度（对整个市场的影响），表明了主要的股票市场（如美国和英国的那些股票市场）在信息公布的几分钟内的反映。尽管在一定类型的公告后，一些类似可预计的要点有可能持续几个月的影响，但是在进行公告后的 15 分钟内，就会对公告产生大量的反映。

其他经验研究已经忙于是否知道一个公司信息所存在的剩余价值的问题，即在这个初始反映发生后，可以用于进行交易获利的问题。例如，那些税后收益公告要点（在打击市场预期的收益公告后，预计在几个月内正常的收益）和不正常的市盈率（PE）〔从具有较低的市盈率（PE）的公司得到更高的期望回报〕的研究，就是这些研究困境的例子。这些研究对市场效率的理论争论是致命一击。新的信息被消化是快速的和完全的吗？根据信息的完全消化，强式效率市场将是最有效的市场。这是一个作为所有信息（公开的和私人的信息）滞留在股票价格中的最简单的定义，在这样一个市场，将不需要基本的分析，因为价格已经反映了对会计数据进行艰苦分析的结果，甚至内部人的交易也将失去激励，因为买卖盘试图利用这个数据的优势的信号，高效率的市场将立即滞留这些内部人的信息，很明显，我们不是生活在这样一个理想的世界中。

但是，几乎没有严格限制的市场效率水平，最基本的市场效率的阐述是更加难以不一致的，就是无风险套利定理，使用简写的无风险套利是 no-arbitrage 或者 NA（套利是购买并且立即卖出类似证券，从相对的价差获得收益的过程）。在无风险套利的情况下，一个交易者没有策略可以执行，这个策略将给他或者她带来交易费用之外的无风险利润。例如，交易者不可能在英国用英镑购买美元，并且同时在纽约以高的汇率出售美元，快速的通信技术和交易对手的买卖阻止了这种情况的发生，很明显，如果这样的机会增加，那么对他或她的需求是无限的，并且交易对手将不得不快速地调整他们的价格以避免亏损。注意无风险套利（NA）不排除交易者在伦敦购买美元，并且等待在美国卖出之前从汇率的波动获取利润，但是，这不是无风险利润，因为市场可能针对交易者移动，替代他或她的偏爱（套利的内容是可以证明的幻觉，因为美国和伦敦的证券是相同的）。

其他市场效率的水平已经确定，这个名单是从最小限制效率定义到最多限制的定义：

（1）无风险套利：在市场中存在的无风险利润机会。

（2）弱式市场效率：当前的市场价格滞留来自先前价格的时间系列的所有信息。

（3）半强式市场效率：价格滞留来自公开可用财务信息分析的所有信息（也包括滞留来自先前价格的时间系列的所有信息）。

（4）强式市场效率：价格滞留来自所有公开和私人信息的艰苦分析的所有信息，包括先前价格的。

（5）"完美预见"市场效率（PFME）：当前的市场价格等于未来股票价值的贴现值。

好消息与坏消息对于市场效率的影响

当前，研究支持市场效率也许达到第 2 层次，但是却存在大量的不协调。一些市场参与者相信市场是根本无效率的。

例如，无风险利润机会（与第 1 层次抵触）已经被认为在短期内存在于一些市场。专业公司试图通过经营大量业务和低的成本开发这些机会，同样通过在特殊交易中开发专业技术，以及通过保持秘密来避免与其他对手效仿的战略来利用这些机会。长期资本管理运营（LTCM）的一部分业务就是利用 30 年（频繁往来）期国库券和较小的持有期的国库券（如 29 年）之间产生的微小差别，通过巨大交易量来完成。这些差别好像提供了市场套利的机会，通过频繁往来出售国债（表现为一个稍微低的产出）和购买较少流动的而实际上等同于较短期的国库券来实现这个机会。但是，这个例子表明了发现一个可执行的无风险套利的困难性，在全球市场高度不稳定的期间，流动性的吸引力（大于频繁往来的国库券）带来的产出的差别，增加了对长期资本运营（LTCM）的预期的挑战，引起了对长期资本运营（LTCM）的高杠杆位置的破坏，这就成为了需要公司投资组合筹资的危机的原因之一。

有大量的人不相信第 2 层次。制图者和技术分析师相信在底部的"支持水平"和在上面的"阻碍水平"，提供重要的信息来指导股票交易。但是，我们比较困难地相信，一个容易操作的技术策略能够提供持续的回报（当市场参与者参与时，这个策略的效应和影响价格是相应的）。许多理论研究者已经证明，按照建议的不规则的交易策略，市场的不规则为交易者提供了不规则的收益（回报高于对风险的期望）。

其中最著名的不规则就是我们在上面提到的，所谓的税后收益公告要点（PEAD），这一种现象已经被几个研究者证明了，为什么具有正的令人惊讶的收益的股票（收益大于分析师的预计，或者大于基于过去收益增长的预计），可靠性胜过了那些令人惊讶的负收益的股票。意料之中的是，这个是发生在收益公告时期之后（当好消息或者坏消息公告时市场对此的反映）。最令人感到惊讶的是，一个明显的可靠的反常的（风险调整的）收益，可以通过在消息公告一天后购买"好消息"公司的股票而获得，并且可以在同一时刻进行卖空（这个术语在下文中解释）"坏消息"公司的股票。这就暗示着市场对收益公告时的好消息或者坏消息没有足够的反映，这似乎长期是一个令人迷惑的反常。我们对第 2 层次市场效率产生怀疑，建议能够从相当直接的会计数据分析中获得准确无误的收益。

但是，对冲基金经理人员试图在这些反常中赚取高度混合的经验，在实际执行中（而不是模型上的），这些策略中非常少量的是盈利的。这也许是由于卖空的限制，广泛的买卖散布或者微小少数的交易的低的市场深度，对于实践者在模型中的错误，或者一些反常中的瞬时性来说，经常导致收益的大部分。

第3层次是市场效率的最高水平，吸引了任何支持。我们高度怀疑市场价格是半强式的市场效率，而且，投资者和分析师决定花费大量的时间来分析公司发布的财务信息，就此而言，所提供一定的证据来证明这个活动是被视为有附加价值的。

不存在对第4和第5层次市场效率的支持。内部人的有利可图的活动，如 Ivan Boesky，以及证券交易委员会阻止内部人交易的连续努力，是强烈的证据条款，反对内部人的信息滞留在股票价格的争论中。

有希望的就是读者没有感到市场展示第5层次的效率，完美预见市场效率（PFME）术语是个玩笑。有时候，流行刊物上的文章似乎表明，具有 Joel Stern 的"方向盘"，前面的市场能够表明对公司未来前景的无效预见，最重要的是理解这个术语根本就不是那么一回事，无论是对单独的市场交易者还是对整个市场而言都有一个可靠的未来的场面。如果市场有完美的预见，权益将不是风险证券，就如网络公司股票在 2000~2001 年的表现，权益具有极大的风险。

错误评估与市场效率

在我们的市场效率讨论中，我们继续探讨套利利润、内部人利润等。市场效率的测试是看一个人是否能够从中赚钱。如果市场是无效率的，市场将不存在"可以确定赢者"。就如上述我们讨论的那样，即使这些异常已经被几个研究者观察到，并且对过去的数据比较看中，但要从明显的异常中赚钱通常是困难的。Roll（1994）（加利福尼亚州立大学 UCLA 教授，基金经理）著名的评论值得在此重复：这些影响在经验工作的报道中（就是研究报告）是特别令人感到惊异的，但是我还没有发现有人在实际中使用，除去成本后有更多超过购买和持有股票的回报。注意我处于一个相对有利的位置，研究报告是在很久以前的期刊上发表的。

因此股票价格泡沫是否是市场的无效率的测试是比较简单的问题。我们能够从市场中赚钱吗？当然，带有百分之百的事后聪明的好处时当然就可以赚钱。我们只要在 2000 年 3 月图形的顶部卖出股票，现在再买回来，但是那个时候的情况对未来是不明朗的。

"方向盘"能够表明股票的价值是非常高的，这个主要方法是持续卖空。持续卖空的意思就是交易者从大量股票的持有者那里借股票，然后在市场中卖出股票，在后来获利时再把股票买回。如果我们对这不熟悉，思考一个具体的非常简单的例子，假设交易者感到 Beanie Babies 太贵了，从他或她的侄女（她把玩具保存在橱柜中的任何地方，只是在 10 月 31 日她生日的那天拿出来）那里借了一个 Beanie 娃娃，然后在 11 月 10 日以 500 美元的价格卖给了另外一个收购者。到了第二年的 4 月份，Beanie 娃娃的价格降低到了 200 美元。这个以 500 美元卖出 Beanie 娃娃的交易者，以 200 美元的价格从另外一个收购者那里买了一个同样的 Beanie 娃娃，把这个新 Beanie 娃娃还给他或她的侄女，就赚了 300 美元（也许买个冰淇淋给这个侄女作为补偿）。对于股票是完全一样的，从经纪人那里借股票，并且卖空，当股票被买回后，他们就归还给原始所有者，原始的股东甚至很少会比这个侄女更加注意，因为仅仅是个无色无味的现金要求。如果原始股东希望同时卖出股票，经纪人能够在名义上从其他所有者那里借股票来代替。这个过程一般不会让所有者（被借的人）和卖空者双方任何一方所看到，由经纪人来完成这个工作。但是，如果位置不利于卖空者时，他需要保证金。用我们的 Beanie 娃娃的例子说明，想象在 12 月所借的 Beanie 娃娃的价格上涨到 1000 美元，也许交易者的妹妹需要 500 美元作担保，来保证她可以买另外一个 Beanie 娃娃给她的侄女，补偿交易者失去的 Beanie 娃娃。这个担保类似于经纪人需要卖空的保证金。

当然关键是利润而不是过程，结果是卖空给人们一个机会来拥有股票负的位置。卖空 100 股亚马逊公司的股票就完全像拥有负的 100 股股票，此外我们必须支付一定的保证金利息（冰淇淋）给经纪人，而且如果位置是按照我们预测的相反进行，也需一定的保证金支付（担保）。但是，最困难的事情是得到任何正确的交易策略是适时的，考虑到一个投资者进行错误的卖空要经过 6 个月的苦境出售一个网络公司的股票，如 1999 年 9 月的 Yahoo! 公司的股票，当 Yahoo! 公司的股票在每股 80~90 美元进行交易时，是一个好的投资机会，因为 Yahoo! 公司在 2001 年 10 月的交易价格是 9 美元，但我们勇猛的卖空者可能已经在 2000 年 1 月初期，Yahoo! 公司股票剧烈上升到每股 237.50 美元时就被保证金扫出。

在泡沫中赚钱的困难不是新鲜事，Shiller（1989）指出：有些人似乎认为有一个理论的争论（针对泡沫），这样时髦或者流行也许不会产生投机利润的机会。如果未来时髦或者流行的趋势不是完全可以预计的话，考虑到这些在 20 世纪 50 年代后期和 60 年代初期在美国的情况，认为牛市已经进行太长时间，以至于股票价格过高。即使他们知道市场将最终跌落，这也没有别的办法使他们很快地丰富知识，他们必须等到被表白的年代，他们也不能预计牛市何时会终止。

从理论的观点看，Abreu 和 Brunnemeier（2001）近期的工作提出，即使一定比例的"方向盘"风险中性的套利者有一定的过高评估的知识，他们也不能够"打碎泡沫"。如果市场中存在大量的"模仿"动力的交易者，套利者是资本限制的，并且关心他们的名声时（他们不想错过抬高到泡沫顶部的机会），这就是特别正确的。

我们为什么关心市场效率?

讨论市场效率的理由是为了支持基本分析，是为了说明市场在确定内在价值时的不准确性是一把双刃剑：支持或者反对基本分析的争论。

很明显，如果市场是完美有效的，或者能有效达到第 3 层次半强式，那么公司财务信息的基本分析将没有用途，因为这样分析得出的结果已经滞留在市场价格中。另外，如果市场是完全无效率的，纯粹由情绪或者其他非价值相关的因素所引导，那么基本分析将是浪费时间，价格与基本分析不相关的市场将永远不会认识基本价值。在一个由情绪引导的市场中，在交易日结束之前确定价格是上升还是下跌的最好的方法是，在这个交易日开始时就传递信息给参与者。就如提前选举的民意测验，这样的传递将是不可靠的（经验表明，在探测股票市场相反走势的准确时间时，这个方法特别不可靠），但是，这个方法也是最适用的方法。

在某种程度上，基本分析是在这两种极端之间走"市场效率的钢丝绳"。解释 Saint Augustine，我们想要市场是有效的，但是仍然是不能的。我们希望市场是倾向于充分的错误评估，这样我们能够用基本分析的技术探测这些错误。但是，我们想要知道公司的价值和价格之间的根本关系，就像配偶之间牢固的婚姻一样，几个也许是偏离的，但是最终会回归到价值的怀抱。这样一个广阔的视野是与过去技术市场周期循环完全协调一致的，网络公司的周期循环似乎具有以下的模式。

价值投资的困境

与走钢丝绳类似，基于价值投资的限制也同样很清楚，即使是最好的走钢丝绳的人，也不能够无限地保持平衡。对于价值的市场分歧，在增加明智之人的数量的同时，不明智之人也被接受。这不是"群体休眠"，而是部分的分析师和评论者的理性经济行为。当所有分析师（群体）评价购买的股票时，考虑市场高估了一个股票分析师。在这种情况下有两种可能的结果，分析师在他或她的推测上也许是错误的，此时他或她在阅读股票的价格时是单独的错误，这样的分析师有可能被解雇。或者，他或她是正确的，此时的分析师看上去非常聪明，但是当他的同事和竞争者错误时，犯的是很多人可理解的错误时，他们不会鸦雀无声，因此非全体的分析师将不会得到更多的优势，这就是一个坏的赌博：前面你赢了一点，后面你输了很多。

现在进一步假设分析师们在每年由团体对他们进行评价，查看测量分析师的建议的准确性和有益性，可疑的分析师将面对更进一步的来自市场舆论的障碍因素。他或她不仅必须是正确的，而且必须在一年内汇集到基本的市场价值，以避免伤害他的职业生涯。这就不难看到将会出现的情景，分析师们将群体怀疑信息，而不是背离群体观点，表明他们相信的是真理，而且他们是在冒着生计的风险。

基于价值投资的最终问题是市场，而不是错误或者有效，这也许是对的，这总是一种假设，除非证据非常强烈地反对这种假设。

总　结

我们的目的是使市场具有足够的效率。交易者总是等待机会产生无风险利润，或者失败于机会产生的异常收益（人们对投资中接受的风险期望有高的收益），这是第一个公司壁垒，也没有无风险套利的机会。在买卖任何交易的股票和国库券时，交易者不应当期望产生确凿无疑的利润。

如果我们无限期地持有股票，那么未来的现金流量和股票价格将集中于一点，基本的价值将等于长期的价格，这是第二个公司壁垒。

但是市场缺乏完美的预见性，实际上即使提出市场有完美的预见，也是滑稽的争论。每年，甚至是每月股票价格的波动都不能够响应任何明智的价值预计的变动。但是，市场没有以任何可预计的或者明确可探测的方式，从基本的价值上产生分歧。这样一个明确的分歧将包括套利机会，网络公司股票的上涨到 2000 年 3 月是符合这个范式的，这似乎使我们中的许多人更加清楚，网络公司的股票在 2000 年 3 月是过高评估的，但是我们可以明确或者肯定这是不可能的。同样，即使肯定地假设市场是过高评估的，投资者也不能够相信什么时候背离基本的价值（泡沫）将会结束。

按照这个观点，存在一个角色导致投资者以价值评估为目的基本分析。但是，必须接受的是，对于技术公司，过程将更加不严密，比旧经济公司更易于犯错误，旧经济公司有更长的历史和更多的价值评估经验（价值评估经验即使是对旧经济公司也是不精确的）。同样必须记住的是，基本分析是唯一适合投资者投资长期投资中的中间时期。

就如 Benjamin Graham 写道的，基本分析产生的结果不一定是准确的，也许给出的是值得信赖的数值。在最大值和最小值的范围内，有可能产生公司股票基本分析的结果，这里公司将面对未来的巨大不确定性。如果股票价格低于最小值，应当购买股票；如果股票价格高于最大值，应当卖空股票。但是，股票也许是在基本的最大值和最小值之间，在这种情况下（毕竟是那个工作），分析将提示我们不采取行动。

总之，可以指出，基本分析对于在不确定的技术下投资的股票是没有用途的，这样一个股票应当简单地被视为对技术的赌博，恕我们不同意，基本分析仍然需要用来保证这是个公平的赌博，所以它常常不是赌博。

第三部分

提出战略问题

第十一章 盈利必要性和竞争优势

互联网业务必须是一个生意，而不是一个冒险的事业

这本书的一个核心内容就是，互联网业务必须遵循普通业务所需要遵循的规则。然而，这并没有听起来那样坏。普通业务需要负担巨大的启动成本，也可以在运营初期记录开办损失。但是这些损失总会有期望以一个明确的方式转化为利润。应该不需要一个单独"通向盈利之路"（P2P）的概念，因为任何业务都应该有一个通向盈利的路线图作为计划的基础。例如，生物技术公司是风险非常高的投资，但是一旦成功了，无疑他们就会盈利，因为他们可以利用研究生产药品的专利保护，授权或者生产这些药品，并以高利润销售给顾客。许多互联网公司也有潜在、清楚的盈利之道。以互联网为基础的零售商打算将商品销售给顾客，挣足够多的利润来弥补他们的成本。以互联网为基础的咨询公司准备雇用咨询师，然后组成咨询小组并挣得足够高的利润来弥补他们的经营费用。这些模式不是一定能够盈利，但是他们都被认为是有一定成功可能的生意。

上述是在没有明确获利之道的情况下对互联网理念的比较。现在让我们更加清楚地知道我们并不是在谈论这样的公司，这些公司采用我们知道的经营模式或者其他不同的已知的经营模式，但是却由于运营问题，需求减少或不能控制成本导致了利润的减少。我们正在谈论的公司是一种冒险的事业，既不像我们认识的那种业务模式，又不是那种可以产生利润的直觉方式。而这些模式的公司都没有幸存下来，但是后者连事先存活的机会也没有（除非一个新的经营模式突然出现），最好把它当作一种习惯性的或者没有利润的组织形式。这种经营的模式可以作为为顾客或者社会服务的方式在现有的盈利业务中找到一个位置，或者利用建立品牌的方法。然而，这个有限的目标可以反映在估价和低成本结构上。

一个在利益上有潜在问题的经营模式的例子，是发送电子贺卡，许多供应商免费提供这个服务。这种经营模式的实例是 Bluemountain. com，它最初是由 Stephen Schutz 以一种廉价的刺激贺卡商业的方式建立的，当然因为它也对互联网业务感兴趣。1999 年 10 月，这项业务以 3.5 亿美元现金和价值 4.3 亿美元的 Excite 的股票卖给了 Excite@ com，加上大约 2.7 亿美元的股票红利。创建者（Stephen Schutz 和

Susan Polis Schutz）计划把这些钱用在支持世界健康、救济饥饿和世界和平上。而此时，Excite 则强调收购产生了新的业务，这是一个可以用重要的新网页挣钱的机会——每页都独具特色（资料来源：http：//corp. excite. com/news/pr_991025_01. html）。可能 Excite 也受到 Bluemountain. com 以 Leonard Ninomy 爱情诗为特色的事实的吸引。回顾过去，Schutz 的动机似乎经受住了时间的考验。

2001 年 9 月，据报道这个业务以 3500 万美元卖给了 American Greetings。[①] 这个已有的，而且盈利的贺卡公司可以使用 Bluemountain 的网址作为建立品牌的方法。特别是，AMERICAN GREETINGS 已经成功地在网上为它的有形贺卡派送免费的票券，因此产生了贺卡的销售。当然，Excite@ home 没有有形的贺卡业务，公司曾经试图通过 Bluemountain 的网站来产生更多的宽带 ISP 服务利益，同时也试图在网页上把条状广告和电子商务链接销售给 Bluemountain. com 的顾客。在对 Bluemountain 进行简短的介绍后，在十一章会介绍 Excite@ home 破产保护的例子。

另外一个有趣的经营或者商业模式 epinions. com，在每次网站顾客（提供的）的产品评论和经历被浏览后，这个网站会支付给它的成员一定的费用。这个思想使提出优秀评论的用户可以收到大量的浏览并因此而取得可观的收入。然而通常人们在发表观点的时候没有收到支付，人们渴望正常交流导致了免费发表，正如我们在报纸上看到的信件页和在 e-mail 网址上看到的 Amazon. com 的浏览页。epinions 打算通过 epinions 网址上销售广告、销售 epinions 的内容以及授权 epinions 的技术来挣钱。[②] 这可能是一个新的挣钱模式。另外，这也很容易从投资者向网站的用户、员工那里转移财富，像 Get Paid to Surf 公司的 AllAdvantage. com 网站做得那样。不同的是，epinions 转变了业务模式，并通过降低、限制和优化给作者的支付款项来降低成本。2001 年 11 月，他通过停止 base eRoyalties（它仅仅依靠网页浏览）转向这点，转移到一个"收入分享"的项目，在这里评论者们可以享受到一部分"收入共享池"，这是 Epinions 收入的一部分。

大多数早期的业务都是私有的

许多公司都经过了亏损的经营阶段。然而，这通常都是公开上市阶段之前的事情。找到外部基金资助对准备上市的公司是非常普遍的，事实上这些公司能够找到外部基金的机会是非常少的。例如，在 1983~1991 年美国公司依靠内部资金（也就

---

① http：//www. corporate- ir. net/ireye/ir _ site. zhtml？ ticker = ATHM&script = 411&layout = 0&item _ id = 206435。

② http：//www. epinions. com/about/show_~faq_understanding#007。

是，留存收益或留存利润）来进行它们 82% 的投资、举债以及股权回购（Cantillo，1997）。正常的经营模式也有许多期望。例如，公司有期望凭借大的资本项目进军市场，或者是进行大量的现金收购，特别是在火爆的市场阶段，这时候投资者对首次公开发行的需求比较高，如 20 世纪 90 年代后期。然而，在资本市场上，很多提则盈利的公司在 1989~1991 年都是生物技术类的公司，而 1998~2000 年则是互联网公司的繁荣。

对于互联网上市公司的有限资金供给

无论这些提前盈利的公司是否在未来的公开市场可以找到一个有准备的听众，2002 年的投资形势是互联网公司不太可能从公开的市场上获得新的资金增长。这就意味着资金危机分析的概念已经变得非常重要。那些在使用完现有资金前不能够获得盈利的公司，将不得不去寻找新的资金来源，而不是公开市场。其他的资金来源的例子包括：

■ 出售资产或者分公司的收入（如 Excite@ Home 销售 Bluemountain. com）。

■ 通过现有的投资者获得新的融资（很多的例子）。

■ 通过战略投资者获得新的融资（如亚马逊在 2001 年 7 月从美国在线获得 1 亿美元的资金，这也是作为提高美国在线电子商务安排的一部分）[1]。

■ 使用来自盈利的下属企业的现金流（如 eBay 所购买的传统的经济拍卖公司 butterfield，就可以用作这个目的，但是直到现在 eBay 仍然保持盈利）。

■ 与一个盈利的公司进行协议收购，并使这个公司的现金流继续进行发展［例如，交互投资者的国际上市公司（iii. co. uk）被澳大利亚保险公司和金融大公司所收购，AMP］[2]。

转变业务模式的需要

公开市场投资者态度的转变产生了对公司经营模式进行根本性转变的需求。那些经营模式的公司不是商业模式的公司，已经企图从前种模式向后种模式转变。那些采用商业模式的公司如果不能产生利润，也开始考虑向这种方式进行转变。商业模式的失败是由下列原因引起的：

（1）经营问题：公司有一个可行的商业模式，但是却不能依靠它进行很好的经营（由于管理上的不称职或者把商业模式转变为经营战略或战术上的失误，选择了

---

① SEC form 424B2 和新闻报道。
② iii 网站和新闻报道。

错误的定位或者类似的原因）。

（2）收入下降：公司的商业模式需要一定数量的销售额/销售收入来达到盈利，这点不能够实现的时候（计划的销售额可能是不现实的，或者市场由于竞争者的进入或消费者口味的转变已经开始变化）就可能会失败。

（3）控制成本不当（跟第2点有关）：公司可能已经成功地吸引了顾客消费，但是却有着不理想的成本结构。

在1999~2000年初的市场环境中，存在着推迟考虑盈利的可能性。因为评价（至多）是以收入为基础的，或者（至少）以故事为基础的。假如评价是建立在收入基础上的，那些能够产生收入的公司就被视为有价值的，即使它们有着不确定的创造利润的前景。假如评价是以故事为基础的，那些编造出有吸引力的有关它们潜力谣言的公司也会被当作是有价值的，即使它们的收入很低，甚至几乎没有。假如公司可以得到基于它们收入或者它们能够被感觉到潜力基础之上的很高的市场评价，那么它们就可以发行新的股票来资助它们的经营业务（由于没有盈利，增加外部资金确实是它们唯一的选择）。

我们在第三章曾经谈到过经营杠杆的重要性。经营杠杆是指有着很大固定成本的公司，随着收入的增长而获得高利润的潜力。然而很大的固定成本也存在一个问题。假如收入很少，很大的固定成本就变成了巨大的损失，并会很快消耗掉公司的资金。互联网公司可以通过两种方式来应对这种威胁。第一，通过削减成本；第二，通过转变为低经营杠杆的业务模式特征。B2B的交易模式为这种趋势提供了一个可见的例子，同时也引入了许多其他重要的概念，包括竞争优势的概念。

B2B 交易的案例

一个看上去有着很好的商业模式的公司的例子是B2B交换。B2B交换能够提供网页界面，允许企业将商品出售给其他企业，由于B2B的销售额远比B2C的销售额大，因此这种业务类型被预言在2000年早期有很大的潜力，这些企业已有很多了，如美国的Ventro/Chemdex和VerticalNet以及英国的Just2Clicks。

B2B交易的最初的商业模式是鼓励企业能够免费进入B2B交易入口，期望使用这种交易的公司数量达到极限时，公司将会被鼓励用这种交易方式进行大笔的交易。然而，尽管一些B2B交换报道这些服务中振奋人心的利益是根据注册数量来决定的，但是这并没有转变为收入或者利润。

不幸的是，过分强调B2B交易业务计划太过于乐观，有些事实显然是这样的。许多B2B交易业务计划的核心就是以增值价格（某些公司规划了2%甚至高于5%交易价格的佣金比率）提供商品服务（也就是说，一个非常简单的满足买家或者卖家便于价格发现的活动）的条款。相比之下，那些同样运作类似基础价格发现职能的基础市场的佣金却只有1%那么少（如芝加哥贸易委员会，LIFFE 或者股票市场）。

顾客不像预想那样快地转变商业模式。在这方面 B2B 交易也低估了购买者从客户化供货以及买卖双方关系得到的好处。他们同样低估了供应商和购买商在坚持现有的交易方式上的惯性作用，在有些情况下他们还不能让用户界面足够友好，并以此来鼓励交易。只有当 B2B 交易意识到他们可以很有把握地为公司提供服务，并鼓励他们使用 B2B 的时候，收入才会上升。然而，这种增值服务的条款对于 B2B 交易业务模式是致命的，因为它在量度方面是可以被预测的。也就是说，使用同样的系统和人员处理高流量的能力，在处理低流量的时候也同样需要。B2B 交易发现，为了赚得佣金，他们不仅要提供网站，而且还要提供一个更多人力资源的、更高成本的服务。很明显，为了公司的生存，商业模式必须要改变。

表 11-1 说明了商业模式是如何变化的，趋势是从模式 1 向模式 3 或模式 4 转变（注意：除了交易和预订收入以外，B2B 交易也会赚取广告收入）。起初，B2B 交易只是把他们交易的概念卖给他们的客户，并通过免费提供会员获得他们的注册。然而，随着投资者变得更加关注收入，较少关注故事，B2B 交易转变为一种预订模式，这样至少会有一些收入来弥补签约业务的成本。虽然增加费用降低了客户的绝对数量，但是许多注册过免费服务的公司在他们注册后并没有得到进一步的利益。

最后，随着公开市场中态度的变化，B2B 交易需要保存现金，而且要尽快盈利。他们中的很大一部分为了达到这个目的都放弃了以交易为基础的模式，转变为更加基础的商业模式，如软件销售或者供应链管理咨询。换句话说，是通过强调免费交易（一种建立在乐观的佣金率基础之上的模式，使大的经营杠杆效应实现潜在权益价值最大化，转变为至少为投资者和员工权益持有者保护一些权益的模式）。

表 11-1　转变业务模式

模式	逻辑	例子
分享交易收入	分享巨大市场中一小部分	在 2000 年底前的 Chemdex
预订收入（和交易收入）	需要让高收入变得很重要	很多
软件销售收入	仍然有很高的经营杠杆但是有很强的竞争力	2001 年 Chemdex
提供服务收入	经营杠杆低——咨询模式	2001 年 Freemarkets

竞争优势和 B2B 交易

在用图表说明 B2B 交易不适当的商业模式时，我们使用了和我们在分析亚马逊时一样的分析方法，就是把他们假设的收入和传统经济模式下的现有的可比公司作比较。我们强调的是，当 B2B 交易所声称的交易费用达到5%的时候，在旧经济体制下类似的公司只收取不到1%的交易费。

然而，还有另外一个方法来理解为什么B2B交易模式不能发挥作用，那就是考虑一下他们是否拥有可持续的竞争优势。竞争优势是指一个公司所拥有的超过其他公司的任何优势。实际上这通常意味着比竞争对手更好或者更加廉价地完成一项活动：

（1）假如顾客从A公司的产品或者服务那里获得的价值更多（可能是在产品加工上比B公司更加平滑），这样的话顾客就愿意为A公司支付比B公司更多的价格。假如成本是相同的，公司A就可以获得更多的单位利润。

（2）假如A公司可以比B公司生产的产品或提供的服务更加便宜，对于一个相同的价格，那么A公司比B公司获得更高的单位利润。

竞争在企业—顾客（B2C）的环境下可能是最容易从感觉上被理解的，这种环境下我们习惯于把品牌作为一个非常重要的竞争优势。品牌在B2C的范围里是非常重要的竞争优势，它也代表了在顾客心里的一系列的好处（也就是说，这是我们前面提到的第一种竞争优势），如质量、稳定性、新鲜度、时尚程度。品牌的好处甚至可以持续到竞争对手的产品上，在许多明显的特征上追赶上主导者的产品。品牌可以让品牌的拥有者在较长的时间内保持较高的价格优势。因此，品牌（虽然非常难建立）能够成为潜在的可持续的竞争优势。

在顾客中，家庭消费品牌商品比消费非品牌商品得到更直接的心理安慰。他们对这种产品更加信任，而且感觉消费品牌商品远比非品牌商品能够提高他们的形象和生活方式。然而，在企业中，仅有品牌是不够的。因为采购经理们已经被雇来为他们公司设计最好的协议和品牌的无形概念，劝说他们的上级支付更多的费用来应付特殊的情形或合作者，是远远不够的。这个问题的另一个方法是，在B2C的环境下，消费者对交易方面的影响力量通常是很小的，它们是分散的，并且还有其他重要的事情要思考，以获得最适合的交易。在B2B环境下的购买商（实际也是供应商）基本上都是很专业的，而且会稳定地控制比一个家庭更大的预算开支。由于被夹在大的供应商和有力的购买商之间，B2B交易的处境并不好。

由于不能依靠品牌的概念，B2B就不得不体现出他们比采购经理真实的工作优势。因为B2B平台的最初定位是商业产品，所以只是列出可以销售产品的清单，以及通过价格展示或者允许拍卖程序来便于价格发现，这些证明是很困难的。虽然建立B2B交易网站和连接网站前台和后台可以销售产品的数据库并不简单，但是有些潜在市场中的竞争对手仍然可以实现这件事。换句话说，对于新加入B2B交易市场的竞争者来说的确存在着现实的威胁。

由于没有了独特的竞争优势，竞争对手的出现阻止了任何一笔大额交易的形成，B2B交易被迫进行价格竞争。由于缺乏合谋，价格竞争在固定成本很高而且存在过剩资本的行业里是非常激烈的，产品或服务价格下降到接近额外顾客或用户服务的边际成本。因为当 B2B 网站上（一旦这个系统存在）增加一个清单的边际或者变动成本接近零的时候，B2B 交易的交易费用也将被迫降低到接近零的水平。在这种激烈竞争的环境下，运行网站的固定成本不可能被收回，最初网站开发的沉没成本也损失了。

B2B 交易的另外一个问题是，他们不仅相互竞争，而且还要与以传统方式做生意的企业进行竞争。传统的方法对 B2B 交易正在销售的产品是很有效且具有吸引力的。以网站为基础的界面特别适合标准化的产品，如普通白纸或者标准的工业配件。然而，对于客户化的或者不是普通的产品或部分的要求，这种网站界面就不是很合适。B2B 交易打算在某些行业改善他们的界面，允许交流更复杂的内容，但是采购经理则表现不愿意离开传统的渠道。根据哈佛商学院 2000 年的研究，他们的行为似乎非常明智。Das Narayandas 教授通过 Freemarkets 进行的 5 个交易的研究发现，Freemarkets 是一个主要的 B2B 市场/采购咨询公司，其中 4 个购买商后来又回到了他们原来的供应商那里。① 购买商在开始似乎低估了拥有一个固定的供应商的重要性，他们可以准确地满足购买商的需要，他们很明显不能达到 RFQ（报价要求）。

渐渐地，剩下的 B2B 交易集中为企业提供辅助产品，如纸、文具用品和其他常用的一些种类。这些都更加标准化，因此在网站上销售也更加适合。他们对客户公司的业务过程也不是那样突出，所以客户化的潜在好处也显得不太重要。然而，即使在这种环境下，纯粹的 B2B 交易的战略环境也不会更坏，当然利润可能是有限的。通过网站进行采购的购买商和供应商的回报是有吸引力的，购买商和供应商本身会建立这样一个媒介去执行那个功能（例如，三个大的汽车制造商建立的 Covisint）。一些以前的 B2B 交易已经改变了他们的商业模式来资助这样的公司。其他的 B2B 交易则把目标锁定小型的企业/SME，他们的买方力量不是很大，可以为他们提供采购服务作为一揽子服务的一部分。

总　结

在 2002 年的市场环境中，互联网公司的新资本是很难得到的。因此，公司已经被置于严重资金不足的地步，需要实现盈利，或者至少需要有正的现金流量，可能还需要通过资金内部产生的资源来支撑未来的可持续发展。没有明确商业模式的互联网企业已经被迫通过它们企业的重新定位来达到盈利的目的。互联网企业被迫提出经营上的产生收入和成本控制问题，而在比较容易获得公开市场提供的资金的情况下就会允许他们推迟提出这些问题。面对这些挑战，许多互联网公司都已经失败了，他们发现他们重新定位的挑战太激烈了，或者正在面临这样的事实：他们所强

---

① 2000 年 5 月 9 日的《经济学家》。

调的经营模式或商业模式是不可行的，却是可调整的。其他的公司可能会成功，他们仍然可以变成漂亮的小公司。也就是，他们会继续存在，但是却是在一个很小的定位范围内（在这里他们可以发挥他们的竞争优势），并得到适当的评估。

在这种环境下，好的战略分析是传递价值的钥匙。我们详细地讨论了 B2B 交易。虽然评论者集中在 B2B 交易的巨大的增长潜力（根据 Forrester 预计 2003 年 B2B 交易收入将达到 300 亿美元），更重要的是要检查企业不显眼的战略环境。我们提出了 B2B 交易战略定位直觉上的讨论，这里我们强调了我们面对这拜的事实：强大的购买商和供应商来自新进入者和替代者的威胁，以及激烈的竞争。这 5 个因素的重要性已经在 Michael Porter 的著作中得以强调，正是这 5 个因素可以帮助我们在行业或者行业分部的吸引力上做出判断。我们以前讨论了战略分析中的重要组成部分，正如下一章在互联网公司的应用。

第十二章　将标准战略模型应用于互联网企业

传统战略的洞察力与互联网企业有关

公司是否盈利？公司是否会（或者将来会）产生高于资本成本的回报？它是否会比其他公司具有一种竞争优势，这种优势会使公司吸引到顾客，并让公司得到超常的利润？公司的竞争优势是否是可持续的和可保护的？公司能否建立屏障来阻止其他公司的进入和抢占市场份额？

这些都是传统经济下的公司所需要洞察的主要问题。对于互联网企业而言，它们是绝对重要的问题。由于还不能够提供一个好的环境使网络效应的好处流向企业，也不能为投机资本家和公开市场投资者产生无限的价值，已经证明目前互联网企业正处于一个非常差的竞争地位。这些本来不应该没被料到。

互联网是无情的

互联网的范围和方便正是这种恶劣的竞争环境存在的原因。互联网的技术特征（包括交换技术，数据传输的多种途径等）是不可思议的，但在一定程度上对终端用户是不重要的。它们的效果非常简单，它们以一种普遍的格式提供方便和可靠的联系。一个公司想要和互联网连接起来，不必关心自己是否满足当地对数据格式或者连接机器的要求。它可以利用标准的连接和设备，这些都是由不同的供应商提供的，这些供应商负责发布标准。这个过程变得更加容易，因为大范围的网站集合的提供者已经开始考虑所有的技术过程，这样的话企业只需要对它们业务的需求做出决策。

互联网的出现是很容易的，给了产品的商人和销售商接近大量互联网用户的机会，并把此当作潜在的市场。假如销售的产品可以机读，如软件或者 MP3 音乐文件，互联网就可以作为一个分销媒介。此外，像 FedEx、UPS 或者英国的 Consignia（以前的 Royal Mail）这样的物流公司，可以处理全国甚至世界范围内的实物产品的发货。支付则可以通过大范围的服务进行，这些服务很多都是免费的，也可以与现在高楼里的商业银行进行竞争。所以，建立基于互联网的企业是一个很容易的接近上亿消费群体的方法。

然而，容易建立基于互联网的企业同样也有麻烦，这对于其他人建立基于互联网的企业也同样容易。为了说明这点，在互联网的早些年我们看到了两种互联网的可能的未来：

■ 夺取地盘的观点。

——互联网公司能够建立品牌。

——品牌很强的公司可以赢得超常的利润。

■ 竞争激烈的浪费资源的观点。

——互联网对于消费者是一个大新闻。

——购物的寄生虫和竞争对手只要点击一下鼠标就会让利润消失。

在1998年下半年我们第一次讨论这个话题的时候，我们估计，对于互联网公司，有65%的可能是竞争带来的资源浪费。我们受到了许多用鼠标购物便捷性的影响，通过 mysimon. com，ecompare and pricescan. com 这样的购物寄生虫比较价格网站，使之便捷。对于许多持那种观点的评论者，在1999~2000年则更加如此，这种评价似乎是令人失望的。然而，正如结果一样，他们的观点是正确的。商业公司和内容公司都受到竞争者的围攻。只有很有限的领域（如B2C商业）是在建立品牌，还值得期盼，而在这领域内只有一小部分的公司是成功的。竞争者企图通过购买市场份额来获得下一轮基金支持，它们是有大量资金支持的竞争者，因此甚至那些品牌很强的公司也不能保证获得更高的价格。

很明显，虽然以资金过剩的"纯展示"① 网站为基础的竞争者已经后退了，但是竞争的效果却不会这样（后退）。事实上，完全相反。以前不在网上的零售商最终准备开始联合行动。B2B交易实际上已经从其原始的形式上消失了，因为商业市场发现，至少它们可以充分利用巨大的电子商务系统来坚持互联网市场的位置。在软件和服务方面，传统经济的巨人宣称要成为最大的互联网公司。生在网络上的咨询公司正在网络上"死亡"。以内容为基础的公司，由于互联网广告的短暂繁荣，还有一个简短的生命期，现在他们也在把他们的业务模式改变为预订或者更加复杂的模式，目的是为了能够不沉下去（活下来）。对于内容公司，互联网的可进入性和标准化如证实的那样，是它们陨落的原因。建立一个纯展示类的互联网公司是非常容易的，如 salon. com，对于 nytimes. com 和 dailytelegraph. co. uk，建立一个网站也是容易的。而且后者还有进入非常重要的加工内容的途径方面的优势，它们几经波折，终于有了合适的资源（人力和技术方面的）来每天生产数以万计的文字，而且已经由现在的用户和订购者付款了。

———————————

① 纯展示公司是那些仅仅在互联网上做生意的公司。

关于可持续竞争优势的研究

为什么许多互联网企业都失败了，原因在于它们不能获得竞争优势。或者至少说，假如它们拥有一个优势（可能是领先竞争对手）的话，也是不稳定的，而不是可持续的竞争优势。这些公司不能保护它们不受竞争对手的挑战，它们不能把用户和它们的产品捆到一起，而且也不能阻止它们的竞争对手进入它们的市场，竞争则会降低利润。

我们在这章要做的事情就是讨论一些用于评价我们打算评价的公司战略的工具。我们的目标是看这些公司是否处于正确的市场位置或者市场定位来施展它们的竞争优势，以防御来自竞争对手的压力。我们也会看一下如何评价公司的战略和组织资产。我们也会研究产品的生命周期，看一下如何度量购买者买或者不买（使用）公司的产品。这帮助我们决定需要多长时间可以使公司成功。

这些就是战略的洞察力，但是如果没有它们，试图评价一个公司就是没有意义的。没有发展竞争优势的公司就是没有价值的。那些有竞争优势但不是可持续的竞争优势的公司也是没有价值的。这些公司注定是挣扎者，他们的管理在各种企图进入盈利的市场战略和战术中摇摆，在每次转变的时候都面临着利润的竞争压力。像这样的企业注定只能为股东提供低回报，因为它们永远也不能够长时间地提供超常利润。当然，对任何企业都存在一个适应程度的问题，但是成功的战略将是建立在核心竞争力、战略性资产和智力财产的基础上的，它们合起来就构成了可持续的竞争力。

在战略分析的所有方面，潜在的不连续性和变化应该被注意（进入 DCA）。

如何赢得竞争优势

在赢得竞争优势方面有两个要素。一旦我们看到这些，我们将能够发现我们正在研究的公司能否实现竞争优势。简单地说，这些要素是：处于正确的位置（行业，定位），做正确的事情（战略，战术）。

我们是否处于正确的位置，关键在于确定行业的吸引力

我们确定一个公司是否处于正确位置的基本工具是五种力量。这是一个由 Micheal Porter（1980）开发的一种战略框架，用来告诉我们所处的行业或者其中一部分是如何有吸引力的；一个位置防御竞争对手和潜在的竞争对手的可能性；公司所拥有的讨价还价的力量，以及它们的顾客和供应商拥有的讨价还价的力量。这五种力量并不是判断一个行业可能回报所需要考虑的所有因素，但它们是一个好的分

析起点。

这五种力量如下：

■ 买方力量
■ 供应商力量　　　　　} 竞争环境的特征
■ 现有竞争激烈程度

■ 替代者的威胁　} 延伸的竞争效果
■ 新进入者的威胁

这五种力量在行业里的力量越强，这个行业所处的位置就越"不舒服"。这五种力量越弱，公司讨价还价的力量越强，公司获取超额回报的机会越大。从理想的角度说，一个公司希望在这样的行业中经营：供应商和顾客的力量是弱的，竞争对手少或者很弱，没有新进入市场的威胁，现有的用户采用新的替代品的机会少。相比之下，我们看到的上一章关于 B2B 交易商业模式的一个例子，是一个五种力量都很强的互联网企业。这五种力量总是不利于这个企业，所以这种环境（五种力量都很强）对于企业是没有吸引力的。这是一种从直觉上对五种力量的衡量，而学战略的学生已经把这五种力量当作老朋友了，其他读者也已经进入到讨论中了。这是它们使用斜体表示的原因。

应该注意的是，使用五种力量分析互联网企业并不是完全没有争议的。例如，在 2001 年 9 月的新经济杂志商业 2.0 报道中，波特曾经在几期杂志上批评自己以前关于互联网企业没有根本上改变业务规则的信念。然而，就要看多长时间商业 2.0 才会继续公开发表这些批评。

这五种力量被波特（1980，1988）广泛地讨论，这章所用到的思想很大程度上受到了这些讨论的影响。

使用五种力量：网上图书销售的例子

让我们检查一下网上销售图书的例子（如亚马逊），看一下这五种力量是如何应用的。我们会估计每种力量是低、中等还是高。为了集中我们的注意力，我们将使用 10 分制来估计每种力量的程度（0 代表最低，5 代表中等，10 则代表最高）。我们不仅考虑 1995 年 Jeff Bezos 冒风险建立亚马逊时候这五种力量的大小，还要考虑五种力量经过一段时间后是如何改变的和正在改变的（特别是新进入者的反应）。后者强调这五种力量指导我们随环境变化的能力，正如任何好的战略应该做的一样。

作为提醒，这五种力量是：

■ 买方力量。
■ 供应商力量。
■ 现有竞争激烈程度。
■ 替代者的威胁。

■ 新进入者的威胁。

首先，让我们考虑前两个力量。主要的挑战是确定谁是能够立即接近我们在供应链里所要研究业务的买方和供应商。考虑到图书销售的例子，供应链或者价值链如图 12-1 所示。

图 12-1　供应链或价值链

那么，如果我们考虑一下图书的分销业务，我们会把注意力集中在谁销售图书给分销商（也就是发行公司）和谁是直接的购买者（也就是图书的零售商）。请注意，这是非常有趣的，虽然图书是由印刷商直接发送给分销商，但是印刷商还是最容易被当作发行商的供货商。从有形的资产转移到智力资产，作者也应该被当作发行商的另一个供应商。而且，假如我们正在研究一个比亚马逊还小的书商，可能在分销商和零售商之间还有一个中间的价值链，可能就是一个当地的批发商。

那么对于亚马逊而言，主要的供货商是分销商。我们能够想象出其他的供应者，如作为劳力供给的员工，设备的供应商等。但是我们还没有详细考虑这些供应者。顾客是最终的图书用户：因个人或专业原因买书的个人，还有需要买书的公司和其他机构。广义地说，顾客的图书占图书市场的70%。

供应商的力量

为了分析供应商的力量，我们看了某些有用的因素。波特认为，假如出现下列情况，供应商的力量会大些：

（1）供应商行业的集中程度高。

（2）对于提供的原材料没有太多的替代品。

（3）该供应商可以向许多行业销售。

（4）供应的原材料非常的重要。

（5）原材料非常的不同。

（6）在供应商之间转换会有成本。

（7）供应商可以向前整合威胁到行业，也就是说，直接进入到顾客业务。

例如，图书销售的情况对于图书零售商（它们很多都是小书店）而言，分销商更加集中，也就是说，图书零售商比分销商更小，分销商有许多书店客户，而不是像其他行业那样。至于亚马逊，因为它的规模相对较大，大约占了美国市场的5%，所以处境要好些。亚马逊在 2000 年的总收入是 27.6 亿美元（2001 年是 31.2 亿美元），其中大约有 17 亿美元是美国的图书、音乐和视频产品收入。亚马逊有两个主要的竞争对手——Borders（2001 年 1 月底的收入是 30 亿美元）和 Barnes&Noble

（2001年1月底的收入是44亿美元）。相比之下，最大的图书分销商，Ingram Books 在1999年的收入是18亿美元。一个行业如果被一个或者两个公司主宰，则会有更强的力量。这种情况在图书分销方面不存在，因为它们只是中等的集中（特别是相对于图书零售商）。

沿着这个清单往下走，我们考虑一下图书分销商的商品是否有替代品。既然亚马逊的产品销售主要集中在图书上，当然也就不存在图书这种原材料的替代品。然而，反过来，图书分销一般也是集中于销售图书，所以他们也不可能销售其他行业产品，它们在只用于图书销售（除非大范围的改建）的分销中心有很高的沉没成本。接下来继续考虑重要性和差异化的问题，分销商的原材料对于亚马逊是至关重要的，但是它不是差异化的。虽然个人图书是非常不同的，但是这也是发生在发行商的层次上的（书有版权的问题）。对于亚马逊，最新的Danielle Steel和Tom Clancy是来自Ingram还是Baker and Tayor，这都不重要。转换的成本也是很低的。最后，假如图书分销行业要直接销售给顾客（兼营零售），成本会很高，虽然亚马逊的确可以做到这样。例如，Baker and Tayor的网站也有订购的功能，但是仅限于零售商和图书馆。但亚马逊建立起来的时候，向前整合的威胁是很遥远的。现在，向前整合的威胁是中等，而且会增长。总之，供应商的力量是低到中等（10分制中的4分）。

买方的力量

关于买方的力量，波特认为，在出现下列情况的时候，买方的力量是大的：

（1）对于本行业买方的行业更加集中。

（2）产品是买方花费或成本中很大的一部分。

（3）产品是标准的或没有差异的。

（4）买方的转换成本很低。

（5）买方是完全信息的。

还有其他两种因素可以增加买方的力量，假如买方是一个企业的话，它们可能是最相关的：

（1）如买方赚取的利润很低（因此需要不断地削减成本，并给供应商施压）。

（2）假如买方可以通过向后整合威胁到行业（也就是说，假如它可以进入到行业的业务）。

正如我们所听到的，大多数图书的购买者是消费者，或者个人买给一个公司的（也就是说，他们是为一个公司买书，但是却会利用公司的买方力量），所以买方的集中程度比较低。对于第2点，图书往往仅是个人或公司买家预算的一小部分。对于第3点，图书显然是非常不同的，但是同样的书可以从不同的书店购买到。但是却有潜在的服务水平差异和（在固定的书店的情况下）环境氛围的差异。对于第4

点，买方的力量是强的，因为他们转换的成本很低。对于第5点，完全信息是一个很有意思的问题。完全信息意味着买方知道竞争市场的价格，并对供应商的成本完全了解，这样就给了它在谈判时有价值的信息。很显然，图书的最终消费者通常不具有完全的信息。然而，对于网上图书购买者却可以在购物寄生虫或像 mysimon.com 和 dealtime.com 这样的比较引擎上获得关于市场价格方面的完全信息。在这些网站上用户可以输入图书的名字，网站就可以搜索可能的网上书店的价格数据库，这样用户就可以评价这些结果，根据可获得性或者总价（包括运输费用和包装费用，因为购物寄生虫可以根据图书销售网站的原则计算出运输费用和包装费用）。不是所有的购买者都会不厌其烦地寻找这些信息，但是这样做数量会增加。但亚马逊在考虑建立它的业务的时候，这些信息是不能得到的。

对于第6点和第7点，正如我们提到过的，假如买方是一个企业或者一个企业集团的话，它们是最相关的因素。对于作为买家的顾客而言，前一个因素是那些比较穷的顾客会施加更大的压力。我们在折扣食品零售处看到过这种情况，这些食品主要是卖给比较穷的顾客。对于图书零售而言，它通常来自完税收入，所以这个因素的影响是很低的。第7点可以这样衡量：是否顾客可以从分销商那里直接购买到，现在他们还做不到（虽然这可以改变）。主要是因为买方的集中程度比较低，我们估计买方的力量是比较低的（10分制中的1分）。假如买方提高了他们使用价格比较工具的程度，买方的力量可能会提高。

行业竞争的激烈程度

行业竞争的激烈程度是指行业中的企业相互竞争的方式。波特提到过它通常用于描述激烈的竞争的情形：竞争像战争一样，是痛苦的、残酷的。这样的竞争通常是与图书零售无关的，尽管亚马逊和其他的网上零售商的进入使竞争更加激烈。在英国，1995年"网络图书合同"（一个在发行商和零售商之间的维持一定价格的合同）的终结导致了价格竞争的明显增加，也导致了超级市场份额的增加。

价格敏感程度是指企业的任何顾客或供应商的正常状态。虽然顾客可以接受支付较高的价格和（他们有时会以销售者的身份出现，如旧汽车的例子）低的销售价格，但是企业通常是不能这样做的。顾客除了利润还有其他的目标，企业则不是。但企业对于价格敏感的趋势的例外的确是存在的。例如，当一个企业正在购买的存货构成了它购买价值的一小部分的时候，它不会希望在谈判上浪费时间。反过来，存货中的任何部分如果对于企业的产品的最终业绩（影响）是非常明显的，那么这些部分就会在购买的时候优先考虑质量而不是价格。考虑到顾客的行为，顾客可能会对价格更加敏感，当他购买的一部分的一个品种的成本升高到他所购买的东西的一定比例的时候，假如产品不是非常差异化的时候也是如此。在顾客的主要销售交易中，如果他们出售他们自己的劳力，他们就对价格更加敏感。对于企业和顾客通常的原则是一样的（除了我们考虑到的顾客从品牌上获得的心理利益——这些都归因于一个有限的价格）。但是我们可能会在顾客身上看到较少的价格敏感度，因为他们和企业买家或卖家相比，他们在个人产品市场中是更小的角色。

让我们看一下波特提到的会导致更激烈的竞争的所有因素，然后继续看一下它们是如何影响图书零售行业的。竞争是激烈的，假如：

（1）有很多或者实力均衡的竞争者。

（2）行业的增长速度很低。

（3）有很高的固定成本或很高的储存成本。

（4）缺乏差异化。

（5）对顾客而言转换成本是低的。

（6）大幅度的增容。

（7）竞争者有着不同的战略和目标。

（8）有着很高的战略利益——一个公司已经宣布在一个市场定位中获得成功或者因为战略的原因已经从内部（不需要上市）解决了这个问题。

（9）有很高的退出壁垒——退出某个行业的代价是很高的，或者因为其他原因非常困难，可能是资产的回收价值很小或者因为有退出行业的现金成本。

关于图书零售，竞争的程度已经发生变化。当考虑亚马逊这个项目的时候，美国大规模的店铺模式已经由 Barnes & Noble 和 Borders 全面铺开了。在一个行业中在小的书店之间过去是一种非常"绅士般"的竞争，这些图书销售商都是专业出售客户需要的书，这种竞争的增加是有很多原因的。图书行业都有较高的存货储存成本的弊病（第 3 点）；（有些受到标准合同的影响，合同允许零售商给没有销售出去的图书退款）现在许多企业的进入成本都很高（第 3 点），因为它们的大书店有更高的启动和经营成本，因此就有增加销售的额外动机。转换成本在降低（第 5 点）：考虑到大的书店有更大的选择性，顾客就没有必要坚持（光顾）现有的书店。然而，竞争仍然是靠特色而不是价格。大的书店会提供许多不热销的折扣图书，但是许多书还是不会有折扣。每年增长的速度很慢，只有 4%（第 2 点）。

亚马逊的扩张，以及很多的"我也是"的追随者，如 bn. com（Barnes & Noble 开办的）、美国的 borders. com 以及英国的 by whsmith. co. uk，导致了竞争的进一步增加。竞争者的数量也在增加（第 1 点），以网站为基础的零售商的固定成本大大超过了街头店铺（第 3 点），不同的战略经历了一个向上的变化（第 7 点）。最后，考虑到第 8 点（战略利益），至少有一个竞争者（亚马逊）是带着很高的战略利益进入这个市场的：生存以及下一轮的融资都依靠图书的销售。在 1995~1998 年，竞争从低发展到中/高的地步。只有现在竞争是降低的，因为随着许多竞争者的退出或者合并（例如，2001 年 9 月英国 waterstone. com 和亚马逊合伙经营），折扣变得没有那么激烈了。

通常我们把竞争程度估计为中到高（10 分制中的 6 分）。还有两种抵销性的影响会决定竞争发展的方向。第一，对于现有企业价格竞争下降的趋势，是因为很明显没有廉价的资本，企业会集中重建（或者，对于亚马逊，是建设）盈利能力。还有许多盈利不大的网上竞争者退出。第二，影响是互联网有潜力允许更廉价的购买模式。可能有许多小的独立的书店会在互联网上重新建立自己，这样就不需要昂贵的地段，也可以利用更加便宜的支付方式，如 paypal.com 和 billpoint.com。

替代品的威胁

什么是替代品？在这本书里，替代品是指一种可以完成我们所考虑的产品类似功能的产品。与波特"延伸竞争"的概念相一致，替代产品能够让顾客买的书更少，因此竞争会把行业的收入和利润带走。什么类型的产品是书的替代品？很明显，电子图书可以替代有形的图书（电子图书是一种电子下载的图书，是可以在特别的电子阅读设备中阅读的书籍）。在一个更大的范围上，假如我们把书籍看作一种娱乐、电影、现场/录制的音乐，视频/DVD 以及杂志都可能成为潜在的替代品。一个防御替代品的措施是同样也卖它们。例如，假如平装书仅仅由亚马逊（和普通的图书零售商）来销售，精装书可能就是一种替代品。这种威胁通常会因这样的事实减轻：图书零售商通常既销售平装书也销售精装书。亚马逊也是视频带、DVD 和音乐唱盘的最大的网上销售商，而它自己拥有的一个主要的电影信息网站（Imdb.com），最终也使它从电影威胁那里获得收入。

强调现有产品的替代品（如图书）的威胁，应该不是已存在的替代品，而是替代品的属性的变化，它们更加有吸引力，可能（正如波特所说）是通过提高它们的价格/性能。例如，对于把书当作娱乐方式的购买者，电影作为一个竞争对手的出现就是一个问题，但是它就是一个可以替代现在图书消费的产品。一旦我们感觉到电影可能对于图书购买者更加有吸引力，是否我们应该把它们优先当作一个很高威胁的潜在替代品。总之，图书零售行业的替代威胁是比较低的（10 分制中 2 分）。

对于图书的替代品最可能在价格/性能上发生变化的是电子图书。现在，许多互不兼容的读者的设备都可以得到电子图书。设备在用户的友好性方面增加，但是对它的接受目前仅限于沉迷于技术的人。在有些类似鸡和鸡蛋的关系的情况下，能够得到的书是非常有限的。发行商不会愿意发行很多电子图书，除非有更大的用户基础，但是发行商的价格结构似乎是不明智的。似乎启动对电子图书兴趣的方式是赠送阅读设备（至少很便宜地销售），并试图通过发行媒介或数据来挣钱。这是一种已为压缩磁盘和蜂窝电话有效使用的模式。现在电子图书的读者必须投资超过 100 美元。不是很清楚的是，电子图书的文件下载的价格（可能）接近印刷的图书。在这些情况下，并不惊讶的是，如果没有经济的刺激，消费者的接受程度是并不太乐观的。感谢上帝仁慈的古怪的设计。

对于很多行业中的企业，与现有做生意的方式相结合是非常正常。发行商也表示了对复制电子图书的担心，这种担心从音乐行业面临的仿制问题的角度看是非常有道理的。然而，电子图书可以提供很多消除来自发行图书成本的机会（印刷成本、书的原料成本、运输成本，以及其他供应链上包括分销、回收的成本）。为了信誉，发行商通常允许零售商返回没有销售的图书，在电子图书的情况下则不存在这种情况。假如它们在读者中有很高的采用率，可以不夸张地说电子图书会带来图书行业的革命。因为这个原因，电子图书的促销发行商最终会采用一个更加明智的战略。在这点上，早些获得这种权利的发行商会获得一次超额的回报。然而，在经过一段很短的时间后，来自其他发行商的竞争行为会使价格下来，技术的好处那时也会走向顾客，其形式是相对便宜的阅读材料和更加广泛的选择。这是一个竞争过程的正常结果，顾客将收获发展的成果，除非有许多障碍来阻止其他公司在一个新的发展领域进行竞争。这最终取决于这五种力量的最后一个。

新的市场进入者的威胁

寻找利润机会是资本家存在的核心。这就意味着对于公司和个人有巨大的机会，但是同时，一旦你获取了利润，其他人也会追随而来。像可口可乐这样的公司，公司销售可口可乐的超额利润一直处于威胁之下。超级市场努力销售它们自己品牌的可乐，而且它们实力强劲的对手——百事可乐，在每一个市场与它在竞争着。而且可口可乐在保护它们自己的地位的成功之处在于它是个非常个别的例外。部分是因为偶然，部分是因为设计，可口可乐的利润已经有效地被保护，可口可乐公司具有建立防止进入壁垒的能力，当其他公司挑战它们的时候，它们会采取激烈和顽强的行动（当然也会由于竞争对手错误的步骤——这是另外一个问题）。

进入意味着一个公司以前没有生产某种产品，因此也就没有在这个市场中，它们通过开始生产一种产品进入市场。进入壁垒——市场中现有的一个企业用任何手段来阻止或者防止其他公司或个人的进入，而这些公司或个人正在企图建立一个业务与市场中的企业竞争。记住，假如进入一个市场看上去很容易，那么公司就会进入市场。大量进入会通过增加存货的供应抹杀利润率。经过很长一段时间，公司进入市场的能力会驱使回报下降到所谓的资本边际成本的水平，而资本的边际成本正好弥补投资者承担的风险回报（或者说，好但不是十分好——第五章进一步讨论了资本成本的概念）。从短期上看，回报甚至低于 0，假如进入者的价格很有侵略性，这样会消除整个行业的利润。

对于一个存在利润的行业，一定会有一个真正的新进入者的威胁，除非有进入壁垒存在。一个能阻止进入的壁垒是最好形式的壁垒，但是它也是很少的。阻止进入壁垒的例子比如：有一种唯一的产品（一种不可以被复制的产品，现在或者曾经），生产一种法律不允许其他公司生产或提供的产品。但是几乎没有不能被复制的独一无二的产品。例如，美国和英国大的电信供应商在20世纪60年代和70年代拥有提供电信服务独一无二的地位，但是产品却是可以复制的，现在有许多中枢数据流的供应商和许多各种供应商（例如有线电视公司），它们甚至会直接与传统电信供应商开展最后一道防线竞争，包括从开关设备到家里最后一英里的连接。一个独一无二的产品的实例可能是一个歌手或者娱乐人士的现场表演，没有其他的公司或者个人能够复制（虽然克隆专家从不怀疑可以这样做），一个歌手录制的表演市场属于第二种情况——竞争者提供录音产品是法律所不允许的。假如公司遵守法律，进入应该被阻止。另外一个阻止进入的典型例子是有专利产品，如专利药品。这些专利权提供了非常有效的进入壁垒，因为对生命和不断提高的药品的需求，药品生产商会维持较高的利润。另一个进入壁垒的例子是一个公司拥有版权或专利保护的软件或硬件；这可以阻止进入。虽然在英特尔公司的微处理器例子中，AMD能够通过模仿英特尔的微处理器的功能（如增加、转移以及二进制的转换功能是不可能被授予专利的）来竞争，但是使用的是不同的重要的电路板来和英特尔公司的专利电路板进行竞争。

更加常见的壁垒是让行业进入变得困难的壁垒。它们推迟但是不能阻止进入，使进入的把握性更小或者盈利很少。在可口可乐的例子中，防止进入的壁垒是可口可乐的口味、可口可乐的品牌，使可口可乐可以集中进行规模经营，与从事装瓶饮料的企业、零售商以及其他商业伙伴的关系。因为潜在的竞争者将不得不模仿可口可乐的配方，来提供软饮料的口味，以可以获利的规模进行经营，而进入超级市场则更加困难。很难有把握确定一个公司会盈利，也很难确定一个公司的利润没有进入壁垒的情况那样大。

让我们看一下更一般的原则，这样让我们重新回到我们正在关心的例子，亚马逊的情况，特别是网上图书零售的业务。

作为一个出发点，波特确定了现有的六种一般的进入壁垒的类型：

（1）规模经济（包括范围经济）。

（2）除了由于规模所拥有的成本优势（如由于学习而导致的更低的成本）。

（3）产品的差异性（例如，品牌和产品特色）。

（4）资本要求。

（5）转换成本。

（6）政府政策。

最后，如果有令人相信的报复的威胁，这也会延缓进入。

不幸的是，对于图书零售商，这些壁垒在图书零售行业几乎不存在，由于互联网的存在，建立进入壁垒的能力已经降低了。规模经济和有关资本需求问题是重要的。亚马逊已经投资大量资金到发货仓库和顾客服务基础设施。这被许多人当作是先动者优势，一旦亚马逊建立分销仓库和网络，其他竞争者这样做就是没有价值的，

网络公司价值评估：前沿观点

第一个先动者会占据没有挑战的地位。这是非常正确的，假如另外一个公司想产生一个亚马逊，这样做可能是非常困难的。但是进入一个小规模的图书零售，特别是进入一个小规模的网上图书零售，仍然是非常容易的。小公司不可能从供货商那里得到和亚马逊一样的价格。然而，可能一个更大的问题是，还有许多其他的公司不需要建立发货网络，因为它们已经有了一个。例如，美国的 UPS、FedEx、WalMart，还有英国的 Tesco、Sainsbury、Asda（一个 WalMart 拥有的超级市场连锁店）。

对于第 5 点转换成本而言，用户没有网上书店之间的转换成本，除了需要建立新的账户，输入发货和支付信息。事实上，似乎最困难的障碍是让用户通过网上第一次下订单，从那时起在选择合作伙伴方面就变得更加混杂。街边商店之间的转换成本仅仅就是从一家到另一家的皮鞋底。政府的政策不会严格管制书店，事实上它们通常被当作一个被认可的理想的企业。一个人能够想象一个法庭或者政府会斥责有太多的酒馆或者不合法的生意，但是却很少有人抗议多了一个书店。假如一个企业在这个行业中，这就不是一个好消息。

与规模无关的成本优势对于以互联网为基础的书店不是特别的重要。亚马逊曾经企图为它的商业引擎技术注册专利，但是却只获得了有限的成功。学习带来的成本优势问题可以分成两个方面。虽然亚马逊已经获得经验，而且已经是一个开路先锋，但是这种经验有多少可以给公司一个可持续的竞争优势？亚马逊获得的许多昂贵的教训现在已经被写进电子商务方面的书中，可以花很少的钱就可以买到。

在图书零售方面主要可以建立的壁垒是品牌和差异化。这可能是一个非常强有力的进入壁垒。考虑一下可口可乐公司，麦当劳和 Marlboro。然后努力考虑一下其他非常强的品牌的例子。Barnes 和 Noble & Borders 现在都已经有很多大而宽敞的书店，这对于选书是非常理想的，而且最好在书店里有一个咖啡屋，然而，假如我要蒙住一个观察者的眼睛，并把他放到这些书店中的任何一家，他会发现他所在的书店是两家中的哪一家是非常困难的。更差的是，没有办法可以阻止另一个已有的书店发展成一个类似的连锁店。海湾地区的星巴克和 Peets Coffess，或者伦敦的星巴克和 Costa Coffee 都是提供类似服务的非常接近的竞争对手。在旅游书籍方面，寂寞星球公司最近已经和 Rough Guild 公司棋逢对手，尽管后者已经有很长的历史和知名的专家。

因为建立品牌和业务差异化非常困难，亚马逊已经做得很好了。他们的特色体现在网上的每一本书上，这是一个免费的公共资源（偶尔，我们非常高兴成为其中的一员，大多数读者将会有一个关于亚马逊的非常基础的知识，这会帮助我们远离争论，形成一个我们正在寻找的观点的基础）。而且，亚马逊的网站页面设计得非常有吸引力，因为读者计算机的小甜饼（Cookies）① 而变得非常有个性（对每个读者而言），而且为读者提供了大多数书籍和视频产品的浏览。在最后一方面，亚马逊可以通过每种产品的更多的浏览来提高它的用户基础。但是却不能阻止价格敏感的购买者一边打开亚马逊的窗口查阅图书信息，一边打开 www. mysimon. com 的窗口去比较价格。最后，而且是最重要的，亚马逊已经建立了一个令人印象深刻的、可靠的完成交易和发货信誉。这对于其他竞争对手来说，模仿也是非常困难的。这里主要的因素是及时性的信息。这也让人想起了一个非常出名的描述，他展示了亚马逊对顾客批评反应的能力。许多来自顾客的电子邮件是关于他们要求产品何时可以发货的信息。很明显，检查这些信息而且回复它们会产生直接的财务成本，也会让顾客关心他们的间歇期。亚马逊是通过把一个"我的原料在哪里"的链接和"你的账户"按钮放在大多数的页面上来回复的，这样会指导用户到一个注册页面，从那里他们能够进入他们的账户并检查他们最近的订货的状态。

来自新进入者的威胁就这样通过亚马逊赢得的好信誉而被降低了，但是不能消除。无货架交易的表现说明书店可以建立一个网上的商店，它使进入不同的零售种类更加容易。这些交易和后台系统的整合使小商店能够模仿亚马逊的特点。假如一个小的网上零售商使用 UPS 来完成它的图书订单，那样的话，一个电子商店的申请单可以让 UPS 为顾客注册号码，顾客能够使用 www. ups. com 网站的强大的追踪能力来追踪他的包裹，假如包裹已经发货的话。正如上面讨论的，假如图书的分销商改变他们的业务模式，就可以进入到直接销售给顾客的业务。总之，我们将把新进入者对亚马逊的威胁评价为高度（10 分制中的 8 分）。

行业的吸引力：考虑所有的因素

为了获得一个行业吸引力的一个近似的理解，每种力量的所有得分必须加到一起（在这种案例中，总计 50 分，得到 21 分，一个行业的平均得分是 25 分）。然而，分析时应该警惕"因特别精彩而被掌声打断的表演"的力量。考虑一下一个定位的例子，这个行业定位的供应商是弱的，购买者是弱的，没有替代产品，而且行业的竞争也不激烈。非常有吸引力；但是如果有新进入者的威胁，这种状况就不会长久。从平均来看，一个行业的吸引力就会被一个垄断的原材料供应商或者产品的产出的垄断买家"敲诈"。这个行业将没有吸引力，很简单因为管制的力量。

---

① Cookie 是客户这边持续状态的文件，记录了用户机器上基本用户的确认信息。它们是由浏览器来管理的（通常是 Netscape 浏览器、互联网浏览器、AOL 或 Opera），浏览器允许网站进入它产生的"cookies"，所以网站能够告诉谁在登录。它们之所以被这样称谓，是因为它们是很小的文件，人们可以想象它们被存储在一个电子小甜饼罐或者饼干盒。许多评论者感觉到有许多和小甜饼有关的潜在的隐私问题，比如，假如你从一个同事的机器注册进入亚马逊的时候，网站为你提供修改他的（信息）建议（可以想象这非常令人尴尬）。然而，明智的网站不会让你进入他（她）的信用卡（这可能非常昂贵）。

同样，进入者的威胁（8/10）是一个非常突出的力量，这使图书零售行业有些没有吸引力。然而，假如进入壁垒能够建立起来，余下的力量相对就是比较弱的。亚马逊建立进入壁垒的努力已经获得了一些成功，我们已经有了一个相当合理的而且有吸引力的定位，但是还没有一个长期的超额回报，因为还有剩余的进入威胁。亚马逊的盈利能力将会依靠战术的努力，迅速改变在他们面前的市场机遇的应对战略和重点。我们不可能再看到下一个微软公司了。

其他五种力量的知识

来自五种力量的得分卡是非常有趣的，对于评价也确实是非常必要的。然而，仅仅考虑最终的结果实际上抛弃了很多东西。两个主要的问题可以通过五种力量分析来传达：

■ 行业的吸引力如何才能改变。
■ 行业中的企业应该如何定位它们的战略。

行业吸引力的变化

我们提到的变化的问题体现在两个地方：现在综合考虑五个因素，以及未来战略的效果和评价。战略位置可能要经历变化的两个主要领域是激烈竞争的，而且在替代品的威胁之下，也有供应商力量变化（衰退）的可能性。非常有趣的是，新进入者的威胁决定了未来竞争的方向，以及现有企业退出的倾向，的确是这种情况。进入图书零售的威胁有继续存在的可能性，竞争仍然会很激烈。然而随着风险基金和天使基金网上的竞争者的破产和退出市场，竞争在短期内的发展方向将是下降的。

替代者威胁的主要问题在于电子图书技术的改善。这是非常难以预言的。技术的发展方向是最能够预言的要素；电子图书的阅读设备将会变得更轻、更好以及更便宜。主要不能深入考虑的是用户是否会使用它们。当然，这些替代品的发展威胁可以通过数量被看到，将会增加不利于企业的力量。

这种不连续性的效果可以在 Barnes & Noble 1998 年的提议或者收购最大的图书分销商 Ingram Books 那里得到暗示。这个提议（许多小的独立的图书销售商对于这个提议要比亚马逊更加的易受伤害，受到他们的压力之后，在 1999 年被废除了）有潜力把亚马逊的供应链置于某些威胁之下，或者至少使问题更加复杂。这就说明图书分销行业目前虽然有些集中，但是在未来可能会有一个更加强烈的威胁。

使用五种力量帮助定位战略

一旦这五种力量被评价，分析的重点就可能成为帮助公司给自己定位的一个有用的指导。我们不应该只把激烈的竞争和进入威胁视为图书零售的主要问题，而且还要考虑使五种力量更强的根本问题。我们是否能够减轻这些因素？在他们进一步衰退的情况下，我们是否能够制订计划来保护我们？

在激烈竞争的情况下，通过与他们合作，帮助他们退出市场的时候能够保住面子和利润，同时也开辟了一些亚马逊的新道路，亚马逊明智的战略已经消除了竞争对手。这就是英国与 Waterstone 合作的例子，在图书以外，亚马逊与 Toys Rus 在美国玩具零售市场行业进行了合作。

在新的进入者威胁的情况下，阻止威胁可能来自进入壁垒的建立，起初是品牌和信誉。这些壁垒，虽然很难建立，而且也不总是非常强（特别是遇到非互联网企业，它们可能早已有品牌的信誉），但对于 B2C 企业却是唯一的游戏。亚马逊会努力吸引一些正在考虑进入或者扩大它们现有业务的企业，遵循 Waterstone 的合作模式。最后，当公司现在健康的现金余额能够持续的时候，这会有助于阻止大规模的纯展示互联网公司的进入。然而，这些后来的潜在的进入者似乎看上去并不是现在的主要问题。

为了减轻来自替代品的潜在威胁，亚马逊正在试图成为电子图书或者电子图书阅览器的可供选择的渠道。这是一个非常优秀的战略，这能够很大程度上打消来自电子图书的威胁，或者至少可以保证亚马逊是一个受害较少的竞争者，是否电子图书的革命就要到来了。为了减轻来自供应商对亚马逊以及整个图书零售商施展强大谈判权力的威胁，亚马逊正在培养与大范围的分销商的关系，同样也维持与发行商的联系。公司的企业账户的特点（2001 年引入）提出了它需要更强大的买家的需求。

公司内部结构的主要因素

考虑到行业的吸引力，公司的哪些部分是最重要的？Micheal Porter 也曾建议过另外一个工作框架——价值链，以此来说明公司功能的研究和行业中的个别公司是如何相互配合的以及价值是在哪里产生的。这个模型是由 Micheal Porter 首先引入的，引起了广泛讨论。

我们在这章前面看到过一个行业层面的价值链。我们将在下面回到公司层面的价值链的分析。这个公司层面的价值链分析格式是公司的经营被分解为五个基本的活动，即产品的收到、处理、发货、销售和服务；四个支持的活动，这些活动是给公司提供基础的技术和其他执行基本活动的基础工作。这些已在表 12-1 中列出。

公司层面的价值链分析对于互联网公司是有指导意义的，特别是像亚马逊这样的公司，这些公司销售有形产品，所以有很清楚、可识别并且有边界的后勤（收货）和没有边界的后勤（分拣、包装和发货）功能。

价值链的用处在于集中力量研究公司的资源（人力有形和无形的）。这个模型列出了任何公司在这些主要领域的清单。许多因素在有些公司要比在其他公司更加重要，特别是在互联网公司，这些公司的主要特点是有较高的固定成本和经营杠杆，这些支持的功能可能比它们在传统公司更加重要。通过研究亚马逊的价值链，我们将不仅理解这个公司，还会了解其他和亚马逊有共同特征的电子商务公司。

表 12-1　价值链分析

基本工作	支持活动
运入储运	公司的基础工作
经营	人力资源管理
运出储运	技术开发
营销和销售活动	采购

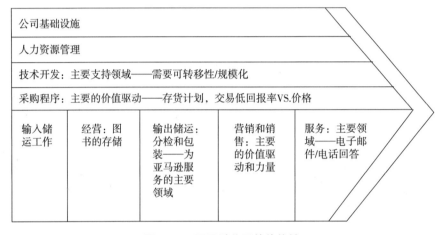

图 12-2　亚马逊公司的价值链

资料来源：（图表）经 Free 出版社（Simon & Schuuster）同意重印，米歇尔·波特：《竞争优势：创造和保持优秀业绩》，纽约：Free 出版社，1985 年，第 37 页。

　　在图 12-2 中我们为亚马逊准备了一个价值链，强调了价值链中更加重要的部分。对于一个传统的零售商，采购的功能是主要的。正如在第四章中讨论的，亚马逊的最初模型是最小化地降低存货或者库存，所以它几乎没有回报（没有销售出去的赊销图书返回给发行商）。这应该变成更低的采购成本——在这个模型中，一旦图书被卖给亚马逊，这些书就实际已经销售出去了，因为一个顾客的订单已经存在了。对于需求较低的图书，亚马逊仍然执行这种模式，采购政策必须能够带来节约，并且反映在采购价格上。

　　对于许多图书，亚马逊不得不把图书存在自己的存货中。对于这个模式，公司有一些优势，因为它仅仅需要把回报从一个集中地返回给发行商。应该注意的是，存货的控制问题在亚马逊的其他业务的有些领域中更加严峻。对于玩具产品和其他存储的产品，公司不得不采取一些不可取消的条款，因为对于某些产品令人失望的需求，公司不得不在 2000 年 4 季度的报表中降低 3900 万元的存货价值。

除了太多的存货以外，还有其他的存货计划必须要处理的问题，就是存货太少的问题——也就是说，缺货的问题。例如，公司报告的 350020 个预定《哈利波特》之四的订单是公司历史上最大的订单。采购的功能必须要建立在与发行商的关系上，以保证所需图书的大量供应。

在其他支持功能中，技术开发最重要的技术和维护成本，占亚马逊 1999 年和 2000 年销售收入的 10%。技术的发展是与人力资源紧密结合的。当亚马逊正在建立它的电子商务平台的时候，有才干的程序员的供不应求要求能够建立软件开发的先锋。技术的发展仍然是非常重要的，因为亚马逊在继续提高它的网站，也在通过与 AOL，ToyRUs 以及 Waterstone 合资来提高它的技术专家队伍。在这些合伙中，技术专家在某种程度上是直接被出售的。技术需求能够规模化（随着增加的数量）和可转化（跨产品线和营销模式，同时也是跨越国界的）。

现在我们回到基本功能，如输入后勤、运营、销售以及服务。因为订单接受，订单跟踪和支付在很大程度上是自动化的，所以运营只是画面中的一小部分——运营的程序是由技术开发功能下产生的系统完成的。有些是典型的零售组织。传统零售存储中的输出后勤，对于亚马逊是价值链中的更加重要的一个部分。总之，"完成"成本占了亚马逊销售收入的 10%～15%——业务中的这个部分成本控制和业绩是主要的。完成被描述为在运营和完成工作和顾客服务中心的配备人员所产生的成本，包括由下列活动引起的成本：收货、检查和存储存货；分拣、包装和准备发运的顾客订单；信用卡费用以及回复顾客。这是一个非常多的活动清单，其中很多应该包括在许多零售企业的销售成本中，但是在亚马逊却包含在销售和管理费用中。

其他重要的活动是服务和营销。营销经营是与预测产品的需求和促销有关的。公司必须计划可以提供的免费送货的金额以及类似的事情，当需求减少的时候，也必须扩大广告和合作伙伴。亚马逊和其他网络公司不同，主要坚持使用网上方法进行促销。它依靠免费的公共宣传，如与 Jeff Bezos 会晤，以及像我们自己这样的作者照片，赢得大多数媒体的覆盖。它的确在 2000 年圣诞节以前发布了一些 zany 的商业电视活动。根据网上促销，公司现在有一个合作的项目，即使是小网站也会获得 15% 的收入。假如小网站给顾客直接介绍了他们将要买的书，在这个方面顾客还可以获得其他销售收入的 5% 的折扣。似乎这个项目在某些点上不是很大，但这个却占了这些采购的绝大部分利润，而且其他顾客也被带到公司来。公司也广泛地使用了广告条。因为亚马逊是一个直接销售的渠道，它主要关心的是点击率和点击的销售收入。点击广告条的数目在下降，正如我们在第十四章中讨论的，它降低了亚马逊战略的有效性。然而，考虑到抵消效应，广告条的价格也下降了，而且会继续下降。

网络公司价值评估：前沿观点

服务是亚马逊主要的差异化因素。对于公司，有两个主要的问题可以被其他的电子商务公司分享。

■ 回复顾客的问题。

■ 假如问的是一个普遍的问题，就自动回复。

因为期望很小，亚马逊采取了一个"顾客总是正确"的政策，这是一个有着较好的回报条款和快速反应的客户服务。假如不是自动完成的话，这将变得十分昂贵。亚马逊的自动订单询问顾客，强烈地把顾客的注意力吸引到相关的链接上，这样在消耗公司人力资源之前就阻止了顾客的询问。当订单收到和发出的时候，公司的前摄（Proactive）电子邮件确认就是一个进一步的例子。什么是回报？亚马逊所允许的自动回报至少有两个结果。第一，很少有人怀疑它会增加产品退货占销售收入的百分比。因为这个选择，那些正在退货的人们更加不需要提供关于为什么产品不再需要的借口。第二，除非不可避免地接受退货产品是自动的，否则对于公司而言，接受退货的过程才会是更加便宜的。

虽然还有其他自由交换政策的结果，但不能很容易计算出来，而且确实有很大的潜在利益。一个好处是增加购买者的自信心。这可以反过来导致更多的来自购买者的销售收入，而且还可以通过肯定口头传播来加强公司的信誉。肯定的口头传播是一种最强大的营销沟通方式。

来自亚马逊价值链的讨论并不像我们在前一个部分总结的五种力量那样直接。价值链给我们一个讨论亚马逊组织的框架，来勾画来自公司经验的教训，也可以优先考虑变化的地方。但是，如果没有非常近似业务模式的公司（特别是像亚马逊这样有着相同市场地位的公司），量化比其他公司好也是非常不容易的。

行业的价值链

正如上面讨论的，图 12-1 列出了图书发行行业从发行商到使用者（用户）的价值链。这种类型的行业的价值链非常有用，因为对于一个来自最终用户的健康的需求，会有几乎不变的利润机会，除非这个产品是一件商品或者能够变成一个商品。这种情况不适用于图书，所以很可能在价值链的某点上会有利润机会。继续分析那些市场机会的方法是使用五种力量来分析每个定位——也就是说，从印刷厂开始分析五种力量，然后是发行商等。主要的问题是，价值是从哪里获得的，根据五种力量分析这可能是在环境最有利的价值链的某个环节上。

在某些行业中，一个有用的捷径是问自己谁有独占的资产，或者假如没有独占的资产的话，可以是稀缺资产。在这种情况下，答案是很明确的。假如我们想买最新的 John Grisham，我们可以去我们喜欢的任何一家书店。书店可以从分销商那里订货。但是分销商必须从一个发行商那里订货（他们可以选择他们喜欢的地方去印刷）。一旦获得了一个出版权的签订合同，发行商就拥有了在这个领域里绝对的权力（在它规定的时间内）。版权合同方面不可预期的额外需求的利益（支付版权费后的净额）将属于发行商。

这是一个捷径，所以让我们简要地看一下发行商的五种力量：

- 买方的力量　　　　分销商——中等（4），而且在降低（消除中介的威胁）
- 供应商的力量　　　作者，印刷商——弱（2），作者的力量在增加
- 行业内竞争程度　　绅士般的（2），在增加
- 替代品的威胁　　　低（1）
- 新进入者的威胁　　中等（5）

这些都是非常弱的。我们忽略了作者作为发行商的供应商，这可能会使我们的分析有些不完整，特别是在当前的环境下，但是总的来说还是无关大局的。一般来说，作者们是一些完全不同的群体，没有能力向发行商施加力量。然而，许多领导机构，如 Martin Amis 的代理 Andrew Wylie，已经开始代表作者的利益使用这种权力。这种对于有天赋或者明星作家日益增加的回报，有些类似于电影或者体育产业中价值抽取模式的变化，这些行业分别由 Michael Ovtz's 的天才艺术家代理商和 Mark McCormack 的 IGM 所领导。

在这点上，读者可能会说："一切都非常有趣，但是我想这是一本关于网络价值的书？"这样做的原因是为了达到这样的目的：寻找行业或者定位，公司可以通过拥有独占的或者稀缺的资产施加力量。这并不是偶然的，许多最有吸引力的、与网络有关的、有着很高评价的商业模式是那些开发专利的硬件或者版权的软件。这种独占性的资产能够产生行业的命门——购买者不得不使用你们的系统来完成他们价值链中所扮演的角色。然而，我们也必须现实些。B2B 交易以为他们可以扮演命门的角色，因为他们 B2B 有大量的买卖数量。但是他们忘记了一件事情，他们忘记了其他的 B2B 交易。

产品的生命周期

产品生命周期是一个产品或服务的市场演变的一个程式化画面。从感觉上，我们理解产品会经过很多的阶段，在这个过程中由于不同的定价，销售数量和利润率也是不同的。起初，产品是发展的，在那个阶段几乎不能赚钱。那时产品刚刚投放到市场，这个阶段市场上产品的数量很少，价格也可能很高。下一个阶段是大量的市场放松阶段，市场也开始成熟，大量的产品可以以普通人可以接受的价格投放到市场中。最后，成熟以后，市场开始下滑，产品也变得非常普通且非常实用，价格也非常合适。一般的产品生命周期可以通过图 12-3 来说明。

我们可以从图 12-3 中看到，一个行业的初期的损失是市场演变的一个正常组成部分。然而，网络公司分析的主要问题是：检查何时产品的市场已经离开引入期

网络公司价值评估：前沿观点

阶段（此时我们预计会有损失）并且进入到接下来的快速发展阶段（此时我们预计会有利润）。假如一个产品仍然在引入期阶段，更多的资金或者发展可能会帮助它获利。然而，当一个产品进入快速发展阶段后仍然没有获利，这个产品可能就不会获利了。因此，在评价网络业务模型时，我们所使用的一个主要信息是可以说明任何一个产品的引入期阶段会持续多久的指导。

长期和短期引入阶段产品的特征

引入期的长短和业务的最终盈利能力是不同的问题。例如，微波炉用了20年才被接受（一个非常长的引入期），但是现在却是非常盈利的产品。计算机游戏盘在最初被接受和获得交易的时候，假如它对玩游戏的人没有吸引力，那么从长期看是没有获利能力的。

下列由McCarty和Perrault（1997）提出的指导原则可以使产品的引入期变短：
- 比其他的产品有更大的竞争优势（也会影响总价值）。
- 产品容易使用。
- 容易沟通。
- 低的或者有限的实验成本。
- 产品能够满足顾客的价值和经历。

表12-2 引入期短的产品比较

参数	互联网股票交易		计算机/网站日历	
相对优势	高	8	不确定	5
容易使用	中	3	低/中	4
能够沟通利益	高	8	高	8
容易试验	高	8	低	2
适合顾客的价值	高	9	低/中	4

让我们考虑两个实例以确定这些概念是如何应用的。第一个例子是互联网股票交易（和以电话为基础的交易相比），第二个例子是以计算机和网站日历为基础（和记日记相比），见表12-2。

鼓励试验是多么的重要。试验这些服务，确定需求是如何产生的以及好的口碑是如何获得的。很难试验以计算机为基础的日历，因为没有半个日历。当纸转为计算机的时候，用户的整个日历必须被输入到系统中。另外，互联网股票交易者能够试验两个交易，不必一定要进入到他们产品组合的数据。而且，他们可以通过股票交易研究数据进行浏览，不需要实际交易，这种容易获得的数据是网上股票交易系统中最大的一个特色。最后，消费者的价值问题也不应该被忽略。以网站/内部网络为基础的日历服务的许多优势在于其他公司的员工（如老板）能够进入到员工的日历，可以输入并且检查日程安排。虽然这是相对于雇主的一个相对优势，但是却不适合总经理的价值和他们的控制。相比之下，从互联网股票交易系统上获得的额外数据，以及实时交易之前从互联网交易系统上获得的观察市场的数据，对于股票交易者是非常有吸引力的。它吸引了他们控制的想法和他们的自信心，因为他们认为如果可以实时追踪交易，通过他们自己辛苦的分析，他们可以做得很好。因此这就很好地适合了他们的价值，正如 Barber 和 Odean（2000）建议的，他们的自信心是种错觉，但却是互联网股票交易的引入期或采用期非常之短的另外一个原因。

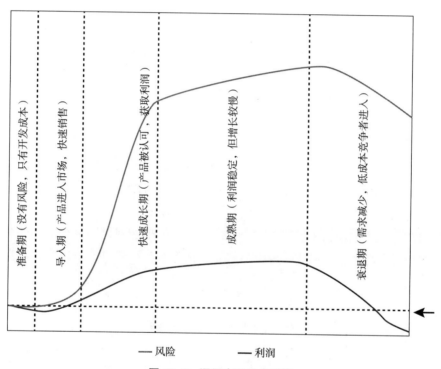

图 12-3 通用产品生命周期

非常有趣的是，在 2000~2001 年，许多互联网股票交易公司在经历了一段盈利期以后，开始遭遇财务困难。这是因为股票交易的下降是由市场下滑引起的，市场的下滑限制了对它们服务的需求。较短地达到成熟期并不一定保证盈利。事实上，一个快速成熟的市场在资本供给过剩的时期，如 1999~2000 年初是一个牛市，可能因此产生在网上交易的过多的基础用户。关键在于，在互联网股票交易或者任何类似的快速成熟的业务中，如果业务还没有在 1 年内证实其营利性，进一步的投资就可能被视为"在扔完坏钱扔好钱"。如果有令人信服的原因说明产品有望进入一个较长的引入期，那么即使还没有盈利，进一步的投资也可以被考虑。但是有时长期的比较需要被仔细评估，以保证顾客有采用这项技术的合理理由。同样也需要估计什么是最好的收入模式，多少用户愿意为这种功能付款。在网站日历服务的案例里，似乎顾客对服务的需求是低的，所以他们支付的意愿也是低的（这和便携设备略微不同）。一个以互联网为基础的公司（有着对更大安全和分级准入的需求）提供的服务可能是最有吸引力的模式，工作所需的作为软件许可或者收入的产品似乎是购买服务的理想路线。

战略：超越波特的分析

我们讨论的框架是有用的，也是可以接受的，但是它们也会有一些风险，因为他们给我的信心（不足）。我们的朋友，伦敦商学院的 Ken Simmonds，是一个在他自己领域里全面的战略家。他有一句非常流行的话"战略不是波特的"，当然他是对的。从我们的观点看，作为一个分析者，波特的分析是一个非常好的开端，但是我们希望公司的管理者不要仅仅执行分析，还要在许多战线进行战斗，消灭对手（如果法律允许的话），吸引顾客，增加他们的领域（定位），并且在竞争对手的行动中（攻击）保护他们自己。把高级管理者当作卫士，评价需要什么类型的卫士，现在似乎是个长期斗争的阶段，这些是非常重要的。例如，在 1997～1998 年，像 Jeff Bezos 这样的福音传教士是正确的领导：一个有信念的人，一个不会被怀疑者的嗤之以鼻所吓倒的人。例如，2001 年 5 月雇用了 Terry Semel 来领导雅虎，我们看到，这时强调成本的控制和盈利。同样，回到战略框架的问题上来，应该注意在一个快速变化的环境中，任何战略分析都需要经常重新修订，市场地位的变化必须要考虑进来。

评价亚马逊：权衡情境

我们现在使用来自这章的战略分析（SA）来完成对亚马逊的评价。

在最佳案例分析（BCA）和最糟案例分析（WCA）情境中，我们考虑了五种力量，以及是否这些能够给亚马逊一个具体的优势，能使公司保护一个资本上的回报，如 30%。特别重要的是：

- ■ 进入壁垒。
- ■ 品牌的力量。
- ■ 技术优势。
- ■ 市场中的竞争者。

看一下各种情境下综合的平衡，我们不得不考虑图书和亚马逊所在的其他市场，以及这些市场的竞争性。亚马逊是图书和音乐统治的网上销售商，但是这些种类的增长较慢。公司的其他种类（拍卖、消费类电子产品、玩具）有很多的竞争对手。

从经济的不确定性视角考虑，根据亚马逊最近在成本降低方面的良好表现和盈利收入方面的增长，继续慢速增长的情况最可能在 60%（见表 12-3）。最差的情况也就是增长继续很慢，但是成本结构保持不变或者略有下降，我们估计有 30% 的可能性。最好的情况是可能性为 10%，因为公司最近较低的市场增长速度是不可能支撑高收入增长的，因此最终的评价是 24 亿美元（再加上 6100 万美元的期权价值，正如在第八章第 3 步中讨论的）。

表 12-3　亚马逊：最终的评价

	继续（CCA）的情况	最好（BCA）的情况	最差（WCA）的情况
收入增长	12%	20%	7%
变动成本占收入的比例	88.5%	88.5%	90.5%
固定成本	3.4 亿美元	3.4 亿美元	3.4 亿美元
经营资产占收入的比例	0%	0%	0%
权益价值（非受限的）	36 亿美元	94 亿美元	6 亿美元
Limit RoCE to	30%	30%	15%
最终的权益价值	31 亿美元	37 亿美元	6 亿美元
权数	60%	10%	30%
加权权益价值	24 亿美元		

非持续性分析（DCA）

潜在的非持续性的详细讨论也应该执行。因为非持续性从特征上看是不可预期的，也是不能确定的，所以准确的价值也是不能确定的。然而，指出潜在非持续经营的情况仍然是潜在投资者的兴趣所在。非持续分析也应该包括在更大范围的战略分析过程中。

在亚马逊的案例中，潜在的非持续经营包括：

■ 经济下滑。

■ 网上购买缺乏安全性。

■ 亚马逊战略的变化（如假如亚马逊仅仅关注卖书）。

■ 主要供应商的收购。

第十三章　评价新经济模式

新的材料是否是旧帽子

不会有太多的网络评价学生没有听说过的网络效应和 Metcalfe 法则，这个法则是这样描述网络效应的："网络的价值按照用户数量的平方增长"，这个法则是解释许多互联网公司具有很高的评估价值的理由。假如一个人不能看到这个价值，没有关系。网络的效应会很快看到，价值的神秘缘由将会证实股票的价格。我们称之为"梦幻领域"的价值评估方法。

然而，Metcalfe 法则仅仅是一种方法，用来说明使用某种方法，网络进行交流的人数越多，这个方法对他们的研究越有用。关键在于"对他们"。正如我们在上一章中讨论的，竞争优势的过程通常会导致进步的全部或者绝大多数好处流向顾客。由于我们没有处在一个良性的 Metcalfian 环境中，在这个好的环境下建立网络对于资本的实质价值是非常必要的，目前我们处于同一个传统世界中，我们不得不让人们为我们的产品付钱，我们必须知道是否我们不能够完全为产品定价，那么其他人也会这样做。是否存在网络效应？当然不能依靠它给公司传递价值，除非它们的竞争优势好到足以获得价值。

虽然很少有法则像 Metcalfe 那样被曲解得如此之差，许多新经济的名词现在正在到达它们的兜售期。谁还记得建立在每个"网络替代者"的价值基础之上的评价？或者战略作家通过加上一个"e"的前缀来编造一个新的战略单位的趋势？这里我们调查许多战略框架，这些都是最普遍被讨论的，而且评价它们是否能够帮助我们解释和理解前面的道路。这是我们将要讨论的问题的列表：

- 产品和数据分拆解体的趋势。
- 实现交易和丰富经历的重要性降低。
- 从价值链转变为价值网。
- 顾客—时间经济。
- 顾客购买倾向的框架。
- 消除价值减除的中介。
- 网络经济：何时有效以及何时无效。

■ 拍卖经济。

■ 像变色龙一样善变。

产品和数据的分离（Disaggregation）

在 Evans 和 Wurster 2000 年出版的 *Blown to Bits* 一书中，他们进行过一个非常有趣的讨论：通过互联网广泛的连接可以使企业以新的方式来销售他们的产品。在传统经济下，我们通常从企业那里收到一大捆信息和实物产品（东西）。如一个汽车销售员，它会给我们关于汽车规格的数据，同时也会安排实物的销售。报纸是一个类似的情况，信息（文字）是和实物载体（纸）捆绑在一起的。

而互联网则可以允许信息以一种尽可能廉价的方式从企业流向消费者，也会建立一种销售与实物产品完全分开的销售机制，而不考虑传递信息的需要。例如，汽车的销售展厅是花费很高的、吸引人的建筑，而且被设计得几乎一样，当然有一个必须要完成的目的：展示并传达关于产品的信息，而且要存储和运输产品。在新经济的模式下，公司的网站能够传达所有消费者可能需要的关于汽车的信息，但是存储和销售通常是以一种最便宜的方式进行的，或者由顾客在就近的库房提货（汽车）。从表面上看，正如 Evans 和 Wurster 说的，汽车销售商是"守候的鸭子"。

应该注意的是，日益增加的分离并不是一种完全依赖互联网的趋势，但是互联网的确加速了它的发展。例如，汽车杂志和消费者指南已经有了很长的时间，它们已经是一种辅助的汽车购买者的数据来源，这个资源是和实物资源没有联系的。另一个问题是，"邮递员"商业模式，这种 B2C 的汽车零售的战略趋势证明并不是很成功的。在美国许多资金雄厚的公司执行这个模式后已经退出了这个行业。例如，iMotors（这个名字被 Next Phase 媒体重新启用）收到了 1.39 亿美元的投资基金，在 2001 年 4 月关门大吉了；还有 greenlight.com，曾经由亚马逊作为资金后盾，在 2001 年 2 月被 CarsDirect.com 收购了（根据 Associated Press 的报道，曾经是这样计划的，实际是让它结束）。在 B2B 交易的情况下，传统经济方式中无形的好处仍然在强劲地拖住顾客。同样试车这种方式仍然是汽车购买者获得信息的重要来源，在网站上是不能做到这点的，无论如何，"鸭子"们仍然坐在那儿守候，至少现在是这样。

这种状况在英国 B2C 汽车销售上有了一些好转。这是因为在一段时间内汽车制造商从英国的汽车购买者那里获得高价（销售收入），现在这种方式开始被侵蚀。互联网的汽车零售商，从欧洲大陆购买汽车，可以给购买者价格上的优惠，虽然在美国在线汽车零售商还没有类似的优势。

虽然汽车零售业务的震动是一个长期的过程（Evans 和 Wurster 注意到制造商为销售商所做的一切很明显地延缓了它们的"死亡"），现在可以看到许多把互联网当作竞争武器的实例。当然，汽车公司和汽车零售商把网站当作帮助它们锁定顾客的一种方法。例如，福特汽车公司把网站战略当作获得更大售后市场份额的重要手段，包括维修和二手市场。许多汽车公司的主要销售商都提供网站服务，在网上汽车的所有者可以记录他们汽车的里程数、保养费用和其他数据。这对顾客是有利的，因为当开始这样买汽车的时候，他们能够更加容易地收集数据。对于公司的好处在于可以向驾驶员发送定期服务的备忘录，这种服务对于商家来说是一个重要的销售机会，这样不仅能够使他或她销售非常规的维修和保养，而且还可以让顾客每三个月就了解到新车和二手车的储备情况。然而，这种趋势与数据和产品分拆解体并不十分有关。它只是说明了传统经济是如何使用互联网来达到营销目的的。

实现交易和丰富经历的重要性降低

Evans 和 Wurster 同样确定了一个在旧经济下非常重要的交易，但是随着广泛的连接却不那么重要了。在旧经济下，根据边际成本理论给顾客提供一个丰富的顾客经历是非常昂贵的。丰富的经历需要人们相互影响来适应顾客的经历，并且满足他们的需要和要求。看一个例子，考虑互联网没有到来之前的交易。大量的交易者能够接近个人经纪人，他们可以给这些商人提供他们所需要的各种信息，并且在交易的时候"住手"。然而，这是一个昂贵的服务，仅仅适用于那些能够用回扣来支付成本的交易者。对于大多数交易者，最有效的交易方式是通过一个折扣方式，一次性完成的经纪人。这是一个非致富的经历，这对于大量的用户来说是可以得到的，这种交易可以见图 13-1。

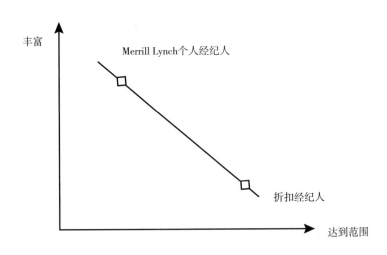

图 13-1　丰富与达成交易

资料来源：菲利普·伊万斯、托马斯·伍斯特：《炸成碎片》，哈佛商学院出版社 2000 年版，第 76 页。

在传统经济下，企业仅能沿着像图表中的直线边缘来移动。假如你想要完成交易，丰富性必然降低：一个更加丰富的界面只能够提供给一小部分顾客。假如我们使用互联网的界面给用户提供额外的信息就变得更加容易（依据边际成本）。因为这个原因，互联网改变了股票交易的经济。对于同样或者更低的边际成本，作为一次性的经纪人，如果是一个以互联网为基础的股票经纪人，就可以提供一个丰富的、客户化的界面。这包括更新他或者她的投资组合，接近和研究其他的财务数据。图13-2说明了这是如何转变竞争环境的。这种传统取舍关系的失败会给新的现存商业带来机会，也丰富了顾客的经历。

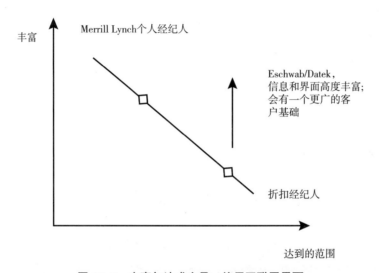

图13-2 丰富与达成交易：使用互联网界面

资料来源：菲利普·伊万斯、托马斯·伍斯特：《炸成碎片》，哈佛商学院出版社2000年版，第76页。

价值链和价值网

传统的价值链式是一个直接的线性关系模式。各方之间的交流通常是通过价值链流动的，要么是和产品同样的方向，要么是相反的方向。这些交流通常因为中介而变得便利。图13-3说明了金属行业的交流。

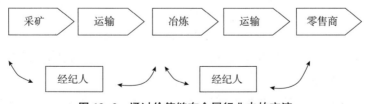

图13-3 通过价值链在金属行业内的交流

然而，随着交流便利的提高，特别是随着各种市场交易者的数据库之间交流的自动化，这种情况变得更加复杂。我们能够正视价值网，在价值网中信息在流动，不是通过价值链，却到达了它需要到达的地方。从理想上说，应该有一个对于中介者的需求。图13-4说明了这种情况，箭头代表了信息的流动。

在这个框架下，如果顾客的需要是某种类型的钢筋，可能是非标准长度或厚度，这个信息能够直接被传递给制造厂。同样，如果销售商看到需求在下降，信息不仅可以传递给价值链上销售商的邻居，而且还可以传递给开采商。应该注意的是，在传统经济下，没有什么可以阻拦人们"抓起电话"，但是互联网却让系统之间的交流变得更加容易，而且达到了自动化交流。例如，顾客的采购订单不仅可以在销售商这里输入，而且还可以产生一个信息喷流，这样集合的需求数据就可以立刻传输给制造商和开采商。这就方便了实时供应链管理（SCM），我们会在第二十章中讨论这个问题。

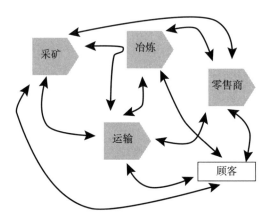

图13-4　通过价值网在金属行业内的交流

注意在图13-4中我们已经从中消除了经纪人。可以证明，商业企业也是中间企业，但是它仍然存在于图表中，这是因为商业企业可在靠近顾客的地方持有存货，而且还可以为产品增加价值，特别是为小一点的企业。通常，简单扮演一个顾客订单导线的中间商经常会受到广泛连接的影响，广泛的连接使沟通的工作更加容易自动化。价值增值的中间商不仅扮演了邮箱的角色，而且还把超过它们成本的重要专业技术和价值增加给顾客，它们也会找到一个角色。所有在行业中的经纪人都拥有专业技术，一旦顾客有机会直接或通过B2B或者在线与金属供应商交易，他们所承担的市场知识和行业经历就超过了他们收的佣金。

价值网对公司的组织也有含义。根据科斯和威廉姆森①的观点，公司的存在是为了最小化交易成本。有关的任务在"一个屋檐下"可以最好并廉价地完成。然而，随着链接更加便宜和灵活，公司不再需要把相关的功能连在一起。这方面的例子是银行和金融机构的离岸业务处理过程。信用卡电子邮件和电话需求可以毫无差

---

① Ronald H. Coase（1991年诺贝尔经济学奖获得者）和Oliver E. Williamson是两个交易成本经济学的先驱。比如，Coase（1980）和Williamson（1999）。

错地转发给很多国家，如印度，那里的低生浩成本和一些受教育的工人基础结合在了一起。这种活动并不仅限于金融机构，航空公司和其他公司也把管理功能变成了离岸的地点。据报道，英国空中航线通过把它们经常航线的处理过程放到了孟买（每个员工 12500 英镑），每年至少节约了 125 万美元。很显然这对公司和专业的服务机构都还有机会，它们可以通过转变成分销组织来支持公司。

顾客—时间经济：食品零售的实例

顾客—时间经济是一个简单的沟通概念的方式，这些概念是指有些业务能够通过节约顾客的时间让他为他们的特权付钱。在这种方式下已经有了一个灾难式的模式。许多互联网"看门人"服务被建立起来，方法是通过做一些忙碌的人没有时间做的工作（订购剧院门票，清洗衬衫以及类似的事情）来帮助他们。然而对于他们，这种情况仍然很少存在（他们仍然自己做）。忙碌的顾客经常不愿意为他们逃避的问题付款。那些非常忙的顾客也没有时间去找到网页。

然而，时间的节约也是和电子商务有关的（B2C 和 B2B）。电子商务公司试图通过提供折扣来试验，同时他们也提供增值的便利和时间节约。通常（除了不可避免的分销时间耽误）互联网商业企业正在兜售"更加快速、更加方便"的想法，或者他们什么也不卖。然而，即使他们取得了成功，也不能确定他们能够挣钱。节约的时间是否能够足够弥补成本？是否有竞争者可以做得更好/更便宜。

时间经济的例子可以在 D. Aldrich 的书——《掌握数字市场定位》(1999 年) 里找到。Aldrich 说明了图 13-5，在图中他比较了实物购买过程和在线购物。这是一个说明时间是如何通过电子商务来节约的非常好的例子。然而，我们必须问一个我们上面提到的问题。

一个问题是，节约的时间能否足够弥补成本？这个关于时间的问题是非常难用价值来衡量的。我们需要交谈的关于评价时间的对象是顾客，我们现在在知道他们准备为这个服务支付多少钱。零，或者在某些地区最多 5 美元或 5 英镑。那么让我们计算一下成本。

■ 分拣和包装成本（顾客在传统模式下他们自己做）。

■ 发货成本（而且，顾客经常这样做）。

■ 基础设施的成本（假如是纯展示的话）。

这些高成本对于纯展示的在线商店，如 Webvan 就意味着死亡之地。同样，我们还没有讨论现有业务方式的吸引力，这对于 B2B 交易而言会产生更大的问题。据传说许多顾客喜欢商店购物，或者说至少他们还没有不喜欢到他们愿意付钱避免这样做的地步。

另一个问题是，竞争者他们是否可以做得更好或者更加便宜？在评价孤立的在

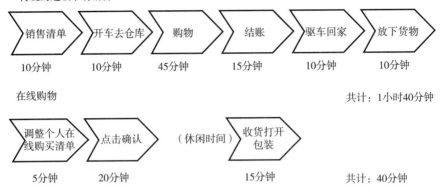

图 13-5　传统购物与在线购物

资料来源：Douglas F. Adrich：《掌握数字市场》，1999 年版权材料的使用已经过 John Wiley & Sons 公司的同意。

线商店的吸引力的时候，很难忽略现有的商店，特别是英国现有的商店已经在分销方面有着非常高的效率，而且供应链系统可以有效地使产品及时上架。在过去的 20 年，英国的超级市场已经把存货从 20 天的销售额降到了 5 天。一个纯展示的竞争者似乎更不可能达到那样的水平。现存的商店也有能力使用时间，当他们商店和人员不是很忙的时候（早晨和下午）来分检和给零售订单包装。这有望使成本增加最小化。

让我们看一个例子，使用 Tesco 有限公司①的估计数字，Tesco 有限公司是一个非常著名的英国超级市场。我们能够努力评价完全成本下的盈利能力和增加的成本水平。许多关于 Tesco 的数据包括：

- 世界上最大的在线零售商。
- 2000 年有 37 万名顾客（1999 年有 15000 名）。
- 在线订购边际成本最低（大约为 3%，而非在线商店为 5%）。
- 每个订单平均 85 英镑。
- 发货成本大约 7 英镑。

为了评价 Tesco 零售订单预期的边际利润，我们主要是根据公司的会计数据，研究了公司的重要经济指标。

2000 年的数据如下：187.96 亿英镑的收入和 10.3 亿英镑的经营利润，完全成本下的边际利润率为 5.5%。然而，我们考虑一下第三章中提到的固定和变动成本的概念，如果我们有一部分固定成本，我们就可以从额外的收入中获得好处，前提是这些收入提供边际贡献，这就是说，边际成本（填写新订单的增加的成本）低于销售收入。同样，新的订单一定不能"吃掉"我们现有的订单，我们将会在后面讨

① 我们希望承认 Tesco 的讨论受到了 Kathy Hammond 在伦敦商学院电子专家高级会议上的启发。

论这个问题。

■ 固定成本：

——4.01 亿英镑的管理成本；

——4.28 亿英镑的无形资产摊销。

⇨边际贡献=9.8%

■ 半固定成本：

——18.65 亿英镑的员工成本。

⇨自由边际贡献=14.8%

现在我们使用边际数字来评价平均每 85 英镑订单的利润率。

假如我们用完全成本法，我们估计每 85 英镑的订单会有 85×5.5%＝4.67 英镑的经营利润，很显然一个 7 英镑的发货成本意味着在完全成本法下是完全没有盈利的。然而，假如我们只是看一下固定成本的边际贡献，一个 85 英镑的订单会产生 85×9.8%＝8.33 英镑的边际贡献（非自制的）。考虑到发货增加的 7 英镑的成本，可以获得很小的 1.33 英镑的边际贡献（对于 Tesco，公司在线订单的经济性随后会通过引入 3.50 英镑到 6.50 英镑的发货的服务费用而得到改善）。

我们把员工的成本作为半固定成本来考虑的原因在于，假如我们想象一个理想的情况，当员工闲着的时候分拣和包装商品，边际贡献会更加大。然而，这也是不现实的。据 Tesco 报道，公司不得不增加人员来应付在线的需求。这对在线业务的业绩是一个非常好的预兆，但是却告诉我们员工成本不是固定成本。员工对超级市场也是一个可以调节的资源，而且很少闲置。他们被用来堆垒货架和搬运产品。当员工闲置的时候，超级市场可以削减临时人员。

我们说过我们会回到"自相残杀"的问题上，因为这对于讨论在线商店购物的情况是有指导性的。强大的食肉动物准备吃掉它们自己的同类；在经营中"自相残杀"通常意味着一个公司给新客户（至少，他希望他们是新的）提供许多好处让他们与这个公司进行交易或者购物，但是事实上新的交易会把现在的收入吃掉。在在线销售的情况下（在新的发货成本之前），许多 Tesco 提供的交易不会直接给价格折价，但是也许早该这样做，因为 Tesco 吸收了发货成本，估计是 7 英镑。假如 Tesco 现有的所有顾客已经在 Tesco 超级市场上购物，也已经改变了发货成本。这可能会让 Tesco 的在线业务吞食掉它的现有的所有盈利业务，公司的利润会在一夜间消失，每个 85 英镑的收入会增加额外 7 英镑的成本；而公司的收入整体会从 10.3 亿英镑（收入的 5.5%）下降到 5.18 亿美元（大约收入的 2.8%）。

注意，当我们计算上面提到的 1.33 英镑的边际贡献时，我们假设没有"自相残杀"，也就是说，每一个在线的订单是新的订单，现有的购物者不会抛弃超级市场到网上购物。很显然这并不是明智的假设，没有详细的调查数据，非常难评价它有什么错误。

考虑到它的威胁，英国的超级市场有望调整他们现在的商业模式。发货费用会继续引入，特别是在高峰发货期，如周五或周六。同样，通过消除发货到遥远地区，或者和其他发货结合的方式，超级市场会努力降低成本。在英国商业模式的一个例子是 Waitrose@ wrok 的商业模式，在那里发货不是发到顾客的家，而是到他们工作的地方，那里许多的顾客可能会在一起。这降低了每个顾客的发货成本，而且也允许 Waitrose 接受更低的订单。然而，假如顾客要乘公共交通上下班的话，他们可以拒绝把商品带回家（就像一部分英国人的习惯，特别是伦敦和东南亚），这可能会限制这种类型服务的市场占有率。最后，超级市场也已经试图使用它们与在线顾客（这些顾客可以提供关于地址和零售商需求的数据，对于商店的顾客这些数据是很难得到的）更近的关系来销售其他的产品，如保险和其他银行业务。

客户购买的倾向

顾客是否会购买在线服务的问题对于纯展示 B2C 的企业和正在进入电子商务的街头商店都是非常重要的。互联网能否赢得和它们业务占有率类似的收益（如订单的10%）？或者这是否会更大？我们的观点是：在线的数量最终会和以目录为基础的购物相当。然而，主要问题是哪些商品最适合在线销售。很明显，无形的产品，如银行和保险更适合在线销售，特别是有那些客户信任的品牌做支撑。最困难的问题在于建立哪种实物产品在线销售。有三种简单、基础的原则可以决定客户来网上购买实物产品的倾向性：

- 互联网不能够销售立刻需要的产品。
- 假如执行比较的成本超过实物比较带来的好处，顾客趋向于远程购物。
- 在远程购物的情况下，假如网站的界面可以提供实物比较的替代功能，在线购物将会很有利。

图 13-6 总结了我们对实物产品进行抽样的框架。

一个 2000 年进行的关于 1999 年电子商务的调查证实了许多最成功的部分是那些无形的产品。然而，许多实物的产品的确会取得很大的收入。最大的部分是：

- 计算机软件/硬件   75 亿美元
- 旅游   70 亿美元
- 股票交易   58 亿美元
- 收集品   53 亿美元
- 音乐、书籍、礼物   每个均是 15 亿美元

计算机软件和硬件作为一种无形资产领域的一个例外似乎非常的明显。根据 1999 年的数字，由于较慢的连接速度，直接下载的软件并不是很流行，所以我们的计算机硬件和软件需要实际运输。这个部分高收入的解释是计算机用户是早期在线

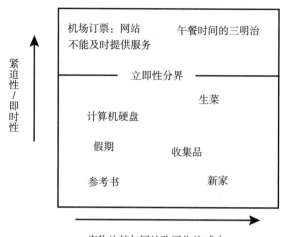

图 13-6　实物产品的购买

注：左下角对于网络经济没有吸引力。

购物的采用者。同样，Dell 计算机有影响的领导地位增加了硬件收入的增长率。但是主要的问题并不是产品的物理性，而是商品实物比较的好处。假如一个顾客不能从实物比较中获得好处，那么他或她更加容易有远程购买的倾向。计算机硬件的情况是一种实物比较好处很小的产品。计算机的购买主要建立在规格和品牌的基础之上。来自一个供应商的 256 兆内存的奔腾Ⅲ计算机可能会和另外一个主流供应商的计算机有同样的性能，性能上的差异还可以通过《计算机购买者》这样的杂志了解，这些杂志会执行许多计算的标准测试。然而实物比较仍然能够有很多的好处，一些潜在的购买者能够检查外形、坚固程度等。

我们已经讨论过在线股票交易的优点和可以感受到的优点。下面我们还会讨论旅游的问题，但是在这点上我们应该注意的是旅游的实物购买仅体现在一些小的票额甚至一个电子票上（也就是说，电子订票中顾客可以通过区域代码或电话号码或从旅游公司的网站上打印计算机的收据来识别自己）。虽然还有很多的广泛来自实物比较的好处，一个人正在考虑花上一周或两周（在 Tuscany 的别墅），但是这个实验的成本会非常高。

其他高数量非可见的种类是 eBay 的收集品的领先市场和亚马逊的图书销售的一部分。虽然相对来说来自图书实物比较的好处是比较低的（由于在线图书销售较低的回报政策减少），但是观察和处理收集品的好处表面上很高，大量交易的收集品在我们的框架下仍然是反常的。应该注意的是，互联网特别适合收集品的销售，特别是通过 eBay 界面的媒体。对于最后的收集品，由于仅有一个，所以其拥有者比其他顾客赢得更多的快乐。eBay 的界面为传统的收集品的销售商提供了更多连接两者的机会，传统的商家受到了更近地理活动的限制。同样，假如一个非常吸引人的收集品处于几百英里以外，收集品的实物比较的成本（或者，在这种境况下能够更加准确地进行观察）受到抑制，超过了得到的好处。

　　如果一个领域能够吸引注意力，实物比较的好处非常多，那么对于个人和家庭（也意味着愿意使用各种手段进行实物比较）购买也是显而易见的例子，是购买家庭和房地产或其他不动产。英国在线模式没有很大的进展，主要因为非常低的代理佣金（一般是 2%~3%），包括的地区范围相对比较小。然而，在美国，房地产经纪人的佣金占财产的 5%或者更多，业务吸引了许多的进入者。既然许多美国人考虑走很长的距离（例如，吸引了很多雇佣者），在线模式允许他们从很远进入到电子商城。作为他们服务的一部分，大多数在线房地产经纪人提供房子的景观，顾客并不能期望通过点击和给出信用卡号码来购买房屋。我们将会看到这种模式是用互联网作为广告和浏览媒体，而不是一个商业模式。

价值减少的中间商

　　中间商的减少是一种互联网影响逐渐增加的所预料到的结果。互联网减少中间商的第一个牺牲品似乎是旅游机构和股票经纪人。虽然很难把互联网的影响和 2001 年的经济衰退以及 2001 年"9·11"事件分开，但是领先的在线旅游网站像 price-line.com 和 expedia.com 所取得的高收入，增加了传统的旅游中间商的压力。互联网旅游机构的上升并不令人惊奇，因为许多旅游机构，特别是机票订票商，在几年中正在变为一个很大的电子处理过程，导致了以互联网为基础的旅游的增加。SABRE 系统是由美国航空公司生产的，正在为许多旅游机构提供数据输入，很大程度上互联网旅游机构是把前面的终端放到数据库中，这样它就可以被许多终端的用户所使用。假如一个旅游公司仅仅扮演一个 SABRE 系统前面的终端，那么它没有任何价值增加。当然，有些旅游公司经常会优化旅游线路和费用，从而来帮助旅游者筹划旅游线路，这些线路在 SABRE 系统下是不能得到的。然而，许多的费用和旅游线路通过计算机系统可以进行很简单的预定，而对于费用，旅游公司仅仅是执行了输入数据到 SABRE 这样简单的功能，然后把结果传输给顾客。在票务预定系统的子模式下，代理机构的成本（代理佣金）对于每个用户而言，没有增加任何价值，因此可以被称为"价值减少的中间商"。

　　当雇用一个中间商仅仅是为了输入数据时，这个价值减少的中间商就存在可能性。主要的问题是以网站为基础的顾客正在执行一项工作（如输入数据到网站的表格中），这项工作公司将不得不交给雇员来做。假如需要收集大量的数据，价值减少的可能性最大，如汽车保险。汽车保险报价单需要大量的数据，如汽车识别号码、驾驶许可证的号码和取得资格的日期。当潜在的顾客获取来自汽车所需的有关信息（如汽车的识别号码、精确的型号或者类别选择）的时候，以电话为基础的保险公司会雇佣一个职员从潜在的保户中来输入号码，而职员的时间也因此浪费了。假如潜在的客户正在使用一个网站的界面，他或者她仅仅需要简单走动来收集信息，然后继续数据的输入。银行、旅游、保险和商店（相比于以种类为基础的电话购物）也属于这种情况的例子。

下降也存在，特别是在保险业。保险公司竞争的部分原因在于，估计不同司机群的风险差别，汽车的不同特征和不同的居住地点（考虑到偷盗风险）。假如保险公司有一个网站，顾客能够试验它的覆盖范围，这就有风险——竞争者能够进入网站探寻公司的风险模型。这没必要称为进入系统的"黑客"。签名可能被模仿的用户输入，这样的话，调查不同公司的覆盖程度和汽车情况就能够自动收集，网站就这样被愚弄了。这对于服务器拒绝来自一个 IP 地址（一个计算机，或者一组计算机，假如 IP 的地址是系统分配好的）的重复要求，哄骗程序要更加困难些。另外一个技巧是给用户提供一个模仿特征或数字的图（和其他背景混在一起），这样用户就不得不在盒子里简单输入（看到的图像）以作为一种安全措施。一个人可以很容易地读出和复制这个特征或在图表中隐藏数字，但是哄骗程序就不能轻易地识别。

还有两个因素能够阻止中间的人员替代：第一个因素就是许多的中间商的确增加了价值。专营某些特定路线（如国际航线）的旅游机构，或者为特定人群提供的服务，都能因为它们的专家知识来增加价值。公司采购经理开始被视为 B2B 可能的"半路杀手"，但是最近的研究表明他们的确通过他们为公司提供的专业化的精确服务增加了价值。第二个因素就是惰性（惯性）。我们已经说过关于保险公司与网络询问引擎竞争而成为牺牲者的可能性问题。但是互联网仍然是大量保险业务理想的渠道，而且毫不怀疑惰性是阻止这种趋势的主要因素。当然，新的竞争者没有这种与过去的"联系"。举航空业的一个例子，最近欧洲的新进入者 easyJet 和 Ryanair 分别得到了 90% 和 75% 的网上订票。[①] 这与低于 25% 的大多数的基本航空公司形成了鲜明的对比。

网络效应：何时生效，何时不能生效

你的行业是否容易受到网络效果的攻击？你的行业是否正在销售与其他人的沟通方式或者互动方式？或者是否正在卖小器具？网络的影响是非常重要的，但是也仅仅和有限数量的行业有关，甚至在有些公司根本就行不通。而且，网络公司的效果也不是新东西了。旧模式的网络，如电话、邮件甚至铁路，曾经因为与之接触的人和地方的增加而变得更加有用。

Metcalfe 规则（Bob Metcalfe 曾经参与 Ethernet 的发明）试图量化随着参与者的增加而带来的网络价值，网络价值的增加是使用者数量的平方。Shapiro 和 Varian

---

① 《纽约时报》，2001 年 10 月 5 日，pp. w7。

（1999）指出，Metcalfe 法则不仅不是一个法则，而且它也不是 Metcalfe 首先提出的（虽然他非常想要得到这个称号）。Shapiro 和 Varian 报道了这个法则的出处（他们建议更准确的称法为"拇指规则"），我们节选了其中一部分：

■ 假设在一个网络上有 n 个人，对于他们，网络的价值随着他们在网上可以沟通或者互动的人数而成比例的增加。

■ 对于每个人来说，网络的价值，每额外增加一个人，会增加 v 分/便士——额外增加的人就增加了新交易的机会，也便于增加远期交易的机会，或者其他的什么。

■ n 个人中的每个人在网络上能够和其他的 n-1 人进行交流。因此互联网的价值对每个人而言都是 $(n-1)v$。

■ 网络的整个价值是每个人的价值乘以网络的人数（在这里是 n）。

■ 因此整个网络的价值是 $n(n-1)v = v(n^2-n) \approx vn^2$（对于 n 的巨大价值来说，$n^2$ 比 n 更大）。

■ 假如 v 是常数，那么 Metcalfe 的规则就得到了支持。

然而，很明显，v 不是一个常数，很可能表现为一条"S"曲线。对于 eBay 这样的企业，利润的机会不是随着潜在的竞标人的增加而线形增加的。一旦一群竞标者聚集起来以后，当额外的竞标者增加的时候（特别是这一群人，包括许多这样的竞标者，他们在 eBay 和进入不了网络的竞标者进行仲裁），标价将不会明显地增加。甚至对于年轻人，仅仅有几个小时喋喋不休的讨价还价。大多数人更愿意每次仅有一个浪漫的搭档，那么就可以把他们从许多网络的利益中分离出来。网络的效果达到了饱和，每个用户的网络价值就会随着 n 的增加而减少，所以 v 必须下降。

第二个问题我们在这一章的开始曾经提到过，就是即便这个网络是有价值的，这个价值对于这个市场上的公司价值也是不准确的。为了说明这个问题，Bennahum（2000）提到了传真网络。这个网络有很多的拥护者，是非常有价值的，许多公司不能没有它。但是谁在挣钱？传真机的生产（其中很多都使用商品化的普通纸作为它们的主要消耗品）竞争是非常激烈的，而且许多基础电话服务的供应竞争也是非常激烈的。网络的价值走到技术使用的用户那里，而不是公司。

Shapiro 和 Varian 在这个问题上发表了许多观点。这个阻止公司从传真网络抽取价值的主要问题在于传真网络的使用是开放的、广泛接受的。在这方面，许多其他的行业，如手持电话机、个人计算机和 ISP 供应商的公司可以通过坚持那些标准而进行竞争。假如有一个可以接受的标准是私有的，那么拥有那个标准的公司就能够抽取一些从扩大的网上可以取得的价值——考虑一下微软和它的视窗操作系统。

然而，当一个行业有许多标准的时候，这经常发生在行业生命的早期，正面的反馈（它们的网络效果是一个结果）能够切断两种方式，并且早期采用的速度能够夸大微小差异的效果。最著名的这种不安定的市场类型的例子是 Betamax 和 VHS 视频录像带格式之间的战争。采用录像带格式，需要消费者、录像带机器制造商、电影厂和仓库（电子和视频租赁）分开做决定来支持一个或者更多的标准。先不考虑用户，这些公司的许多成本是固定的。

例如，我们考虑一下开发一个视频播放机的成本。一个公司花了上亿元测试技术，一旦它得到最终的标准，包括受过训练的集成生产线和启动的生产，生产的视频机就显得非常的便宜。这就意味着，假如一个视频系统占有 2/3 的市场份额，一个拥有 1/3 的市场份额，这个有着领先地位的视频制造商在挣钱的时候能够提供更加便宜的价格（因为它有着 2 倍机器来分摊开发成本）。最好的情况是，在市场上找到这个跟随者旧机型，这就意味着有领先技术的厂商（他的制造能够为更大的用户基础提供更新的模式）会有吸引顾客的更多特色，并且会增加它的领先地位。更多的情况是，跟随的制造商会注意制造过程本身的固定成本（机器的启动成本和维持存货中的额外的 SKU 成本），并开始考虑认输。电子仓库，每一寸的货架空间都必须获得回报，因此将会更加无情地排除低数量的参与企业。因为在行业中主要的公司决策都是建立在利润基础之上的，这对于数量非常的敏感，一个正在失败的标准或者产品很快就会任胜利者摆布，即使在差异非常小的时候。因为在紧要关头很小的数量差异可能会起到很大的作用，所以行业是不稳定的，并且可能正在被视为不安定的倾向，覆盖一种标准或者从一个标准过渡到另一个标准。这就是"不安定"这个词的直觉上的含义。

为了尽力说明网络的效果可能对互联网企业非常重要，我们需要考虑三个基本问题：

（1）v 的作用是什么？（当有些人新连接网络的时候，现有用户增加价值）用户是否真正关心额外的人是否增加到网络中？

（2）假如互联网的业务是依靠其他企业（如软件或者内容供应商）的支持，其他行业中的主要企业的利润曲线的利率（数量的敏感性）如何？假如曲线并不是很倾斜，那么这些企业就不会介意支持两个或者更多的标准。

（3）网络之间的转换成本有多高？假如它们不是很高的话（没有转换的壁垒），那么当这些领导的企业努力把它的统治地位转变为金钱的时候，低价格的网络会再次赢得市场份额。

对于网络的效果发生，1 或者 2，以及 3 都必须是被正面回答的。让我们调查互联网领域，这里网络的效果能够被预期到，我们也会问他们是如何运作出来的（见表 13-1）。

表 13-1　互联网上的网络影响

公司	额外用户的价值，对于现有的用户	其他公司的利润斜率	顾客的转换成本	网络效果的价值
图书零售（例如亚马逊）	接近 0	低	低	不是

续表

公司	额外用户的价值，对于现有的用户	其他公司的利润斜率	顾客的转换成本	网络效果的价值
Ebay	高，但在 n 处下降	高	高	是
AOL	低，现在 AOL 与互联网相连	低	中等	不是
AOL 即时信使	高	不适用	低（能够同时有 AOL 和 MSN 聊天功能）	不是[a]
B2B 交易	中等	高	低[b]	不是[b]
B2B 软件	中等	也许高	还没有标准	可能
Windows VS. Macintosh	低	高[c]	高	是
主页提供者，例如 Geocities	低（即时不在 Geocities 能够接近主页）	低	低	不是[d]

注：a. AOL 即时信使在劝阻一个 AOL 互联服务业务的时候，可以执行一个防御的角色。

b. 因为没有 B2B 交易费用达到过很重要的数量，在费用之间转换并不能影响到有多少个商业伙伴被发现。

c. 软件的开发商，硬件的开发商。

d. 没有网络效果，但是能够在主页上销售广告。

总之，网络的效果比第一次所想象的更加难以实现。主要的问题是：假如网络的数量降低的话，某些人（顾客或者业务合作伙伴）一定是输的；而且网络必须把这些效果变成金钱，这样顾客转换的研究不那么容易。在亚马逊的例子中，用户从额外进入者那里得到的好处是非常低的。在网站上再次回顾会发现，影响购买决定是不可能的——人们在价值和服务的基础上决定是否购买。而且，发行商和分销商也不会高兴市场中领导者的出现。相比之下，eBay 顾客会从额外的拍卖受益，将不会高兴转换到拍卖数量少的网站。商人不能有效地转换到另一个拍卖网站，因为在其他拍卖网站上的数量太低。然而，想起我们在第三章中评价 eBay 的警告。有网络效果的股票仍然是被高估的。

拍卖经济和 QECAP 模式

拍卖经济展示了未来世界的新景象——企业的所有购买需求都可以通过互联网提供给供应商，而不需要建立传统的商业关系。这种特点允许企业找到更多的供应商。正如 Hamel 和 Sampler（1999）预测的那样，你每周的商店采购都可以通过竞标的方式进行。

这种模式代表了极端的"竞争废地"观点，这个观点我们在前面的第十二章已经提出过。根据拇指法则，公司从 20% 的顾客那里获得 80% 的利润。一般情况下，获利最多的顾客是购买量大的客户，他们的购买行为是稳定的。大客户购买货物意味着准备、包装和运输订单在平均成本基础上是最小的。事实上这些长期的顾客意味着他们不可能因为他们以前从未见过的产品就每天通过电话询问如何使用它。这再次说明他们在服务上的开支较少。拍卖经济意味着这种依靠超大客户生存的模式不可能在未来运行。大客户将会收到更低的报价；小客户可能会受到损害，并且供应商的收入也可能会受到负面影响。

在所有的市场中都有竞争的白热化趋势，而互联网也加速了这种发展。拍卖经济还没有出现，因为目前还缺乏标准化的商业模式，但是经济仍然朝着这个方向发展。然而，这种模式不可能完全实现。中间商会继续在新市场销售新产品或服务，在这方面扮演一个角色。让我们参考一下谷物和其他粮食的未来市场。该市场已经经历了上百年的"拍卖经济"的模式发展，由类似芝加哥贸易委员会（CBOT）的机构进行协调。他们把自己称为拍卖经济理想的模式，因为重量、质量、颜色和粮食的大小这些统一的规格很容易定义。互联网的扩大效应将会把更多的商品带进网络拍卖时代。但是对于某些商品来说，拍卖经济仍然是一个长期的道路。例如，想象一下纯粹依据最便宜的原则选择生菜：我们买到的沙拉的味道可能不太好（我们习惯上非常喜欢好的沙拉）。这个问题类似于我们在上一部分讨论的关于"顾客购买的倾向"的问题。参考表 13-2 中的例子。

如表 13-2 显示的，拍卖经济并不是遍布在每一个角落，在线企业仍然需要学习。在 B2C 商店或者 B2B 商业运营中，许多在线企业仅仅靠低价来吸引顾客。而在金融行业，则是靠有利的利息率或者手续费来吸引顾客。正如 Higson 和 Briginshaw（2000）指出的，这些顾客对价格敏感，不会忠于老商家，而是喜欢价格更低的商家。有吸引力的网站和很强的在线品牌被认为是把竞争建立在网站的特色和在线社区归属感的基础之上，而不是仅仅建立在价格之上。也可能不是这样。供应商之间转换角色是需要付出努力的，一旦成为一个防御者，就总是处于防御者的不利地位。

让我们展望并思考，拍卖经济是如何工作的。管理焦点的概念是效率最大化。考虑一下汽车保险行业，该目标是如何实现的。有许多保险经纪人和代理商，他们直接面对顾客。当然也有保险人负责评估风险。保险公司也可能投资试运作以保证价值的最大化，但是根据我们对管理目标的期望，让我们假设这项任务已经外包给专业的投资公司完成。保险公司有一个评价系统，在传统方式下可能是 AS400（或者类似）系统，这是一套电子数据表格或一个纸介质的报表，用来登记不同邮政编码和不同年龄司机的不同汽车的费率。为了回答顾客对经纪人的询问，资料细节可以通过电话传输给保险公司，问完以后，被评价的风险又通过电话传输给经纪人，然后再传给客户。未来这套系统完全可以自动化，但是仍在类似的方式下运行。每一个保险公司将会把风险的评价模式的号码输入到一个询问引擎，它被定义在开放的技术标准内，如 XML。询问引擎（为了防止哄骗）接受来自授权的顾客的询问。顾客被获准进入网站时将会被收费，同时收集顾客的数据，可以填列 XML 个人要求和汽车规格的细节。这个网站询问可以再把结果转交给保险公司的评估系统。

当然，网站可以储存许多保险公司的评价模式在它们自己的服务器上，但是这是低效率的，而且需要经常重新检查保险公司的政策。仅仅一些小的项目的咨询就可以被存储在网站上（为了避免不必要的询问），如"我们不在阿亚巴马州开展保险"或者"我们不会为小于 23 岁的人提供保险"。然而，大多数的顾客会询问保费的高低。保险公司会将注意力集中在这些人身上。

表 13-2　拍卖需要描述的产品信息的可比性

信息需要	商品或服务的例子	信息的具体化	可以沟通的方式	
				现在的拍卖
非常低	外国交易谷物（CBOT）规定	一位数（价格）	开放式的叫喊	
低	电影票/机票	时间、地点和价格	电话或网站	
中等	临时工	名字、过去的经历、所需时间、工资率	个人会晤，电话和传真	
高	莴苣 汽车	价格、颜色 感觉、新鲜度、质量	个人、物理上的经历	永远不会有的拍卖

■　许多保险公司已经通过传统的方式获得了巨大的成功，如美国的 Progressive 和英国的 Direct Line。他们的询问引擎是安在他们的服务器上的，在他们的网站上可以与顾客获准的入口直接进行交流（作为界面），这个网站也是一个其他以电话为基础的顾客服务中心人员的入口。然而，顾客服务中心也会询问其他保险公司服务器上的引擎，但是只是作为对终端用户的询问的答复。

■　其他保险公司将增加询问系统，作为它们和经纪人新的沟通媒介。随着以互联网为基础的数量的增加，他们将会逐步减少使用电话和传真沟通，并把精力主要集中在互联网咨询领域。

■　优秀的经纪人将会集中在顾客询问方面，而且优化他们的电话和网站处理过程，这样每一个电话或者主页的访问都会被转变为 XML 记录，这些记录需要启动一个询问引擎，这将是获得佣金的一种方式。

随着电话和传真沟通方式的消失，保险公司的成本趋于降低。风险评价的质量将会越来越多地由专注于风险评价但不关心顾客查询的公司来完成。因此，客户的查询效率也会提升。

询问引擎和顾客咨询网站的类似系统将被利用到其他行业。许多顾客咨询网站的早期模式已经出现了。ecompare. com 的入口宣称使用了私有的技术来询问商家的价格表和关于书的存货及其他产品的情况。然而，由于这个与其他不同商家的非标准的界面，这个系统必须执行广泛的事后处理。通常，私有的技术不可能走那么远，有两个原因。第一，虽然一个入口或者比较引擎将会处于非常强的地位，假如它能够劝所有的商家采用它的关于价格询问的私有技术标准，商家也不会允许这样的，因为主控权掌握在网站手中。第二，入口的服务器模仿评价模式的大部分内容是非常昂贵的，要求在大量的供货商的服务器上经常重新检查存货和价格。

总之，许多价格一比较引擎在生存上遇到了困难。这有两个原因：第一，事实证明很难与商家进行谈判，以反映比较引擎提供的收入领先模式。这个领先要求很高，在此情况下更可能导致一个销售收入而不是点击。但是它也是高度价格敏感的，并提示商家如果不购买任何高利润的产品，可能会打击亏损企业的出价，从而降低平均利润率，并可能导致商家缺乏。这些以人口为基础的特色有点不可避免。第二，主要的问题是询问的格式标准化还没有达到一个阶段——顾客获准的入口模式是根据成本变化的。这个入口系统需要低成本和低复杂性，集中产生顾客的询问，而不是在模仿价格引擎。除非达到了标准化，否则比较引擎的未来还是不确定的。

像变色龙一样善变

在 Hamle 和 Sampler 关于拍卖经济的论文中，他们的结论是互联网将会提高竞争的力量，更加集中体现对它们的需要，但是不会根本改变业务成功的重要因素。在新经济下，成功将属于那些拥有无情的创新、不可匹敌的服务以及真正业绩优势的产品。

主要的差别在速度的问题上。虽然过去公司可以依靠它们的竞争优势保持一段时间，但是互联网商务将使这变得更加困难。因此成功的公司有些像变色龙，不仅能够改变颜色，而且还可以改变形状和行动来快速地开发变化迅速的市场定位。通用电气公司不是因为它的一个专利发明而成功的：它的成功在于能够长期在广泛的市场环境中利用机会，而且它一旦处于这个位置，就能对变化和挑战做出快速反应，并且成功地保护自己。

对于新经济，公司能够：

■ 快速地改变。

■ 雄心勃勃地竞争。

■ 密切控制成本和价值。

许多新经济公司可以变成明天的通用电气，但这是相当长的过程，比 1999 年评论家头脑发热时间预计要长得多。

第十四章　互联网业务的发展前景

互联网簇内的战略模式

我们用来分析互联网簇的战略模式是广泛的组合，是建立在顾客和商业模式基础之上的。图 14-1 的框架建立在 Steve Harmon 的框架基础上（www. Marketsnap. com），并加上了内容种类和方向的向量。正如图中说明的，有七种基本的部分（在本页下部），它们在三个方向向量（从左至右）上起作用。

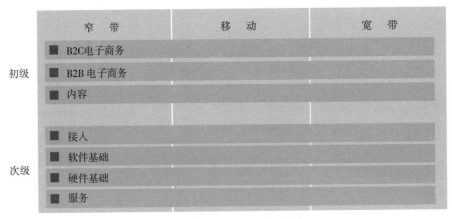

	窄　带	移　动	宽　带
初级	■ B2C电子商务 ■ B2B 电子商务 ■ 内容		
次级	■ 接入 ■ 软件基础 ■ 硬件基础 ■ 服务		

图 14-1　网络簇内的战略模式

我们区别初级和次级的互联网模式：

■ 初级的互联网模式可以通过提供有用的产品和服务以及有趣的内容把人们带到网上（用黑体表示）。

■ 次级模式，这种模式通常是面对业务的，支持初级公司或它们的客户，这些模式取决于（用普通字体表示）在驱动用途方面的初级公司的成功。

七种基础的部分①

图 14-1 列示了七个部分，表 14-1 ~ 表 14-7 进行了表述。

---

① 在每个部分选出来的例子都是非常大的、出名的公司。"主要的威胁""任务"和"前景"的评论不是也不应该被当作对实例公司的评论。

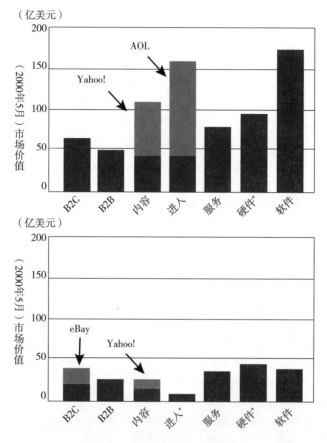

图 14-2 网络簇内的战略模式

资料来源：For clarity, the May 2000 chart excludes Cisco （$ 420bn） from hardware infrastructure and the May 2001 chart excludes AOL Time Warner （$ 221bn） from Access and Cisco （$ 139bn）。

表 14-1 B2C 电子商务

定　义	B2C 电子商务：公司直接或者间接地参与网上买卖产品和服务顾客
例　子	美国：亚马逊，CDNow/Columbia House，E * Trade，eBay 英国：QXL，iii
主要威胁	新的进入者和竞争激烈程度的威胁 来自实体的零售商 来自购物寄生虫（mySimon，dealtime） 经济不可以为实体的电子零售商工作 为边际模型取得进一步的资金是极度困难的
主要任务	建立品牌作为壁垒防止进入：这不能保证一定成功，但却是唯一成功的要素 大多数纯展示的商家会破产，或者与其他实体零售公司合伙，或者被它们收购
前　景	eBay 曾经有成功的最佳机会，但是很可能仍是一个小公司

表 14-2　B2B 电子商务（交换）

定　义	B2B：是指公司通过互联网参与或给公司间的商业交易提供入口
例　子	美国：Covisint 欧洲：cpgmarket.com
主要威胁	正如十四章讨论的：买方的力量，供应商的力量——中间商仅仅是使商品的交易更加看好，但是却有更高的成本
主要任务	成为价值增值的中间商——比现有的经纪人或沟通结构做得更好
前　景	B2B的纯展示类型已经被清除了，因为它们的战略地位非常虚弱。公司已经转向服务和软件基础，或者已经破产。对于 NLBs（小而精的企业）还有一个机会，它们有具体的行业知识和耐性 然而，通过"点击和水泥"和"普通老模式"（POM）交易的顾客和供应商，对于价值增加还有很大的潜力。我们在第二十章还会继续讨论这个问题，这是关于获取的储蓄方面的内容

表 14-3　内容

定　义	内容：公司主要从事为顾客提供非商业内容的服务，靠广告来支持（其中很多公司已经转向B2C 电子商务）
例　子	美国：雅虎，internet.com，CNET 英国：UKPlus
主要威胁	替代品威胁：我们经常说"陪审团已经出局了"指的是互联网的广告是否有效——还好现在它已经回升了，条状广告相应地被评价，以非常低的速度，条状广告的收入减少，生存就成了问题
主要任务	从靠广告支持的模式向免费的基础转移，网站越快面对这个挑战，效果越好
前　景	从顾客的角度，我们看到了网站上免费内容的黄金时期 许多现在纯展示的网站将会倒闭；旧经济媒体公司将会关闭它们网站或者把它们变成流水线，仅仅以印刷版作为供给来源，减少网站的客户化 捆绑将会变得非常重要：为了避免订阅 1000 个不同的网站，人们会从 MSN 或者 Yahoo! 上订阅捆绑在一起的网站 小额支付似乎行不通（虽然它可以在手机上使用——见下面的关于移动电话的部分）

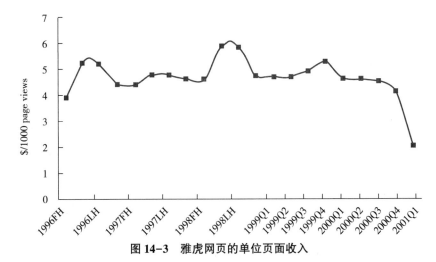

图 14-3　雅虎网页的单位页面收入

资料来源：Yahoo! 财务报告以及公布的资料。

表 14-4 进入

定　义	接入：互联网的提供商（ISPs）和能够进入互联网的公司（包括集合提供商）
例　子	AOL，Netzero（联合在线）
主要威胁	对于 ISPs 而言，电信供应商的力量很强，对内部连接的收入满意地分割进行谈判是非常困难的
主要任务	想出作为 ISPs 所要考虑的每件事情： 为 IBM 等服务 为印度的顾客提供服务 为电话公司提供电信经营
前　景	美国在线很可能成为世界上在财务业绩上唯一成功的 ISPs 在美国之外的独立的 ISPs 受制于电话公司，除非它们是： ■ 真正的革新者和优质内容的提供商 ■ 受到电信管制者的密切保护（如管制者必须放弃本地的电话费用） 很难看到这样的情景：大多数 ISPs 收入不能随着电信公司而结束 以业务为目标的 ISPs——只是一个临时的甜蜜点，直到供应能够满足需要

表 14-5 软件基础

定　义	软件基础：应用技术的开发商，这些基础能够开展各种互联网业务活动，包括电子商务、沟通、内容提供和网站开发
例　子	Verisign，Baltimore Technologies
主要威胁	新进入者的威胁：通过顾客的信任抵挡竞争对手（如在金融服务的银行）或者大的软件公司（如 Oracle，IBM，Microsoft） 假如发生价格欺骗，还有替代品的威胁 对许多企业的评价过高（许多的定位证明是小而精的）
主要任务	通过专有权或优秀的技术建立壁垒防止进入 野蛮地防止进入（除非进入者规模太大——这种情况下，寻找合作伙伴） 把市场调整为"鼠标+水泥"的模式
前　景	部分是好的，然而许多将会成为小而精的

表 14-6 硬件的基础

定　义	硬件基础：通过计算机、数字和电子产品的设计和开发来满足各种互联网的业务活动、产品和服务的需要
例　子	Cisco，Broadcom
主要威胁	新进入者或替代品的威胁：有着更好的鼠标陷阱的企业（进入），或者鼠标杀手（替代品）
主要任务	维持技术上领先 在同样的技术水平上从高成本的进入者那里获得收益 市场政策调整为"鼠标+水泥"
前　景	部分看好；大多数成功的小或中等规模的公司将被收购

表 14-7　服务

定　义	服务：能够为公司提供与互联网有关的专业和信息服务的公司（也就是说，其他的一切）
例　子	Doubleclick，MediaMetrix，Razorfish
主要威胁	许多的业务模式都没有奏效，或者在成本结构和管理能力上有问题 许多企业几乎没有经营杠杆（如网站为基础的咨询），而且看上去并不像新经济的企业
前　景	一个混合的载体，但是通常非常差

宽　带

宽带是一个新名词，是指任何接入速度比目前最快的"猫"还要快的技术。在写作的时候，最快的"猫"技术在没有升级的铜制电话线是每秒 56 千字节。目前还有两种通常的居民使用和中小企业使用的宽带连接，它们比 56 千字节具有更明显的速度优势。

ISDN（数字网络整合服务）是一种使用复杂电话线的技术，下载和上传速度可以达到 128 千字节/秒。[①] 在美国使用比较普遍，特别是在英国。然而它们面临窄带 56 千字节/秒的挑战，ISDN 不再具有很大的优势。

数字电缆互联网需要一个优质纤维接入到家里。许多美国的消费者已经拥有了它，因为他们已经有了电缆电视。DSL 能够用双股的（铜质）连接，所以家庭就不需要额外的电缆。然而，DSL 是仅仅用于家庭的子集，从适当配备的开关到此大约不到 2 英里（见表 14-8）。

表 14-8　通常居家宽带网络

系统	速度
数字电缆互联网	达到 3000 千字节/秒（最高）
DSL（数字用户线）	在 400 到 2000 千字节/秒（最高）

宽带的兴起已经非常令人失望，而且这些集中在电缆互联网接入的主导的公司（Excite@Home），最近已经寻求了破产保护。我们的观点是宽带将会无所不在，但是可能价位是每月 20 美元（10～15 英镑）。就在此时，费用大约是每月 40～50 美元。这两种宽带还有一些缺点。DSL 和数字电缆互联网系统上传的速度大约不超过 128 千字节/秒（大约是窄带最高速度的两倍）。尽管如此，互联网浏览经常也会受到下载活动的主宰，这还不是特别严重，除非用户上传图像附件或者其他

---

① 根据 BT（英国电信公司）的网页，"酷热的速度"描述的是家庭高速 ISDN 技术。

文件给邮件服务器或网站服务器。对于电缆用户，更严重的是在高峰时间下载速度下降的可能性。对于 DSL 用户，主要的技术问题是在许多地区不能得到 DSL 的服务。较差的客户服务和频繁的支付问题似乎是在与宽带提供商打交道的时候经常遇到的事情。

然而，技术问题并不是限制宽带服务兴起的主要问题。主要的问题是提供可能性问题（特别是对于 DSL 服务）和缺乏用户采用宽带技术的理由。还没有招人喜欢的程序。① 主要建议使用的应用是视频点播电视。目前为止真正符合要求的视频点播还没有。这将赋予顾客订购任何电影的能力，并且可以立刻看到。现在限制性视频点播可以通过数字电缆电视得到，在起步阶段，允许用户看到有限数量的电影。这种应用仅仅使用了数字电缆系统上多个频道，安排一个流行电影的间隔大约是5~30分钟。

真正要求的视频点播需要把所有的胶片娱乐数字化，可能要升级许多的互联网中枢，并且安装大量高容量的服务器，这些可以经常存储足够多接近用户所需的电影，这样互联网传输服务质量的含义就不会被打断重放。对于个人家庭，一个可以替代的解决办法是购买当地的数据存储设备，电影可以下载到那里。这些都非常接近 TiVo 盒，这个设备允许在硬盘上存储很多小时的电影，在用户方便的时候可以重放。然而，安全顾虑将不得不被攻克，这样下载的电影文件将不能被复制，或者版权的持有者将会担心技术的支持问题。

与互联网传输有关的服务质量是主要问题。关于数据传输的协议是 TCP（传输控制协议）。传输控制协议使数据传输的效率最大化，方法是把数据文件分成许多小的数据包。每一个包都表明到达目的地的信息，这是文件的一部分，以及文件内的位置。先头的信息保证文件会到达正确的目的地计算机，然后这些各自的文件会在目的地整合为完整的文件。这是非常必要的，因为小包不可能完全按照正确的顺序到达。这些包将会通过不同的路线到达，虽然 TCP 的目的是速度最大化，许多包遇到了预料不到的、随机的数据阻塞，这样可以被放到小的队伍中（小的当地数据仓库）等待正确的连接。电影需要按照顺序看，这是很自然的，所以包的损失（或者包的顺序打乱）会引起耽搁和画面损失。这就是为什么客户那里在使用窄带流线视频的数据缓冲。

对于每一项选择都有很多的成本，用户的好处不得不被严格地分析。比较使用视频点播中一个类型的用户和走上一段路程去当地的"巨型炸弹"的非用户是非常有指导意义的。很明显，LNVOD 或者 LVOD 没有优势可言，而 NVOD 有微小的优

<hr/>

① "关键的程序"是指一个"关键"型应用，换句话说是一种技术的应用，被视为对顾客是非常有用的——顾客对应用的需求会促进这个技术的使用。例如，促进初次使用电子计算机的关键程序是文字处理和电子表格。技术本身如果没有应用和使用，对主要市场就没有吸引力。

势，TVOD 有很多的优势（在选择和方便方面），但是需要改变互联网运作的方式。除非另一个吸引人的程序能够被找到，可以为用户提供具体的一步到位的好处，而不是逐渐增加的快速网络下载的好处，否则宽带互联网不可能成为一个主流产品，除非价格上和窄带是接近的。

表 14-9 需求视频点播的水平（VOD）

VOD 的水平	描述	要求
有限的准需求视频点播	在提前预订好的次数内有限选择	使用有线电视基础设施
有限的需求视频点播	在可选择的范围内有限选择	安装高能力的当地服务器。服务器可以提前上传带有 LVOD 解压缩之前的流行片，那么下载到本地机器上就是可以使用的。可以使用 5~10 年
接近需求的视频点播	可以广泛地选择电影。许多推迟或使用仅仅在于提前决定的次数	很可能应用是建立高容量的硬盘。下载视频电影将是按顺序的，电影将按顺序下载，电影开始的时候将会有些延迟，要等待文件（或很大的缓冲部分）已经从中心服务器下载到本地硬盘上。也需要把很多没有数字化的电影数字化。有限的用户大约需要 5 年以上
真正的需求视频点播（TVOD/VOD）	可以立即选择需要得到更宽范围的电影	需要很高的终端对终端的服务质量。需要对互联网的体系升级，或者互联网的许多要素要更加复杂以满足视频传输的要求。在短期内可能性不大

移动电话/移动商务

移动电话是非常令人兴奋的，但是被过分地炒作了。正如我们在第十五章中看到的 NTT Do Co Mo 案例，许多对高技术电话服务的需求不是建立在边缘的电子商务应用上，而是更简单的服务上，如声音和短消息。

地方传感是一种令人期望的技术。当地传感有潜力提高移动电子商务，通过允许蜂窝电话提供商确定个人蜂窝电话用户在 50~300 米的范围内的地点。现在蜂窝电话在激站之间漫游，选择信号最强的激站天线，用户能够被定位（特别是在农村地区）。当地传感将允许蜂窝电话的提供者在三个最近的基站做三点定位来对用户进行定位，或者使用电话中的 GPS（全球定位系统）芯片来对用户进行定位。地方传感将计划在 2001 年 10 月开始采用，到 2002 年底所有的新的美国蜂窝电话将有了新设备，当然也有必要的网络升级。然而，在 2001 年 10 月，美国 FCC（联邦通讯委员会）延长了时限，在新的时间表中这个过程在 2005 年前将不会完成。[①] 这是因为网络的调整（满足三角定位的要求）被证明是非常昂贵和费时的，而且以 GPS 为基础的系统现在看上去还是主要的系统，还要花上一些时间去计划。许多关于电子商务的可能性讨论已经发生了，美国基础技术的使用将会允许紧急运行设备（911/999）可以确定蜂窝电话的紧急呼叫者，大约 30% 的紧急电话呼叫是来自移动电话，而且不同于固定电话，这些在现有的交换技术下不能被立刻定位。

　　LBS（地方为基础的服务）的前景对于电子商务是把集中的广告根据用户的位置直接发送到移动电话屏幕上，这是个理想的运行方式。如下所述，想象一个用户已经表达了购买计算机的兴趣，当他们路过 Circuit City 或者 Dixons 的时候，那里有个大削价，这时电话可能会发出"哔哔"声，并提供一个可下载的免费的优惠券。这是一个销售个人投资者的好主意。但是可能对用户而言有些烦。更可能的前景是以协议为基础的营销方式。正如地方传感电话可能慢慢地会在全世界范围内被利用（它们可以在瑞典和斯堪的纳维亚半岛的其他国家得到），许多的用户将签字一个广告的测试应用，反过来可以降低定制和/或通过时间的费用。

屏幕和键盘的限制

　　到 2004 年，Forrester（全球领先的市场研究公司）估计，大约有 33%（2.2 亿）的欧洲消费者将使用移动电话来进入互联网。另一个咨询公司——Ovum 估计，到 2006 年在全世界范围内将会有 6.84 亿无线网络用户。但是 Ovum 指出，假如网络和设备不能迅速改善的话，顾客数量的增加将会受到影响。

　　使用蜂窝电话上网的问题在于，大多数设备的屏幕过小。五行，有的甚至三行。宽带接入已经在很多国家开始运营，但是真正需要的是可靠的窄带接入和调整为适合低存储蜂窝电话网页的更多选择。

　　虽然移动电话还处于初级阶段，但我们能够预计到一些趋势。沟通（短消息和电子邮件）和简单的娱乐（铃音和游戏）可能在很长时间内仍是主要的非通话应用。声音将会是非常大的使用功能，除非移动掌上 I 类型的设备能够被接收。这个掌上类型的设备，包含了 PDA（个人数字助理）的功能和移动电话的功能，可以更多地发掘无线网络潜能，因为它的屏幕将会更大（虽然比个人计算机要小）。直到重点转为把网页（通常包含 2000~30000 个字节）转变为适合用户翻阅的小的片断（许多蜂窝电话有 30 个字节）：你可以搜索到餐馆的地址，而不是葡萄酒的清单。为了避免更高的下载次数，这种转换必须在移动电话的供应商那里提供（而不是在

[①]　《蜂窝电话危机的最后期限》，《纽约时报》，2001 年 10 月 6 日。

听筒里）。坚持大的网站垄断、存储以及发展都是失败者。

由于对第三代网络日益攀升的特许权费用的贪婪，许多电话公司在坐等失败。尽管事实上它们正处于产业价值链的咽喉之处，因为网络规划者把它们建立在两家卖主垄断市场（的局面）或者少数几家垄断市场。然而，在咽喉的位置也不是具有无限制的价值。问题是电信公司能提高价格来弥补它们的费用吗？不，他们不会。考虑一下波特的五种力量和移动电话在哪些方面适合人们每天的生活：一部分沟通功能，一部分娱乐功能。假如价格上涨的很多，其他宏观类型娱乐和沟通的替代品（如电影、互联网聊天、固定电话和非 3 代移动通信）就会施加力量，把收入从 3G 那里拽回来。同样，3G 的项目也不是普遍乐观的。例如，2001 年 Sony Ericsson 宣称他们期望在 2005 年有 30% 移动电话是在 3G 基础上的（资料来源：www. 3gnewsroom. com）。

漫步 3G 丛林

根据数据的下载，WAP 系统是一个 9. 6 千字节/秒的网络，与 NTT Do Co Mo 最初的 I 模式系统的运行速度是相同的（NTT Do Co Mo 已经转变为东京地区更快的 "FOMA" 服务，在 2001 年底有 10000 个定制用户）。然而，这些是高峰时间的速度，而且因为网络阻塞和下载延迟的问题经常达不到。假如连接不是总畅通的话，电话连接也是一个问题〔例如，WAP 也不是总能连接上。I 模式（FOMA 前身）并不是总能连接上，但是有快速发展的潜力，这将使它总是关注用户〕。另一个可能延迟的原因就是，虽然许多的 HTML 网页不能通过窄带接近用户，但是这在无线互联网可能不会出现。

表 14-10 移动互联网的速度

系统	速度	可得到性
WAP/ I 模式	9. 6 千字节/秒	运行中
HSCSD（Orange）	14. 4 千字节/秒	试验阶段
NTT PHS（移动模式）	32 千字节（有些地区 64 千字节）/秒	运行中
GPRS（超过 GSM 网络）	50~100 千字节/秒	试验阶段
NTT Do Mo FOMA	300 千字节/秒	仅仅在东京地区
Edge	150~384 千字节/秒	试验阶段/概念
3G（期望的）	144~2000 千字节/秒	概念

当数据传输的速度的确提高的时候，什么是关键的程序？许多想法已经被提出来了，当然，铃声下载已经成为初期网络非常流行的项目。我们相信铃声下载将会

非常流行。视频内容（射门集锦或者棒球的本垒打）的小片断很可能非常流行。相对来说，旧的技术能够提供非常便宜的移动电视，所以估价将不得不受到限制。不确定的蜂窝调制解调器模式的技术潜在上将被广泛应用，正如海湾地区小规模的运营失败和 NTT Do Co Mo's PHS 糟糕的财务业绩所证实的那样。幸好，在汽车上使用计算机还不是很广泛。对于另一个潜在的蜂窝调制解调器模式应用，如在机场、咖啡商店和办公室的连接，WiFi/802. lib 无线 LAN 技术在连接的宏观种类方面是一个非常有效的市场占有者。

最后，视频无线电话是 NTT Do Co Mo 提出的一个主要概念之一。对于这个概念的一个担忧是固定视频电话的逐步兴起。正如在 NTT Do Co Mo 情况下观察到的，许多非常先进的手机已经可以被买到了，因为它们是地位的象征。假如一个带有视频电话的 3G 手机被投放到市场，会有很多追求时尚的人购买，那么 3G 的未来将是一个持续发烧的过程，甚至使船夫都不断地升级更新他们的手机。在得到证实前 3G 的移动通信已经遵循这种模式，3G 很可能也是这样。

第十五章 案例研究：NTT Do Co Mo

引 言

NTT Do Co Mo 是一个占主导的日本移动电话运营商，下列案例研究提供了关于 NTT Do Co Mo 的信息，将为公司的研究提供支持。这主要描述了公司的业务。附录提供估价、使用简介和财务会计数据。读者将被要求编制一个 Excel 表格来评价公司。

背 景

NTT Do Co Mo（Do 代表了移动沟通）是 1992 年从 NTT 分离出来的，NTT 是一个日本的电信公司。NTT 在这个公司中拥有 64.1% 的股份。在 1999 年 2 月 22 日，NTT Do Co Mo 引入了 I 模式的移动网络服务。在一个互联网占有率非常低的国家（到 2000 年初大约有 13% 的家庭在线），此项服务在 2001 年快速发展到 2000 万个用户，成为一个成功的互联网络领先的例子。在 2001 年 12 月，公司已拥有 3920 万基本顾客，包括 2930 千万的 I 模式用户。图 15-1 说明了在引入这个服务后的 I 模式的增长情况。

I 模式服务

I 模式服务是一个包—转换服务，覆盖了 Do Co Mo 个人数字蜂窝（PDC）系统。个人数字蜂窝系统能够以 28.8 千字节/秒传输数据，但是通常覆盖网络的设置的运行速度是 9.6 千字节/秒，因为对于大多数屏幕的尺寸，这被视为足够的，因此仅需要有限的带宽。

I 模式服务是以接入为基础的，可以使用户进入到大量的网站，这些网站都可以用 I 模式的语言 cHTML 进行编写。cHTML 代表了一个压缩的超文本语言，也是用于网页的 HTML 语言的一个子模式。I 模式的网页和欧洲广泛采用的 WAP/WML 标准是不兼容的。2001 年 10 月，已经有了 1953 个 NTT Do Co Mo 站点（cTHML 网

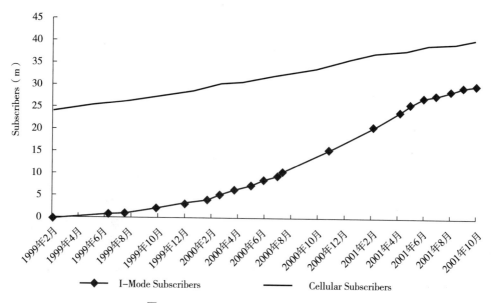

图 15-1　NTT Do Co Mo：Ⅰ模式增长

资料来源：NTT Do Co Mo。

站是用 Do Co Mo 进行注册的），但在 2000 年初只有 600 个。用户能够进入网站收到一份电影或电视节目开始的时间的费用。

表 15-1　NTT Do Co Mo：收入（到 2001 年 9 月的半年间）

业务领域	收入的百分比（%）
移动电话	62.9
数据包（Ⅰ模式）	12.9
PHS（个人便携系统）	1.7
其他移动电话	0.7
其他收入	21.8

　　收费是建立在打包使用的衡量的基础上的。这些费用保持得很低，以鼓励用户使用。一个电子邮件根据大小可以消耗的费用是：发送大约是 1~4 日元，接收是 1~2 日元。移动电子邮件的信息限制在 500 个字节。在 2000 年 3 月的汇率是 129 日元兑换 1 美元，182 日元兑换 1 英镑（汇率可以在 www.oanda.com 上获取）。附录 15-1 是一个完整的价格表。附录 15-2 是现有的各种网站类型的数据和用户进入的网站类型。

业务领域

到 2001 年 9 月的半年间，公司部分种类的进一步细分在收入中的比例可参见表 15-1。

蜂窝话务

收入主要来自蜂窝服务和设备的销售。NTT Do Co Mo 的蜂窝电话服务大概有 3920 万定制用户，占有大约 60% 的市场份额。它的主要竞争对手是 KDDI（1600 万移动定制用户）和日本电信（900 万的用户）。沃达丰（Vodafone）拥有日本电信 67% 的份额。

数据包

这包括短期潜在 I 模式 9.6 千字节/秒的电话，还包括来自第三代通信 FOMA 系统的收入，这个系统已经于 2001 年 10 月在东京 30 公里的范围内进行了商业运行，计划于同年的 12 月在大阪和名古屋进行商业试运行。当时 FOMA 公司还没有报道来自 FOMA 服务的收入，在 2001 年 9 月仅仅有 15 万的试用者。数据包的收入来自数据包设备的销售收入。

PHS

这是一个 32 千字节/秒的系统，主要用来使用蜂窝调制解调器，但是也用来提供通话服务和音乐下载。收入主要来自服务和设备。

其他移动设备

这些收入是指没有覆盖在以上种类内的移动电话收入。

其他收入

其他收入包括国际拨号服务，收入来自系统开发服务的提供和其他的非蜂窝电话收入。

股票价格和财务业绩

财务业绩数据在附录中列示出来，包括历史财务数据概况（见附录 15-3）和详细的资产负债表与损益表（见附录 15-4）。

在 2001 年的半年内，公司注销了 300 万亿日元的 KPN MobileN. V. 投资，这个公司是一个以荷兰为基础的移动运营商。这是因为股票价格的低迷。

　　股票价格的业绩在图 15-2 中体现。在 2001 年 9 月，公司共发行了 10036000 股。在 2000 年 3 月，公司市场的资本化价值最高达到 42000 万亿日元（大约为 3300 亿美元或者 2250 亿英镑）。市场的资本化价格在 2001 年 12 月达到了 14500 万亿日元（每股 144 万日元）。每股的收益率在 2001 年 3 月是 38000 日元，2001 年的市盈率是 38 倍。

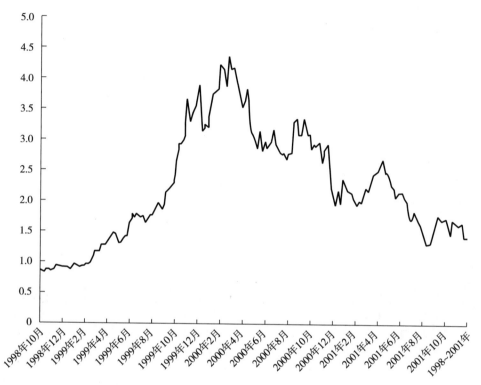

图 15-2　NTT Do Co Mo 股票价格

资本成本

　　无风险利率和利息率在 2001 年 12 月的时候在日本非常低。短期的无风险利率大约是 0（日本银行的官方贴现率是 0.1%），长期的债券在 1%~2% 的范围之内。为了说明这个，NTT Do Co Mo 在 2001 年 10 月发行了 100 万亿的 10 年期债券，利率是 1.5%。Dimson 等（2001）估计，在 1990~2000 年是 6.8% 的短期票据回报率，而债券是 6.3%。

附录 15-1　NTT Do Co Mo：I 模式服务

附表 15-1　指导性成本

	成本
我的菜单[a]	2-3
什么是新的	
菜单清单	3-4
新闻	17-18
移动银行（余额确认）	20-21
移动银行（资金转移）	59-60
股票价格[b]	26-27
查询航班座位	24-25
餐厅指南	37-38
城市黄页（NTT 电话指南）	35-36
Do Co Mo 收费的信息[c]	10-11
Tokusuru 菜单	6-7
选项	
中心服务（但没有信息存储的时候）	0.4-1.3
形象下载[d]	7-8
音乐下载[e]	18-19
屏保下载[f]	10-11
游戏下载[g]	25-26

I 模式电子邮件转移收费（大约）

特征	发送 费用	接收 费用
20	0.9	0.9
50	1.5	0.9
100	2.1	1.2
150	3.0	1.5

续表

特征	发送 费用	接收 费用
250	4.2	2.1
中心查询	0.4~1.3	

注：a. 依靠注册的网站数量。

b. 为了搜寻发行代码发送费用。

c. 为了询问拨号费用或者信息包发送费用（升级到前一天）。

d. 为了下载一个静止的一定大小的形象发送费用。

e. 为了下载一个 16 弦的音乐，大概需要 45 秒长。

f. 为了下载一个一定规模移动的形象发送费用。

g. 仅仅用于下载游戏。

附录 15-2　NTT Do Co Mo：使用数据的类型

附表 15-2　I 模式接口：电子邮件 vs. I-菜单 vs. 非 I 菜单网站

	2000 年 9 月（%）	2001 年 3 月（%）
邮件	36	41
I-菜单网站	32	25
自愿网站	32	34

附表 15-3　I-菜单网站下降的种类

网站的种类	2000 年 9 月（%）	2001 年 3 月（%）
铃声/屏幕	32	35
游戏/星座	19	18
其他娱乐	19	19
信息	17	15
交易	9	9
数据库	4	4

附表 15-4　I 模式进入：按种类点击（NTT Do Co Mo 溢价网站）

点击种类	2000 年 7 月（%）
娱乐	64
信息	21
数据库	6
交易	9

资料来源：NTT Do Co Mo。

附录 15-3 NTT Do Co Mo：财务数据摘要

附表 15-5 财务数据

项目	年/底 1999年3月	年/底 2000年3月	(%) 1999~2000年	年/底 2001年3月	(%) 2000~2001年	半年/底 1998年9月	(%) 1998年9月至1999年3月	半年/底 1999年3月	(%) 1999年3月至2000年3月	半年/底 1999年9月	(%) 1999年9月至2000年3月	半年/底 2000年3月	(%) 2000年3月至9月	半年/底 2000年9月	(%) 2000年9月至2001年3月	半年/底 2001年3月	(%) 2001年3月至9月	半年/底 2001年9月
经营收入	3118.3	3718.6		4686.0		1462.8		1655.5		1762.3		1956.3		2217.4		2468.6		2613.0
总的电信	2525.9	2986.9		3599.3		1204.1		1321.8		1450.3		1536.6		1725.5		1873.8		2043.8
总的话费	2447.7	2907.2		3219.8		1158.1		1289.6		1420.7		1486.5		1594.1		1625.7		1694.3
峰窝	2380.4	2796.9		3103.5		1136.8		1243.6		1361.4		1435.5		1535.9		1567.6		1643.2
—PHS	30.1	80.2		84.1		0.0		30.1		41.5		38.7		40.4		43.7		45.0
—其他	37.2	30.1		32.2		21.3		15.9		17.8		12.3		17.8		14.4		6.1
总的数据	68.6	71.6		370.2		40.1		28.5		25.0		46.6		127.1		243.1		342.6
—数据包服务	0.2	38.5		353.4		0.0		0.2		5.7		32.8		117.2		236.2		336.8
—寻呼	68.3	33.1		16.8		40.0		28.3		19.3		13.8		9.8		7.0		5.7
—其他	0.1	0.0		0.0		0.1		0.0		0.0		0.0		0.1		-0.1		0.2
其他电信	9.5	8.0		9.1		5.7		3.8		4.5		3.5		4.2		4.9		6.9
电信中四舍五入	0.1	0.1		0.2		0.2		-0.1		0.1		0.0		0.1		0.1		0.0
其他服务	592.4	731.7		1086.6		258.6		333.8		311.9		419.8		491.8		594.8		569.0
四舍五入/其他	0.0	0.0		0.1		0.1		-0.1		0.1		-0.1		0.1		0.0		0.1
经营收益	508.5	545.7		777.1		307.0		201.5		351.4		194.3		412.0		365.1		550.4
持续利润	350.3	477.7		686.9		233.1		117.2		332.5		145.2		397.2		289.7		482.5
收益	204.8	252.1		366.5		154.1		50.7		178.0		74.1		217.5		149.0		103.9
增长 收入																		
电信增长（每年）			18	—	21		21		20		12		26		18		19	
I模式增长（每年）			19150	—	818		—		81125		3211		1177		306		103	
其他增长（每年）			18	—	18		28		13		20		19		13		4	

附表 15-6 分部数据

收入	年底		半年/结算时间	
	2001 年 3 月 31 日	2000 年 3 月 31 日	2001 年 9 月 30 日	2000 年 9 月 30 日
移动电话业务	45299	35716	25369	21454
PHS 业务	1130	1029	582	556
快递业务	185	336	59	111
混合业务	244	75	118	52
合并经营收入	46860	37186	26129	22174
经营收益				
移动电话业务	8891	6957	5811	4687
PHS 业务	−916	−996	−276	−469
快递业务	−211	−491	−35	−108
非蜂窝类业务	8	−11	5	11
合并经营收益	7771	5457	5504	4120

注：NTT Do Co Mo 不能把数据包的收益同蜂窝电话的经营分开。本表数据是在最近年报上发布的。

附录 15-4 NTT Do Co Mo：详细的财务数据

附表 15-7 资产负债表

	2000 年 9 月 30 日	2001 年 9 月 30 日	2001 年 3 月 31 日
资产			
固定资产			
用于电信业务的固定资产			
财产和设备	2176394	2479827	2288878
机器和设备	1033073	1098403	1046896
天线设备	326506	374001	355710
卫星移动通信设备	6762	5234	5900
终端设备	3504	2734	3160
建筑物	243756	284885	265810
工具、家具和设备	175969	184818	187051
土地	148157	166341	151366

	2000 年 9 月 30 日	2001 年 9 月 30 日	2001 年 3 月 31 日
在建工程	183785	295223	206316
其他固定资产	54878	68184	66664
无形资产	297999	372177	337407
计算机软件	234727	311661	270396
其他无形资产	63271	60515	67011
用于电信业务的固定资产总计	2474394	2852004	2626286
投资和其他资产			
证券投资	658453	1566194	1928426
递延所得税	73749	230559	89614
其他投资	57281	67711	66369
坏账准备	−791	−998	−928
投资和其他资产合计	788693	1863465	2083481
固定资产合计	3263087	4715470	4709767
流动资产			
现金和银行存款	76979	112704	116065
应收票据和账款，商业类	755932	827015	908251
证券	299	300	199
存货	129442	181100	125237
递延所得税	22068	32190	24408
其他流动资产	56400	71584	50283
坏账准备	−22072	−23484	−22974
流动资产合计	1019050	1201409	1201472
总资产	4282138	5916879	5911239
负债			
长期负债			
债券	133000	448000	296000
长期借款	369174	566049	367282
应付工资	105579	132978	124595
用于支付忠诚的储蓄	—	54461	24999
其他储蓄	92	105	147
其他长期负债	846	3434	3368
长期负债总和	608692	1205029	816393

	2000 年 9 月 30 日	2001 年 9 月 30 日	2001 年 3 月 31 日
长期负债中的流动部分	211916	184544	175685
应付账款，商业	282419	305572	364350
短期借款	533800	59160	543700
应计收益所得税	171205	248712	203815
应付账款——其他	227116	270049	377024
其他流动负债	33248	193795	80699
流动负债总计	1459706	1261833	1705246
负债总计	2068398	2466862	2521639
少数股东利益			
股东权益	65549	89005	74754
普通股	474499	949679	949679
资本公积	817205	1292385	1292385
合并留存收益	855987	1097552	999488
证券未实现净收益	716	978	47670
外币交易调整	−217	20417	25621
所有者权益合计	2148190	3361012	3314845
负债、少数股东权益和股东权益合计	4282138	5916879	5911239

附表 15-8 损益表

	半年 2000 年 9 月 30 日	半年 2001 年 9 月 30 日	一年 2001 年 3 月 31 日
持续利润和损失			
经营收入和费用			
电信业务			
经营收益	1725570	2043938	3599329
销售费用	719017	803500	1537100
维修费	70775	89404	168409
制造费用	19400	21167	37853
管理费用	56318	59128	122966
研究成本	21305	25948	60554
折旧	257555	281159	570086
处理固定资产损失	15968	13219	68119

续表

	半年 2000 年 9 月 30 日	半年 2001 年 9 月 30 日	一年 2001 年 3 月 31 日
交流网络费用	163838	213182	287144
税收和公共开支	13777	13858	25159
四舍五入调整	4	4	4
经营费用	1337957	1520569	2877394
来自电信业务的经营收入	387613	523368	721935
其他业务			
经营收入	491896	569025	1086674
经营费用	467457	541986	1031446
来自其他业务的经营收益	24439	27038	55227
经营收益合计	412052	550407	777162
非经营的收入和费用			
非经营收入	3984	4277	11217
利息收益	362	82	863
股利收益	108	59	112
销售证券投资收益	475	668	—
租赁收益	789	1052	1434
混合收益	2247	2414	8806
非经营费用	18778	72163	101461
利息费用	10282	9722	22950
附属公司上的所有权损失	2329	59293	31845
注销投资的损失	4159	1943	16786
混合费用	2007	1203	29878
持续经营利润	397258	482521	686918
特殊利润和损失	—	—	—
特殊的损失	—	262712	—
在附属公司的投资减少	—	262712	—
税前利润	397258	219808	686918
年得税——当期	170911	248281	322522
所得税——递延	-2040	-146792	-21911
少数股东权益	10870	14450	20802
净收益	217516	103869	365505

附表 15-9　现金流量表

	半年 2000 年 9 月 30 日	半年 2001 年 9 月 30 日	一年 2001 年 3 月 31 日
1. 来自经营活动的现金流入			
税前收益	397258	219808	686918
折旧和摊销	262651	287485	582167
销售和处理资产和设备损失	12369	10023	48260
利息和股利收益	−471	−141	−976
利息费用	10282	—	—
利息费用和商业折扣	—	9764	23119
在附属公司中的权益损失	2329	59293	31845
在附属公司的投资减少	—	262712	—
应收账款和票据的减少（增加），减去坏账准备的净值	−289399	81236	−435546
存货的增加	−40137	−56225	−40747
应付工资的增加	17068	8382	35495
应付账款的增加（减少）	55652	−71550	161198
应付消费税的减少	−10269	−2892	−3146
其他——净值	7420	6082	79438
小计	424753	813979	1168027
已收的利息和股利	499	157	988
应付的利息	−10738	−9459	−24455
应付的所得税	−185762	−203384	−305249
经营活动提供的净现金	288751	601293	839311
2. 来自投资活动的现金流			
购买资产和设备	−436275	−480742	−800133
购买无形资产和其他投资	−64207	−92771	−149274
购买证券投资	−596711	−14195	−1828173
贷款、储蓄和其他投资的预付款	−2501	−1422	−4363
来自贷款、储蓄和其他投资收回的收益	41734	2436	43274
其他——净值	−63	1083	1557
用于投资活动的净现值	−1058025	−585612	−2737112
3. 来自筹资活动的现金流			
短期借款的变化净值	533800	−484540	545800
商业票据的净增加	10000	107400	60500
来自长期借款的收益	242000	76000	
长期借款的偿还	−115496	−62373	−246619

	半年 2000 年 9 月 30 日	半年 2001 年 9 月 30 日	一年 2001 年 3 月 31 日
来自债券发行的收益	—	199180	179272
债券的赎回	—	−20000	—
普通股的发行	—	—	930006
现金股利支付	−4978	−5189	−9766
筹资活动提供的净现金	423325	−23522	1535194
4. 现金和现金等价物汇率的变化	−2	−1	27
5. 现金和现金等价物的净减少	−405950	−7842	−362579
6. 期初的现金等价物	481003	188424	481003
7. 期末的现金和现金等价物	75052	110581	118424

第四部分

价值评估实践

第十六章　如何评估创业企业

大量无盈利的创业企业

1999 年 6 月到 2000 年春夏之交的那段时间是风险资本的异常时期，许多边缘的或者完全不可持续发展的商业计划得到了风险资本的支持。许多银行和富有的个人集团都第一次进入风险资本（我们将根据内容需要，用缩写"VC"来表示"风险资本"和"风险资本家"）业务，它们被 1999 年风险基金极高的回报（VentureOne 估计为 140%）所吸引。这其中的多数钱将是"哑钱"，希望能够进入创业企业首次公开发行通道，从而可以得到首次公开发行的高溢价，创业企业上市后就会在短期内从一个概念变为前景光明的企业，然后风险基金以极高的价格出售其股份给市场。建立风险资本公司查理斯河风险基金的泰德拿棒球做比喻："突然间产生了大量的本垒打"，① 也许泰德过于宽容，在狂热的顶峰时期，大量被杀出局的企业被当作本垒打对待。

幸运或者不幸的是，那种依赖于某人的一个创意的时代已经过去。写作本书的时候，创业企业的融资在任何环境中都已变得非常困难，甚至由经验丰富的企业家掌舵的企业的信用融资也充满了风险。即使在最容易来钱的 1999 年末、2000 年初，"大街上的男人"在相对容易获得资本的时候也非常困难。尽管大多数风险资本至少会对送到其办公室的商业计划做一个大概的浏览，实际上那些借助于他人推荐和自荐的计划不会有机会得到仔细的考虑。这不是一个"老男孩网络"的例子，而是对时机的明智选择。风险资本希望的商业计划是得到已经成功的企业家或者同事的推荐和认可的高质量计划，而不是没有任何推荐的计划。在一个时间严重缺乏的环境中，他们不会对每一份商业计划都给予仔细的考虑（而且其中许多质量都很差）。其他获得风险资本注意的方法是通过商业计划比赛、会议以及那些由著名商业学院主办的杂志（例如，伦敦商学院的企业管理基金会和汉斯商学院的巴克里企业家论坛），但是这些途径主要是为相关学院的在校学生和男校友开放的。

---

① 由考特斯于 2001 年 10 月 21 日发表在《纽约时报》上，板球的比喻可能是"那里存在许多看起来像 6 分一击的单打"。

因此，如果你只是坐在家中看着你的商业计划和这本书，憧憬着某个想法能够吸引多少风险资本，答案可能会是零。依赖于计划质量的高低和计划所需风险资本的数量，机会在于他或她将会在其收到的所有商业计划中选择0.1%~2%的项目进行投资。商业计划中很小的比例会得到基金的支持，那些写在餐巾纸背面的想法就只有几乎可以忽略不计的小部分将会进入从餐巾纸到计划再到实业的长途旅程。在最近拥有广泛读者的"借助于风险资本快速致富"的商业文化情节中，也许你只会看到完成全部旅程的那些，而剩余没有完成旅程的99.9%的计划你永远不会看到。我们的建议是放下这本书，如果有可能就把这本书卖给别人，[1] 接着走出去，并开始你的商业，从小规模做起。这是解决"没有基金=没有价值"难题的唯一方法。如果你能以小规模证明你的事业，你就会为日后吸引所需资本而处于极为有利的位置。如果你在得到风险资本之前准备放弃你的工作，这就是你需要更多投入的证据。

有一种可能的情况是，在你的业务开展了一两年后，你发现这是一项糟糕的事业，并且不得不维持它，你投入了两年的时间，还有亲朋或他人的资金（这是一个高投入，如果不准备承受它，你就不应该投入更多）。另外一种情况是，你可能创造了一个你自己的NLB（好的小生意），该生意能够使你自己、你的家人，以及工人舒服地生活，它除了内部积累之外，并不需要任何基金——那样也不会被轻视。或者你两年后可能需要资金来壮大你的事业（它可能已经盈利），它可能就是你的银行借款，或者风险资本——在你的商业没有获得巨大的成功之前。当你第二次创立你的商业机会的时候（这时你就被称为经验丰富的企业家），你将会处于更为有利的位置吸引风险资本。这是历史模式，并且它总在重复。也许总是会有例外，但你不要指望任何一个（例如，如果你在软件和硬件技术的某个方面有着实质性的革新地方，你就可能屈服或者打破这个规律，特别是当你和一位有丰富经验的企业家或商业人士合作时）。如思科、英特、微软等相关企业10年或15年的发展中还可能得到风险资本的注意。

清除质量瑕疵

风险资本评估一家创业企业的程序被分为两个步骤：

■ 判断该商业计划是否会清除掉质量瑕疵，并吸引风险资本的兴趣。

■ 在假定清除了瑕疵的基础上进行评估。

在投资调查开始之前，商业思想应该被转化为商业计划。如果这人是Jim Clark或者Steve Jobs，一个单页的计划就可以吸引那些了解你家谱的投资者的基金。否则，一份正式的文件中就要有关于商业的关键的细节和财务规划。一个商业计划至

---

[1] 因为销售技术对企业家如此重要，它是一个更好的实践而不是书本知识。

少包含以下要素：

- 执行摘要。
- 业务描述。
- 财务要点以及调整的假定。
- 市场范围（顾客，竞争对手）。
- 市场计划（如何执行）。
- 经营计划和时间规划。
- 管理团队。
- 详细的财务规划。

这些是最简单的要素，还有其他一些要素也可能被要求。对于基于技术进步的商业计划而言，以外行口吻详细编写的技术说明是必需的，也是一个商业计划的主要部分。其他相关的因素也被要求加入到里面。

财务数据将是商业计划非常关键的部分，不管是在标题中还是极其详细的内容中。详细的财务计划在排列项目中应把每月的现金流量专门独立出来。如果公司承担的房地产的租赁费用是大量预先支付的，这些就会在适当月份的现金流量表中反映出来。创业企业的员工成本是关键的因素，为员工支付的各种现金支出都必须包含在财务规划中，它们包括雇主的国家保险或者社会安全捐献和任何福利，以及全体雇员的费用支出。如果管理者知道从2003年开始将需要三个网站主管，但是不知道每个网站主管的薪水，那么在商业计划完成之前就必须确认它。收入预测也要经过严格而且详细审查的项目，它应该是建立在对市场销售数据充分调查的基础上的详细预测。

此外，我们有必要花费时间对执行概要进行微调。执行概要是任何成功的计划所必需的内容。有许多编写商业计划话题的资料，因此我们在这儿不再做过多的阐述。

一个执行概要应具备的要素包括：

- 能够获得读者的注意。
- 能使该商业和团队被理解。
- 体现对投资者的回报。

研究筹资程序的初步行动是潜在的企业家识别适合的风险资本家，然后把商业计划书送去。然后，细读引进风险资本的网站和其他的企业信息，检查商业计划是否处于吸引风险资本的内容和模式中。给只能接受不超过2000万英镑的C系列风险投资基金送去要求25万英镑孵化基金的商业计划是没有用的。同样，一些风险资本专门投资生物工程项目，而不会对互联网相关的商业计划做出反应。基本的调查程序可以通过网上的资料来进行，如网上的风险资源，或者通过细读每年出版的《风险资本的普纳特指南》，该指南涵盖了全美75%~80%以及世界20%~25%的风险资本家，可以通过行业和投资阶段进行索引。不过，网站要求在与相关风险资本家签订合同之前得到计划。一份推荐可能不会确保得到投资，但是适合的推荐将会加强得到投资的机会。

一份标准的吸引风险投资基金的计划样本如下：

■ 该投资是否属于风险资本的目标行业范围？

■ 对风险资本来讲，该投资是否处于正确的阶段（合适的规模）？

■ 该商业的市场是否具有吸引力？

■ 该商业是否具有成为真实的大众公司的潜力？

■ 该商业是否是第一个原动力？

■ 在这个领域里潜在的竞争是什么？

■ 管理团队的品质是什么？

——在此之前的事业成功与否（特别是在相关领域）。

——技术知识。

——管理和控制技能。

——决心和激情。

■ 风险评估的结果是什么？管理层是否有能力和计划来应对可能的管理风险？

如果商业计划适合风险资本设定的标准，与管理层的初次会面将会得到安排；接着如果会谈成功，风险资本与企业家或者其团队之间的协议签订进程就开始了。

基于三角测量的价值评估

一个商业得到的第一种评估将会作为风险资本首次规划的结果。风险资本不可能对其不感兴趣的商业进行评估。该商业管理层进行的评估，或者由管理层的顾问或会计师进行的评估在这个过程中不可能得到采纳。这些评估也许可以作为企业家进行谈判的指南，但是只有当该商业计划适合风险资本的真实需要时，它才可能变得相关。

对创业企业的评估是一项如此困难的任务，风险资本将得到一些评价方法的益处，还会采用敏感性分析，采用这些方法计算价值。接着它们将通过在那些个人估计之间的三角测试法来进行最终的估价，然后把结果提供给企业家，根据公司的政策，也许有很少部分可以进行谈判（许多风险资本的政策是避免谈判，但是，当碰到特别具有吸引力的机会的时候，政策当然会做出让步）。三角测试意味着要采用集中评估方法（三种或者更多，因名而来），然后对这些方法的最终评估结果进行加权平均，该过程考虑了作为评估基础的操作半径出现的可能性，还有对不同评估方法感觉的可靠性。

这里有五种评价创业企业的基本方法，它们中的一种或几种可以用来评价任何给定的创业企业的商业计划或者投资机会：

■ 以比较为基础（在典型的风险资本交易中，相同类型和成熟度的公司是如何设计取得收入的）。

■ 以现金流量计划为基础（或者一个更简单的变量）。

■ 以公开市场系数为基础（例如，来自公开市场可比对象的销售或者预测销售的系数）。

■ 以贴现期望流动收益为基础。

■ 以贴现终值价值为基础（收益系数）。

评估前的准备：检查和测试计划

在评估程序之前，风险资本家必须信任商业计划中包含的财务规划的价值。这并不意味着他或她必须相信那些数字就是未来会实现的数字，这种水平的对不确定将来的自信是不可得到的。但是他或她必须相信该数字是可以获得对未来足够好的预测的。风险资本家首先必须判断该数字是否具有一定的实际基础或者是对不确定数量的合理估计（它们不是凭空捏造的）。它们不应感染不适当的乐观因素。这是一个困难的任务，因为企业家和风险资本家都是天生的乐观主义者。

风险资本家的工作就是把商业计划书中的数字转化为他或她能够用来评估该商业的信息。有时数据在商业计划中是一个意义广泛的术语。关于数据的一个词典的定义是，实际的信息，特别是那些为进行科学合理决策分析和应用而组织的信息。商业计划书中的许多数目也就是数目而已。

关于应该具有实际信息的商业计划书的数据的典型例子是："一个大市场的5%"形式的收入计划。几乎不变的是，大市场总是由许多更小的市场聚集而成。更小的市场可能是地理上的，也可能是客户兴趣基础上的。企业家所规划的"一个大市场的5%"将占领某个分割市场20%～50%的份额，这就意味着需要有一个强有力的措施来控制这个市场。

因此，收入预测应该是由底部上升，而不是由高处下降。它们应该是基于某个或更多细分后的小市场所具有的极大吸引力的措施，经过对这个小市场的调研而成的。对于创业企业提到的商业市场，弗雷德里克（一个在风险资本学院毕业生培训教程中时常出现的讲演者）建议企业家在制定产品战略之前应该至少和一定数量的主要目标用户交谈。对于目标在于消费者市场的商业来讲，第三方对企业家销售计划确认并进行详细的调研是非常必要的。一些企业家反对进行调研和质疑，因为他们认为这样他们的秘密会泄露给潜在的竞争者。但这是一个能够通过正确的质疑方式限定的风险。还有，避免竞争的想法尽管明智，但不能永远持续。一个富有吸引力的商业模式会在短期内吸引竞争，不过也可以采用精心的事前规划和秘密行动措施来规避。

对待竞争，比较好的一种态度就是早做准备以及做好竞争规划。风险评估的关键问题是，它应该被计划到，而且要做最坏的计划。可以依靠的是什么？以及关于公司在关键时刻可以依靠的现金资金效果如何？

企业家的成本费用计划可以通过两种方法进行测试：底部上升法和顶部下降法。底部上升方法是一种简单的方法：检查商业现场的网站主管的薪水以及确认这些与商业计划是否一致。公司假定的每平方米的办公室租金是多少？这个是否经过了当地商业地产代理或者房地产中介的确认？

员工和资产的成本是许多商业成本构成中占比非常大的部分，但是在商业计划中它们的价格并不是唯一会出错的地方：商业计划可能错误地估计了所需的数量。不管是在软件方面还是在硬件方面，技术的发展都是耗费和耗时的。在寻找资本的时候商业技术处于哪个阶段？它需要在什么地方？计划要达到什么地方？该计划是否合理或过于乐观？许多风险资本评估者是电子工程的权威或者其领域具有丰富经验的技术师，他们利用自己的知识来评价技术计划的可行性。如果评价者在一家大型的经历过许多创业的风险资本公司的环境中工作，她或他能够从管理过公司技术发展的风险资本家那里得到第二种观点。在缺乏这些信息资源的时候，一个在另外领域（有点相关但不具有直接竞争性）的高级的技术师应该选择一些顾问。

评估成本是否合理的顶部下降法是考察相关行业的成熟企业，观察它们创造的资本回报和边际贡献有多少。相对于收入，这种方法提供了估计成本是否合理的措施。来自企业家的"没有人像我们"的观点是风险资本家经常遇到的分歧。如果一个团队不能看到竞争者是谁，这意味着他们还没有发现。例如，音乐下载基础的商业正是一个新的和不确定的业务，但是能够通过查看其他娱乐行业的公司来发现可以比较的收入。这种方法的一个潜在的问题是，新经济公司可能拥有太少的资产，这样获得行业水平的收入就会给予它们很高的资本回报。实际上，过低的经营资产正好是低收入的标志。这是因为竞争过程将迫使资本回报回到低水平，当市场进入完全竞争状况时，资本回报就会回到资本机会的成本水平。如果一个商业假定了高的收入和高的资产周转率（资产周转率=销售额/经营资产，高的资产周转率意味着经营资产的有效利用），这意味着一个非常高的回报。在对如此高的回报进行成本敏感分析时，只有一个问题需要回答："当人们看到如此高的回报的时候，他们会疯了似的进入这个市场，公司如何阻止他们进入？"如果没有进入的战略壁垒，如专利权或者一个竞争者很难竞争的广泛的技术优势（如英特尔的芯片技术），新的进入者很快就会消灭高回报（关于资本回报和竞争的更多论述见第六章，关于进入壁垒的概念见第十一、十二章）。

以可比交易为基础的评估

基本数据

一旦数据的合理性经过检查，我们将进入评估程序。对首次公开发行之前的公司进行评估的主要方法之一是私人可比市场方法。这是一个与评估公开市场公司一样的方法，只是我们感觉它不适用于公开市场公司而已。不过，风险资本家还是可以利用可比的私人市场的，因为他们感觉：

- 经常没有足够的数据来进行精确的 DCF 预测。
- 比较方法允许对广泛的价值相关信息进行融合。
- 在私有权益和风险资本市场上基于比较的评估法更容易改变。
- 市场基础评估比假定基础上的评估更加可信。
- 一旦支持该商业的决策做出后，评估并不是特别重要的。

关于可比交易的基础数据可以通过网络资源获得，如企业资源（路透社的第一企业）、企业经济学、企业无线、Vcbuzz. com 等。评估者通常从被估价企业的基础数据开始，即投资阶段和市场细分。企业资源数据库允许按以下标准进行搜索：

- 公司名称。
- 风险资本/投资者名称。
- 执行人。
- 服务提供者（如法律公司）。
- 地址〔城市、州（若在美国）、国家、世界位置〕。
- 行业。
- 互联网类别。
- 融资总数。
- 融资期限。
- 评估数量。
- 融资批量。
- 公司所处的阶段（创业期、产品开发期、稳定期、盈利期或者重整阶段）。
- 目前的状况（独立的、后天的、公开的等等）。
- 建立时间（范围）。
- 雇员数量（范围）。

企业资源数据库输出的关于交易的数据以及关于个人公司的基础数据是一条线或者两条线的商业描述，财务状态，互联网焦点，关键管理者的姓名，等等。见图16-1。

约整数	筹资类型	投资者列表	筹资金额	以往的评估	公司所处阶段

图 16-1　完整数据的格式

约整数是企业资源数据库的数字索引。筹资类型的意思如以下所述，筹资类型有时要借助系列来描述，它就是发行的优先股的标签。在第一次主要的融资中发行的股票被标为系列 A 股，在第二次融资中发行的就是系列 B 股，等等。通常，系列 C 股比系列 B 股具有清算资历。以往的评估就是在融资之后立即评估。不幸的是，这个信息经常缺乏。

在 1993~1997 年按照发展期间的不同,[①] 高科技的交易数量如下：

- 创业阶段：100 万美元。
- 发展阶段：500 万美元。
- 成熟阶段：2700 万美元。
- 盈利阶段：6400 万美元。

在每个融资类型中，融资的金额显示在表 16-1，注意给出的数据都是例证性的。在交易规模上存在许多差异，倾向于零星融资，而不是处于一个清楚的种子期、系列 A、系列 B 等阶段中。

表 16-1　融资回合的特征

回合类型	系列	融资目的	投资中值[②]（百万美元）
前种子期[*]	通常是普通股	早期可行性研究	0.2~0.5[③]
种子期[*]	通常是普通股	巩固商业计划 更新一些核心员工	1
第一	A	形成产品（如果可以应用） 建立经营网站大规模更新员工团队	2.6
第二	B	为扩展业务而更多地融资 可能包括扩展设备和人员	3.8
第三	C	为充足公司现金进行的融资 以及使其符合公开市场	2.8
期间融资[*]		为持续经营融资 直到已经计划好的 IPO 开始	4.5

注：[*]表示在前种子期、种子期以及期间融资的融资都非常困难。前种子期的资金主要来源于企业家个人的资金，还有来自亲朋或者那些与高级教育机构联系的孵化器。政府小型企业贷款和团体组织也不应该从潜在的融资对象中漏掉。当缺乏可以依赖的系列 C 或者期中融资时，企业家应该计划基于系列 B 现金融资的自我融资。

[①]　霍里汉评估咨询和 Venture One（2000）。

[②]　这些融资的货币是在 1993~1997 年的交易中产生的，引自霍里汉评估咨询和 Venture One（2000）。

[③]　作者的估计。

"后货币价值"是风险资金支付后当时的价值，它的计算是基于收到的投资价值以及为该投资所出售的股份。例如，如果一个投资者在一家公司中为 20% 的前种子期投资支付 35 万美元，那么该公司的"后货币价值"就是（35 万美元/0.2）175 万美元。融资前价值是风险资金支付之前的价值，它是 175 万美元 –35 万美元 = 140 万美元。它是一个会计问题：风险资金的现金支付活动仅仅准确地增加了支付给企业的现金价值。真实情况是，在达成协议的期间，谈判者的价值期望值会受到巨大波动，尽管通常是向上的趋势。但是在现金支付之前，交易已经得到了同意，并且仅仅是现金价值的增加。

可能出现的另外一种融资类型是"挽救"融资（有时叫作重整，应急投资或者燃尽），在企业能够得到自足的现金或者现金流入（例如，一个 IPO 或者现金交易）之前，企业用光了现金，但是风险资本家仍然感到企业有成功的潜力。企业要求进行挽救融资的可能原因如下：

- 一些战略转变或者职员队伍变化引起的经营问题导致企业的目标没有达到。
- 现在公开市场不支持企业的 IPO，但是希望在不远的将来会进行。
- 风险资本家感到该交易有可能会保护一些价值，但是需要时间来挖掘潜在的购买者和谈判价格，挽救融资能够支持企业达到这一点。

挽救融资计划可能有要求公司 CEO 或者创建者辞职的条件，以及涉及降低企业价格和出售给挽救投资者大量的权益（大大稀释早期投资者和管理者的股份）。因为现金短缺，要求进行挽救融资的企业家就处于极其不利的位置。

在检查了风险资源数据后，评估者或许已经获得了 2~5 个交易，它们出现在相同的行业以及与她或他进行评估的机会相同的融资类别。下一步是收集关于这些可以比较的公司的更为详细的数据，它们使我们评价所要研究的企业成为可能。

获得详细数据

在获得了可比企业的候选名单后，现在我们必须努力搜寻更多的相关数据。我们已经拥有相关公司的大量信息。理想情况是，我们希望拥有关于可比公司相同的信息。我们同样喜欢它们的收入规划以及实际的管理层的财务计划，加上风险资本计划和他们如何得到评估价值。很明显，我们不会得到所有数据，但是可以获得其中的一部分。模糊数据常常比较容易得到，而且是极为相关的。例如，如果我们试图评估一家属于无线网络的种子期的三人公司，我们需要知道起先我们从企业资源库中检查的用来比较的公司的可比性。它们是否属于相同的领域？它们是否拥有关键的管理团队？如果融到资金后，它们的技术通向商业化的道路还有多远？

尽管企业资源库中的数据不尽详细，它提供给我们关于融进资金的公司和提供资金的风险资本的名字和地址。进行融资的公司网站或许是首先需要访问的有用的站点。那里几乎可以肯定会有公司产品的基本描述，使我们能够来判断目标企业的产品的可比性。公司可能会有一些为潜在投资者准备的财务信息，这些信息可以下载得到，也可以通过电子信箱得到。员工人数可能是比较容易获得的，通过电话接听员即可，因为这个数字经常是当地政府部门、当地服务商会以及其他组织所要求得到的。

创建者和关键职员的简历也经常能够被发现，而且极其有用。简历会允许我们简单了解关键职员，并发现他们的活动，在判断产品和公司的可比性如何时，会得到更大的帮助。如果创业企业是一家技术创新企业，那么这一点就特别正确。如果关键成员之前在一家大学，或者在一家允许或鼓励研究结果公开发表的企业环境中工作，如 Xerox PARC（帕罗·奥托研究中心），我们就能够发现其发表的关于该公司技术的论文。通过专利权信息机构进行专利权搜寻也可能是非常有用的。如果评估者是代表风险资本家，这同样是一个很好的机会来观察被评估的公司是否具有竞争优势，反之亦然。关键成员召开的会议信息可能也提供了关于其产品和计划有用的信息。

就这一点，应该说明评估者可能是作为引进投资的公司职员或顾问，或者是潜在的准备对该企业进行投资的风险资本家的员工、合伙人或顾问。因此，对可比公司的疑问就是一个潜在的竞争者的疑问。所以，他们应该保持令人满意的道德水准。

数据应用

一旦获得可比公司的数据，它们应该如何被采用？我们希望利用尽可能多的价值相关信息来判断可比公司的相对价值。我们所拥有的最可靠的财务数据将是来自早期管理层计划的收入预测，但是我们可能有或没有可比公司的早期收入计划。对于一个特别早期的公司，我们还将考虑更多的不确定概念，如我们进入的行业的大小，替代品（如专利）的数量，还要考虑创新的大小和技术专家的人数，以及管理层在融资之前开发其产品所取得的进展。

基本的方法是取得其业务的经营变量，如职员的数量，并以此为基准来评价企业价值。

如果我们准备评估一家叫作商业 B 的电子器件公司，以及商业 A 公司（一家与商业 B 公司类型相同的企业）包括财务在内的价值，A 公司的员工人数是 B 公司的两倍，这些数据表明 B 公司是 A 公司价值的一半：

每个电子企业雇员价值（VPE）= A 企业价值÷A 企业员工人数

B 企业价值 = B 企业×VPE

为了使这种方法的可靠性最大化，我们要计算基于变量的价值系数。其他可能的经营变量是：

■ 历史收入。

- 预测收入。
- 专利数量。
- 顾客数量。
- 具有博士学位的职员数量。

利用这种方法需要小心。例如，经营公司 B 的企业家了解到风险资本家是以员工数量为基础进行评估的，那么什么是增加企业价值的最好方法？雇佣更多的员工，即使他们都在邮筒里。这是当我们讨论公众互联网公司时提及的一个激励问题。因此，系数变量、战略洞察力都要利用。

举一个更为详细的例子，假定我们得到了关于乔治亚州的亚特兰大市的一家可比公司的一些数据，它是一个从事无线网络软件开发的处于种子期的创业公司，它的评估价值是 200 万美元。该公司有四个关键的创建者，而我们的公司（在纽约或伦敦）有三个关键的创建者。因此，这表明我们的公司具有 150 万美元的价值（200 万美元/4＝每个创建者 50 万美元）。我们假定每个关键创建者都是赢利想法（技术、科学或管理思想的来源），以及这些能干的人们预测将来该商业的大小数据。这不是一个评估的伟大方法，我们不能评价每一个团队思想的价值，或者判断每种思想何时能够真正转变为利润，但是，如果缺少其他数据，我们会把它输入到我们大脑的评估模型中。不过，接下来，如果我们公司的其中一个创建者是老资格的网络师，他有着比两个公司的其他执行者双倍的想法和潜在的利润贡献，那么她或他就应该按其他正常的关键人员的双倍的价值评估，则该公司的价值将是 200 万美元，这就需要做出一些判断。

现在，让我们假设我们评价的公司在 2003 年的计划收入是 150 万美元，以及我们获得了亚特兰大公司 2003 年的收入计划（诚然，这有点不可思议）。如果亚特兰大计划的收入是 200 万美元（每 1 元的前期投入产生 2003 年 1 元的收入），这就表明我们的纽约或者伦敦公司在融资前的价值为 150 万美元。另外，如果三个纽约或伦敦公司的创建者讲他们需要 40 万美元进行下一阶段的关键研究和可行性研究，而且不会为此发行多于 20%的权益，那么许多风险资本（为了支持该商业已经做出决定）都不希望错过这个评估机会，特别是有其他的风险资本也在寻找的时候。如果分歧过大，正如 2000 年早期融资水平提高的公司所遇的情况，风险资本就可能走开。

我们还可以获得一家波士顿创业企业的比较数据，它有六个关键个人，而且记录了种子期融资估价为 200 万美元。这表明我们公司的估价更小，以及每一个关键人员所占的价值在 33 万美元到 50 万美元之间。不过，我们详细的研究显示它是一个"蓝牙"软件创业企业。我们可能会相信"蓝牙"（便宜，低耗能，短范围无线技术）作为无线远程控制技术比相信一个无线网络战略企业更多；如果这样，我们就应放弃这种比较。否则我们可能在我们的大脑模型中进行比较，但是会采用一个比较低的权重。

总的来讲，私人市场比较方法将是一个有用的显示器，但是需要做一些更深的调研和判断，在所有的评估方法中，如果该商业具有吸引力，还要做一些适应性研究（如果它不具有吸引力，它就不必进入到评估阶段）。

以现金流量规划（或类似的）为基础的评估

风险资本的贴现现金流量

大多数风险资本家相信，在理想情况下，DCF（贴现现金流量）是评估的高级方法。不过，由于数据的缺乏，互联网创业企业并没有处于理想状况。低风险的私有权益交易，如管理层大宗买进和买断，以及企业运用的杠杆融资，都广泛地采用贴现现金流的方法。

为了应对数据的缺失，对于相信 DCF 是更好的方法的风险资本而言，还有几种可供选择的行动方法。最明智的方法就是应用简化的 DCF，这种方法具有更少的项目，也不会涉及太远的将来，2~5 年是比较标准的。它是一个评估工具，也是检查企业成长经济合理性的工具。我们把任何以经济学为基础的价值预测方法纳入现金流量计划或者相似的方法中，我们的意思是任何通过未来现金流量或盈利的估价模型。这种方法包括以简单的计划 P&L/损益表为基础的评估方法以及利用决策树的现金流量来预测未来。

在我们前面的部分"评估的前奏：检查和测试计划"中，我们在一些细节中讨论了需要检查商业计划中的数据以确保它的准确性。如果这个过程已经完成并让风险资本家满意，那么做一个 DCF 预测就是相对简单的，除了两个例外：

■ 资本成本的确定。
■ 终值系数的确定。

我们在第一至第四章讨论了 DCF 的方法学，读者可以查阅这些章节来进行回顾。简化的 DCF 评估方法应该连同许多可以从商业计划中得到的详细的财务数据项目进行。它应该采用全年或者半年的（而不是月的）现金流量或盈利数据（一些风险资本家更愿意采用损益表或者盈利和损失框架，因为商业人士习惯于借助盈利，正如我们在第三章中讨论的，盈利计算抹平了一些大的资本支出以调节利润）。简化的 DCF 和 P&L 应该被当作一种商业计划中详细财务数据的可供选择的观点，不仅是有用的评估方法，还作为一个对团体成本和其他成本水平导向的潮流的概观。

资本成本的确认

由于 CAPM（资本资产定价模型）假定投资者拥有市场投资组合，所以采用 CAPM 决定的风险资本的成本是有问题的。尽管对风险投资代表投资者多样化战略的一个因素尚存在争论，上面所提的问题并不是风险资本的事情。贝克尔最近（1999 年）进行的研究表明，投资者拥有市场投资组合，更高的资本成本被证明是正确的，因为在一个研发或创业计划中对不确定性的决定和解决的结果具有选择特性，它带有更大的系统（多样化不可解决的）风险。

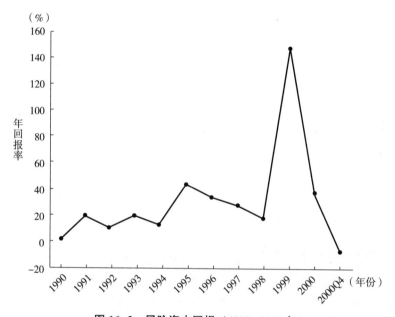

图 16-2　风险资本回报（1990~2000 年）

不过，我们可以通过考虑相同风险等级的期望回报，以及利用过去的长期回报作为对它们的估计，采用更多的资本成本计算的通用方法。在高科技或者创业初期的公司中，注意我们按美国定义的风险资本限定的资产等级，如果按英国的定义可能就不是风险资本，如 MBOs〔管理层融资收购，即管理层借助私有权益投资者购买他们企业（通常是成熟企业）的股份〕在内的低风险投资。由于英国高科技风险资本行业历史太短，以往的长期回报不能精确计算；尽管短期内它已经存在，回报是令人失望的 8%~10%。[①] 看看美国的情况，第一风险资本公司（经济学家的报告）报告高科技风险资本平均回报是 20%。图 16-2（风险资本回报：1990~2000年）显示了最近的投资回报历史。可以看出 1999 年（超过 140%）的极端表现是不正常的，尽管在许多风险资本家脑中它是新鲜的。风险回报在 20 世纪 90 年代前期

---

① 在 1998 年之前的 10 年，英国早期阶段融资 8.4% 的回报在纳尔森（2001）中有过记录。

是单一的。

与长期风险资本回报观察所建议的 20% 相比，我们实际观察到的风险资本回报比 20% 更高，正常在 30%~80%。知觉上我们会希望创业初期的期望投资回报比后期的更高，因此 20% 的平均数是因为后期的低回报隐瞒了前期获得的高的回报。不过，这个仍然不能解释由普拉默（1987）发现的风险资本要求的回报（见表 16-2）。

表 16-2　风险资本要求的回报

阶段	折现率范围（%）
创业期	50~70
第一阶段	40~60
第二阶段	35~50
第三阶段	35~50
第四阶段	30~40
首次公开发行（IPO）	25~35

预测如此高回报的原因如下：

■ 风险资本的风险性极大：如果企业不能每年回报 50%，我们就不会支持它。

■ 投资者需要每年 35% 的回报，以及我们需要发行能够提供这种回报的公司。

■ 高的资本成本为我们的公司设置了一个高的基准。

■ 如果我们的钱更值钱，我们就会得到"更大块的馅饼"。

■ 我们需要更高的 IRR（内含报酬率）来适应流动性。

■ 我们需要对这些乐观管理规划进行一点调整。

实际上，前三个解释是毫无道理的。根据对经济实际发展的分析，设置一个 50% 的资本成本并不会带来实际的 50% 的回报。它仅仅是设置如天高的大量财务规划来暗示风险资本的资金希望的回报是 50%。电子制表是容易的，难的是事业。一个高的资本成本无助于给投资者带来实际的高回报：只有选择了正确的事业才能做到这个。设置资本成本为高基准，并以此激励企业家的要求同样是错误的。实际上，资本高成本的效果可能正好相反，因为它给企业家未来的成功更少的支持。

我们来看为什么这是真的，假如一个企业被一个无所不知的评估者按 20% 的资本成本率（由无所不知的力量计算决定的风险相应的资本成本率）评价为 1 亿英镑（按目前的货币）。简单地讲，让我们假定该企业包含一个三年的现金流 $100 \times 1.2^3 = 172.8$ 亿英镑。继续假定该企业需要 2500 万英镑的融资，这将使风险资本占企业 25% 的股份，2500 万英镑每年会得到 20% 的期望报酬。现在来考虑一下要求获得 50% 的风险资本家提出的所有权是多少。他或她会让该企业评价的比实际价值更低

（0.512 英镑而不是 1 亿英镑），而且 2500 万英镑将会占有更多的股份（超过 50%）。风险资本投入 2500 万英镑到一家投资前真正价值为 7500 万英镑的企业中，将获得 50% 的股份。这是一个好的谈判筹码，但有没有动力了？实际上最终效果是风险资本得到更大的利益。

流动性问题是重要的，但是在这些类型的投资中，以往风险投资的 20% 的回报包含着一个流动性缺失的贴水。因为我们比较的是相似的东西，我们不应该在这些历史的回报之上添加另外一个流动性贴水，那样就会重复计算。

最后一个问题可能是最重要的。如果管理者做出的盈利预测太过乐观，一个"公正"的资本成本系统上就会高估创业企业的价值。效果将会和上文所讨论的"过大的馅饼"相反。采用公正的、经过风险调整的资本成本的风险资本将会对企业估价过高，而且，因为企业的投资要求通常是评估前的现金数量，这将会导致风险资本接受过小的权益份额。向上调整资本成本将不会正确地评价企业（除了巧合），这就是为什么"一派胡言的因素"的方法在包括从布纳利和迈耶到希金斯的"企业财务"在内的所有财务教科书中被反对。但是，许多风险资本感觉有它总比没有要好，并希望错误（乐观盈利预测和额外的资本成本）可以忽略不计。还有，那些因素分析方法避免了与企业家的"战斗"，如果风险资本家试图让他们改变盈利预测，使之更加实际，他们之间的分歧就会出现。这些冲突经常是极其情绪化的，能够造成风险资本与企业家之间的敌意，这将会阻碍有效投资。

不管怎样，我们反对"一派胡言的因素"中高折现率的方法。相反，转向更加合理的 20%~30% 的资本成本率，并积极工作使管理计划更加合理。如果必要，为乐观的管理层的收入和盈利预测介绍一种"理发"方法（一种应用于向下调整管理计划的在 0.5~0.75 的系数），然后贴现调整后的数学。还有采用一些企业远景预测方法和一个简单的决策树格式来考虑下降问题。一个简单的应用就是采用这本书第一部分中相似的模式，估计出最坏的情况、持续的情况以及最好的前景——估计可能性，但是不要评价可能性加权价值，只是简单地说明前景价值，以及不要用太高的终值系数等。

终值倍数的确认

在任何限定了年限的预测中，预测期期末的价值都会得以计算。然后它被折现成现在的价值加到期间现金流量的折现值中。

$V = \Sigma C_i + TV$

式中，C_i = 第 i 年到期末之间的现金流量；

　　　　TV = 终值价值。

终值价值通常作为现金流量或者收益的系数来计算。为了消除大宗现金流的影响，收益更适合作为终值的计算基础。

假定进行长达五年的短期预测，决定总价值中终值系数的选择就很重要。没有计算终值系数的单凭经验的方法，但是这儿有一些可以利用的指导原则：

■ 最小化：基于长期经济增长率 [1/(r-4%)] 的系数，这里 r 是资本成本。

■ 分段：

——市场系数（长期平均）（≈12）；

——市场系数（近期平均）（≈20）；

——行业系数（行业中引用的公司的平均数）。

■ 最大化：增长最快的公司的行业系数。

假定应用了一个比较明智的资本成本，应该采用偏向范围选择中偏低的系数。对价值做出最终选择的指导因素如下：

■ 我们期望的企业到预测期期末获得的收益增长率为何（高的盈利前景→高的收益系数）？

■ 我们期望的企业到预测期期末承担的资本成本为何（高的资本成本→高的收益系数）？

关于系数计算更为详细的讨论，参见第九章黄金增长模型。

以公开市场乘数为基础的评估

在能够得到的财务计划数据中，企业家和风险资本家可能最为相信的数据就是计划前两年的收入规划。因此，用于三角测试程序的一个关键数据就是基于头两年的收入和经过调整的市场系数的估价。

基本方法如下：

$$公开市场比较市盈率(PPR)P/R = \frac{公司的市场价格（过去 6 个月的平均数）}{当年的收益预测数}$$

一个平均的或者中间 PPR 应该采用 4 ~ 6 家最具可比性的公开市场公司的数据来计算。然后这个（私有）公司的价值评估如下：

私有公司价值=PPR×私有公司头两年计划的收入×调整系数

调整系数是用来调整早期私有公司过高计划增长率（它倾向于增加私有公司的价值）的系数，以及私有市场公司过低的流动性（它倾向于减少私有公司的价值）的系数，还有在头两年收入预测中内含的乐观情绪（减少）。系数值通常在 0.5 ~ 0.8，它依赖于私有公司相对于公开市场的可比公司的增长率，以及在预测中内含的乐观水平。不过，为了减少评估任务的业务，风险资本公司常常会设置一个比率为其政策。

基于员工人数和其他经营数据的比较也可以用于计算。不过，这并不是经常性的，因为初期企业（它主要拥有多数发展和管理人员）和公共企业（它拥有广泛的员工团队，许多是在低水平岗位上）员工人数几乎不具有可比性。

尽管私有市场的比较更具有可比性，但公开市场公司的数据更容易得到。公开市场比较的问题有五个：

■ 公开市场的公司可能不同于被评价的公司，其差异体现在地域、产品范围、潜在的等级问题等方面。

■ 即使等级相同，公开市场的公司可能处于与被评价公司不同的增长阶段。

■ 公开市场可能具有与私有市场不同的特性（如流动性，信息透明度）。

■ 公开市场可能处于泡沫状态。

■ 公开市场可能处于萧条状态。

潜在的等级问题是相关的，如当比较美国和欧洲企业的系数时。美国企业有着美国大陆的大约 2.5 亿人的巨大的消费市场。美国的地域差别是巨大的，经营企业的地方消费方式也是不同的，但是有一种共同的语言，一个共同的法律框架，以及全国范围的后勤服务组织。比较而言，一家寻求 2.5 亿消费者的欧洲公司不得不提供 12 种语言的在线和离线服务以及签订多国协议。爱潘克斯公司的雷佛估计面对相同的 2.5 亿消费者的目标市场，一家欧洲企业的创业成本是美国企业的三倍。不幸的是，因为价值不仅决定于创业成本，而且还决定于其收入和经营杠杆事项的比较，这些并没有加入到比较美国和欧洲的收入系数的单凭经验的方法中。还有，市场可能会因为高成本而回报以高收入。不过，大体上处于相同的增长阶段的欧洲企业的系数会比相似的美国企业的期望低。

利用头两年收入计划数据的原因是它最可能和公开市场企业的增长相称。为什么增长如此重要？让我们考虑一家价值 1 亿美元（由一个无所不知的评估者独立正确判断的）的企业，它的收入增长沿着预计路线前进（就是如此，不用惊奇）。该公司的回报是每年 15%，这也是它的资本成本。它第一年的销售是 100 万美元，第一年末时它的价值是 115 万美元（历史的销售额系数是 115）。第二年的销售增长到 500 万美元（正是无所不知的评估者估计的），其价值增长到了 132.2 万美元（历史销售系数为 26）。很明显，如果我们用第二年的系数 26 评估只处于创业第一年的企业，就会低估企业的风险。这个问题的解决方法是观察进行比较的公司增长率的市场价值和它们的种类，以及追踪到公开市场公司的展望的增长率与私有市场公司的头两年的增长率尽可能相似的时期。然后收入系数将是最接近我们所要求的。但是仍然存在许多不确定因素，因为影响定价的市场因素在过渡时期可能会变化。

流动性是如何吸引投资者的呢？我们知道流动性具有吸引力，但是不知其吸引力究竟如何，或者如何精确地衡量私有市场和公开市场之间的流动性。风险投资者采用的单凭经验的方法显示私有市场企业被估计相当于公开市场企业（即使没有 IPOs 的活跃市场）价值的 50%~100%。很难相信私有企业仅有公开企业 50% 的价值；如果它们是这样，这就会造成广泛的套利交易。换句话说，财务媒介可以简单地通过购买私有企业并在公开市场发行它们的股票来盈利。实际上，在 1999~2000 年这种情况就已经出现，但是它不是一种长期存在的模型。

错误的估价是投资者评估一个机会的问题。当评估时间（在项目公司生命的早期）和股份流动时间（IPO 或者同行拍卖）之间的相应的评估一致的时候，对估价程序而言，公开市场可比度是最相关的。在股票市场剧烈变动时进行评估的情况下，一段时期的平均市场价格应该作为可比公司的市场方面的分母。例如，以 2001 年 9 月到 2002 年 3 月 6 个月的平均市场价值为基础的销售系数应该得到应用，而不是采用 2002 年 3 月的销售系数（市盈率 PE）。

总的来说，因为企业处于增长的初期，公开市场可比公司每元的销售额可能就会减少。换句话讲，它们的公司股票比私有公司股票的流动性更强，它们的财务数据更加可靠，这些数据是历史的，而不是预测的。最终，大多数引用来比较的公开市场公司是美国公司，如果要评价一家非美国公司就会减少其实用性。因此为了减轻这些问题的影响，一个调整因素（通常为 0.5~0.8）就会被采用，正如上文我们所提及的。

贴现期望浮动收益评估法

贴现期望浮动收益评估模型被一些风险资本在互联网评估的"狂热"顶峰时期经常采用，但是目前它很不重要，因为首次公开发行的企业数骤然下降了。这种方法把风险投资作为纯粹的财务交易投资，在企业发展的早期买入股票，当首次公开发行的时候出售，在买入与出售之间财务回报得以计算。

这种评估方法要求对两个因素进行估计：

■ 流通时的公司的评估价值，IPO 时的价值（VLU）加上锁定期。
■ 流通时间（T 年）。

现时价值就可以通过 NPV 公式来计算：

现时价值 $= VLU/(1+r)^T$

注意：r 是资本成本（通常每年 75%~100% 的极其高的资本成本在这些估价中被采用）。

VLU 的计算采用与前面细述的公开市场比较估价法相似的方法。预测风险资本可以流通时的计划收入，然后乘以 PPR。有时估价中可能采用调整系数，因为高的资本成本会用使该数据降低到合适的现时价值，所以在典型估价中不会采用调整系数。

对 T 的计算，关键的问题是什么时候风险资本在企业中拥有的股份可以流通。在典型情况下，风险资本家和其他内部人士（例如管理层）会接受从 IPO 开始至少 180 天的锁定期。这是一个用来保护 IPO 过程中非内部投资者的基础措施；因为非内部投资者在 IPO 过程中处于严重的信息劣势，锁定期就可以防止内部人在任何公开市场严格的披露制度要求的不利信息披露之前尽快脱身。

这种评估方法假定在锁定期满之前投资价值是不会流通的，因此这是一个关键因素，并赋予时间 T 以价值。在美国证券规则中（SEC144 号规则），风险资本持有股票的出售必须在一个限定的比率之下。内部股票出售者在每三个月中卖出的股票数不能超过公开发行（不管有多大）的 1% 或者不能多于每周的平均数（销售前的四周内）。一个更加严格的措施将在这个延期中作为因子。

IPOs 数量的下降，它被许多评论家称作首次公开发行的模板，这已经使这种评估方法逐渐被放弃。因为一家互联网公司进行 IPO 或者发行几乎是不可能，暗示首次公开发行的假定不再是明智的。根据商务周刊的报告，从 2001 年 1 月开始仅有一家互联网相关的公司进行了首次公开发行，2000 年的发行总数为 129 家。这一家公司就是网景公司和鲁德克德公司共同创建的互联网经营服务公司，而它在 IPO 后到 2001 年 10 月的投资回报是 77%。

在一定程度上，技术公司的 IPOs 会变得比较受欢迎。不过，基于基本价值的评估方法仍然要优于强调财务套利的折现 IPO 方法。

贴现终值评估法（HYBRID 方法）

另外一种得到大量应用的评估方法是终值折现法。它对折现现金流量方法的利润进行分析，并由此得出终值，然后再折现成现值，而所有到终值点的现金流量过程被忽视。这种方法与折现浮动收益方法很相似，但是它的重点在于对基础价值的估计，特别是未来的盈利，而不预测未来市场的情况。终值可以看作是在 T 年企业潜在的销售收入（基于一个收入系数），然后通过折现与投资者的要求进行比较。

与折现浮动收益方法相比，这种方法要求估计两种数字：

■ 公司在 T 年中的评估值（V 元）。

■ 评估的时间（T 年）。

然后通过净现值公式计算出目前的价值：

目前的价值 $= V/(1+r)^T$

说明：r 是资本成本。在计算中采用的是标准的资本成本（见表 16-2）。

V 是通过计划的现金流量和收入表来计算的。这些表要提前计划到公司处于一种盈利状态的时间（3~5 年），然后以这一时点的盈利或收益乘以终值系数，这个终值系数是在上文现金流量折现方法中计算出来的。

对于 T 的计算，关键的问题是，企业能够获得稳定盈利的成熟时间，以及能够得以计算合理价值系数的完善时间。

这种方法更加直觉，并且可以应用到管理层长期经营目标中。通常的状况是管理层被要求取得某种收入、发展和盈利目标。这种评估方法假定评估依赖于投资头三年的收益，因此可以为管理层设定比较好的目标。.

综合所有结果：三角测量

一旦评估者得出他或她的基于一种或者几种方法的结果，任务就成了把这些结果融合成一个最终的估价。这是一个要求具有艺术和科学的过程。不同的方法得出的结果应该按照最高到最低估价顺序进行排列。那些固有的不可靠的方法（如折现期望浮动收益法），还有存在数据获取问题以及感觉不适合评估的方法会被放弃。另外，还有一些来自折现现金流量评估模型的企业远景预测和建立于交易评价基础之上（例如，基于博士学位人数和销售收入的估价）的系数，这些虽然不应该合计，但是应该在评估中加以考虑。

三角测量或者平均过程可能是简单或困难的，这依赖于评估的离差。在放弃了被认为是极端和不可靠的评估结果后（如不完全或有问题的数据），剩下的评估结果就可以加以平均。为了确定最终的评估结果，各种评估的基础成分应该由估价者依据它们的可靠性、相关性，以及假定的经营因子出现的可能性进行加权（例如，如果一个公司在之前几周已经得到 2000 万美元的融资，该私有企业就应该得到一个高的加权数）。尽管是加权的，评估结果的平均值就是评估结果。

评估和谈判过程

谈判是评估过程中的关键一步，双方的评估仅仅是最终协议的第一步。货币的评估并不是谈判的唯一部分。协议的条款或者精确的资本结构设计能够影响创业企业的评估结果，因此一个有经验的律师或者法律人士应该在进行谈判之前加入进来。

另外，如果企业家的思想具有足够的吸引力，以及如果他或她很好沟通并创造了吸引投资者的系数，这就可以在评估中施加更大的压力。

凯恩（1989）估计风险资本交易未来有以下结果：

- 全部损失　　　　　40%
- "走向死亡"　　　　30%
- 2~5 倍的回报　　　20%
- 5~10 倍的回报　　　8%
- 10 倍以上的回报　　2%

如果风险资本家感到他们已经测试到一个"十个打包人"，他们就会追求它，推高价格。在这个企业远景预测中，企业家将寻求保护其最佳的价值与"小钱"的融合。最有用的风险资本以最佳的沟通来帮助保护潜在的投资者和高水平的职员，还有那些最能够指导企业家及其团队的风险资本。

另外，许多在 2000 年早期价值高峰期得到融资的公司现在发现融资后的谈判非常困难。这是因为在那时以看似合理的公开市场比较为基础的评估法现在好像是毫无根据的高。通过谈判会议其价值在降低，这是它吞下的一粒药丸，特别是对那些已经答应早期风险资本家反对稀释股份的企业家来说（见下文）。

条件和条款

在写于 1974 年的《风险资本结构》一书中，约翰·多名格兹讲："风险资本家希望财务结构尽可能简单，最好只有一种普通股。经验显示在小公司中，一个多样化的资本结构增加了失败的风险。"还能有那些简单快乐的日子吗？不幸的是现在的资本结构是一种证券的沼泽，正常情况下风险资本家只同意投资那些能够在企业远景预测中给予他们额外权利的证券。

在最简单的情况中，所有的参与方都乐于接受普通权益（如一种非常适合朋友和家庭状况的），融进的基金除以计算的价值，结果是投资者拥有了普通权益份额（剩余部分由已有的所有者，即在第一次融资情况下的企业家重新获得）。不过，由于发行给风险资本家的股票类型总是在各种企业远景预测中拥有额外的权益，所以它的每股价格就高。因此，如果他或她的股份是可转换或者优先参与的，给予风险资本家的权力就少于简单计算的所表明的股份。它的不同取决于股票的精确条款，但是优先参与股票的情况就会非常大。我们在下一段中讨论可转换股票和优先参与股票。

传统的风险资本股票是可转换优先股。这是一种优先股的混合物，它看起来更像债券，以及一种"权证"，它是长期购买选择权的一种形式。公司未来表现好的时候，风险资本家就会把可转换优先股转换为权益，因为和企业家的合同允许他们这样做。实际上这是一种每个人都希望的结果。如果公司未来的表现糟糕，可转换优先股就不会转换，并且仍然作为优先股，它就像企业定期支付固定股息的债务（因此它更像应付的息票而不是变化的，与盈利相联系的普通股的股利）。换句话说，如果企业表现差，可转换优先股票就作为债务（如果企业资本价值下降，风险资本很快就会结束对企业的控制）；如果企业表现好，股票就会作为权益（因为风险资本将转换成股票）。可转换因此就比单独的债务（因为情况变坏时，它会有优先流动权）更具有价值。更为详细的相关内容可以参考第七章对可转换的定价。

一家风险资本对可转换优先股的采用是明智的，是应对他或她面对的不完全信息问题的最佳选择，企业家比风险资本家知道更多的企业信息。采用可转换优先股，风险资本调节了企业家的回报，特别是在世界市场情况不好的时候。举一个例子，假如风险资本家对一家融资后价值 1000 万美元的企业投资 300 万美元的可转换优先股，在融资后价值开始流动时可转换为 300 万美元的股票。因此在权益等式中，企业家和早期投资者拥有 70%权益，而风险资本拥有 30%权益。如果企业最终的价值是 1 亿美元，风险资本转换后拥有 3000 万美元的股票，企业家和其他投资者拥有 7000 万美元。不过，如果企业最终的价值是 400 万美元，风险资本不会转换为股票，并继续拥有它 300 万美元的优先股。企业家和其他早期投资者仅拥有 100 万美元的普通股票（因为在清算中，优先股具有优先分配公司资产销售收益的权利）。这就鼓励企业家至少给予风险资本足够的回报，以使其发现值得转换为股票。如果企业表现得非常糟糕，这个资本结构还可以给予风险资本另外一个机会：通过在企业失败之前采取控制措施来挽救企业，即采用优先股权。有一些优先股权用于息票，它迫使企业给风险资本某些期间回报，它还为风险资本家投资其他项目提供一些流动性。

不过，参加优先股很快就变得普通。它是"持续给予礼物"的风险资本的权利，因为在确定的情况下，它可以转换为普通股（权益）和优先股（类似债务）。参加优先股是一个有效的可转换证券，但是它的权证具有极低的零价格。零价格的选择权就是股票，清晰而且简单。尽管企业家通常通过暗含的普通股权益数量来决定可转换优先股的价值，但这种方法不适用于参加优先股。后一种股票应该以股份加债务来评估。正如贝特赖特（2000）建议的："参加的和可转换优先股之间的选择应该加重议价。交易形式是明显的货币问题，即直接转到最终的回报比率。"参加优先股明显对风险资本具有吸引力，而对早期的投资者不具有吸引力。

风险资本家常常坚持反对进行股份稀释：如果一个融资回合导致价值下降，即使他们不投入任何钱，他们也会坚持要求获得股份来维持他们投资的价值。这些额外的股份可以快速冲淡非优先股投资者，因此这也是一个首次投资者必须面对的价值问题。不过，贝特赖特（2000）估计在超过 90%的交易中风险资本会得到反对稀释的权利。因此，对此的尖锐回答是"付钱或者接受"的规定，那些不投资任何资金的投资者将受到反稀释保护的损失，这会在一定程度上限制，但不会消除对普通投资者股份的稀释。

总之，出售给风险资本的证券的准确种类实质上增加了它们的"馅饼的份额"。评估者的主要关注应该是通过上文中讨论的方法之间的三角测量来决定企业价值，评估者应该认知（特别是对企业前景的态度）潜在的精确条款来为一个参与者和其他人提炼更多价值。

第十七章 案例研究：Trendybop. com

引 言

Trendybop. com 公司是一个面向全欧洲和美国的时装进口公司，它利用互联网来改变熟悉互联网的年轻的欧洲人和美国人的时装购买程序。公司的创立者安德鲁和安娜贝纳打造了一支由技术能手和营销专家组成的团队，并引入了两个出色的投资集团。不过，对更多的投资者来讲支持该团体的机会仍然存在。我们对其进行研究的时候已经是 2000 年 6 月上旬了。

Trendybop. com 的概念

Trendybop. com 的概念有四个要素：

■ 作为一个市场导向的站点，它能够提供一个对时装款式 360 度的全方位的观察，以及关于尺寸和样式的全部信息，它还能够提供专为个人特别设计的时装。

■ 市场导向的商标形象基于 BBLL 代理公司提出的概念，该代理公司最近刚刚获得欧洲广告协会的 D'Or 奖。

■ 欧洲范围的投放和推广，邀请顶级的投资者参与体验。

■ 独特的供应战略，尽管存在供应链风险，但还是要与那些新潮的高级设计师建立关系。

Trendybop. com 的团队与投资者

安德鲁·莱恩（公司创建者之一，联合 CEO）是一个互联网技术专家，毕业于苏塞克斯大学的计算机科学专业。在共同创建 Trendybop. com 公司之前，它与安娜贝纳在 1997 年共同创建了泛欧洲的网上书店 Readbook. eu 公司。Readbook. eu 公司从意大利扩展到西班牙和葡萄牙，在 1999 年其年收入达到 1250 万美元，占据了其目标市场上在线售书的 50%。Readbook. eu 公司 1999 年有 20 万的累计客户。Readbook. eu 公司在 1999 年以一个没有披露的价格出售给了一家顶级的媒体公司——Ka-mazalam. com 公司。

安娜贝纳（创建者之一，联合 CEO）是一个时装和互联网技术专家。创立 Trendybop. com 公司之前，她合作创立并出售了 Readbook. eu 公司（与安德鲁见前）。在 Readbook. eu 公司工作之前，她是一个著名的年轻女演员，主演了几部法国和意大利电影，而且她还是一个在米兰供职的时装模特。

吉安妮·安斯伯格（创建者之一，CFO）是一个财务专家，已经在米兰的富纳特里投资银行工作了三年。他将出任公司的首席财务官。

亚当·马洛里（技术总裁）在加入 Trendybop. com 公司之前，亚当管理着亚当·马洛里咨询公司，该公司为数家英国和法国零售商提供了成功的电子商务方案。他将领导 Trendybop. com 公司的网站发展维护，并与公司内部的合同职员们一起工作。

迈克·西蒙斯（市场总监）是一个市场推广和营销方面的专家，在 1998～2000 年，他是英国 H&M 公司（一家中等价格的时装品牌）的商品部总裁。在此期间，他取得了 20% 的销售增长的成绩，而当时行业平均的销售增长率才 4%。

安德斯（供应总裁）在加入 Trendybop 公司之前的 1998～1999 年，负责 Pipeline 公司（一家高级时装品牌牛仔裤公司）的国际采购业务。在此期间，他提高了供应方和客户的满意度，并通过促进供货方与顾客之间的关系减少了 30% 的交货时间。

主要投资者：安德罗西尼和瓦尔文

安德罗西尼是安德罗西尼公司的创建者以及主席，该公司是一家出售设计师专门设计的时装及其附件的公司，它还拥有几个波尔多葡萄园城堡。该公司从米兰的一家小商店成长为一家在 1998 年营业额达到 32 亿美元的商业企业。

瓦尔文是国际瞭望公司的 CEO，该公司是一家非常成功的跨国时装品牌公司。国际瞭望公司在美国的 50 个州都有商店，在拉丁美洲和西班牙也有国际业务。公司的筹资还得到了投资银行，如高登·斯坦利公司和 J. P. 苏戈目公司的保证。

Trendybop. com 的商业模式

市场导向的网站

Trendybop. com 公司通过提供以下服务来解决目前妨碍时装产品在线销售的因素：

- 对时装样式 360 度的观察。
- 用一个放大的特写图像来观察款式、颜色和针脚。
- 关于尺寸和款式的全部信息。

■ 提供单独定购的裁剪考究的时装的能力。

■ Trendybop 用于试穿的虚拟人体模特。

■ Trendybop 风格的顾问——帮助服装搜索的智能代理。

■ 不需提供现金支付的保证。

Trendybop 公司的试穿特色将允许用户在一个虚拟的模特上混合组配各式时装，以便服装融合后能够得到测试。该人体模特可以调节以适应不同顾客的体形，并能够利用详细的关于外衣尺寸的数据来精确地展现衣服穿上后的感觉。

"Trendybop 风格顾问"智能代理将采用一个互动的测验来给顾客提供选用衣服和时装的建议，它还将为站点提供用户友好搜索功能。

为了适应面向全欧洲的要求和 Trendybop 公司的战略要求，网站将具备提供七种欧洲语言的服务功能。

Trendybop. com 公司的网站将代表电子商务设计业前进关键的一步，并将为公司提供一个实质性的竞争优势。在互联网应用快速增长的环境中，Trendybop 公司将为消费者提供即将到来的 ADSL 的所有好处。

为了管理在任何这样的发展中都会碰到的固有的实质性的技术风险，Trendybop 公司计划将公司的主要站点设计工作委托给一家技术领先的系统开发公司，尽管实施了战略控制和不断的质量检测。这个行业中高级的讨论经常发生在两个参与领导者之间，即阿伦森咨询公司和劳吉肯公司。

该网站初步的发展是利用创建者的财务资源（来自 Readbook. eu 公司的出售等）。创建者希望该网站能够在 2000 年圣诞前及时营业。

市场导向的商标形象

Trendybop 的品牌形象将变得时髦。来自非洲和欧洲的各种模特将充实公司的模特队伍，他们将在"新欧洲联盟"的广告运动中展现 Trendybop 公司的各色服装。该广告会利用越来越多的以欧洲为中心的那些年轻的欧洲大陆人的心理。当 Trendybop 公司向世界推广时，这个广告将会变为"Trendybop 的世界联盟"运动。

可以利用的媒体将是全范围的在线和离线媒体。电视广告和各种赞助将会被采用，户外和印刷品广告也会被利用。公司正在与一些门户网站进行收入分成的谈判，如世界范围的门户网站——雅虎网站，还有法国、德国和英国的主要门户网站。

品牌的吸引力还将通过供应商的伙伴关系得以加强，Trendybop 公司已经与 Gucci、DKNY、吉安妮、Ralph 等世界著名品牌建立了合作关系，还与诸如贝利、考文思、新平衡、宇宙姑娘、FUBU 等著名的青年运动品牌展开了合作。

欧洲范围的发行和推广

为了使花费了巨额营销费用的品牌影响达到最大化，在欧洲和美国同时发行非常关键。这样，公司就可以吸引国际著名投资者的品牌推广能力以及利用管理层在创建跨国公司过程中的经验。

为了确保贴近消费者，公司已经在纽约、巴黎、斯德哥尔摩、阿姆斯特丹、慕尼黑等城市签订了办公地租赁合同。这些办公点将向位于伦敦的公司总部报告。

独特的供应和分销战略

公司富有闯劲的供应活动采用一种双叉路径：

- 与关键的批量供应商签订协议。
- 为新潮产品寻找新的供应商。

为了削减销售费用以及允许 Trendybop 公司能够获得最高的附加值，美国的国际分销业务被委托给了联邦包裹服务公司，而欧洲的业务被委托给了荷兰邮政公司。

Trendybop. com 的筹资要求

Trendybop 公司起初计划公开发行 25% 的权益来筹资 8000 万埃居，公司评估价值是 3.2 亿埃居。不过，在看到最近技术股股票价格下降后，可能为筹资 8000 万埃居就要发行更多数量的权益。这是投资者与管理层正在讨论的话题之一。

Trendybop. com 大概的财务规划

表 17-1 中给出了 Trendybop 公司的财务规划概要（竞争者的净营运资本的数据：Gap 公司 = 销售额的 5%，Amazon 公司 = 销售额的 25%，Nordstrom = 销售额的 20%。固定资产假定并不重要，因为办公室和销售中心都可以通过租赁取得）。

表 17-1　Trendybop. com：财务规划概要

年份	年终 12 月 31 日			
	2000	2001	2002	2003
收入	20	100	270	520
货物销售成本	9	42	108	208
销售毛利	11	58	162	312
分销费用	2	10	27	52
营销费用	20	15	25	35
网站维护费用	30	15	10	10
管理费用	10	30	40	50
营业利润	−51	−12	60	165

年份	年终 12 月 31 日			
	2000	2001	2002	2003
税收	0	0	6	58
税后利润	−51	−12	54	107
净营运资本	1	6	16	31

欧洲时装市场

1998 年西欧的时装市场估计总价值为 2030 亿埃居，在 1994～1998 年这一市场每年平均的增长率为 1.8%。表 17-2 中给出了根据部门细分的数据。涉及的国家有奥地利、比利时、丹麦、芬兰、法国、德国、希腊、爱尔兰、意大利、荷兰、挪威、葡萄牙、西班牙、瑞典、瑞士和英国。此外，美国和加拿大的市场从 1993 年的 1300 亿埃居增长到了 1998 年的 1550 亿埃居。

在写作该书的时候，即 2002 年 3 月，网上零售的市场份额还很小。不过，Forrester 公司（一家市场研究咨询公司）估计世界范围的在线服装销售到 2003 年将达到 200 亿美元（埃居与美元的外汇比率为 1 美元＝1.048 埃居）。

表 17-2 西欧的时装市场

销售价值（埃居，百万）	1993 年	1994 年	1995 年	1996 年	1997 年	1998 年
所有服装	184149	189924	190182	194013	198031	202480
服装附件	10402	10767	10921	11337	11793	12386
鞋类	39563	39884	38829	40062	41616	42451
毛织类	25721	26107	26377	27305	27357	28039
男式外套	47338	48046	47979	48448	49322	50543
短袜、长袜和紧身衣类		9831	10024	9927	9876	9945
内衣和睡衣类	22998	25035	23757	24474	24839	25383
女士外套	68087	70139	71124	72522	74845	76184

资料来源：欧洲观察。

竞争者与可比较的公司

在表 17-3 中列出了一些可以获得的在线和离线竞争公司的相关数据。

表 17-3　Trendybop. com 公司：竞争对手

公司	特征	收入（上一期）	收入（前一期）	收益	市场份额（6月）	市场份额（2月）
蓝蝴蝶	电子裁剪时装	5.0	0.2	-13.2	14.8	120
时装街	时装门户网站	3.7	2.06	-6.3	17.8	24
安氏福特	休闲时装	39.9	5.9	-72	139.5	310
亚马逊公司	电子制作	1640	610	-720	18226	24200
女人网	门户网站	13.4	4.2	-15.5	207	680
CNET	门户网站	112.3	56.4	416.8	2971	4510
安诺伊公司	青年门户	31.2	10.2	-14.8	182	271
GAP	时装零售	11635	9054	1127	29327	42300
诺德斯特	时装零售	5124.2	5027.8	202.6	3360	2800
多纳	时装	661.7	622.5	10	144.3	151
Ralph	时装	1955.5	1713	143.5	1381	1620

如何利用该案例研究

个人研究或者团队工作都可以利用这个案例研究。如果是个人研究所用，读者应该通过与公司的现金流估价，管理计划和预测比较来对其进行估价。该案例还可以应用于团队工作和谈判。如果用于谈判，参与者将担任如下角色：

■ Papax 基金（潜在的投资者）。

■ 管理团队。

参与者应该假定目前的情况是风险资本团体中的其他投资者都选择等待 Papax 基金关于商业价格的谈判结果，换句话说，安德罗西尼、瓦文、斯坦利、J. P. 苏格汉姆等风险投资组织的加入是确定的，但是他们还没有把价格传给谈判对方。

参与者应该按一般权益的大约 10% 的份额来评估公司，并以推荐团队领导作为投资条件。

涉及该公司的资本结构的高级课题（例如可转换性或者权益的优先状况等）不应讨论，应该集中把企业作为一个整体的定价方面。

第十八章　网络公司并购估价中存在的问题

重新谈及并购活动的证据

在涉及评估问题之前，我们先讨论与合并和收购活动（M&A）所取得的报酬相关的问题。在考虑并购活动所产生的报酬时，我们应讨论与以下三个相互独立的前景相关的论题：

- 社会前景：并购能够增加整个社会的财富吗？
- 收购方股东的前景：股东通过购买公司所进行的投资会给他带来经济利润吗？
- 被收购方股东的前景：如果公司股东收到了一份收购公司股票的出价单，在决定是否出售自己持有的股票时，股东应该遵循什么样的标准？

关于并购问题，标准观点认为并购活动构成了为取得公司控制权而进行的市场运作的一部分，并购可以把蹩脚的管理者所控制的生产性资产让渡给比较优秀的管理者。在目标公司中，由于各个不同的股东只拥有很少的股份，所以他们没有足够的动机来控制肆意挥霍的或者不合格的管理者。为了说明这一点，假定某股东拥有一家公司1%的股份。如果他或她决定组织大多数股东来反对公司当前的管理层，他或她将做出实质性努力，但是却只能取得1%的利润，而其他99%的股东则成为了他或她所做努力的免费搭车者。即使股东免费取得的价值是实实在在的，但在股东互相等待时，他们的活动仍存在很大的惰性。

购买为上述问题提供了一种解决方法，因为购买者只有在收购一家公司以后才会尽力提高公司的效率，而且购买者在收购后能够取得全部利润，这消除了免费搭车的问题。

关于并购活动的价值效果，大量的研究已经揭示了下面一些公认的事实：

- 并购活动增加了价值：并购活动有利于合并各方的股东。
- 实际上，并购活动增加的全部价值都被目标公司的股东所取得，在并购交易公布后的短期内，目标公司的股东将取得大约 25%~50% 的溢价报酬①。

■ 就增加的所有者权益价值而言，收购方的股东只取得了很少的报酬或者根本就没有取得任何报酬。

第一点并没有准确地回答上面所提出的关于并购是否对社会有益的问题。并购交易中主要的外部因素（股东财富以外所发生的事件或者所产生的结果）是，当公司被收购时，通常会导致许多人失业。次要的外部因素是，并购活动将减少政府的税收收入，其原因在于，收购公司为了筹集收购资金通常会增加公司的债务，而在公司的资本机构中，债务资本与权益资本相比会取得更多的税收优惠。这是因为公司债务资本所产生的利息可以在税前扣除，而股利则不能在税前扣除。在确定并购交易的社会影响时，外部因素起着非常重要的作用。因为，如果并购交易仅仅是将财富从员工或政府手中转移到股东手中，那么整个社会作为一个整体并没有从该笔并购交易中获益。对股东来说，这一点看起来是不重要的，但在长期内，如果并购交易对整个社会有益，管理者将会更加支持并购活动。如果一个国家的劳动力市场非常有效（特别是在为失业工人迅速提供再就业机会方面），并购活动所产生的工人失业这一外部效应就不会太严重，而且并购活动从总体上就被认为是有益的。这种情况存在于美国和英国，而且大多数其他国家的劳动力市场的效率也正在提高。但是，很难只依靠经济增长的效果（只有在经济处于持续增长时，才会为失业工人增加空闲的工作岗位）而不提高劳动力市场的效率来解决这一问题（劳动力市场将会有比较持久的效果）。

跳过上述问题，最后一个问题是最容易回答的。通常，收购股票的要约会很快向目标公司的股东提供 25%~50% 的溢价报酬。尽管削减成本方案和杠杆收购条约有时也会向投资者支付类似的报酬，但目标公司的股东不可能通过其他的方式如此快速地取得溢价报酬。

人们不清楚收购公司的股东为什么会容忍对他们的利益有负面影响的收购活动。其原因可能是公司中存在"搭便车"问题，它妨碍股东控制那些希望进行收购活动的管理人员。另外，参加收购活动的机会成本可以看成是必需的额外收入，该笔收入用于吸引重量级的管理人员。应该注意的是，对收购公司的股东来说，通过发行股票筹资来实现并购，是特别不明智的方法，而且一些研究数据已经表明了这种收购对股东价值的负面影响。相比之下，现金收购有时会向收购股东提供报酬。研究者已经提出，当收购公司的管理层认为股票价格被高估时，会较多地采用股权收购的方式，因为股权收购将导致公司发行大量的股票。

---

① 巴勒普、希利和伯纳德利用合并统计数据分析表明，在 1989~1998 年，收购方支付的收购溢价平均为 40%，支付溢价的中间值为 30%。

确定网络公司并购报酬时所面临的困难

在网络公司内，即使没有足够的数据支持，并购活动也能够从快速摇摆的股票价格中产生正的或者负的报酬。显然，如果我们已经观察了1999年1月到2000年3月之间所有处于收购方的网络公司，与通常使用的市场基准（如标准普尔500）相比，这些网络公司股票的价格都上涨了。事实上，这些交易中的大部分（如果不是全部）都是通过股票筹资实现的，而且还与上面提到的非网络公司的并购交易形成了鲜明的对比。但是，这种上涨只反映了网络公司的股票价格与整个股市相比较下的上涨，而且这种上涨只是因为股票价格在当时被高估了。所以，仅仅通过在这一段时间所收集的证据得出网络公司的收购不同于非网络公司的收购是不明智的。我们认为，比较明智的做法是，假定上面所讨论的通用报酬模型（被收购公司的股东获得报酬，而收购公司的股东获取的报酬平均为零）也适用于网络公司的并购。但是，平均为零的报酬由一些正的报酬额（成功的收购）和一些负的报酬额（不成功的收购）组成。现在，我们继续讨论收购过程中每一个参加者所通用的评估步骤。接下来，我们将考虑网络公司收购的机会和缺陷，以及有助于确定收购是否成功的一些指标。

网络公司并购适用的估价方法

公司估价的基本方法参照本书以前章节的内容：

■ 上市公司采用贴现现金流量法。

■ 非上市公司采用三角测量法（见第十六章）。

对目标公司进行估价的步骤如下：

（1）按照目标公司当前的情况，使用上面的方法对目标公司进行估价：价值1。

（2）如果公司已经被报价了，注意市场价值：价值2。

（3）通过与购买方合并所取得的效率和增加的收入来对目标公司进行估价：价值3。

（4）如果公司已经被报价了，用市场价值乘以1.35（假定市场没有将收购的潜在价值计算在内）：价值4。

（5）价值1和价值2中的较大者是协议价格的底限：价值5。

（6）价值3和价值4中的较大者是协议价格的上限：价值6（但是，人们不会预测有比价值3更大的价值来为收购方提供经济利益）。

（7）协议价格可能将更加接近价值6。

显然，计算出价值3是关键的一步。在评估潜在的成本削减以及并购的协同效应时，估价者应该估计并购对新市场的吸引力以及通过合并双方的资源服务于当前市场的可行性。客户分析需要保证用较少的资源为客户提供服务，而且使用行业分析技术来分析并购对新需求的吸引力在此也有一定的作用。日益增多的常见情况是，目标公司可能不是由一项独立的业务来维持，它会有许多潜在的收购者可以合并到他或她的业务当中。在这种情况下，应该进行仔细的分析以确定潜在的协同效应。但是，目标公司的管理层必须铭记收购方可能会拒绝购买公司，等待公司在合适的清算后由管理者来收拾残局。

几乎不变的是，目标公司和收购公司将在协议规定的价值内得出相互不同的价值。在一定程度上，这将反映谈判过程中各个公司在并购目标上的偏差。但是，它也反映了每家公司在拥有信息量上的差异。目标公司将拥有较多关于公司经营细节的信息，收购公司也将拥有较多关于其自身经营的信息（尽管收购公司在拥有的信息总量上处于劣势），因此收购公司能够利用合并产生的协同效应来实现并购目标。谈判双方应该从战略上运用各自在信息上的优势和劣势。

并购双方中具有实质影响的股东都应该进行类似的分析。如果目标公司的股东通过分析发现独立公司经营所实现的目标比收购方所提供的要约更加具有价值，他们可以决定反对合并。此外，如果他们认为并购协议中所确定的以前股票价格的溢价金额不够大，而且打算等待一段时间或者主动吸引一个有竞争力的报价，他们也可以对收购提出异议。如果收购公司的股东认为支付给目标公司的价格高于公司的价值和合并所产生的协同效应，他们可以选择对管理层施加影响。另外，在出售股票时，他们也可以选择"用脚投票"。

在目标公司或者收购公司中，持有少数股份的股东所做出的决定会稍微有些不同。在换股合并的正常情况下，目标公司和收购公司中持有少数股份的股东都会出售其在合并实体中所拥有的股份。历史表明，目标公司和收购公司中持有少数股份的股东都将立即出售他们在合并实体中所拥有的股份。其原因在于，换股合并预示着（平均来看）合并实体的股票在市场上的表现会走低。但是，检测出售股票是否明智的方法是估算合并实体的价值，并将其与收购后公司股票的市值和权益资本相比较。如果股票市值高于合并实体的价值，就应该卖出股票，反之亦然。

评价并购的动机

合并活动的动机可能有以下两种：

■ 经济动机。

■ 准经济或者非经济动机。

出于经济原因而进行的合并（例如，为了使股东财富最大化）优于因非经济原因而进行的合并，这可能是得出的最极端的结论，因为并购公司的管理者想要一个

"更大的帝国"。

敏感的经济理性可以分为以下几类：

（1）相信目标公司的价值被低估了：

——市场不能准确地估算目标公司的价值，但收购公司能够做到这一点。

（2）收购者认为他或她通过下面一系列做法能够从独立经营的目标公司中提取价值：

——消除效率低下的情况。

——提高销售额。

——引用更加适合公司的管理信息系统。

——目标公司低估了其税收挡板的作用或者其他资产的价值（例如，低估了养老金资产的价值）。

（3）通过将目标公司与收购公司结合起来，收购方认为它们可以获得特别的协同效应：

——规模经济。

——范围经济。

——垂直统一整合经济。

——互补资源。

这些类型与收购方管理层的活动是连成一体的，它还与目标公司需要并入收购公司的程度和并购风险相一致。

■ 在案例 1 的最后，收购方可能不必做任何事情只需等待市场对目标公司的价值做出正确的估计。在本案例中，收购公司所需的技巧只是评估技巧，并尽可能地多了解产品市场以支持他们的估价观点。

■ 当我们讨论案例 2 时（20 世纪 80 年代英国的 Hanson 模型，以及近期发生的 Berkshire Hathaway 模型），一些合并是必需的。也许应该引进先进的管理信息系统、管理结构和报告结构，但是目标公司基本上维持它自己的机制，而不是被并入了收购方。在案例 2 中，收购公司管理层所需要的技巧可以被称为"一般企业管理技巧"，如削减成本、激励公司现有员工的能力以及发现公司从市场中退出的能力。

■ 模型 3 与网络公司并购最为相关（尽管被广泛宣传的协同效应有时不能实现）。这要求两家公司进行真正意义上的合并。一家公司或另一家公司的战略性资产通过杠杆作用影响两家公司的业务。当那些在收购公司或者目标公司范围受到限制的活动可以在合并公司执行时，这些活动将变得更加经济。这些可能也是公司降低成本或者增加收入的机会。对许多网络公司的收购而言，主要机会就是交叉销售（也就是说，向收购公司的客户销售目标公司的产品，反之亦然），当美国在线与时代华纳合并时，交叉销售就是该笔交易产生的一个主要原因。在处理合并问题时，模型 3 要求最熟练的技巧并承担最大的风险。所需的技巧可以被称为合并技巧，也就是将两个组织迅速捏合成一个既有凝聚力又能够胜任工作的组织。在通过合并创造并取得价值的过程中，交叉销售的潜力和两家公司智力资产的杠杆作用可能也起着重要的作用。

出于非经济原因或者准经济原因所进行的合并不像上面所提到的并购活动那样有利于双方公司的发展。我们已经提到了收购公司的管理者希望建立一个"更大的王国"这样一个例子，这被称为规模最大化目标，它可能妨碍了股东所要求的价值最大化目标的实现。收购另一家公司的动机是多样化的，有些动机乍一看很有吸引力，但并不是明智的动机。这是因为，公司的股东通过购买不相关行业的股票能够更加便宜地分散投资，并因此免于承担收购活动的高成本。就最近发生的并购来看，最常见的准经济原因是收购网络公司的老公司能够获得一个"新的公司价值"或者乘数。但是，如果市场的运行在一定程度上是有效的，市场将会识破这一点并将公司的价值评估为网络公司和老公司的加权平均数，而不必考虑对公司的"包装"。对一些小公司而言，这种策略看起来是在欺骗投资者。但是，普渡大学的 Rau 等（2000 年）建议采用比收购网络公司更便宜的方式来做这件事情。他们证明，即使没有改变公司的业务性质，只是将非网络公司的名称改为".com"，公司也将获得大额的风险调整收益（这篇文章也可以用来说明当时所使用的敏感估价法崩溃的原因）。

具体到特定的网络公司，我们可以讨论一些与单独收购的相关数据，以及这些数据如何与公司的战略和估价问题相联系起来。动机包括：

（1）协同效应所取得的收益。

（2）成本的降低（规模经济或范围经济）。

（3）标准的建立。

（4）通过并购获得对稀缺资源或者技能的控制权。

（5）垄断或者卡特尔的出现。

（6）个人/公共市场估价仲裁。

（7）价值的形成（网络公司或者非网络公司的估价仲裁）。

（8）增长。

（9）多样化。

第一条至第五条动机适合敏感经济框架（尽管第五条动机可能会引起反托拉斯者或者竞争管理者的愤怒）。第六条和第七条适用于收购过程中公开市场对目标公司做出的错误估价。在案例 6 中，公司在 1999～2000 年收购了许多私人公司，其目的在于使公司规模变得足够大，并作为一家首次公开发行股票的公司引起市场的注意。接下来，公司的权益所有者打算利用被收购公司在公开市场上被高估的价值。在案例 7 中，具有很高价值的网络公司打算收购拥有有形资产或者具有持续盈利前景的公司，以便把夸大的权益价值结晶到"不动产"中。第八条动机来源于管理者促进公司成长和保持公司收入增长的需要，因为公司收入是市场对公司权益进行估价的参数。第九条动机已经在前面内容中讨论过了。

但是，即使是正确的动机（如第一条至第五条动机），也不一定能够保证并购取得成功。

并购成功的主要威胁

阻碍并购交易产生价值的主要困难有以下几点：

■ 超额付款（它是"胜利者"的灾难）。
■ 整合过程中存在的困难。
■ 成本。
■ 时间。
■ 流逝的时间（减慢了公司获得利润的速度）。
■ 管理时间（注意力由公司的核心业务转移到了管理上）。
■ 监管问题。

在拍卖活动中，超额付款是比较常见的。我们假定，有三家收购者打算购买公司 A，而且每家收购者都提交了一份密封的投标书。我们进一步假定收购者都已通过可用的数据对公司 A 进行了估价，并且用公司 A 的实际价值评判了各收购者的出价。如果收购者 1 凭借最高的出价取得了竞标的胜利，我们确信收购者 1 的出价要高于公司的实际价值（除非三家公司的出价都与公司的实际价值一样），其原因在于，如果收购者 1 的出价没有高于平均价值，他将不会取得竞标的胜利。拍卖中存在的上述问题被称为胜利者的灾难，因为如果我们赢得了竞标，这就意味着我们对所购商品的估价高于其他拍卖参加者对该商品的估价。假设所有参与者用任意的测量方法或者估计误差来确定拍卖品的实际价值，获胜者将是出现最严重错误的参与者。

在 1999~2000 年，出现超额支付的一个比较重要的暂时性原因是较高的市场价格。只关注公司成长的管理者为了保持公司收入的增长率支付了较高的金额。此外，对 story-based 估价方法的讨论使得收购方需要为被收购企业支付额外的费用。我们已在 Excite 公司收购 Bluemountain.com 公司的案例中讨论了这一点。

通常，与最初的预期相比，并购可能会持续更长的时间，可能会花费管理层更多的时间，而且还可能会提高成本。投资者在计算并购产生的利润时，应该仔细地将并购成本包括在内。因为并购成本是由于并购而增加的成本（也就是说，如果我们没有进行收购，就不必包括并购成本），尽管公司可能将并购成本划分为隐性成本，但是在分析未来现金流量时应该考虑这些成本。

最后，我们不应该忘记监管方面。例如，管理者非常担心，时代华纳与美国在线的合并会因为华纳的电缆资产与美国在线的互联网业务的结合而威胁到高速运转的互联网服务业务的竞争。所以，就需要签订协议来减轻这种威胁。

网络公司并购的未来前景

在不稳定的环境下，许多公司在实现盈利前就已经花光了所有的钱，如果失败的公司拥有一些有用的资产（如品牌或者技术），那么规模大的公司将继续"寻找便宜货"来进行收购。这一点对 B2B 科学技术公司来说尤其正确。尽管收购削弱了 B2B 公司在媒介市场中的战略地位，但是通过更加有效的收购互联网业务，公司会大幅削减成本。所以，公司需要互联网领域的专门知识和专门技术。最后，我们希望因为建立标准而进行的收购将继续成为公司收购的一大特征。

第十九章 美国在线和时代华纳[*]

引　言

下面的案例研究为我们提供了一些与美国在线和时代华纳公司合并相关的信息。这项案例研究摘录了两家公司的一些数据，以帮助人们研究他们的业绩和价值。该项案例研究要求读者创建一个 Excel 电子表格，并利用该表格对公司进行估价。

背　景

迄今为止，美国在线是世界上最大的互联网服务提供商，它拥有 3400 万用户。美国在线创建于 1985 年，当时它通过专门的界面为在线社区提供服务。现在，美国在线向其客户提供本公司所特有的内容（用户不能够直接从互联网上获得这些内容）和万维网上的内容。

时代华纳是世界上最大的通讯公司，公司的业务涉及时代杂志、电影工作室（如华纳兄弟和新在线），以及有线频道（特别是美国有线新闻网络和 HBO）和有线基本设施等不同的领域。公司的有线基础设施为 2130 万个家庭和 1260 万名用户传送信息。

美国在线和时代华纳的合并

在 2000 年 1 月，美国在线和时代华纳宣布合并。

尽管时代华纳的销售规模较大（时代华纳的收入为美国在线收入的两倍），但是美国在线的市值在合并前大致相当于两个时代华纳。在这样的合并条款下，美国在线公司的股东拥有合并后的公司 54% 的股权。华纳公司的股东以 1.5∶1 的比率用新公司的股票来交换时代华纳的股票，而美国在线则按照 1∶1 的比率实现了换股。

---

*本案例研究完全是根据公开可得的资料编写的，并作为讨论的基础，而不是说明对行政情况的处理是否有效。

在宣布合并后，两家公司的股票开始互相影响。但是，两公司间的合并到 2001 年 1 月 11 日才完成。2002 年 1 月，合并后的公司报告了其第一年的经营情况。附录 19-1 列示了合并后公司的会计数据。

合并会计

这笔交易被认为是规模较小的美国在线公司收购时代华纳公司。美国在线于 2000 年 2 月宣布，公司希望摊销总额大约为 1900 亿美元的无形资产。公司已经报告的折旧和摊销费在 2000 年全年为 86.5 亿美元（预计的），2001 年为 96.7 亿美元（实际的）。与美国在线相比，时代华纳在 1999 年提取的折旧和摊销费为 48.2 亿美元，在 2000 年提取的折旧和摊销费为 3.63 亿美元。在合并前，美国在线的报告年度为截止到 6 月的会计年度，但是合并后的公司采用了日历年度作为公司的会计年度。

公司前景和合并动机

美国在线的市值规模较大，而且主要来源于客户支付的预订费的现金流量也非常正常，这使得公司能够发行大量的股票。但是，公司缺乏一个与有线业务运营商的战略联盟，而且多平台业务向有线业务的转变可以看成是对公司继续成长的一个主要威胁。

从传统业务来看，华纳公司的前景看起来还是挺好的。但是，这些传统业务的增长前景比较一般，公司在 1993~1998 年的收入增长率（19%）就证明了这一点。公司努力开展应用新的通信技术和互动技术的业务已经取得了初步成功，如在奥兰多进行的互动电视的试验，娱乐 .com 和名为探险者的网站。梅里林奇估计，合并前时代华纳每年就已为这些创新支出了 2 亿美元（其中包括管理层的时间和资本资源）。

此外，市场认为，时代华纳依靠相对传统的销售路线来销售公司的产品（如电影院和录影带）是一个弱点。尽管首次展示的宽带服务已经变得比较慢了，但是我们认为视频和互动电视能够在不增加成本的前提下提高客户的视觉体验，并且它们也将会因此而具有吸引力。美国在线公司的互联网将为时代华纳的电视和杂志提供一种新的销售渠道。表 19-1 呈现了对美国在线时代华纳的增长率和将来主要市场规模所进行的预测。

表 19-1　美国在线时代华纳：对公司成长和主要市场数据的预测

市场	预计年增长率 （到 2004 年）	对美国市场的规模预测 （10 亿美元，2004 年）
向客户提供互联网服务	27%*	60.5*
网上购物	40%**	184**
有线电视	6.6%	30.2
电影制作	2.2%	7.1
电视网	1.7%	66.1
录制音乐	3.1%	16.1
杂志	4.2%	35.5

　　资料来源：除了 * 是指来源于凯斯勒（2001），** 是指来源于弗雷斯特集团（2001）以外，其余数据来源于 Quick & Baldwin（2001）。

　　美国在线还涉足网络广告行业。在 2001 年，网络广告行业在收入水平上有所下降，而且前景（即使按照当前的表现）也不太确定。互动广告管理局报告说，与 2000 年的收入水平（互动广告管理局报告的收入为 82 亿美元，但是其他来源，如竞争媒体报告所估计的数字还不到 82 亿美元的一半）相比，2001 年上半年的收入大约下降了 8%。人们预计 2002 年的收入水平在 41 亿美元（《商业周刊》于 2002 年 2 月所估计的数字）到 134 亿美元之间（弗雷斯特于 2001 年 3 月所估计的数字）。

可能的协同效应

　　管理层已经在下列领域预测了合并所产生的协同效应：

　　■ 在广告等领域的收入机会和协同效应，为公司的在线收购和印刷以及广播媒体收购提供直达购买服务。

　　■ 时代华纳公司的品牌和内容与美国在线的品牌和互动服务之间的相互促进和所提供的市场机会，将使美国在线时代华纳的客户量有所增加。

　　■ 贯穿不同平台和销售体系（包括有线业务、出版业和互动服务）的市场效率。

　　■ 在以下一些领域的成本协同效应，如技术和网络基础设施、直接邮件和交互式买卖、宣传制度的应用以及销售人员和公司的其他服务。

　　■ 在推出并经营时代华纳品牌的交互式扩展的过程中的成本效率。

　　合并后公司的管理层估计，在成本节约和收入增加（来源于交叉销售等）方面的协同效应以及新增加的业务在 2001 年将会创造 10 亿美元的息前税前利润。公司的管理层希望，公司在合并后的第一年内能够取得大约 400 亿美元的收入和包括协同效应产生的利润在内的 110 亿美元的息前税前利润（资料来源：美国在线时代华纳公司股东签署的委托书）。但是，由于经济的低迷，公司并没有实现上述目标。

潜在的威胁

创新的压力、开发成功的电影产品所具有的高风险以及创建有线基础设施的高成本都是影响合并前的时代华纳的主要威胁。互联网和通信技术的进步可能会带来盗版的威胁，并使版权保护问题成为焦点问题。

我们以前讨论过，那些使用速度更快的宽带技术的竞争者威胁着合并前的美国在线公司。此外，公司还受到美国一些普通的低成本互联网服务提供商和一些著名的互联网服务提供者的威胁（主要是微软公司提供的网络在线服务）。美国在线公司的国际业务的增长由于受到其他一些国家对电信业实行不同的价格管制（明确地讲，就是不能自由按照当地的收费标准通话）和不同的管理结构而受到阻碍（它允许一些国家使本国的电信公司的从事互联网业务的子公司处于有利地位）。

整合与接管

合并后的公司仍然存在上述威胁。对合并是否创造价值的一个检测就是合并后的公司是否能够更有效对付这些威胁。此外，另一个比较重要的威胁就是整合成本以及整合过程中所遇到的困难。

美国在线公司在本次合并前所收购的最大的公司是 1998 年收购的 Netscape 公司。公司对新业务的整合做了长时间的努力。美国在线公司在 2001 年宣布公司的业务整合方案将使 1000 名员工失去工作，这 1000 名失业者在公司的美国在线和 Netscape 这两个部门平均分摊。

时代华纳是由时代有限公司和华纳通讯在 1989 年合并而成的。这次整合尽管最终取得了成功，但却占用了管理人员长达五年的时间和精力。时代华纳公司于 1996 年对特纳广播（美国有线新闻网络、美国电报电话、超大功率电台）的收购也被认为是一次成功的并购，并且被收购的公司迅速融合成了时代华纳公司的一个部门。

当整合过程将要在并购完成一年后结束时，美国在线时代华纳的首席执行官 Jerry Levin 先生宣布他将于 2002 年 3 月退休。接替 Jerry Levin 担任首席执行官的是合并前时代华纳公司的理查德·帕森斯，他由公司的联合首席运营官提升为现在的首席执行官。合并前美国在线公司的罗伯特·皮特曼成为了公司新管理层中唯一的首席运行官。合并前美国在线公司的总裁 Steve Case 仍然担任公司的总裁。评论家认为公司管理层人员的变动可能暗示着美国在线在合并后其公司的影响力在下降。

合并后公司的经营业绩

合并公司的股票价格的变化见表 19-1。

在公司合并的前一年（1998~1999 年），美国在线公司的收入由 26 亿美元增加到了 48 亿美元，增加了 84%，而时代华纳公司的收入则由 262 亿美元增加到了 273 亿美元，增加了 4%。两家公司在 1998 年至 1999 年间收入的加权平均增长率超过了 11%。合并后，公司报告的收入增长率在 1999 年至 2000 年为 13%，在 2000 年到 2001 年为 12%。附录 19-1（损益表、分布报告和资产负债表）为读者提供了美国在线时代华纳公司更加详细的财务信息。

公司的电影制片厂在 2001 年取得了显著的成功。美国在线时代华纳的华纳兄弟只是非常成功地发行了根据《哈利波特》一书改编的电影《哈利波特与魔法石》。公司的新在线电影院准备在 2001 年末发行已经获得好评的《魔戒》三部曲中的第一部。但是，美国在线的收入增长缓慢。根据 2001 年第三季度的 10-Q 报表，美国在线在 2000 年的前九个月与 2001 年的前九个月之间增长率（预测值/实际值）只达到了 14.4%。

附录 19-1　美国在线时代华纳的账目

表 19-2　美国在线时代华纳：损益表

年份	预测值		实际值	增长率	
	1999（a）	2000（a）	2001	1999~2000	2000~2001
收入					
订阅费收入	$ 13044	$ 14733	$ 16543	13%	12%
广告和贸易	7029	8744	8487	24%	-3%
书报及其他	12452	12736	13204	2%	4%
收入总额	32525	36213	38234	11%	6%
合并营业收入					
折旧和摊销前（EBITDA）	8175	8267	9656	1%	17%
折旧和摊销	(8414)	(8650)	(9203)	3%	6%
营业收入	(239)	(383)	453	60%	N. M.
利息费用	(1333)	(1373)	(1379)	3%	0%
其他收入（费用）	1235	(1356)	(3539)	-210%	161%
收入股东权益	(475)	(264)	(310)	-44%	17%

年份	预测值		实际值	增长率	
	1999（a）	2000（a）	2001	1999~2000	2000~2001
税前收益（损失）	(812)	(3376)	(4775)	316%	41%
所得税	(1570)	(551)	(146)	−65%	−74%
扣除其他项目前的损失	(2382)	(3927)	(4921)	65%	25%
非经常性损失	(12)①	(443)②	—	N. M.	N. M.
净损失	(2394)	(4370)	(4921)	83%	13%
优先股股利	(52)	(14)	—	−73%	−100%
普通股遭受的净损失	(2446)	(4384)	(4921)	79%	−6%

注：①退休债务产生的非经常性损失；②会计政策变更的累积影响数。

表19-3 美国在线时代华纳：分布报告

收入	1999 Q1	1999 Q2	1999 Q3	1999 Q4	2000 Q1	2000 Q2	2000 Q3	2000 Q4	2001 Q1	2001 Q2	2001 Q3	2001 Q4	年均增长趋势
美国在线	1259	1384	1463	1618	1814	1885	1945	2059	2125	2138	2196	2259	23%
有线业务	1296	1330	1342	1406	1447	1502	1511	1594	1625	1711	1769	1887	14%
电影娱乐	1697	1783	2208	2387	1896	1804	2008	2411	2212	1893	2112	2542	8%
互联网	1379	1607	1468	1732	1610	1796	1603	1793	1699	1828	1663	1860	8%
音乐	956	843	876	1258	934	1001	949	1264	881	895	939	1214	4%
出版	908	1072	1029	1333	939	1196	1081	1429	966	1187	1122	1535	10%
内部交易的抵消	(255)	(257)	(323)	(274)	(324)	(276)	(339)	(319)	(428)	(450)	(481)	(665)	N. M.
收入总额	7240	7762	8063	9460	8316	8908	8758	10231	9080	9202	9320	10632	11%
EBITDA	1999 Q1	1999 Q2	1999 Q3	1999 Q4	2000 Q1	2000 Q2	2000 Q3	2000 Q4	2001 Q1	2001 Q2	2001 Q3	2001 Q4	年均增长趋势
美国在线	243	322	358	412	506	583	609	652	684	801	742	718	49%
有线业务	582	1311	1073	656	694	685	713	767	768	777	791	863	−2%
电影娱乐	378	235	276	112	185	213	215	183	113	250	307	347	1%
互联网	273	361	329	447	335	376	348	443	449	444	450	454	16%
音乐	91	110	98	198	101	129	110	178	94	87	87	151	1%
出版	91	215	148	267	94	224	139	290	113	271	196	329	25%
公司	(65)	(65)	(65)	(83)	(84)	(76)	(70)	(74)	(74)	(71)	(74)	(75)	3%
合并成本	(103)	(15)	0	(5)	(46)	(41)	(52)	(16)	(71)	0	(134)	(45)	N. M.

EBITDA	1999 Q1	1999 Q2	1999 Q3	1999 Q4	2000 Q1	2000 Q2	2000 Q3	2000 Q4	2001 Q1	2001 Q2	2001 Q3	2001 Q4	年均增长趋势
抵销	12	1	(23)	0	(8)	(16)	(4)	(18)	(1)	(22)	(36)	(27)	N. M.
总额 EBITDA	1502	2475	2194	2004	1777	2077	2008	2405	2075	2537	2329	2715	12%

表 19-4　美国在线时代华纳：合并资产负债表

	2001 年 12 月 31 日实际金额（百万美元）	2000 年 12 月 31 日预测值（百万美元）	2000 年 12 月 31 日实际发生额（百万美元）
资产			
流动资产			
现金和现金等价物	719	3300	2610
短期投资		886	886
分别减去 15.33 亿美元、17.25 亿美元			
9700 万美元的坏账准备后的应收账款净额	6054	6033	613
存货	1791	1583	47
预付账款和其他流动资产	1710	1908	515
流动资产合计	10274	13710	4671
非流动存货和电影成本	6853	6235	
包括可出售证券在内的投资	6886	9472	3824
不动产、工厂和设备	12684	11174	1041
音乐目录和版权	2927	2500	—
有线电视和运动特许权	27109	31700	—
品牌和商标	10684	10000	—
商誉和其他无形资产	128338	128927	816
其他资产	2804	2329	475
资产总额	$ 208559	$ 216047	$ 10827
负债和股东权益			
流动负债			
应付账款	2257	2125	105
应付参与款	1253	1190	—
应付版税和设计成本	1515	1488	—
递延收入	1456	1660	1063

	2001 年 12 月 31 日实际金额（百万美元）	2000 年 12 月 31 日预测值（百万美元）	2000 年 12 月 31 日实际发生额（百万美元）
一年内到期的债务	48	45	2
其他流动负债	6443	6163	1158
流动负债合计	12972	12671	2328
长期借款	22792	21318	1411
递延所得税	11260	15165	—
递延收入	1054	1277	223
其他负债	4819	4050	87
少数股东权益	3591	3364	—
持有子公司的可赎回证券		575	—
股东权益			
面值为 0.01 美元的普通股 1.712 亿股	2	2	—
美国在线时代华纳发行的面值为 0.01 美元的普通股分别为 42.61 亿股、41.01 亿股、23.79 亿股	42	41	24
已付资本	155172	155796	4966
其他收入（损失）累计净额	49	61	61
留存收益（损失）	(3194)	1727	1727
股东权益合计	152071	157627	6778
负债和股东权益合计	$ 208559	$ 216047	$ 10827

第二十章 "鼠标加水泥"存在的问题

"鼠标加水泥"的承诺

早期，互联网的支持者是非常有野心的。简单地说，他们希望互联网能够改变商业模式，并且能够改变互联网用户的身份。现在，完全依靠互联网经营的行业正在减少，但是互联网本身的改变力并没有完全消退。一些行业仍将不时发生改变。这就是"鼠标加水泥"的承诺，互联网贸易和电子商务（"鼠标"）被组织成传统经济中的公司（"水泥"）战略。

我们已经对最可能发生变化的地点做了提示。在生产无形产品的行业（如交通运输业、保险业、财务服务业）中，可能会看见交付方式的快速改变——交通运输业已经取得了很快的进步。在企业对企业的电子商务中，直接原材料的取得不可能像一开始想的那么快，但是文具和不太重要的设备（如桌子和文件柜）管理用品的取得将会比较迅速地转换为通过互联网取得。在互联网蓬勃发展的时期，评论家们低估了传统的事情处理方式的适应能力，这使我们想起了汽车经销商的案例。根据埃文斯伍斯特（2000）和 Narayandas 对自由市场用户的调查（在第十一章的末尾部分提到过），容易受到欺骗的对象发生了变化，但是变化速度要比预期的慢。进一步讲，可能存在一个错误，随着互联网公司股票的失宠，来源于以互联网技术为基础的新商业方式的威胁也已经消失了。以下三条原因说明了这为什么是不正确的：

■ 互联网正在变得越来越大、越来越好：互联网股票的最大值假定的交易和收入的增长率是不可能发生的，但是交易和收入的实际增长率却在稳步上升。

■ 互联网变得更加便宜了：当互联网用户在明年可能因为经济重新获得低价格的服务而感到一些震惊时，商业就又充满了连通性。宽带从来就没有便宜过，而且在得到巩固之前，其价格可能会达到新低。

■ 互联网公司在创业初期所"浪费"的钱并非被完全浪费了：

——它提高了技术的可用性，尤其是软件。亚马逊网上的书店必须白手起家创建自己的店面。现在，公司可以花费几千美元购买一个书架。购买的书架可能不如亚马逊网上书店的书架好，但是如果公司拥有客户的话，公司就可以用它来周转商品。

——它为许多人进行了网站设计技巧培训，尤其是美国西海岸和其他电子商务中心（如伦敦）的人们。这些人通过"鼠标加水泥"小组找到了工作，而且他们的培训费用已经由第一笔业务的 VC 支持者支付。

间断性的变化并不总是来源于行业外部。实际上，即使它们来自行业外部，也不是频繁地来自行业外部。人们能够想起改变了英国保险业的彼特伍德在 Direct Line 公司工作的例子，以及萨姆沃尔顿对美国零售业改变的影响。甚至在旅游业中，Expedia 和 Priceline 公司等完全依靠网站经营的公司已经取得了很大的成功，就连依靠电话来开展业务的旅游公司 Cheaptickets 也已是一家有能力的网站竞争者。

对用户的全过程支持

与纯粹的互联网公司相比，进入互联网领域的非互联网公司有以下四个潜在的优势：

- 更接近于客户的实际位置。
- 在处理客户问题时，有比较丰富的经验。
- 比较合理的经营模式，以使公司更可能提供后续支持。
- 在当前的市场条件下，更易于筹集资本。

接近客户的实际位置是这些优势中最为重要的一个。公司和客户经常会发生只有通过商店贸易（即逛商店）才能满足的最终需求。在美国，许多企业针对消费者公司最初的策略创立了完全独立于离线交易的在线业务，其原因在于，这种做法能够使在线业务不必缴纳高达 10% 的销售税。现在，这种战略正在让位于在线业务和离线业务相结合以便对客户经历的质量进行排序的战略。"鼠标加水泥"的结合战略意味着，网站、商店或商场以及销售目录都提供相同的商品，而且需要服务和帮助的客户能够使用最方便的联系方式和渠道。每一种渠道都要求了解客户与公司进行交易的信息。

在对"鼠标加水泥"进行估价的过程中发生的实际问题

对"鼠标加水泥"的估价应该从公司正在研究的一个合理的估价模型开始。该模型能够按照与本书第一部分中所概述的模型相同的方式进行构建，以便互联网服务部分更容易地融合在传统企业中。

互联网业务的增加或者通过互联网进行购买和销售的业务的增加，可能会导致下面一项或多项结果：

- 短期内的高成本。
- ——创建网站。

——网站和后端的存货控制进行结合的成本。

■ 互联网将在长期内取得较高的收入，尤其是当公司已经树立了领导地位或者产品特别适合互联网销售时。

——与离线销售相比，互联网销售能够到达更多的区域。

——客户选择提供周到服务的企业。

■ 在长期内，互联网的成本比较低。

——通过网络销售。

——避免为新市场提供服务的实物设备的成本。

——通过在网站上提供客户所需要的信息，可以降低人工成本。

——通过网络采购。

——通过接触更多的供应商，可以降低采购成本。

——合同双方当事人之间的紧密联系可以减少存货的库存。

■ 当其他公司在技术上赶上来以后，公司较高的边际效应将会消失。

——当竞争者在技术上赶上来以后，他们的成本将会下降。

——这将反映为较低的市场价格。

B2E 应用软件（公司内部的企业对员工）能够节约成本，提高效率。这些可能会牵涉到以下一些问题，如便于远程工作、便于传递信息（如福特公司高层管理人员可以通过 B2E 来传递信息）、人力资源应用软件（如支付费用、雇用、调动）和培训。

对于在线销售收入的增长，不存在经验法则：在线销售收入的增长取决于在线市场策略的效果和所销售的商品是否适应在线销售市场。关于后一点，第十三章已对适应在线销售的商品进行了讨论。但是，研究表明在线采购会解决资源，关于这一点，我们进行如下的讨论：

采购节约①

尽管通过网络销售来增加业务的机会很重要，但是在网络销售的潜在优势中最重要的一点是电子采购，即通过互联网购买和取得资源。电子采购有以下两种好处：降低成本和提高资产效率。由于创建专用的电子采购系统的成本很高，10 亿美元的成本或者更高一点对公司来说都是节约的。但是，规模较小的企业能够成为电子采购网络或者电子市场的成员，这将使它们节约将近 5% 的成本。最适合在电子市场上销售的商品是间接供应品。美国的联合技术公司在采购间接供应品时节约了 10%

① 我们希望了解：这个关于电子采购的讨论由于马克佛伦里奇在伦敦商业学院电子专家的执行会议上的发言被极大地信息化了。

的成本。对中小规模企业而言，在线采购重要的直接原材料的任务并非如此简单，因为公司与现有供应商之间的约定通常会隐藏客户利润（第十一章对这一点已经做了简单的论述）。

那些创建了电子采购系统的公司可能节约 7%~14% 的成本。成本节约额取决于所购买商品的复杂性。日用商品可能会被公平合理地定价，而生产具有较高附加值商品的厂商能够对其商品给予较高的折扣，其原因在于，这些商品具有较高的边际。建立电子采购系统以后，公司每年都会节约 3%~5% 的成本。作为所节约成本的一部分，采购成本的降低最为明显。波士顿咨询小组估计，在电子采购中，购买订单的成本已经从每份订单的 100 美元下降到每份 10 美元。通过自动控制，采购过程所花费的时间也从以前的 2~4 个星期缩减到了现在的 1 天。电子采购的另一个好处就是，更多的采购可以通过电子采购系统来完成。例如，在签订协议前就已经与供应商确定了购买物品的价格和相关条款。在 IBM 公司，互联网系统内的采购已经由 70% 增加到了 99.4%，这降低了公司的成本，增加了公司对购买的控制，通过使网上采购量最大化说明了网上采购的功能，它还能使公司在下一轮采购时处于最优的位置。

进一步讲，企业可能会创建 eSCM 供应链管理系统。eSCM 供应链管理系统是一个与供应商的系统高度结合在一起的电子采购系统。这些系统便于客户将实时需求信息反馈给供应商，而且便于公司和供应商就供应和生产问题进行双向交流。eSCM 供应链管理系统能够节约 5% 以上的成本，但是这要求公司在改变企业模式和企业文化方面做大量的工作以实现成本节约最大化。

网上拍卖可能会产生最大的成本节约。网上拍卖是对所提供的商品或者服务实行一次性拍卖者自动落价拍卖。这种拍卖所节省的成本达到已取得收入的 15%~20%，但是一些供应商已经撤出了拍卖过程，因为他们认为在这种拍卖形式下不可能为服务取得报酬。这表明节约只是暂时的。如果高质量的供应商退出公司的采购过程，这预示着将来可能会出现问题。例如，一家采用网上拍卖形式拍卖其合法服务的规模较大的工业企业发现供应商反对这次拍卖，并拒绝履行合约。但是，网上拍卖的倡导者通过公司报告说明，公司的物料成本节约了 5%~50%，采购循环和交付周期缩短了 50%。

资产效率

高级的电子采购系统或者 eSCM 供应链管理系统还具有减少经营资产并使供应速度最优的潜力。我们以计算机行业为例，人们认为，戴尔公司的电子采购系统要优于康柏公司的电子采购系统。戴尔公司较低的存货水平正好反映了这一点。在 2000 年，戴尔公司的存货供应时间大约为 7 天，而康柏公司则为 35 天。在限制保管存货所必需的现金流量方面，戴尔公司会从中获利。因为大多数计算机配件（如中央处理器、内存和硬盘）每两星期会降价约 1%，公司会因为原材料价格的下降而获利。平均起来，戴尔公司可以比康柏公司晚 28 天来购买物料商品，因此戴尔公司能够利用未来一个月的时间使电脑配件的价格下跌。

估算戴尔公司因此而获得的利益是非常容易的：

- 戴尔公司的商品销售成本为 200.45 亿美元。
- 这意味着一天的存货量价值为 5490 万美元。
- 存货每天一次性占用的现金流量为 5490 万美元，所以 25 天占用的现金流量为 13.73 亿美元。
- 通常，每两个星期价格会降低 1%。
- 戴尔公司会为降价材料平均少付 2% 的款项（30 天）。
- 假设 50% 的存货正在减价。
- 每年节约额为 2 亿美元。
- 按照 15% 的资本成本计算的价值为 1336（百万美元）（$= 200.45 \div 0.15$）。
- 现值总额为 27 亿美元。

有限的时间表

应该注意的是，电子采购所带来的大多数好处应该被看成是暂时性的。这并不是因为成本将会再次升高，而是因为竞争者同样会看到采用电子采购技术对成本节约的好处，从而可以通过降价来竞争，最终使消费者得到好处。考虑到只有存在增加的边际贡献时股东的利益才会实现：减少的成本是不够的。竞争者用于更新他们系统的典型的时间计划是 2~3 年。让我们再次回顾戴尔公司的例子，假定在其借助低价策略得到回报之前，股东的利益会持续三年：

- 每个股票日的现金流量为 5490 万美元，所以 25 个股票日为 13.73 亿美元。
- 戴尔公司在第一年初收到的，在第三年得到回报。
- 价值 $= 1373 - 1373/1.15^3 = 470$（百万美元）。
- 由于通货紧缩，每年节约的成本是 200 亿 $\times 2\% \times 50\% = 2$ 亿美元。
- 价值（第一、二、三年）$= 200/1.15 + 200/1.15^2 + 200/1.15^3 = 458$（百万美元）。
- 在 15% 的资本成本下年现金价值为 4.58 亿美元。
- 总现值收益为 9000 万美元。

规划将来收益的评价者应该记住竞争过程将使来自公司电子商务计划的收益时间受到限制，因此它们的价值也将受到限制。不过，如果竞争者考虑到这一点，可能意味着市场份额的损失和盈利的减少，以及公司存活的可能风险。

商业风险

增加互联网频道的商业风险包括以下内容：

■ 对恶性竞争的恐惧（廉价的网上销售可能不会增加销售额）。

■ 频道冲突。

■ "鼠标加水泥"式企业的分销系统不适合供应新增客户（例如，该系统可能最适合大型订单）。

同业竞争在第十三章客户时间经济学例子中进行了讨论。那些刺激客户通过网络进行购买的公司应该注意潜在的现有的离线客户只是简单地转向利用激励措施。企业的解决办法是按照期望的长期成本适当地对网络基础服务进行定价。这并不意味着忽视网站界面的开办成本，而是在对网站服务定价时分期考虑该成本。不过，企业的长期收益（正如在第十三章中讨论的那样消除减少价值的媒介）一定不能忘记，收益的一部分应该用来鼓励客户转向更有效的分销方式。

频道冲突是另一个潜在的增加以网络为基础的业务比例的商业风险。我们在第十三章中讨论了在线经纪的情况。那些公司加上之前存在的通过电话开展经纪业务的公司，如查理斯斯甘博公司的电话业务，已经给像摩根士丹利一样的提供传统全套服务经纪业务的公司造成了问题。摩根士丹利希望引进一个网络基础界面来防止其客户的背叛。不过，为公司工作的全服务经纪人是非常有价值的职员以及有力的途径，即使是一个可能变得有点迂腐的途径。如果企业已经开通网络功能，并因此逐渐销蚀掉了经纪人的佣金，途径的冲突就会形成。它的最高产的经纪人就会带着最富有的客户转到其他的经纪商那里。因此公司的解决办法是与其经纪人团队签订在1~2年的转换期里保证他们的经纪佣金的协议后再引进网络服务。摩根士丹利就面临这样一个典型的问题：在一种途径下非常成功的业务必须尽快地转向另外一种途径，因为业务的转换将使效率更高，或者使原业务面临严峻的结果。摩根士丹利采取迅速的行动是明智的。比较而言，贝里塔尼卡百科全书（EB）公司就在销售人员的佣金转换中失败了，它受到了来自恩科特公司的 CD-ROM 的百科全书的威胁（至少部分的），害怕途径冲突，最后发现其业务已经被毁坏了。[①]

最终的商业风险在于企图为网络客户（可能是更小的订单）提供服务，而公司的生产和销售链更适合为大型客户提供服务。因为销售货物的许多成本是"批量基础"的，如果一家公司的订单数量增加，它的成本结构就会明显的恶化，同时发现

[①] 百科全书业的故事在埃文斯和沃斯特的《鼓吹比特》（2000）以及夏普洛和瓦里安的《信息规则（1999）》两本书中都谈到了。对 EB 公司公平的是，他们已经采取的关于路径选择等措施是否能够阻止电子百科全书的威胁还是一个疑问，正如作者们所言。

即使销售增加了，它的利润也在逐渐消失。

所有的三个商业风险可能是需要进行管理，而不是可以避免的。为节约成本而转向网络的工业公司也将需要转换，即使这会造成途径冲突。恶性竞争是不可避免的，最好的办法是把你的一个部门的客户引向另外一个部门，而不是被其他公司的部门挖走。最后，如果一家公司的销售和生产不适合小的和单个客户的订单，它最明智的选择就是更新这些技术或方法，即使为客户准备支付额外的补偿使其觉得值得。在所有的情况下，竞争活动可能使公司的选择余地很小。

总　结

总而言之，企业转向网络系统进行采购，其订单5%的成本节约是可以实现的。这是因为网络系统加强了有效性，还因为它们给出了一个购买者对价格更加敏感的信号——在这样一个论坛里的供应者就会进行自我选择，准备满足更低价格的需要。非直接商品的购买特别适合简单的网络基础的采购系统，如那些通过信任的第三方银行和顾问公司进行运作的电子商场。复杂的 eSCM 系统还能够提高资产使用效率。不过，通过评估展望，执行电子商务的利益将会是短暂的，持续 2~3 年，竞争者将会跟上。当然，如果一家企业能够对其公司基因进行创新，到那时它将跟上另一个更高的价值。这时候，增加现金流量就会持续更长时间。

参考文献

［1］ Abreu, Dilip and Brunnemeier, Marcus K. (2001) "Bubbles and crashes", [Princeton University, Department of Economics: working paper (preliminary)].

［2］ Aldrich, D. (1999) *Mastering the Digital Marketplace*. New York: John Wiley & Sons.

［3］ Altman, Edward I. and Vellore, M. Kishore (1996) "Almost everything you wanted to know about recoveries on defaulted bonds" *Financial Analysts Journal*, Nov. / Dec. , pp. 57-64.

［4］ Bainbridge, J. (1999) "The world's biggest brands", in *Marketing Online* (http: //www. marketing. haynet. com/leagues/brand99/index. htm).

［5］ Barber, Brad and Odean, Terrance (2000) "Trading is hazardous to your wealth: The common stock investment performance of individual investors", *Journal of Finance* , 55 (2): 773-806.

［6］ Bartlett, Joseph W. (2000) "Negotiating the best valuation and terms for early-stage investment", in Lake, Rick and Lake, Ronald (eds.)(2000) *Private Equity and Venture Capital* (London: Euromoney Books).

［7］ Bennahum, David S. (2000) "The biggest myth of the new economy", *Strategy & Business*, 18: 15-17.

［8］ Berk, J. , Green, R. C. and Naik, V. (1999) "Valuation and return dynamics of new ventures" (University of California: working paper).

［9］ Bernard, Victor (1995) "The Feltham – Ohlson framework: Implications for empiricists", *Contemporary Accounting Research* , 11 (2).

［10］ Black, Fischer and Scholes, Myron (1973) "The pricing of options and corporate liabilities", *Journal of Political Economy*, 81: May/June.

［11］ Brav, Alon and Gompers, Paul (2000) "Insider trading subsequent to IPOs: Evidence from expirations of lock – up provisions" (Duke/Harvard: working paper). Available on ARN (www. ssm. com).

［12］ Brealey, Richard A. and Myers, Stuart C. (2000) *Principles of Corporate Finance* (Boston: Irwin McGraw-Hill).

[13] Campbell, John Y., Lettau, M., Malkiel, B. and Xu, Y. (2001) "Have individual stocks become more volatile? An empirical exploration of idiosyncratic risk", *Journal of Finance*, 56 (February): 1-43.

[14] Cantillo, M. (1997) *BA 234 Reader* (Berkeley, CA: University of California).

[15] Carpenter, Jennifer N. (2000) "Does option compensation increase managerial risk appetite?", *Journal of Finance*, 55 (5): 2311-2331.

[16] Claus, James and Thomas, Jacob (2001) "Equity premia as low as three percent? Evidence from analysts' earnings forecasts for domestic and international stock markets", *Journal of Finance*, 56 (5): 1629-1666.

[17] Coase, Konald H. (1990) *The Firm, the Market and the Law* (Chicago, IL: University of Chicago Press).

[18] Copeland, Tom, Koller, Tim and Murrin, Jack (2000) *Valuation: Measuring and Managing the Value of Companies*, 3rd edn (New York: John Wiley).

[19] Core, J., Guay, W.R. and Buskirk, A.V (2001) "Market valuations in the new economy: An investigation of what has changed" (University of Pennsylvania: working paper).

[20] Damodaran, Aswath (2001) *The Dark Side of Valuation* (Upper Saddle River, NJ: Prentice Hall).

[21] Dash, Mike (1999) *Tulipomania* [New York: Three Rivers Press (Random House)].

[22] Davis, Angela (2000) "The information content of earnings and revenue announcements for internet firms: Does reporting grossed-up or barter revenue make a difference?" (University of Washington Business School: Working Paper).

[23] Demarzo, P.M. (1998) *Finance Seminar 238A* (University of California, Berkeley).

[24] Dimson, Elroy, Marsh, Paul and Staunton, Mike (2001) *Millennium Book II: 101 Years of Investment Returns* (London, UK: ABN Amro/London Business School). See also (by same authors): *Triumph of the Optimists: 101 years of Global Investment Returns* (2002) (Princeton, NJ: Princeton University Press).

[25] Dominguez, John R. (1974) *Venture Capital* (Lexington, MA: Lexington Books).

[26] Evans, Philip and Wurster, Thomas S. (2000) *Blown to Bits* (Boston, MA: HBS Press).

[27] Fama, Eugene, and French, Kenneth R. (1992) "The cross-section of ex-

pected stock returns", *Journal of Finance*, 47 (June): 427-465.

[28] Feltham, G. and Ohlson, J. (1995) "Valuation and clean surplus accounting for operating and financial statements" *Contemporary Accounting Research*, 11 (2).

[29] Fogarty, Tim G. (1999) " Amazon. com, Inc. Building an E-commerce Superstore" (New York: ING Barings) (23 Dec).

[30] Forbes, Scott Woolley (2000) "Lying eyeballs", *Forbes* (7 August).

[31] Foster, G. (1986) *Financial Statement Analysis* (Englewood Cliffs, NJ: Prentice-Hall).

[32] Ghemawat, Pankaj and Baird, Bret (1998) "Leadership online: Barnes & Noble vs. Amazon. com" [Boston, MA: HBS (Case Study)].

[33] Glasner, Joanna (2001) "When pro forma is bad form", Wired. com (6 December).

[34] Grenadier, Steven (2000) *Game Choices: The Intersection of Real Options and Game Theory* (London: Risk Books).

[35] Grenadier, Steven (2002) "Option exercise games: An application to the equilibriuminvestment strategies of firms", *Review of Financial Studies*, forthcoming.

[36] Hamel, Gary and Sampler, Jeff (1999) "The E-corporation: More than just web-based, it's building a new industrial order", *Fortune*, 138 (11): 80.

[37] Hand, John (2000) "The role of economic fundamentals, web traffic, and supply and demand in the pricing of US internet stock" (UNC: working paper). Available on ARN (www. ssrn. com).

[38] Harmon, S. (1988) "Home improvement, web style: Inside the internet valuation tool chest", internetnews. com (14 July).

[39] Healy, Paul, Palepu, Krishna and Bernard, V. (2000) *Business Analysis & Valuation: Using Financial Statements* (Cincinnati: South-Western College Publishing).

[40] Higson, Chris (1995) *Business Finance*, 2nd edn (Oxford: Butterworth).

[41] Higson, C. and Briginshaw, J. (2000) "Valuing internet companies", *Business Strategy Review*, 11 (1): 10-20.

[42] Hof, Robert D. (2001) "Is Amazon out of its depth?", *Business Week Online* (6 August).

[43] Houlihan Valuation Consultants and Ventureone (2000) "The pricing of successful venture capital-backed high tech and life-sciences companies" . In Lake, Rick and Lake, Ronald (eds.) *Private Equity and Venture Capital* (London: Euromoney Books).

[44] Ibbotson Associates (annual) *Stocks, Bonds, Bills, and Inflation Yearbook*

（Chicago, IL: Ibbotson Associates）.

［45］Jagganathan, Ravi and McGrattan, Ellen R. （1995）"The CAPM debate", *Federal Reserve Bank of Minneapolis Quarterly Review*, 19 （4）: 2–17.

［46］Kane, Edward W. （1989）"Understanding the venture capital market". In Institute of Chartered Financial Analysts （1989） *Investing in Venture Capital* （Charlottesville, VA: ICFA）.

［47］Kieso, D. and Weygandt, J. （1998） *Intermediate Accounting* （New York: John Wiley）.

［48］Mauboussin, Michael J. and Hiler, B. （1998） *Cashflow. com: Cash Economics in the New Economy* ［New York: Credit Suisse First Boston （Desk Note）］ （February 1998）.

［49］McCarty, E. Jerome and Perrault, William D. （1997） *Essentials of Marketing* （Chicago, IL: Richard D. Irwin）.

［50］Meeker, Mary （2000） *Inflection! Amazon. calm!* （New York: Morgan Stanley Dean Witter）（3 February）.

［51］Nelson, James （2000）"Overview of UK venture capital". In Lake, Rick and Lake, Ronald （eds.）（2000） *Private Equity and Venture Capital* （London: Euromoney Books）.

［52］Palepu, Krishna, Healy, Paul, and Bernard, V. （2000） *Business Analysis and Valuation using Financial Statements* （Cincinnati: South Western College Publishing）.

［53］Penman, Stephen H. （1998）" A synthesis of equity valuation techniques and the terminal value calculation for the dividend discount model", *Review of Accounting Studies*, 2: 303–323.

［54］Penman, Stephen H. （2000） *Financial Statement Analysis and Security Valuation* （New York, McGraw–Hill）.

［55］Plummer, James L. （1987） QED Report on Venture Capital Financial Analysis （Palo Alto: QED Research）. Quoted in Sahlmann, William （1990）" The structure and governance of venture capital organizations", *Journal of Financial Economics*, 27: 473–521.

［56］Porter, Michael （1980, 1998 （reprinted）） *Competitive Strategy: Techniques for Analyzing Industries and Competitors* （Boston, MA: Free Press）.

［57］PricewaterhouseCoopers （1999） *Manual of Accounting: The Definitive Guide to UK Accounting Law and Practice* （London: Pricewaterhouse Coopers）.

［58］Prudential Securities （1999） *Amazon. com* ［New York: Prudential Securities

（Research Note）].

［59］Rau, Raghavendra P., Cooper, Michael L. and Dimitrov, Ortin（2000）"A rose. com by any other name", *Journal of Finance*, 56: 2371-2388.

［60］Robinson, Peter（2001）"Understanding Digital Certificates and Secure Sockets Layer（SSL）", http: //www. entrust. com/resources/pdf/understanding _ssl. pdf（Addison, TX: Entrust Inc）.

［61］Roll, Richard（1994）"What every CFO should know about scientific progress in financial economics: What is known and what remains to be resolved", *Financial Management*, 23: 69-75.

［62］Rubenstein, M.（1998）*Derivatives*（Corte Madera, CA: www. in－the－money. com）.

［63］Shiller, Robert J.（1989）*Market Volatility*（Cambridge, MA: MIT Press）.

［64］Shiller, Robert J.（2000）*Irrational Exuberance*（Princeton, NJ: Princeton University Press）.

［65］Skinner, Doug and Sloan, Richard（1999）"Earnings surprises, growth expectations, and stock returns: Don't let an earnings torpedo sink your portfolio"（University of Michigan Business School: working paper）.

［66］Stires, David（2000）"Cashing in on the January effect", *Fortune*, 27 November, pp. 279-280.

［67］Trigeorgis, Lenos（1996）*Real Options: Managerial Flexibility and Strategy in Resource Allocation*（Cambridge, MA: MIT Press）.

［68］Von der Porten, Eric（2000）"Lifetime customer value analysis: Comments on the revised DLJ model"（San Carlos, CA: Leeward Investments LLC（June））.

［69］Wang, Ko, Yuming Li and John Erickson（1997）"A new look at the Monday effect", *The Journal of Finance*, 52（5）: 2171-2186.

［70］Welch, Ivo（2000）"View of financial economists on the equity premium and other professional controversies", *Journal of Business*, 73（4）: 501-537.

［71］Williamson, Oliver E.（1999）*The Mechanisms of Governance*（Oxford: Oxford University Press）.

［72］Young, C. K.（1993）What's the right Black－Scholes value? *Financial Executive*, Sep. /Oct., pp. 57-59.

结 论

市场总是处于周期性的错误估价之中，1998~2000年互联网股票股价的上升就是例子。不过，纯概念互联网公司股价的急剧下跌并不意味着互联网是不重要的。纯概念互联网公司以及现存的互联网公司仍然有机会。如果纯概念公司能够集中那些他们能够建立进入壁垒的领域，诸如基础结构方面，它们可能就具有最高的价值。由于互联网使专业商人接触更加广泛的市场，所以它还具有支持小商业活动的潜力。不过，这种"妈妈和爸爸"式的商店永远不会获得实质性价值。

对于这些评估观点，投资者应该集中采用DCF来计算价值。实际的价值仅仅对少数公司是重要的，而且随着行业的增长，竞争很快就会侵蚀掉它的价值。评估的价值比较也是不明智的。它们对管理层强加了一种错误的激励，它的应用历史也表明效果不好，因为它们提供不了绝对的价值信息，如果一个完全部分的评估是不确定的，那么它就是不适合的。

我们建议的价值分析类型关注过去财务历史以及公司战略位置的记录。改造传统的资本成本（单一因素的CAPM）计算方法是必要的，但是目前还没有更好的理论能够采纳。当然了，我们不应该设置高的权益价格（其中一些公司继续坚持，如美国的蓝牙公司）来说服自己减少资本成本以便进行更多的工作。

在创业企业的评估中，我们会碰到以极其不确定的期间结束的情况，而且大多数最终都对现有商业提供电子商务的富有吸引力的领域增加了投资。不过，许多潜在的企业家会得到很好的建议去考虑可供选择的融资来源，或者向个人融资，因为在可预见的将来风险资本的回报不可能达到2000年的水平。风险资本的评估应该基于将来的营利能力。

结论是，我们应该恢复我们的信念，互联网仍然具有改变世界的能力。如果互联网企业以一个明智的盈利基础模型进行估价，完全认识公司每个部分的战略地位，它就能够做到这一点。我们希望这本书有助于建立这样一个模型，并将该模型介绍给读者。

译后记

　　接受本书的翻译工作时，我心里感到非常激动和惶恐，激动的是本书涉及的内容是当前公司价值评估理论的前沿，网络公司的研究与运营对世界乃至我国理论界具有相当大的价值；不安的是不知能否把这部书的翻译工作做好，因为不仅需要了解网络公司的理论与运作，而且还需要对当前的期权理论加以研究。好在有机会能够向中国人民大学的专家和学者请教并进行交流，以便能够完成本书的翻译工作。在此，首先要感谢中国人民大学外语学院李桂荣博士的帮助，还要感谢经济管理出版社杨世伟博士，在他的精心策划和指导下本书才能够与广大读者见面。

　　本书对网络公司和网络公司的研究者、管理者以及对价值评估领域感兴趣的读者来说既是一部理论前沿著作，又是一部可操作的工具，希望我们一起运用好它！

　　本书的翻译工作分工如下：前言、目录及第一章至第十章，由周金泉博士翻译；第十一章至第二十章，由赫晓峰博士翻译。翻译过程中我们之间进行过多次沟通，并且相互校对，使本书能够尽快呈现给广大读者，但也难免有不妥之处，恳请广大读者批评指正。